Einkommensbesteuerung in Deutschland
und Frankreich

Europäische Hochschulschriften

Publications Universitaires Européennes
European University Studies

Reihe V
Volks- und Betriebswirtschaft

Série V Series V
Sciences économiques, gestion d'entreprise
Economics and Management

Bd./Vol. 2369

PETER LANG
Frankfurt am Main · Berlin · Bern · New York · Paris · Wien

Holger Sachs

Einkommensbesteuerung in Deutschland und Frankreich

Ein Vergleich der Konzeptionen gleichmäßiger Besteuerung

PETER LANG
Europäischer Verlag der Wissenschaften

Die Deutsche Bibliothek - CIP-Einheitsaufnahme

Sachs, Holger:

Einkommensbesteuerung in Deutschland und Frankreich : ein Vergleich der Konzeptionen gleichmäßiger Besteuerung / Holger Sachs. - Frankfurt am Main ; Berlin ; Bern ; New York ; Paris ; Wien : Lang, 1998
(Europäische Hochschulschriften : Reihe 5, Volks- und Betriebswirtschaft ; Bd. 2369)
Zugl.: Freiburg (Breisgau), Univ., Diss., 1998
ISBN 3-631-34002-8

D 25
ISSN 0531-7339
ISBN 3-631-34002-8

Vorwort

Nachfolgende Arbeit soll keine Anleitung zu Einkommensteuersparmodellen in Deutschland und Frankreich sein, sondern die konzeptionellen Grundlagen beider Gesetze verdeutlichen und in einer vergleichenden Analyse aufzeigen, in welchem Land dem Postulat einer gleichmäßigen Besteuerung eher entsprochen wird. Gesetzestechnische Details standen dabei nicht im Mittelpunkt unternommener Anstrengungen. Der Rechtsstand der Arbeit ist im Gesetzesverzeichnis festgehalten.

Betreut wurde die Dissertation von Herrn Prof. Dr. H.-H. Francke (Universität Freiburg i.Br.). Ihm bin ich für die Unterstützung, Freiheit und Toleranz bei der inhaltlichen Gestaltung der Arbeit zu besonderem Dank verpflichtet. Prof. Francke wird mir fachlich und menschlich immer ein Vorbild bleiben.

Herzlich möchte ich mich an dieser Stelle auch bei meinen Eltern bedanken, die mir auf meinem bisherigen Lebensweg stets positiv zur Seite standen.

Nicht zuletzt möchte ich allen danken, die zur Entstehung und Veröffentlichung der Arbeit beigetragen haben.

Freiburg, im Sommer 1998

Inhaltsverzeichnis

Abkürzungsverzeichnis

Abs.	Absatz
AEAO	Anwendungserlaß zur Abgabenordnung
AfA	Absetzungen für Abnutzung
AfaA	Absetzungen für außergewöhnliche technische oder wirtschaftliche Abnutzung
AfS	Absetzungen für Substanzverringerung
AG	Aktiengesellschaft
Ak	Anschaffungskosten
AktG	Aktiengesetz
Anm.	Anmerkung
Ann.	Annexe
AO	Abgabenordnung
Art.	Artikel
AStG	Außensteuergesetz
Bd.	Band
Bde.	Bände
BewG	Bewertungsgesetz
BFH	Bundesfinanzhof
BGB	Bürgerliches Gesetzbuch
BiRiLiG	Bilanzrichtlinien-Gesetz
BMF	Bundesministerium der Finanzen
BStBl	Bundessteuerblatt
BT	Bundestag
Buchst.	Buchstabe
BuG	Betriebs- und Geschäftsausstattung
BVerfG	Bundesverfassungsgericht
CDC	Code de commerce
CGI	Code générale des impôts
d.h.	das heißt
DB	Der Betrieb (Zeitschrift)
DOM	Départements d´Outre-Mer
EAR	Einnahme/Ausgaben-Rechnung
EGR	EG-Richtlinie
einschl.	einschließlich
ErbSt	Erbschaftsteuer/Schenkungsteuer
ErbStG	Erbschaft- und Schenkungsteuergesetz
ESt	Einkommensteuer
EStG	Einkommensteuergesetz
EURL	Entreprise unipersonnelle à responsabilité limitée
F & E	Forschung & Entwicklung
FAZ	Frankfurter Allgemeine Zeitung
FF	Französische Francs

Fn.	Fußnote
fort.	fortgeführte
GAAP	Generally Accepted Accounting Principles
GenG	Genossenschaftsgesetz
GewESt	Gewerbeertragsteuer
GewKSt	Gewerbekapitalsteuer
GewSt	Gewerbesteuer
GewStG	Gewerbesteuergesetz
GG	Grundgesetz
GmbH	Gesellschaft mit beschränkter Haftung
GoB	Grundsätze ordnungsmäßiger Buchführung
GrS	Großer Senat
GrSt	Grundsteuer
GrStG	Grundsteuergesetz
GuV	Gewinn-und-Verlust-Rechnung
HGB	Handelsgesetzbuch
Hk	Herstellungskosten
HS	Halbsatz
i.d.R.	in der Regel
i.S.d.	im Sinne der/des
i.S.v.	im Sinne von
i.V.m.	in Verbindung mit
i.Vgl.	im Vergleich
inkl.	inklusive
insb.	insbesondere
Jhd.	Jahrhundert
Kap.	Kapitel
KSt	Körperschaftsteuer
KStG	Körperschaftsteuergesetz
m.E.	meines Erachtens
Mio.	Millionen
Mrd.	Milliarden
o.A.	ohne Autor
PKW	Personenkraftwagen
Rdnr.	Randnummer
RHB-Stoffe	Roh-, Hilfs- und Betriebsstoffe
SA	Société anonyme
SARL	Société à responsabilité limité
TDM	Tausend DM
TFF	Tausend FF
TVA	Taxe sur la valeur ajoutée
Tz.	Textziffer
u.a.	unter anderem
USt	Umsatzsteuer
UStG	Umsatzsteuergesetz

v.Chr.	vor Christus
v.H.	von Hundert
v.T.	von Tausend
VoSt	Vorsteuer
VSt	Vermögensteuer
VStG	Vermögensteuergesetz
VZ	Vergleichszahl
z.B.	zum Beispiel
zit.	zitiert

1. Zur Frage einer gerechten Besteuerung
1.1 Das Äquivalenzprinzip

Staatliche Umverteilungsanstrengungen der letzten Jahrzehnte haben in Deutschland und Frankreich eine zunehmende Steuerbelastung nach sich gezogen. Kaum ein Lebensbereich deutscher und französischer Bürger bleibt heute vom mehr oder weniger merklichen Zugriff des Fiskus verschont. Hinzu kommt eine stetige Verkomplizierung des Steuerrechts. Der Ruf nach einer gerechteren Verteilung der Steuerlasten wird immer lauter. Als ungerecht und übermäßig empfundene Steuern verleiten zu Steuervermeidung und Steuerhinterziehung. Das Ungerechtigkeitsempfinden erhöht sich weiter.

Was als gerechte Besteuerung anzusehen ist, läßt sich aber keineswegs im Sinn eines Naturgesetzes oder einer mathematischen Logik eindeutig beweisen. Vielmehr wird dies entscheidend von gesellschaftlichen Werten abhängen, die selbst im Zeitablauf Wandlungen unterworfen sind. Ein Besteuerungssystem kann nur funktionieren, wenn es auf einem breit angelegten gesellschaftlichen Konsens beruht. "Jedes Steuerwesen [hat] letztlich der Kulturstufe des betreffenden Volkes zu entsprechen."[1]

Diese Zusammenhänge verdeutlicht die Französische Revolution. Eine ihrer Ursachen liegt im Steuersystem des Ancien Régime. Die Steuerbelastung orientiert sich an der Standeszugehörigkeit. Klerus und Adel sind steuerbefreit.[2] Das Steueraufkommen muß der Dritte Stand bestreiten. In der zweiten Hälfte des 18. Jhds. lassen die Menschen ihrem Unmut freien Lauf und entfachen die Französische Revolution.

Als gerecht wird im 18. Jhd. eine Besteuerung auf Grundlage des Äquivalenzprinzips empfunden. Steuern sind danach in Höhe beanspruchter staatlicher Leistungen zu entrichten. Das Äquivalenzprinzip findet sich bereits bei Vertretern der sogenannten Vertragstheorie. Hervorzuheben sind in diesem Zusammenhang die philosophischen Arbeiten von Thomas HOBBES (1588-1679), John LOCKE (1632-1704) und Jean-Jacques ROUSSEAU (1712-1778). Alle drei gehen bei ihren Überlegungen von einem Naturzustand aus, in dem Individuen ohne Rechts- und Staatsordnung nebeneinander leben. Es herrschen anarchische Zustände. HOBBES spricht vom Kampf jeder gegen jeden.[3] Zur Überwindung des Naturzustandes schließen die Menschen einen Gesellschaftsvertrag. Sie übertragen dem Staat freiwillig gewisse Rechte, damit dieser zum Wohl aller bestimmte Funktionen wahrnehmen kann. Insbesondere die Sicherung des inneren

---

1 Merzbacher, F. (1973), S. 255.
2 Vgl. Brachet, B. (1995), S. 30.
3 Tuck, R. (1988), S. 148f.

und äußeren Friedens ist fortan Staatsaufgabe. Die Unversehrtheit individueller Eigentumsrechte steht im Mittelpunkt.

Die Idee staatlicher Schutzfunktion findet sich auch bei den schottischen Moralphilosophen.[4] Ihrem Gedankengut entspringt letztlich die Konzeption einer marktwirtschaftlichen Ordnung. Sie gehen davon aus, daß das freie Zusammenspiel von Angebot und Nachfrage zu einem Ausgleich individueller Wirtschaftspläne führt. Einer besonderen staatlichen Lenkung des Wirtschaftsprozesses bedarf es nicht. Vielmehr weist der Preismechanismus als "unsichtbare Hand" den Akteuren die Richtung ihrer wirtschaftlichen Bemühungen. Staatsaufgabe ist lediglich, den Schutz der Eigentumsrechte zu gewährleisten, um in der Sprache von HOBBES den Kampf jeder gegen jeden auszuschließen. Der Preismechanismus führt dann zur bestmöglichen Allokation. Aus dem Zusammenspiel individueller Präferenzen und knapper Güter entstehen Angebot und Nachfrage in Einklang bringende Marktpreise.

Die staatliche Schutzfunktion ist aber nicht kostenlos zu erhalten. Justiz, Polizei und Militär verursachen Kosten. Ressourcen müssen vom privaten in den staatlichen Sektor überführt werden. Da Staatsverschuldung nicht ins Konzept sich selbst regulierender Märkte paßt, bleibt zur Finanzierung nur Steuererhebung. Zur Verteilung der Steuerlasten wird der privatwirtschaftliche Grundsatz von Leistung und Gegenleistung (Äquivalenzprinzip) auf den öffentlichen Bereich übertragen. Dies liegt schon deshalb nahe, weil mit dem Zusammenspiel von Angebot und Nachfrage die bestmögliche Allokation verbunden wird, weshalb auch von marktwirtschaftlicher Äquivalenz die Rede ist.[5]

Marktwirtschaftliche Äquivalenz impliziert, daß staatliche Leistungserbringung den Präferenzen der Bürger entspricht. Bei privaten Gütern offenbaren sich Präferenzen in Marktpreisen. Hinsichtlich der staatlichen Schutzfunktion liegt aber kein privates, sondern ein öffentliches Gut vor. Öffentliche Güter sind durch Nichtrivalität im Konsum und fehlende Ausschließbarkeit gekennzeichnet. Aus der Rechtsordnung gezogener Nutzen reduziert sich für die übrigen Staatsbürger nicht, wenn ein zusätzliches Gesellschaftsmitglied aufgenommen wird (Nichtrivalität im Konsum). Auch macht es keinen Sinn, einzelne Wirtschaftssubjekte, die nicht bereit sind, Steuern zu zahlen, aus dem Gültigkeitsbereich der Rechtsordnung auszuschließen (fehlende Ausschließbarkeit). Müßten sie nicht mit Sanktionen rechnen, bestünden Anreize, Eigentumsrechte anderer zu verletzen. Die marktwirtschaftliche Ordnung würde gefährdet. Bei öffentlichen Gütern gibt es also keine Marktpreise, aus denen Präferenzen erkenntlich sind. Sind die Bürger aber bereit, ihre Präferenzen freiwillig preiszugeben?

---

[4] Renommierte Vertreter der schottischen Moralphilosophen sind: David HUME (1711-1776), Adam SMITH (1723-1790) und Adam FERGUSON (1723-1816).

[5] Brümmerhoff, D. (1996), S. 238f.

Die Antwort ist aus obigen Bemerkungen über öffentliche Güter eindeutig ableitbar. Da der einzelne vom Konsum nicht ausgeschlossen werden kann, wird er versuchen, seinen Nutzen möglichst gering zu veranschlagen (Free-rider-Verhalten). Er hat keine Anreize, freiwillig für etwas zu zahlen, das er auch umsonst haben kann. Seine tatsächlichen Präferenzen bleiben im Verborgenen. Ökonomen haben zwar Verfahren zur Enthüllung von Präferenzen entwickelt, ihre praktische Umsetzbarkeit ist allerdings umstritten.[6] Da individueller Nutzen somit kaum meßbar ist, wird alternativ eine kostenorientierte Äquivalenz vorgeschlagen. Kosten, die ein Wirtschaftssubjekt verursacht, können aber nur anhand bestimmter Kriterien wie z.B. Einkommen, Konsum oder Vermögen geschätzt werden. Keinesfalls sind sie exakt festzustellen. Auch sind nicht alle Wirtschaftssubjekte an den Kosten beteiligbar. Zu denken ist beispielsweise an mittellose Bürger. Ihr Ausschluß von der Rechtsordnung würde Sinn und Zweck der Rechtsnormen unterminieren.

Im Zeitablauf entstanden verschiedene äquivalenztheoretische Spielarten.[7] Von SCHMALZ stammt die sogenannte Aktionärstheorie. Steuerzahlungen werden Einlagen von Unternehmenseignern gleichgestellt und in öffentlichen Leistungen Dividenden gesehen. SCHLÖZER vergleicht Steuern mit Assekuranzprämien zum Schutz der Eigentumsrechte. Die Versicherungstheorie hat insbesondere in Frankreich Beifall gefunden.[8] Allen Theorien ist die Übertragung des tauschwirtschaftlichen Prinzips vom privaten auf den öffentlichen Sektor gemeinsam. Daraus ergeben sich bedeutende Implikationen. So wird beispielsweise die überkommene Einkommensverteilung völlig ausgeblendet. Da nur in Höhe empfangener Staatsleistungen Steuern zu entrichten sind, bleibt notwendigerweise kein Spielraum für Umverteilungen. Sie sind mit der Überzeugung sich selbst regulierender Märkte auch nicht vereinbar. Ihren prägnantesten Ausdruck findet diese Sichtweise in der sogenannten Edinburger Regel "Leave them as you find them". Sie wurde von David RICARDO 1833 in einem Aufsatz der Edinburgh Review formuliert. Danach sollen die Einkommens- und Vermögensverhältnisse der Bürger vor Besteuerung denen nach Besteuerung entsprechen. Insbesondere der progressive Steuertarif wird aufs entschiedenste abgelehnt. Mit ihm werden unmittelbar unerwünschte staatliche Umverteilungsanstrengungen assoziiert.

---

6 Stiglitz, J. E./Schönfelder, B. (1989), S. 166ff.

7 Vgl. Mann, F. K. (1937), S. 210ff.; Mann, F. K. (1959), S. 108f.; Neumark, F. (1959), S. 96.

8 Vgl. z.B. Thiers, A. (1848), S. 348f.

1.2 Das Leistungsfähigkeitsprinzip
1.2.1 Historische Hintergründe des Leistungsfähigkeitsprinzips

Das Äquivalenzprinzip ist historisch mit vertragstheoretischen Anschauungen verbunden. Im wirtschaftlichen Bereich gilt: Jeder ist seines Glückes Schmied. Aspekte sozialer Gerechtigkeit bleiben völlig offen. Im Zug der Industrialisierung wandeln sich aber die gesellschaftlichen Verhältnisse grundlegend. Einem unorganisierten Proletariat auf der einen Seite stehen aufstrebende Unternehmer auf der anderen Seite gegenüber. Die ungleiche Machtverteilung zwischen Arbeitgebern und Arbeitnehmern forciert die Verelendung breiter Bevölkerungsschichten und schafft den Nährboden für soziale Spannungen.

Vor diesem Hintergrund ändert sich insbesondere in Deutschland die Staatsauffassung. Der vertragstheoretische Ansatz wird zunächst kritisiert und in der zweiten Hälfte des 19. Jhds. offen in Frage gestellt. Favorisiert wird an seiner Stelle die organische Staatstheorie. Fortan werden Steuern nicht mehr als Entgelt für in Anspruch genommene Staatsleistungen gesehen; vielmehr entsteht der Besteuerungsgrund allein aus der Gesellschaftszugehörigkeit heraus. In § 3 Abs. 1 S. 1 AO heißt es heute:

> "Steuern sind Geldleistungen, die nicht eine Gegenleistung für eine besondere Leistung darstellen und von einem öffentlich-rechtlichen Gemeinwesen zur Erzielung von Einnahmen allen auferlegt werden, bei denen der Tatbestand zutrifft, an den das Gesetz die Leistungspflicht knüpft; die Erzielung von Einnahmen kann Nebenzweck sein."

Anders verläuft die Entwicklung in Frankreich (Kap. 3.1, 3.3). Dort verharrt die individualistisch vertragstheoretische Staatsauffassung. Heute noch wird in Lehrbüchern die Meinung vertreten, daß die französische Verfassung nur einen proportionalen Steuertarif legitimiert. Auch kennt die französische Verfassung kein Sozialstaatsprinzip deutscher Prägung. Staatliche Umverteilungsbemühungen haben lediglich den Rang politischer Zielsetzungen.[9]

Von deutschen Ökonomen wird in der zweiten Hälfte des 19. Jhds. die organische Staatsauffassung bevorzugt. Als wesentlicher Punkt ist die Ablehnung der Übertragung des tauschwirtschaftlichen Prinzips vom privaten auf den öffentlichen Sektor hervorzuheben. Statt dessen rückt die soziale Funktion der Besteuerung in den Blickpunkt des Interesses. Insbesondere Adolph WAGNER leistet in seinen Abhandlungen der organischen Staatsauffassung Vorschub.[10] Untrennbar mit der organischen Staatsauffassung verbunden ist das Leistungsfähigkeitsprinzip, wonach ein gegebenes Steueraufkommen auf die Bürger nach

---

9 Vgl. Schloßmacher, S. (1991), S. 133f.

10 Vgl. Mann, F. K. (1937), S. 316f.

ihrer steuerlichen Leistungsfähigkeit verteilt werden soll. Inwiefern vom einzelnen staatliche Leistungen in Anspruch genommen werden, bleibt unberücksichtigt.

Letztlich ist der staatstheoretische Paradigmenwechsel notwendige Voraussetzung für den Einzug sozialer Gerechtigkeit in die Steuerlastverteilung. Mit dem Übergang zum Leistungsfähigkeitsprinzip ist auch der Weg zu einem progressiven Steuertarif frei. Mit äquivalenztheoretischem Gedankengut ist er unvereinbar. Liberale Ökonomen sehen in ihm schlechthin den Popanz staatlicher Umverteilung. Obgleich Befürworter des Leistungsfähigkeitsprinzips bemüht sind, die Progression wissenschaftlich mit Hilfe sogenannter Opfertheorien zu begründen, müssen diese Versuche aus heutiger Sicht als gescheitert gelten. Weder die Progression als solche und schon gar nicht ihr Verlauf lassen sich wissenschaftlich begründen.

Fazit: Die Vorstellung von einer gerechten Verteilung der Steuerlasten auf die Bürger hängt eng mit der vorherrschenden Staatsauffassung zusammen. Während dem Äquivalenzprinzip die vertragstheoretische Staatsauffassung zugrunde liegt, entspringt das Leistungsfähigkeitsprinzip der organischen Staatstheorie. Das Äquivalenzprinzip überträgt den tauschwirtschaftlichen Ansatz vom privaten auf den öffentlichen Bereich. Staatseinnahmen und -ausgaben werden miteinander verknüpft. Die Bereitstellung staatlicher Leistungen soll denselben Gesetzen genügen wie das Angebot privater Güter. Durch die Betonung allokativer Aspekte hat das Äquivalenzprinzip zweifellos konzeptionelle Vorteile. Allerdings treten praktische Probleme auf. Bei der staatlichen Bereitstellung öffentlicher Güter sind keine Marktpreise beobachtbar. Darüber hinaus bleiben die "wahren" Präferenzen der Bürger im Verborgenen. Folglich läßt sich das Äquivalenzprinzip nur im Rahmen privater Güter verwirklichen. Staatliche Bereitstellung privater Güter paßt aber nicht in das Wirtschaftsverständnis individualistisch denkender Ökonomen.

Im Unterschied zum Äquivalenzprinzip blendet das Leistungsfähigkeitsprinzip allokative Aspekte staatlicher Betätigung völlig aus. Ein gegebenes Staatsausgabenvolumen soll durch Steuererhebung gedeckt werden. Welche Aufgaben dem Staat zukommen, wird nicht weiter thematisiert. Die Übertragung marktwirtschaftlichen Gedankenguts auf den Bereich staatlicher Aktivität bleibt jedenfalls aus. Ganz im Gegenteil stellt das Leistungsfähigkeitsprinzip die aus dem Marktprozeß erwachsende Einkommens- und Vermögensverteilung in Frage. Sie wird als ungerecht angesehen und hieraus ein staatlicher Umverteilungsauftrag abgeleitet.

Zum Verständnis des Leistungsfähigkeitsprinzips erscheint es notwendig, seine Entstehungsgeschichte zu beleuchten.[11] Das Leistungsfähigkeitsprinzip wurde in einer Zeit populär (19. Jhd.), in der einerseits weite Teile der Arbeiterschicht verarmten und andererseits Unternehmer enorme Vermögen anhäuften. Aus dieser Situation heraus erwuchs die "soziale Frage" und der Gedanke staatlicher Umverteilung. Da dies mit dem Äquivalenzprinzip nicht machbar war, bedurfte es einer anderen Staatstheorie, aus der das Leistungsfähigkeitsprinzip entwickelt werden konnte. Die organische Staatstheorie kam zum Tragen.

Den frühen Vertretern des Leistungsfähigkeitsprinzips, wie z.B. WAGNER, STEIN und SCHMOLLER, kann sicherlich kein Hang zum Sozialismus vorgeworfen werden. Sie stellen zu keinem Zeitpunkt das marktwirtschaftliche System in Frage, sondern schlagen lediglich Korrekturen innerhalb der bestehenden Wirtschaftsordnung vor. Im weiteren wird dem Leistungsfähigkeitsprinzip insbesondere mangelnde wissenschaftliche Fundierung vorgeworfen.[12] Jede staatliche Maßnahme scheint legitimierbar, unabhängig von allokativen Konsequenzen. LITTMANN schreibt bereits 1970 in einer Festschrift für Fritz NEUMARK ein "Valet dem Leistungsfähigkeitsprinzip".[13] Folgendes Geleitwort stellt er seinem Aufsatz voran: "Doktrinen überzeugen leicht, wenn sie beweisen, was man wünscht."[14] Wie sich auf den ersten Seiten zeigt, ist das beim Leistungsfähigkeitsprinzip seiner Meinung nach nicht der Fall. Nur den Opfertheorien mißt LITTMANN ein "*ökonomisches* Konzept"[15] zu. Im folgenden läßt er aber keinen Zweifel an den Inkonsistenzen dieses Konzepts. Tatsächlich gilt heute der Versuch, den progressiven Steuertarif opfertheoretisch herzuleiten, als gescheitert. Ausufernden Interpretationen des Leistungsfähigkeitsprinzips im demokratischen Entscheidungsprozeß kann m.E. nur durch die Verfassung und den globalen Standortwettbewerb entgegengewirkt werden (Kap. 1.2.3).

1.2.2 Mögliche Leistungsfähigkeitsindikatoren

Wie bereits angedeutet, fordert das Leistungsfähigkeitsprinzip, jedes Wirtschaftssubjekt nach seinen wirtschaftlichen Verhältnissen zu besteuern. Worin spiegeln sich aber wirtschaftliche Verhältnisse wider? Mögliche Indikatoren können Einkommen, Konsum und Vermögen sein.[16] Während Einkommen und Konsum Stromgrößen sind, handelt es sich beim Vermögen um eine Bestandsgröße.[17] Besteuert wird der Vermögensbestand zu einem bestimmten Zeitpunkt.

---

11 Vgl. Pohmer, D./Jurke, G. (1984), S. 445ff.
12 Vgl. Pohmer, D. (1995), S. 421.
13 Vgl. Littmann, K. (1970), S. 113ff.
14 Littmann, K. (1970), S. 113.
15 Littmann, K. (1970), S. 115.
16 Vgl. Brümmerhoff, D. (1996), S. 242; Franke, S. F. (1981), S. 32.
17 Vgl. Rose, M. (1988), S. 299f.

Ob mit dem Vermögen im Besteuerungszeitraum eine Rendite erwirtschaftet wird, ist unerheblich. Gegebenenfalls ist die Steuer aus der Vermögenssubstanz zu entrichten. Dadurch beraubt sie sich aber ihrer eigenen Quelle. Deshalb werden Steuern, die bei fehlendem Ertrag aus der Vermögenssubstanz zu entrichten sind, auch als Soll-Ertrag-Steuern bezeichnet. Sie widersprechen dem Leistungsfähigkeitsprinzip.[18]

Folglich bleiben nur Konsum und Einkommen als Leistungsfähigkeitsindikatoren übrig. Konsumsteuern in Form indirekter Verbrauchsteuern lassen sich bis in die Antike zurückverfolgen, während die Einkommensteuer erstmals vor knapp 200 Jahren in England erhoben wurde. Sie wies sämtliche Merkmale einer modernen ESt auf, nämlich Deklarationspflicht inkl. Kontrollmechanismen, Unterteilung des Gesamteinkommens in Einkunftsarten und progressiver Steuertarif. Bereits vor Einführung der ersten "echten" ESt wurden Für und Wider der Konsum- und Einkommensbesteuerung diskutiert. HOBBES argumentierte schon 1654:

> "Welchen Grund gibt es dafür, daß derjenige, der viel arbeitet, stärker belastet werden sollte als der Müßiggänger, der wenig verdient und alles ausgibt, was er bekommt? Aber wenn die Dinge, die der Mensch verbraucht, belastet werden, dann zahlt jeder gleichermaßen für das, was er nutzt; und dann wird das Commonwealth auch nicht mehr durch die genußsüchtige Verschwendung privatisierender Menschen um seine Steuereinnahmen gebracht."[19]

HOBBES befürwortet folglich die Konsumbesteuerung unter Gerechtigkeitsaspekten. Es sei gerechter, jemanden danach zu besteuern, was er der Gesellschaft nimmt (Konsum), als danach, was er zum Sozialprodukt beisteuert (Einkommen). Unter ökonomischen Aspekten erörtert erstmals John Stuart MILL 1848 die Konsumsteuer:

> "Die richtige Methode, eine Einkommensteuer festzusetzen, bestünde darin, nur den Teil des Einkommens, der als Ausgabe vorgesehen ist, zu besteuern und den, der gespart wird, von der Steuer zu befreien. Denn für das, was gespart und investiert wird, fallen fortan Einkommensteuern an auf die Zinsen, die es trägt, obwohl das Sparkapital schon vorher besteuert wurde. Wenn daher die Ersparnisse von der Einkommensteuer nicht befreit werden, werden die Steuerzahler zweimal für das besteuert, was sie sparen, und nur einmal für das, was sie ausgeben."[20]

---

[18] Vgl. Tipke, K./Lang, J. (1996), Tz. 101ff., S. 90f.

[19] Zit. nach Musgrave, R. A. (1991), S. 40.

[20] Zit. nach Musgrave, R. A. (1991), S. 41.

Die Doppelbesteuerung der Ersparnisse wird noch heute als Hauptargument gegen die Einkommensbesteuerung ins Feld geführt.[21] Sie läßt sich anhand eines einfachen Beispiels veranschaulichen:

Konsumsteuer			**Einkommensteuer**		
Einkommen	1996	5.000	Einkommen	1996	5.000
Steuern	1996	0	Steuern	1996	2.000
Einkommen	1997	500	Einkommen	1997	300
Konsum vor Steuern	1997	5.500	Konsum vor Steuern	1997	3.300
Steuern	1997	2.200	Steuern	1997	120
Konsum nach Steuern	1997	3.300	Konsum nach Steuern	1997	3.180

Obigem Beispiel liegt die Annahme zugrunde, daß der Steuerpflichtige in 1996 Einkommen von 5.000 DM erwirtschaftet und es insgesamt zu einem 10 %igen Zins anlegt. 1997 wird das Einkommen von 1996 zuzüglich der Zinsen aus 1997 gänzlich für Konsumzwecke verausgabt. Bei einem unterstellten Steuersatz von 40 % liegen die Konsummöglichkeiten nach Steuern im Rahmen der ESt um 120 DM unter denen der Konsumsteuer. Dies entspricht genau dem Steuerbetrag auf die Zinseinkünfte. Folglich wird Sparen gegenüber Konsumieren diskriminiert. Die ESt führt gesamtwirtschaftlich zu geringeren Ersparnissen als die Konsumsteuer. Da aber makroökonomisch Investitionen nur in Höhe der Ersparnisse möglich sind und das Wirtschaftswachstum entscheidend von der Investitionshöhe abhängt, führt die ESt zu Wohlfahrtsverlusten. Aus den angeführten Gründen wird in der Literatur seit längerem gefordert, die ESt durch eine direkte Konsumsteuer zu ersetzen.[22]

Direkte Konsumsteuern sind prinzipiell mit dem Leistungsfähigkeitsprinzip vereinbar. Sie sind an den individuellen Umständen des Steuerpflichtigen ausrichtbar. Über Freibeträge können beispielsweise Existenzminima, Vorsorgeaufwendungen und Unterhaltszahlungen berücksichtigt werden. Indirekten Konsumsteuern fehlt diese Eigenschaft. Zur Ermittlung der Steuerbemessungsgrundlage ist es aus Praktikabilitätserwägungen nicht möglich, die Konsumausgaben einer Periode zu addieren. MUSGRAVE schlägt folgendes Rechenschema vor:[23]

---

21 Vgl. Rose, M. (1994), S. 424f.

22 Vgl. Fisher, I. (1942); Kaldor, N. (1955); Peffekoven, R. (1980); Schlicht, E. (1984); Rose, M. (1990); Wagner, F. W. (1992); Rose, M. (1997).

23 Musgrave, R. A./Musgrave, P. B./Kullmer, L. (1988), S. 313.

Bankguthaben am Anfang des Jahres
\+ Einnahmen
\+ Nettoverschuldung, d.h. Verschuldung minus Schuldentilgung oder Darlehensgewährung
− Nettoinvestitionen, d.h. Kosten von gekauften Vermögensgegenständen minus Erlöse aus dem Verkauf von Vermögensgegenständen
− Bankguthaben am Ende des Jahres
= Konsum während des Jahres

Aus obigen Ausführungen folgt zwar, daß die Konsumsteuer aus allokativen Gründen der ESt vorzuziehen ist. Trotzdem ist sie keineswegs frei von Problemen. Beispielhaft sei nur das schwierige Problem der Abgrenzung von Konsum- und Investitionsausgaben angeführt. Rechtsstreitigkeiten scheinen hier ähnlich wie bei den Betriebs- und Privatausgaben programmiert. Des weiteren kann das Bankgeheimnis nicht aufrechterhalten werden. Seine Abschaffung ist aber politisch kaum durchsetzbar, obgleich es auch im Rahmen der ESt eine gleichmäßige Besteuerung vereitelt. Insgesamt scheint eine grundlegende Neuorientierung der Besteuerung auf politischer Ebene unrealistisch. "Es wäre schon viel erreicht, wenn die Markteinkommen ohne Lücken und Steuervergünstigungen besteuert werden würden."[24] Im Rahmen dieser Arbeit werden deutsche und französische ESt unter dem Gesichtspunkt gleichmäßiger Besteuerung verglichen und Ansatzpunkte für Verbesserungsmöglichkeiten erarbeitet.

Fazit: Mit dem Leistungsfähigkeitsprinzip sind Einkommensteuern und direkte Konsumsteuern vereinbar. Obwohl indirekte Konsumsteuern individuelle wirtschaftliche Verhältnisse unberücksichtigt lassen, sind sie unter Leistungsfähigkeitsgesichtspunkten legitimierbar (Kap. 2.3.1). Im Unterschied zur ESt werden Ersparnisse durch Konsumsteuern nur einmal besteuert. Eine bessere Allokation ist die Folge. Politisch erscheint die Konsumsteuer gegenwärtig aber kaum realisierbar:

> "Die politische Durchsetzbarkeit von Steuerreformprojekten wird in außerordentlich hohem Maße davon bestimmt, welche Entlastungs- und Belastungseffekte für einzelne soziale Gruppen dabei zu erwarten sind; insbesondere eine 'Umverteilung von unten nach oben', die ein Reformvorhaben mit sich bringen könnte, gefährden seine Realisierung."[25]

Obgleich mit einem progressiven Tarif ausgestaltbar, läßt sich aus obigem Zitat die Polemik gegen direkte Konsumsteuern leicht ableiten. Einerseits wird auf den reichen Geizhals, der kaum konsumiert und deshalb wenig Steuern zahlt, verwiesen und andererseits die Steuerbelastung des Familienvaters mit durchschnittlichem Einkommen und hohem Konsumanteil hervorgehoben. Mit solchen Beispielen wird dann die Konsumsteuer als sozial ungerecht abgetan.

---

[24] Vgl. Lang, J. (1991), S. 320.
[25] Vgl. Pollak, H. (1991), S. 377.

Derartige Kritik ist nur bedingt berechtigt. Wird einer direkten Konsumsteuer das Wort geredet, ist gleichzeitig der Konsum Leistungsfähigkeitsindikator. Der Blick auf das Einkommen verbietet sich dann. Wird die steuerliche Belastung des Einkommens betrachtet, bleibt man notgedrungen im traditionellen Paradigma der Einkommensbesteuerung. Die Konsumsteuer ist abzulehnen. Es widerspricht sich, einerseits die Konsumbesteuerung zu befürworten, um sie andererseits im Hinblick auf die Steuerbelastung des Einkommens zu verurteilen.

In Kroatien wurde erstmals zum 1.1.1994 das bis dahin theoretische Gebilde einer direkten Konsumsteuer in die Praxis umgesetzt.[26] Es bleibt abzuwarten, welche Erfahrungen mit dieser Steuer gemacht werden. Fest steht, daß sich auch die Konsumsteuer politökonomischen Gesetzmäßigkeiten nicht entziehen kann und ohne rechtliche Vorkehrungen ein ähnliches Chaos wie in den gegenwärtigen Einkommensteuergesetzen nicht auszuschließen ist. Vor kurzfristiger Wählerstimmenmaximierung ist auch die Konsumsteuer nicht gefeit.

1.2.3 Leistungsfähigkeitsprinzip und Verfassung

Während direkte Konsumsteuern erstmals 1994 das Stadium akademischer Diskussionen verlassen haben (Kroatien), wurde bereits Ende des 18. Jhds. in England eine Steuer erhoben, die sämtliche Merkmale einer modernen ESt aufweist (Deklarationspflicht, Kontrollmechanismen, Unterteilung des Einkommens in Einkunftsarten, Progression). Heute findet sich in allen entwickelten Volkswirtschaften die ESt wieder. POPITZ hat sie einst als "Königin der Steuern"[27] bezeichnet. SCHUMPETER sah in ihr "die reinste – technisch und juristisch schönste – Gestalt des Steuergedankens überhaupt und den Höhepunkt der Steuerkunst des liberalen Bürgertums".[28]

Freilich treffen diese Lobeshymnen auf die geltende deutsche und französische ESt nicht mehr zu. Der kurzfristige Wettbewerb um Wählerstimmen hat den Gesetzgeber zu vielfältigen Ausnahmen veranlaßt und damit letztlich den Verfall der steuerlichen Systematik bewirkt.[29] Nichtsdestotrotz genießt die ESt in der Bevölkerung noch breite Zustimmung. Statistischen Erhebungen zufolge sind weniger als 15 % der Franzosen für eine Abschaffung der ESt. Als ungerecht wird lediglich ihre derzeitige Ausgestaltung empfunden.[30] Der Gesetzgeber kann die ESt aber nicht willkürlich ausgestalten. Das Steuerrecht als "Gesamtheit der

---

26 Vgl. Rose, M. (1994), S. 423f.
27 Vgl. Popitz, J. (1926), S. 402.
28 Vgl. Schumpeter, J. (1930), S. 382.
29 Vgl. Lang, J. (1993), S. 664ff.; Tipke, K. (1989), S. 291ff.
30 Vgl. Ducamin, B./Baconnier, R./Briet, R. (1996), S. 21ff.

Rechtsnormen, die Steuern betreffen",[31] ist nicht autonom, sondern Teil der Gesamtrechtsordnung, die in sich keine Wertungswidersprüche enthalten darf. Dem Steuerrecht ist untersagt, Grundwertungen anderer Rechtsgebiete zu unterlaufen. In diesem Zusammenhang wird auch von der Einheit der Rechtsordnung gesprochen.

Von herausragender Bedeutung für das Steuerrecht sind verfassungsrechtliche Wertungen. Art. 3 Abs. 1 GG formuliert: "Alle Menschen sind vor dem Gesetz gleich." Das französische Pendant hierzu lautet: "Die Menschen werden frei und gleich an Rechten geboren und bleiben es. Gesellschaftliche Unterschiede dürfen nur im allgemeinen Nutzen begründet sein."[32] Sowohl das BVerfG als auch der Conseil constitutionnel (Verfassungsrat) interpretieren den Gleichheitssatz als Willkürverbot.[33] Gesetzliche Differenzierungen sind nur zulässig, wenn es hierfür sachliche Gründe gibt.[34] Die deutsche und französische Verfassung enthalten explizit Differenzierungsverbote. Anknüpfungspunkte unterschiedlicher Behandlung dürfen weder Geschlecht, Rasse, Abstammung noch Religion sein (Art. 3 Abs. 2 und 3 GG, Art. 6 Abs. 5 GG, Art. 2 französische Verfassung, Art. 10 Erklärung der Menschen- und Bürgerrechte).

Zur Wahrung der Einheit der Rechtsordnung ist das Steuerrecht an verfassungsrechtliche Unterscheidungsverbote gebunden. Eine Steuer, die ausschließlich für Menschen bestimmter Nationalitäten gilt, ist verfassungswidrig. Sie verstößt gegen ein grundgesetzliches Differenzierungsverbot. Verfassungskonform ist dagegen eine Unterscheidung nach der Leistungsfähigkeit. Dem Gleichheitssatz wird entsprochen, wenn gleicher Leistungsfähigkeit eine gleich hohe Steuerbelastung gegenübersteht. Unterschiedliche Leistungsfähigkeiten führen zu anderen Steuerbelastungen. In Deutschland folgt die Verfassungsmäßigkeit des

---

[31] Tipke, K. (1993), Bd. 1, S. 77.

[32] Nicht-amtliche Übersetzung, hrsg. von der Presseabteilung der Französischen Botschaft in Bonn. Original: "Les hommes naissent et demeurent libres et égaux en droits. Les distinctions sociales ne peuvent être fondées que sur l'utilité publique."

[33] Nach Art. 61 der französischen Verfassung (constitution française) kann der Verfassungsrat ein Gesetz nur vor dessen Inkrafttreten auf seine Verfassungsmäßigkeit hin prüfen, wenn dies vom Präsidenten der Republik, dem Premierminister, dem Parlamentspräsidenten, 60 Abgeordneten oder 60 Senatoren beantragt wird. Ist ein Gesetz verabschiedet worden, kann eine verfassungsrechtliche Überprüfung nicht mehr stattfinden. Demgegenüber schließt das Grundgesetz aufgrund der Erfahrungen mit der Weimarer Republik und dem Dritten Reich die Möglichkeit eines verfassungswidrigen Gesetzes nicht aus (Art. 100 GG). Auch im demokratischen Prozeß zustande gekommene Gesetze können zu einem späteren Zeitpunkt als verfassungswidrig eingestuft werden. Insofern ist das Aufgabengebiet des BVerfG weiter definiert als das des Conseil constitutionnel.

[34] Vgl. Schloßmacher, S. (1991), S. 86ff.

Leistungsfähigkeitsprinzips aus der ständigen Rechtsprechung des BVerfG.[35] In der Verfassung selbst ist das Leistungsfähigkeitsprinzip nicht erwähnt.

Die Entwicklung des Leistungsfähigkeitsprinzips in der französischen Verfassung bedarf einer näheren Betrachtung. In der Erklärung der Menschen- und Bürgerrechte vom 26. August 1789 heißt es in Art. 13: "Für die Unterhaltung der öffentlichen Gewalt und für die Verwaltungsausgaben ist eine allgemeine Abgabe unerläßlich; sie muß auf alle Bürger, nach Maßgabe ihrer Möglichkeiten, gleichmäßig verteilt werden."[36] Aus dieser Formulierung wird heute in Frankreich die verfassungsrechtliche Verankerung des Leistungsfähigkeitsprinzips abgeleitet. Zum Zeitpunkt der Erklärung der Menschen- und Bürgerrechte konnte von einer verfassungsrechtlichen Fixierung des Leistungsfähigkeitsprinzips aber keine Rede sein. Vielmehr dominierte in dieser Zeit das äquivalenztheoretische Paradigma. Die Bürger sollen nach ihren Möglichkeiten Steuern zahlen, wobei die Möglichkeiten mit den Erträgen identifiziert werden, die der einzelne unter staatlichem Schutz erwirtschaftet hat. Erst das tauschwirtschaftliche Prinzip legitimiert den Staat zur Steuererhebung.

Die Beharrlichkeit individualistischen Gedankenguts (Kap. 3.1, 3.3) führt dazu, daß in Frankreich die vertragstheoretische Staatsauffassung sehr viel später zugunsten der organischen Staatstheorie aufgegeben wird als in Deutschland. Heute wird in Art. 13 Erklärung der Menschen- und Bürgerrechte die verfassungsrechtliche Verankerung des Leistungsfähigkeitsprinzips gesehen, so daß bezüglich des Leistungsfähigkeitsprinzips in den letzten 200 Jahren eine bedeutende Rechtsfortentwicklung festzustellen ist. Ganz im Gegensatz zu seiner ursprünglichen Intention trägt Art. 13 Erklärung der Menschen- und Bürgerrechte nun sozialstaatliche Elemente in die Verfassung, die ein Sozialstaatsprinzip deutscher Prägung (Art. 20 Abs. 1, 28 Abs. 1 S. 1 GG) sonst nicht kennt. Wenn heute noch in der französischen Literatur die Auffassung vertreten wird, daß die Verfassung nur einen proportionalen Steuertarif legitimiert, hat das seine Ursache unmittelbar in den oben dargestellten Zusammenhängen. Im Unterschied zur Progression wird die verfassungsrechtliche Legitimation staatlicher Umverteilung nicht bestritten. Sie ist aber nicht mit dem Sozialstaatsprinzip der deutschen Verfassung (Umverteilungsauftrag) gleichzusetzen. Umverteilung hat in Frankreich lediglich den Rang einer politischen Zielsetzung.

Aus den bisherigen Ausführungen folgt nur, daß das Leistungsfähigkeitsprinzip sowohl in Deutschland als auch in Frankreich ein verfassungskonformer

---

35 Vgl. Kirchhof, P. (1984), S. 302ff.

36 Nicht-amtliche Übersetzung, hrsg. von der Presseabteilung der Französischen Botschaft in Bonn. Original: "Pour l'entretien de la force publique, et pour les dépenses d'administration, une contribution commune est indispensable: elle doit être également répartie entre les citoyens, en raison de leur facultés."

Besteuerungsmaßstab ist. Über seinen Inhalt bzw. seine Auswirkungen auf die Ausgestaltung einzelner Steuern sowie das gesamte Steuersystem wurde bisher nichts gesagt. Es kann lediglich gefolgert werden, daß die einzelne Steuer und auch das Steuersystem eine am Leistungsfähigkeitsprinzip orientierte Besteuerung gewährleisten müssen.

Gerade die inhaltliche Unbestimmtheit wird dem Leistungsfähigkeitsprinzip zum Vorwurf gemacht. Sie würde zu beliebigen Umverteilungsanstrengungen, ja zu sozialer Nivellierung legitimieren.[37] Dem Leistungsfähigkeitsprinzip wird eine wissenschaftliche Fundierung abgesprochen. In der Tat läßt sich aus dem Leistungsfähigkeitsprinzip wissenschaftlich kein bestimmter Tarifverlauf ableiten, und Grenzsteuerbelastungen über 60 % legen den Eindruck nahe, als wäre mit dem Leistungsfähigkeitsprinzip alles vereinbar.

Bei derartiger Kritik am Leistungsfähigkeitsprinzip wird aber dessen Bindung an andere Verfassungswerte übersehen. BIRK spricht von "gestaltungsbegrenzenden Verfassungsnormen".[38] Besondere Bedeutung kommt dem Eigentumsschutz zu. Art. 14 Abs. 1 GG bestimmt: "Das Eigentum und das Erbrecht werden gewährleistet. Inhalt und Schranken werden durch die Gesetze bestimmt." In Art. 2 Erklärung der Menschen- und Bürgerrechte heißt es: "Der Zweck jeder politischen Vereinigung ist die Erhaltung der natürlichen und unantastbaren Menschenrechte. Diese sind das Recht aufFreiheit, das Recht auf Eigentum, das Recht auf Sicherheit und das Recht auf Widerstand gegen Unterdrückung."[39] Weiter bestimmt Art. 17: "Da das Eigentum ein unverletzliches und geheiligtes Recht ist, kann es niemandem genommen werden, es sei denn, daß die gesetzlich festgestellte öffentliche Notwendigkeit dies eindeutig erfordert und vorher eine gerechte Entschädigung festgelegt wird."[40]

Aus der Sicht des Steuerpflichtigen bedeutet Besteuerung aber nichts anderes, als Verzicht auf Geldeigentum zu üben. Abgeleitet wird dieser Verzicht in Deutschland aus der Sozialpflichtigkeit des Einkommens (Art. 14 Abs. 2 GG).[41] Sie verpflichtet zum Wohl der Allgemeinheit, Steuern zu zahlen. Eine Sozialbindung des Eigentums nach deutschem Muster ist der französischen Verfassung

---

37 Vgl. Leisner, W. (1983), S. 97ff.

38 Birk, D. (1983), S. 299.

39 Nicht-amtliche Übersetzung, hrsg. von der Presseabteilung der Französischen Botschaft in Bonn. Original: "Le but de toute association politique est la conservation des droits naturels et imprescriptibles de l'homme. Ces droits sont la liberté, la propriété, la sûreté et la résistance à l'oppression."

40 Nicht-amtliche Übersetzung, hrsg. von der Presseabteilung der Französischen Botschaft in Bonn. Original: "La propriété étant un droit inviolable et sacré, nul ne peut en être privé, si ce n'est lorsque la nécessité publique, légalement constatée, l'exige évidemment, et sous la condition d'une juste et préalable indemnité."

41 Vgl. Kirchhof, P. (1984), S. 309.

fremd. Auch hat der Conseil constitutionnel bislang keine verbindlichen Aussagen über das Verhältnis von Besteuerung und Eigentum getroffen.[42]

Die Legitimation zur Steuererhebung berechtigt aber nicht zu einer Besteuerung in beliebiger Höhe. Angesprochen ist das Übermaßverbot. Wann eine übermäßige Steuerbelastung vorliegt, wurde in Frankreich bisher nicht entschieden. Es wird lediglich auf den bereits zitierten Art. 17 Erklärung der Menschen- und Bürgerrechte verwiesen, der vor übermäßiger Besteuerung schützen soll. Im Gegensatz hierzu hat das BVerfG erstmals 1995 in einem nicht zu Unrecht als wegweisend erachteten Urteil das Vorliegen einer übermäßigen Besteuerung näher quantifiziert, indem es eine Gesamtsteuerbelastung oberhalb 50 % für verfassungswidrig erklärte.[43] [44] Allerdings hat das Gericht viele Fragen offengelassen. Ungeklärt ist z.B., welche Steuern zur Berechnung der Gesamtsteuerbelastung heranzuziehen sind.

Während zur Bestimmung von Tarifobergrenzen auf andere Verfassungswerte zurückgegriffen werden muß, ist das Leistungsfähigkeitsprinzip hinsichtlich der Ausgestaltung der Steuerbemessungsgrundlage aussagekräftiger. So ist im Rahmen des Einkommensteuerparadigmas die unterschiedliche Besteuerung verschiedener Einkunftsarten mit dem Leistungsfähigkeitsprinzip unvereinbar. Als Beispiel sei nur der hohe Freibetrag für Einkünfte aus Kapitalvermögen nach deutschem Recht genannt. Fällt die Entscheidung zugunsten einer ESt aus, müssen Zinseinkünfte als Einkommen gewertet werden. Wird in der Zinsbesteuerung eine Doppelbesteuerung der Ersparnisse gesehen, verläßt man das Einkommensteuerparadigma und fordert den Übergang zu einem konsumorientierten Steuersystem. Ist die steuerliche Freistellung von Zinseinkünften (bis zur Verausgabung für Konsumzwecke) im Rahmen der Konsumsteuer systemkonform, so widerspricht sie der Einkommensteuersystematik. Zur Beurteilung bestehender Einkommensteuergesetze hinsichtlich einer gleichmäßigen Besteuerung wurden seitens der Finanz- und Rechtswissenschaft verschiedene Einkommenstheorien entwickelt. Angesprochen sind die Quellen-, Reinvermögenszugangs- und Markteinkommenstheorie. Dieser Arbeit liegt die Markteinkommenstheorie als theoretische Grundlage für die Beurteilung einer gleichmäßigen Besteuerung zugrunde. Quellen- und Reinvermögenszugangstheorie sind m.E. ungeeignet, eine gleichmäßige Besteuerung sicherzustellen (Kap. 4.5.1).

Fazit: Sowohl in Deutschland als auch in Frankreich ist das Leistungsfähigkeitsprinzip verfassungskonformer Besteuerungsmaßstab. Bei seiner praktischen Ausgestaltung hat der Gesetzgeber erheblichen Gestaltungsspielraum, der aber

---

[42] Vgl. Schloßmacher, S. (1991), S. 222.

[43] Vgl. BVerfG (1995), S. 655ff.

[44] Vgl. Rose, G. (1997), S. 494ff.; Klein, A. (1996), S. 1807ff.; Felix, G. (1995), S. 2241ff.

seine Grenzen dort hat, wo andere Grundwerte verletzt werden. Besondere Bedeutung kommt dem Eigentumsschutz zu, der letztlich eine übermäßige Besteuerung verhindern soll. Wann eine übermäßige Besteuerung vorliegt, wurde in Deutschland erstmals 1995 näher bestimmt. Neben der Verfassung setzt auch der globale Standortwettbewerb dem fiskalischen Zugriff Grenzen.[45] Nicht zuletzt deshalb werden momentan vom deutschen und französischen Gesetzgeber Möglichkeiten für Steuerentlastungen diskutiert. Der Anwendungsbereich des Leistungsfähigkeitsprinzips liegt folglich nicht so sehr in der Frage der Tarifgestaltung als vielmehr in der Gestaltung der Steuerbemessungsgrundlage, d.h. dort, wo es um gleichmäßige Besteuerung geht. Zur Beurteilung der deutschen und französischen ESt hinsichtlich einer gleichmäßigen Besteuerung wird in dieser Arbeit die Markteinkommenstheorie verwendet.

1.2.4 Leistungsfähigkeitsprinzip und gegenwärtiges Steuerrecht

Verfassungsrechtlich ist das Leistungsfähigkeitsprinzip sowohl in Deutschland als auch Frankreich verankert. Bleibt die Frage, ob das Leistungsfähigkeitsprinzip i.S. einer gleichmäßigen Besteuerung in der deutschen oder französischen Gesetzgebung besser verwirklicht worden ist. Maßstab für die Beurteilung einer gleichmäßigen Besteuerung soll in dieser Arbeit die Markteinkommenstheorie sein. Unter diesem Blickwinkel sind Für und Wider der beiden Steuerrechtsordnungen gegeneinander abzuwägen.

Im Vorgriff auf nachfolgende Ausführungen führt m.E. die französische Steuergesetzgebung zu einer gleichmäßigeren Besteuerung als die deutsche. Ausschlaggebend für diese Wertung ist die einheitliche Konzeption der französischen Einkommensteuer. Sämtliche der acht Einkunftsarten sind der Markteinkommenstheorie angenähert. Im Gegensatz dazu stehen nach deutschem Recht die Gewinneinkünfte der Markteinkommenstheorie nahe, während sich die Überschußeinkünfte an der Quellentheorie orientieren.

Der konzeptionelle Unterschied zeigt sich insbesondere in der Besteuerung realisierter Veräußerungsgewinne. Markteinkommenstheoretisch handelt es sich um am Markt erwirtschaftete und damit zu besteuernde Einkünfte. Tatsächlich bleiben aber nach deutschem Recht Veräußerungsgewinne im Rahmen der Überschußeinkünfte grundsätzlich steuerfrei. Nur Einkünfte aus Spekulationsgeschäften i.S.d. §§ 22 Nr. 2 und 23 EStG werden ausnahmsweise besteuert. Bei den Gewinneinkünften sind Veräußerungsgewinne dagegen grundsätzlich steuerpflichtig. Dadurch wird in Deutschland schon konzeptionell eine gleichmäßige Besteuerung vereitelt. Im Unterschied dazu liegt in Frankreich auch den Überschußeinkünften die Markteinkommenstheorie zugrunde. Allerdings sind

45 Vgl. Soltwedel, R. (1997), Sp. 2, S. 15.

eine Reihe von Sonderbestimmungen bezüglich der Besteuerung von Veräußerungsgewinnen zu beachten.

Neben der Besteuerung der verschiedenen Einkunftsarten, die unter dem Blickwinkel der Markteinkommenstheorie beurteilt wird, sind als weiterer wesentlicher Aspekt die steuerlichen Folgen von Ehe und Familie hervorzuheben. In Deutschland wird der Eheschließung mit dem Ehegattensplitting Rechnung getragen. Kinder finden durch Freibeträge (wahlweise auch durch Kindergeld) Berücksichtigung. Der französische Gesetzgeber hat sich für das Familiensplitting entschieden, das insbesondere Familien mit zwei und mehr Kindern i.Vgl. zum deutschen Recht deutlich besser stellt. Beide Systeme sind meines Erachtens aber suboptimal, da dem Leistungsfähigkeitsprinzip am besten durch das Familien-Realsplitting entsprochen wird.

Festzuhalten bleibt, daß das französische Steuerrecht von seiner Grundstruktur her der Markteinkommenstheorie näher steht als das deutsche Steuerrecht und daher zu einer gleichmäßigeren Besteuerung führt. Es darf aber nicht übersehen werden, daß auch der französische Gesetzgeber die grundlegende Konzeption durch mannigfache Ausnahmen durchlöchert hat.

2. Ein Vergleich der Steuersysteme
2.1 Zahlenmäßiger Vergleich

Wie in Kap. 1 bereits angedeutet, muß nicht nur die einzelne Steuer, sondern auch die Gesamtheit der erhobenen Steuern, das sogenannte Steuersystem, eine Besteuerung auf Basis der Leistungsfähigkeit gewährleisten. Es ist denkbar, daß sämtliche Steuern für sich betrachtet zwar dem Leistungsfähigkeitsprinzip entsprechen, in ihrem Zusammenwirken aber zu einer übermäßigen verfassungswidrigen Steuerbelastung führen. Genau diesen Sachverhalt hat das BVerfG 1995 gerügt (Kap. 1.2.3).[46]

Nachfolgende Tabelle gibt einen Überblick über quantitativ bedeutende Steuern in Deutschland und Frankreich.[47]

Jahr 1995	**Frankreich**		**Deutschland**	
Steuerart	**Aufkommen in Mio. FF**	**Anteil in %**	**Aufkommen in Mio. DM**	**Anteil in %**
Einkommensteuer	303.525	16,8	311.700	38,0
Körperschaftsteuer	145.780	8,1	19.500	2,4
Gewerbesteuer	137.860	7,6	42.200	5,1
Grundsteuer	87.162	4,8	13.600	1,7
Vermögensteuer	8.800	0,5	7.900	1,0
Umsatzsteuer	673.216	37,2	235.500	28,7
Mineralölsteuer	146.141	8,0	65.200	8,0
übrige Steuern	307.410	17,0	124.100	15,1
Summe:	**1.809.984**	**100**	**819.700**	**100**

Aus der Tabelle sind zahlenmäßig wesentliche Unterschiede zwischen deutschem und französischem Steuersystem ersichtlich. Während in Deutschland die

---

46 Vgl. BVerfG (1995), S. 655ff.

47 Vgl. Institut der deutschen Wirtschaft Köln (1996), Tafel 76; Ministère de l'économie et du budget (1996), Faltblatt.

ESt aufkommensmäßig dominiert, ist es in Frankreich die USt. Die i.Vgl. zu Deutschland relativ geringerere Bedeutung der französischen ESt hat im wesentlichen zwei Gründe: Erstens zahlen aufgrund hoher Pauschalen und Freibeträge nur etwa die Hälfte der fast 30 Millionen französischen Haushalte ESt.[48] Zweitens ist der Regelumsatzsteuersatz in Frankreich (20,6 %) um 5,6 Prozentpunkte höher als in Deutschland (15 %).

Der KSt-Anteil am Gesamtsteueraufkommen ist in Frankreich wegen der weiteren Verbreitung von Kapitalgesellschaften mehr als dreimal so hoch wie in Deutschland.[49] Insbesondere die AG (société anonyme, S.A.) ist auch bei mittelständischen Unternehmen beliebt.[50] Demgegenüber sind in Deutschland 80 % aller Unternehmen Personengesellschaften.[51]

Bei einem in dieser Arbeit unterstellten Wechselkurs –DM:FF– von 1:3 entspricht das Pro-Kopf-Steueraufkommen in Deutschland (10.070 DM) annähernd dem in Frankreich (10.420 DM).[52] Die Steuerquote (Steueraufkommen in Prozent des Bruttosozialprodukts) beläuft sich in Deutschland auf 23,9 % und in Frankreich auf 24,9 %.[53]

Exkurs: Zum Aufbau des französischen Steuerrechts. Der Aufbau des deutschen Steuerrechts wird als bekannt vorausgesetzt.

Die steuerlichen Vorschriften sind in Frankreich im "Code général des impôts" (CGI) niedergeschrieben. Dort werden die Bestimmungen nicht als Paragraphen, sondern als Artikel bezeichnet. Sie sind in aufsteigender Zahlenfolge geordnet (Art. 1 bis 1965 L CGI). Beispielsweise umfaßt die Einkommensteuer (impôt sur le revenu) die Art. 1 bis 204 A CGI, die Körperschaftsteuer (impôt sur les sociétés) die Art. 205 bis 223 U CGI und die Umsatzsteuer (taxe sur la valeur ajoutée) die Art. 256-0 bis 298 *septdecies* CGI. Aufgrund der fortlaufenden Numerierung der Artikel kann der "Code général des impôts" als Steuergesetzbuch interpretiert werden. Ergänzend sieht der Gesetzgeber vier Anhänge (Annexe I bis IV) vor, die die steuerlichen Bestimmungen konkretisieren.

Für die bilanzielle Gewinnermittlung sind neben steuerrechtlichen Vorschriften noch handelsrechtliche Bestimmungen relevant. Sie finden sich insbesondere im "Code de commerce", im "Décret n° 83-1020 du 29 novembre 1983" und im "Plan comptable général". Der "Code de commerce" (CDC) ist das französische

---

48 Vgl. FAZ (1997), S. 13f.
49 Vgl. Bolin, M. (1991), S. 78f.
50 Vgl. Lutz, D./App, M. (1992), S. 249.
51 Vgl. FAZ (1997a), S. 13.
52 Berechnungsgrundlage: Institut der deutschen Wirtschaft Köln (1996), Tafel 141.
53 Vgl. Institut der deutschen Wirtschaft Köln (1996), Tafel 145.

Handelsgesetzbuch. Für die Rechnungslegung sind die Art. 8 bis 17 CDC relevant. Das "Décret n° 83-1020 du 29 novembre 1983" (Décret 83-1020) ist die Durchführungsverordnung zum CDC. Es enthält Ausführungen bezüglich Buchführungs-, Bewertungs- und Ausweisbestimmungen des CDC. Der "Plan comptable général" ist als Kommentar zu den Regelungen des CDC und dem Décret 83-1020 gedacht.[54]

2.2 Besondere Erhebungsformen der Einkommensteuer

2.2.1 Die Körperschaftsteuer

2.2.1.1 Die Körperschaftsteuerpflicht

Die KSt (impôt sur les sociétés) ist eine recht junge Steuer. In Deutschland wurde sie 1920, in Frankreich 1948 eingeführt.[55] Steuerobjekt ist das Einkommen juristischer Personen.[56] Wesentliches Charakteristikum juristischer Personen ist ihre eigenständige Rechtsfähigkeit. Der Gesetzgeber billigt ihnen dieselben Rechte und Pflichten zu wie natürlichen Personen. Da juristische Personen unmittelbar oder mittelbar im Eigentum natürlicher Personen stehen, kommt es ohne Anrechnungsverfahren (Kap. 6.3.2) zur Doppelbesteuerung körperschaftlicher Gewinne. Einerseits unterliegen sie der KSt, andererseits der ESt, sobald sie den Anteilseignern zufließen.

Zur Rechtfertigung einer Doppelbelastung bedarf es, unter Leistungsfähigkeitsaspekten, spezieller Gründe. Angeführt werden u.a. bessere Eigen- und Fremdkapitalfinanzierungsmöglichkeiten, höhere Kapitalrenditen und damit verbunden eine insgesamt gesteigerte Wirtschaftlichkeit unternehmerischer Tätigkeit.[57] "Indessen, alle diese Vorteile ... bestehen nicht aufgrund der Rechtsform für alle Kapitalgesellschaften in gleicher Weise. Was für die große Gesellschaft gilt, muß nicht für die kleine Gesellschaft gelten."[58] Umgekehrt weisen viele kleine und mittlere Personengesellschaften eine höhere Kapitalverzinsung auf als Großunternehmen.[59] Unter Leistungsfähigkeitsaspekten ist eine Doppelbelastung nicht begründbar.

Der deutsche Gesetzgeber unterscheidet zwischen unbeschränkter und beschränkter KSt-Pflicht. Unbeschränkte KSt-Pflicht tritt ein, sobald

54 Vgl. Bolin, M. (1990), S. 88.
55 Vgl. Trotabas, L./Cotteret, J.-M. (1992), Tz. 147, S. 196.
56 Vgl. Streck, M. (1995), Tz. 1ff., S. 16ff.; Beltrame, P. (1993), S. 63.
57 Vgl. Steuerreformkommission (1971), Tz. 65ff., S. 308f.; Stolterfoht, J. N. (1993), S. 497ff.
58 Tipke, K. (1993), Bd. 2, S. 737.
59 Vgl. Kronberger Kreis (1985), S. 11.

"1. Kapitalgesellschaften (Aktiengesellschaften, Kommanditgesellschaften auf Aktien, Gesellschaften mit beschränkter Haftung, bergrechtliche Gewerkschaften);
2. Erwerbs- und Wirtschaftsgenossenschaften;
3. Versicherungsvereine auf Gegenseitigkeit;
4. sonstige juristische Personen des privaten Rechts;
5. nichtrechtsfähige Vereine, Anstalten, Stiftungen und andere Zweckvermögen des privaten Rechts;
6. Betriebe gewerblicher Art von juristischen Personen des öffentlichen Rechts"[60]

ihre Geschäftsleitung oder ihren Firmensitz im Inland haben. Besteuert wird das Welteinkommen. Sind Geschäftsleitung und Firmensitz im Ausland, greift die beschränkte KSt-Pflicht (§ 2 KStG). Nur in Deutschland erzielte Einkünfte unterliegen der KSt. Der französische Gesetzgeber sieht grundsätzlich eine beschränkte KSt-Pflicht vor (Art. 209 I CGI). Allerdings können französische Gesellschaften mit Zustimmung der Finanzverwaltung auch das Welteinkommen der Besteuerung zugrunde legen (Art. 209 *quinquies* CGI).[61] Da in den meisten anderen Staaten die KSt auf dem Welteinkommensprinzip basiert, verhindert diese Option eine Benachteiligung französischer Unternehmen im globalen Wettbewerb.[62]

COZIAN unterscheidet Unternehmen (Art. 206-208 *quater* CGI), die

- grundsätzlich kst-pflichtig sind, nämlich Rechtsformen mit beschränkter Haftung;
- ausnahmsweise kst-pflichtig sind, nämlich Rechtsformen mit unbeschränkter Haftung;
- die Kst-pflicht erweitern, nämlich Organisationen ohne Gewinnerzielungsabsicht.[63]

Grundsätzlich kst-pflichtig sind Kapitalgesellschaften. Dazu gehören

- Aktiengesellschaften (société anonymes (S.A.), société par actions simplifiées);
- Kommanditgesellschaften auf Aktien (société en commandite par actions);
- Gesellschaften mit beschränkter Haftung (société à responsabilité limitée (SARL)).[64]

---

60 § 1 Abs. 1 KStG
61 Vgl. Tillmanns, W. (1995), S. 571f.
62 Vgl. Mercier, J.-Y./Plagnet, B. (1995), Tz. 518, S. 166.
63 Vgl. Cozian, M. (1995), Tz. 1034, S. 239.
64 Vgl. Mémento fiscal (1996), Tz. 3110, S. 472.

Familien-GmbH (SARL de famille) und Einmann-GmbH (entreprise unipersonelle à responsabilité limitée (EURL)) können für die ESt optieren.[65] Vorteil der ESt gegenüber der KSt ist der 20 %ige Freibetrag bei Zugehörigkeit zu einem "centre de gestion agréé". Er wird im Rahmen der KSt nicht zugestanden (Kap. 5.4.1). Der spätere Übergang von der ESt zur KSt ist uneingeschränkt möglich.[66]

Gesellschaften bürgerlichen Rechts sind ausnahmsweise kst-pflichtig, wenn sie eine kaufmännische Tätigkeit ausüben (sociétés civiles à objet commercial, Art. 206 2. CGI). Beispielhaft sei eine Immobiliengesellschaft bürgerlichen Rechts (société civile immobilière) angeführt. Beschränkt sie sich auf Vermietungstätigkeiten nicht möblierter Immobilien, ist die ESt maßgebend. Werden möblierte Wohneinheiten vermietet, erhält die Tätigkeit, nach Meinung des Gesetzgebers, einen kaufmännischen Charakter. Die KSt wird relevant.[67] Beschränkt sich umgekehrt eine Immobilien AG auf Vermietung und Verpachtung nicht möblierter Einheiten, unterliegt sie weiterhin der KSt. Die Abhängigkeit der KSt-Pflicht von der ausgeübten Tätigkeit anstatt von der Rechtsform ist systemwidrig.[68]

Während Gesellschaften bürgerlichen Rechts zur KSt verpflichtet werden können, haben Personengesellschaften unter bestimmten Voraussetzungen die Möglichkeit, sich freiwillig für sie zu entscheiden (Art. 206 3. CGI). Allerdings ist die Entscheidung endgültig, d.h. "einmal kst-pflichtig, immer kst-pflichtig". Anreize liefert der relativ niedrige KSt-Satz von 33 1/3 % auf einbehaltene Gewinne. Ausgeschüttete Gewinne werden aufgrund des Anrechnungsverfahrens mit dem individuellen Grenzsteuersatz von bis zu 54 % belastet. Einbehaltene Gewinne unterliegen erst im Ausschüttungsfall dem individuellen Grenzsteuersatz. Liegt die durchschnittliche Steuerbelastung der Anteilseigner oberhalb 33 1/3 %, tritt ein Steuerstundungseffekt ein (zinsloser Kredit). Im Interesse der Wettbewerbs- und Rechtsformneutralität müßte der KSt-Satz einbehaltener Gewinne dem Spitzensteuersatz der ESt entsprechen. Sonst bleiben zinslose Kredite, von denen Mitunternehmer rechtsformbedingt ausgeschlossen sind, nicht aus.[69]

---

[65] Vgl. Mémento fiscal (1996), Tz. 3120ff., S. 473ff.

[66] Eine Familien-GmbH liegt vor, sofern sämtliche Gesellschafter einer Familie angehören, d.h. Vater, Mutter, Sohn, Tochter, Ehefrau, Bruder oder Schwester sind. Vgl. Beltrame, P. (1993), S. 65.

[67] Cozian, M. (1995), Tz. 1039, S. 241.

[68] Cozian, M. (1995), Tz. 1037, S. 240; Cozian, M. (1996), S. 260ff.

[69] Vgl. Pezzer, H.-J. (1996), Tz. 130, S. 477f.

Die KSt-Pflicht wird erweitert durch Genossenschaften, Verbände, Gewerkschaften, Stiftungen und Versicherungsvereine auf Gegenseitigkeit. Ihnen fehlt die Gewinnerzielungsabsicht.[70]

2.2.1.2 Körperschaftsteuerpflichtiges Einkommen und Körperschaftsteuertarif

§ 8 Abs. 1 KStG bestimmt: "Was als Einkommen gilt und wie das Einkommen zu ermitteln ist, bestimmt sich nach den Vorschriften des Einkommensteuergesetzes und dieses Gesetzes." Ebenso ist in Frankreich die KSt-Bemessungsgrundlage gemäß den einkommen- und körperschaftsteuerlichen Vorschriften festzustellen (Art. 209 CGI).[71] Durch die Bezugnahme auf die ESt läßt sich die KSt in Verbindung mit dem Anrechnungsverfahren als eine "Erhebungsform der Einkommensteuer"[72] interpretieren. Der Gewinn gleicht den Einkünften aus Gewerbebetrieb (§ 2 Abs. 1 Nr. 2 EStG), modifiziert um spezifische körperschaftsteuerliche Regelungen.[73] In Frankreich wird die KSt-Bemessungsgrundlage nach den Regeln für gewerbliche Gewinne (bénéfices industriels et commerciaux) ermittelt, unter Berücksichtigung spezieller körperschaftsteuerlicher Bestimmungen.[74]

Für den körperschaftlichen Gewinn sind in Deutschland zwei Steuersätze vorgesehen, je nachdem, ob Gewinne einbehalten oder ausgeschüttet werden. Ausgeschüttete Gewinne sind mit 30 %, einbehaltene Gewinne mit 45 % zu belasten (§§ 23 Abs. 1, 27 Abs. 1 KStG). In Frankreich existiert kein gespaltener Tarif. Der einheitliche KSt-Satz beträgt 33 1/3 % (Art. 219 I. CGI). Anrechnungsverfahren sorgen in beiden Ländern für eine Belastung ausgeschütteter Gewinne mit dem individuellen Grenzsteuersatz des Begünstigten. Die KSt auf ausgeschüttete Gewinne ist als ESt-Vorauszahlung interpretierbar.[75]

Im Zuge der vollständigen Anrechnung kann sich eine sogenannte "Schütt-aus-hol-zurück-Politik" lohnen. Der Grundgedanke besteht darin, den gesamten Gewinn zunächst an die Anteilseigner auszuschütten, um ihn anschließend im Weg einer Kapitalerhöhung zurückzuholen.[76] Sobald die durchschnittliche Steuerbelastung aller Anteilseigner unterhalb dem KSt-Satz auf einbehaltene Gewinne liegt, ist dies vorteilhaft. Der im Weg einer Kapitalerhöhung zurückgeholte Gewinn übertrifft den, der sich bei Einbehaltung eingestellt hätte. Da die

[70] Vgl. Cozian, M. (1995), Tz. 1042ff., S. 242f.
[71] Vgl. Mémento fiscal (1996), Tz. 3160, S. 482.
[72] Fecht, R. (1988), S. 222.
[73] Vgl. Pezzer, H.-J. (1994), Tz. 35ff., 70ff., S. 457ff., 465ff.
[74] Vgl. Cozian, M. (1995), Tz. 1102ff., S. 259ff.
[75] Vgl. Andel, N. (1992), S. 318.
[76] Vgl. Schierenbeck, H. (1995), S. 459f.

ausschüttende Gesellschaft die Steuerbelastung ihrer Anteilseigner i.d.R. nicht kennt, hat sie Schätzungen vorzunehmen. Wegen des höheren Steuersatzes auf einbehaltene Gewinne wird in Deutschland die Schütt-aus-hol-zurück-Politik eher vorteilhaft sein.

2.2.2 Die Erbschaft- und Schenkungsteuer

Die Erbschaft- und Schenkungsteuer (droits de succession et de donation) hat eine lange Tradition. SCHANZ weist sie bereits im 7. Jhd. v. Chr. in Ägypten nach.[77] In neuerer Zeit war sie besonders im 18. und 19. Jhd. von Bedeutung.[78] Sie wurde zum Instrument politischer Umverteilungsanstrengungen (Stichwort: Startchancengerechtigkeit).[79] Aus heutiger Sicht ist ihre Legitimation unter Leistungsfähigkeitsaspekten zu prüfen.

Beispiel: Der Steuerpflichtige A erwirtschaftet 50.000 DM aus abhängiger Beschäftigung. Dem Steuerpflichtigen B fließt eine Erbschaft in gleicher Höhe zu. Beide haben die Möglichkeit, über 50.000 DM in ihrem Sinn zu verfügen. Unter sonst gleichen Umständen entspricht sich die Leistungsfähigkeit. Die ErbSt ist berechtigt.

Erbschaften und Schenkungen sind nichts anderes als leistungslos erworbenes Einkommen.[80] Demnach könnten sie auch direkt im Rahmen der ESt erfaßt werden. Allerdings würden dadurch bestehende Einkommensteuergesetze noch komplizierter und unübersichtlicher, so daß schon von daher eine Separierung zweckmäßig erscheint.[81] Aber auch systematische Aspekte sind zu nennen. Der Einkommensbegriff der Überschußeinkünfte ist in Deutschland der Quellentheorie angenähert. Konstitutives Merkmal von Erbschaften und Schenkungen ist aber gerade ihr Fließen aus einer nicht dauerhaften Quelle, was eine Subsumtion unter dem Einkommensbegriff der Überschußeinkünfte ausschließt.[82] Deshalb kann eine getrennte Erfassung als leistungsfähigkeitsgerechte Erweiterung des quellentheoretischen Ansatzes gewertet werden. Analog hierzu stellt die ErbSt in Frankreich eine Ausdehnung des im Rahmen der ESt erfaßten Markteinkommens dar. Auf die verschiedenen Einkommensbegriffe wird in Kap. 4.5.1 eingegangen.

---

77 Vgl. Schanz, G. v. (1900), S. 1f.

78 Vgl. Schanz, G. v. (1901), S. 553f.

79 Steden, W. (1988), S. 439ff.

80 Zum Verhältnis von ErbSt und ESt vgl. Kapp, R./Ebeling, J. (1996), Einl. Tz. 12ff., B. 3ff., Crezelius, G. (1979), S. 1342ff.

81 Vgl. Tipke, K. (1993), Bd. 2, S. 747f.

82 Vgl. Steden, W. (1988), S. 443.

Steuersubjekt sind in Deutschland und Frankreich natürliche und juristische Personen.[83] Steuerobjekt sind Erbschaften und Schenkungen (§ 1 Abs. 1 ErbStG, Art. 750 *ter*ff. CGI). Neben Erbschaften sind Schenkungen steuerpflichtig, da sonst die ErbSt durch Schenkungsvorgänge zu Lebzeiten umgangen werden könnte. Schenkungen und Erbschaften werden nach den gleichen Regeln besteuert, sofern gesetzlich keine Abweichungen verlangt sind.

Steuerbemessungsgrundlage ist eine Nettogröße. Von übertragenen Vermögenswerten sind Belastungen abzuziehen (objektives Nettoprinzip, Kap. 5.1.3). Zu bewerten sind die Wirtschaftsgüter in Deutschland mit dem gemeinen Wert (§ 12 Abs. 1 ErbStG i.V.m. § 9 BewG).[84] "Der gemeine Wert wird durch den Preis bestimmt, der im gewöhnlichen Geschäftsverkehr nach der Beschaffenheit des Wirtschaftsgutes bei einer Veräußerung zu erzielen wäre."[85] In Frankreich ist der "valeur vénale" relevant für die Bewertung. Er "entspricht dem Preis, den das gewöhnliche Zusammenspiel von Angebot und Nachfrage dem Eigentümer zu einem gegebenen Zeitpunkt für den Verkauf eines bestimmten Gutes zu erlösen erlaubt".[86] Mithin entsprechen sich von ihrer Konzeption her gemeiner Wert und "valeur vénale". Bei beiden handelt es sich um Verkehrs- bzw. Marktwerte.

Besonders problematisch und inzwischen vom BVerfG für verfassungswidrig erklärt (Urteil v. 22.6.1995) ist die bislang in Deutschland praktizierte Bewertung von Immobilien. Sie waren lediglich mit ihrem Einheitswert erbstpflichtig, ungeachtet eines i.d.R. vielfach höheren Verkehrswertes. "Im Durchschnitt erreichen die Einheitswerte des Grundbesitzes nur ein Wertniveau von 15 v. H. des Verkehrswerts."[87] Dagegen bestimmt sich in Frankreich der Wert einer Immobilie aus dem erzielten Verkaufsentgelt vergleichbarer Immobilien in der Region der zu bewertenden Immobilie (méthode d'évaluation par comparaison).[88] Eine Ungleichbehandlung nach deutschem Muster findet nicht statt.

Für die gesetzliche Bewertungsdifferenzierung zwischen Immobilienvermögen und übrigem Vermögen konnte das BVerfG keinen sachlichen Grund erkennen, der diese Vorgehensweise hätte legitimieren können. Insofern handelte der Gesetzgeber willkürlich und verstieß damit gegen den Gleichheitssatz (Art. 3 Abs. 1 GG). Bis zum 31.12.1996 mußte der Gesetzgeber verfassungskonforme

---

83 Vgl. Andel, N. (1992), S. 349f.; Beltrame, P. (1993), S. 110.
84 Vgl. Balke, M. (1996), Tz. 150ff., S. 520f.
85 § 9 Abs. 2 S. 1 BewG.
86 Eigene Übersetzung; Original: "correspond au prix que le **jeu normal de l'offre et de la demande** permettrait au propriétaire de retirer de la vente d'un bien déterminé, à un moment donné"; Mémento fiscal (1996), Tz. 6513, S. 901.
87 Thiel, J. (1997), S. 64.
88 Vgl. Mémento fiscal (1996), Tz. 6513f., S. 901.

Bestimmungen verabschieden.[89] Mit dem Jahressteuergesetz 1997 wurde eine Neuregelung rückwirkend zum 1.1.1996 in Kraft gesetzt. Forthin bestimmt sich der Wert unbebauter Grundstücke nach Bodenrichtwerten. Bebaute Grundstücke werden mit dem 12,5-fachen der jährlichen Nettokaltmiete bewertet (§§ 145, 146 BewG).[90] Allerdings führen die Neuregelungen zu Immobilienwerten, die nur halb so hoch wie die Verkehrswerte sind. "Sie sind damit nach wie vor so günstig, daß man sich fragen kann, ob nicht hier der Grundstein für spätere Streitigkeiten vor dem BVerfG gelegt worden ist."[91]

In Deutschland und Frankreich richtet sich die ErbSt-Belastung nach dem Verwandtschaftsgrad und der Erbschaftshöhe. Dabei gilt: Je entfernter der Verwandtschaftsgrad und je höher das Erbe, desdo mehr ErbSt ist zu zahlen. Hinsichtlich der Erbschaftsbesteuerung sind der deutsche und französische Gesetzgeber an die verfassungsrechtlich verankerte Eigentumsgarantie (Art. 14 GG, Art. 2, 17 Erklärung der Menschen- und Bürgerrechte) gebunden. Ab wann eine übermäßige Erbschaftsbesteuerung vorliegt, ist bislang noch ungeklärt.[92] Das BVerfG fordert lediglich, bei Erbschaften unter Familienangehörigen kleinere Vermögen steuerfrei zu lassen, um die Fortführung mittelständischer Betriebe durch ErbSt-Zahlungen nicht zu gefährden.[93] In der französischen Rechtsprechung finden sich keine konkreten Aussagen bezüglich einer übermäßigen Erbschaftsbesteuerung.

Der deutsche und französische Gesetzgeber unterscheiden drei Steuerklassen (§ 15 ErbStG, Art. 777 CGI). Jeder Steuerklasse sind eigene Tarife und Freibeträge zugeordnet.

---

89 Vgl. BVerfG (1995), S. 658, 675.

90 Die Nettokaltmiete ergibt sich nach Abzug der Betriebskosten für Heizung, Grundsteuer, Wasserversorgung, Müllabfuhr, Lift, Hausmeister etc. vom Bruttomietwert. Der Multiplikator in Höhe von 12,5 resultiert aus der Annahme einer 8 %igen jährlichen Verzinsung der Immobilie. Zum Ertragswertverfahren vgl. Gabler (1997), Bd. 1, S. 1200.

91 Thiel, J. (1997), S. 64.

92 Vgl. Tipke, K. (1993), Bd. 1, S. 459f.

93 Vgl. BVerfG (1995), S. 674.

Deutschland Steuerklasse		Freibetrag in DM
I	Ehegatte Kinder und Stiefkinder Enkel, Eltern und Großeltern bei Erwerben von Todes wegen	600.000 400.000 100.000
II	Eltern und Großeltern, soweit sie nicht zu Klasse I gehören, Geschwister, Kusin(e), Stiefeltern, Schwiegereltern, Schwiegerkinder, der geschiedene Ehegatte	20.000
III	alle übrigen Erwerber und Zweckzuwendungen	10.000
Frankreich[94]		in FF[95]
	Ehegatten	330.000
	Vorfahren und Nachkommen	300.000
	Körperlich oder geistig Behinderte zusätzlich[96]	300.000
	alle übrigen	10.000

Die progressiv ausgestalteten Steuersätze liegen in Deutschland zwischen 7 % und 50 % (§ 19 Abs. 1 ErbStG).

Wert des steuerpflichtigen Erwerbes bis einschließlich DM	Prozentsatz in der Steuerklasse		
	I	II	III
100.000	7	12	17
500.000	11	17	23
1.000.000	15	22	29
10.000.000	19	27	35
25.000.000	23	32	41
50.000.000	27	37	47
über 50.000.000	30	40	50

94 Vgl. Cozian, M. (1995), Tz. 2114ff., S. 494f.

95 Art. 779 CGI.

96 Z.B. erhält ein körperbehindertes Kind, das von seinem Vater erbt, einen Freibetrag von 600.000 FF.

In Frankreich bestimmt Art. 777 CGI den progressiven Erbschaftsteuertarif:

Bei Eheleuten	anzuwendender Tarif in %
bis 50.000 FF	5
oberhalb 50.000 bis 100.000 FF	10
oberhalb 100.000 bis 200.000 FF	15
oberhalb 200.000 bis 3.400.000 FF	20
oberhalb 3.400.000 bis 5.600.000 FF	30
oberhalb 5.600.000 bis 11.200.000 FF	35
oberhalb 11.200.000 FF	40
Bei Vorfahren und Nachkommen	anzuwendender Tarif in %
bis 50.000 FF	5
oberhalb 50.000 bis 75.000 FF	10
oberhalb 75.000 bis 100.000 FF	15
oberhalb 100.000 bis 3.400.000 FF	20
oberhalb 3.400.000 bis 5.600.000 FF	30
oberhalb 5.600.000 bis 11.200.000 FF	35
oberhalb 11.200.000 FF	40
Bei Erben der Nebenlinie	anzuwendender Tarif in %
Zwischen Brüdern und Schwestern:	
bis 150.000 FF	35
oberhalb 150.000 FF	45
zwischen Onkeln, Neffen und leiblichen Kusin(en)	55
zwischen Eltern oberhalb des 4. Grades und zwischen Nicht-Verwandten	60

Abschließend ist noch auf einen wichtigen Unterschied der Tarifausgestaltung hinzuweisen. In Deutschland sind die ErbSt-Sätze Effektivsätze und keine Grenzsteuersätze.[97] Demgegenüber handelt es sich in Frankreich um Grenzsteuersätze.[98]

97 Vgl. Balke, M. (1996), Tz. 164, S. 523.
98 Vgl. Mémento fiscal (1996), Tz. 6524ff., S. 904ff.

Beispiel: Ein Ehegatte erbt von seiner verstorbenen Frau 1.000.000 DM bzw. 3.000.000 FF.

Deutschland	DM	Frankreich	FF
Erbe	1.000.000	Erbe	3.000.000
vermindert um Freibetrag	- 600.000	vermindert um Freibetrag	- 330.000
Bemessungsgrundlage	400.000	Bemessungsgrundlage	2.670.000
Tarif Steuerklasse I = 11%		Tarif bei Eheleuten	
zu zahlende ErbSt		(50.000*0,05)+(50.000*0,1)+(100.000*	
400.000*0,11 =	**44.000**	0,15)+(2.470.000*0,2) =	**516.500**

Im betrachteten Beispiel fällt die ErbSt in Frankreich höher aus als in Deutschland.

2.3 Die Umsatzsteuer

2.3.1 Die Allphasen-Netto-Umsatzsteuer vom Konsumtyp

Bislang erwähnte Steuern (ESt, KSt, ErbSt) setzen an der Einkommensentstehung an und haben den Mittelzufluß zum Gegenstand, nämlich Einkommen i.S.d. ESt-Rechts (impôt sur le revenu), körperschaftlicher Gewinn i.S.d. KSt-Rechts (impôt sur les sociétés) und Erbschaften/Schenkungen i.S.d. ErbSt-Rechts (droits de succession et de donation). Neben den angeführten Steuern ist die Umsatzsteuer (taxe sur la valeur ajoutée, TVA) wesentlicher Bestandteil des deutschen und französischen Steuersystems. Umsatzsteuern setzten sich in Deutschland im 15. und 16. Jhd. in Form der Akzisen durch. Erwähnenswert sind die Bier- und Weinsteuer sowie die Mahl- und Schlachtsteuern.[99] In Frankreich waren vor 1789 die Gabelle (Salzsteuer) und die Aides (Umsatzsteuern auf bestimmte Waren) besonders bedeutend.[100]

Im Gegensatz zu den drei bisher angesprochenen Steuern bezieht sich die USt nicht auf den Leistungsfähigkeitsindikator Einkommen, sondern auf den Konsum. Verstößt sie deshalb gegen das Leistungsfähigkeitsprinzip? Immerhin kann argumentiert werden, daß Konsumausgaben aus bereits versteuertem Einkommen getätigt werden und die Umsatzbesteuerung eine Doppelbelastung bewirkt.

---

99 Vgl. Schmölders, G./Hansmeyer, K.-H. (1980), S. 22f.; Nathan, O. (1923), S. 205ff.

100 Vgl. Trotabas, L./Cotteret, J.-M. (1992), Tz. 107, S. 140; Schmölders, G./Hansmeyer, K.-H. (1980), S. 23.

Tatsächlich erfassen ESt, KSt und ErbSt nur Teile des Einkommens und damit auch nur Teile der Leistungsfähigkeit des Steuerpflichtigen. Beispielsweise führen private Veräußerungsgewinne zu Einkommen, das in Deutschland grundsätzlich steuerfrei bleibt, in Frankreich prinzipiell zwar steuerpflichtig ist, durch Ausnahmen aber faktisch nur teilweise erfaßt wird. Gänzlich unbesteuert bleibt im Rahmen der Schattenwirtschaft erzieltes Einkommen. Beim Konsum wird solches Einkommen zumindest noch der USt unterworfen. Unter Leistungsfähigkeitsgesichtspunkten ist die USt als Komplement zur ESt rechtfertigbar.[101] [102]

Die Rechtfertigung indirekter Konsumsteuern, als Komplemente zur ESt, ist zu unterscheiden von der Begründung direkter Konsumsteuern wie sie in Kap. 1.2.2 erfolgt. Dort wird ausgeführt, daß direkte Konsumsteuern dem Leistungsfähigkeitsprinzip genügen, da sie an der Person des Steuerpflichtigen ansetzen und individuelle wirtschaftliche Verhältnisse erfassen. Bei indirekten Konsumsteuern ist das gerade nicht der Fall. Mit differenzierten Steuersätzen kann nur rudimentär die Leistungsfähigkeit berücksichtigt werden. Auch werden hierdurch die relativen Preise verzerrt. Unter diesem Aspekt erscheint der weitere Ausbau indirekter Konsumsteuern, bei gleichzeitiger Verdrängung der ESt, problematisch. Wird die Konsumbesteuerung gegenüber der Einkommensbesteuerung favorisiert, sollte das Einkommensteuerparadigma insgesamt verlassen und zu einem konsumorientierten Steuersystem übergegangen werden.

Die USt ist das klassische Gebiet europäischer Harmonisierungsbestrebungen. Besonders hervorzuheben ist die 6. EG-Richtlinie vom 17.5.1977 zum gemeinsamen Mehrwertsteuersystem. Sie enthält Bestimmungen hinsichtlich Besteuerungsgegenstand, Steuerbefreiungen, Steuerbemessungsgrundlage und Vorsteuerabzug. Von einer Tarifharmonisierung wurde abgesehen.[103]

Steuersubjekte sind Unternehmer i.S.v. § 2 Abs. 1 UStG und Art. 256 A CGI.[104] Ihre Aufgabe ist es, USt-Erklärungen zu erstellen, aus denen entweder eine Zahllast oder eine Forderung gegenüber der Finanzbehörde resultiert. Mithin besteht nur im Rahmen der Gewinneinkünfte eine USt-Pflicht und eine Berechtigung zum VoSt-Abzug, nicht jedoch bei den Überschußeinkünften.

Steuerobjekte sind in Deutschland und Frankreich von Unternehmen durchgeführte Lieferungen und Leistungen, Eigenverbräuche und Einfuhren von Gegenständen in das jeweilige Zollgebiet (§ 1 Abs. 1 UStG, Art. 256-257 CGI). Dabei vollzieht sich die Besteuerung durch eine sogenannte Allphasen-Netto-Umsatzsteuer vom Konsumtyp. In Deutschland hat sie seit 1968, in Frankreich

---

101 Vgl. Tipke, K. (1993), Bd. 2, S. 906f.

102 Weitere Begründungsansätze finden sich bei: Bea, F. X. (1988), S. 30f.

103 Vgl. Reiß, W. (1996), Tz. 7, S. 555f.

104 Vgl. Bunjes, J. (1993), Tz. 3ff., S. 64ff.; Beltrame, P. (1993), S. 85.

bereits seit 1954 Gültigkeit.[105] Anhand der einzelnen Begriffskomponenten soll die Ausgestaltung dieser Form der Umsatzbesteuerung erläutert werden.

"Allphasen" impliziert eine USt-Erhebung auf jeder Produktionsstufe eines Wirtschaftsgutes, d.h. bei jedem in den Produktionsprozeß involvierten Unternehmen. Alternativ wäre nur eine Besteuerung auf der Endverbrauchsstufe denkbar. Die Komponente "Allphasen" müßte in diesem Fall durch "Einphasen" ersetzt werden. An der Steuerbelastung als solcher würde sich nichts ändern. Lediglich verwaltungstechnisch ist die Erhebung auf jeder Produktionsstufe effizienter. Sie erschwert Steuerhinterziehung.[106]

"Netto" bedeutet immer nach Abzug von einer Ausgangsgröße (Bruttobetrag). Ausgangsgröße ist hier die Brutto-USt. Sie ist um VoSt-Zahlungen auf bezogene Leistungen zu mindern. Aus der Differenz zwischen Brutto-USt und VoSt resultiert die Nettogröße. Übersteigt die Brutto-USt die VoSt, folgt daraus eine Verbindlichkeit gegenüber der Finanzbehörde. Im umgekehrten Fall entsteht eine Forderung. Wird eine Verrechnung erhaltener USt mit bezahlter VoSt verwehrt, steigt die USt-Belastung eines Wirtschaftsgutes mit der Anzahl der Produktionsstufen, die es durchläuft. Es entstehen Anreize zu einem vertikalen Konzentrationsprozeß, womit eine Verminderung des Wettbewerbs einhergehen kann.[107] Fazit: Eine Netto-USt ist einer Brutto-USt vorzuziehen.

Als Folge der Abzugsfähigkeit der VoSt von der Brutto-USt wird nur die Wertschöpfung des Unternehmens besteuert.[108] Im allgemeinen Sprachgebrauch wird der Begriff Wertschöpfung häufig mit Mehrwert gleichgesetzt und von einer Mehrwertsteuer gesprochen, wie dies auch in Frankreich geschieht (taxe sur la valeur ajoutée).[109] Eine Einschränkung der Wertschöpfungs- bzw. Mehrwertbesteuerung erfolgt durch die Begriffskomponente "vom Konsumtyp". Nur Konsum- nicht aber Investitionsausgaben unterliegen der Besteuerung. Der Unternehmer kann für eine eingekaufte Maschine VoSt in Abzug bringen, obgleich er Endverbraucher ist.

---

105 Vgl. Stiglitz, J. E./Schönfelder, B. (1989), S. 568.

106 Vgl. Stiglitz, J. E./Schönfelder, B. (1989), Fn. 8, S. 444.

107 Vgl. Musgrave, R. A./Musgrave, P. B./Kullmer, L. (1993), Bd. 2, S. 292.

108 "Das vom Betrieb erzeugte Gütereinkommen [Wertschöpfung] ergibt sich aus den gesamten Erlösen (den nach außen abgegebenen Güterwerten), von denen die 'Vorleistungskosten' (die von außen hereingenommenen Güterwerte, d.h. Leistungen vorgelagerter Produktionsstufen) abgezogen werden."; Gabler (1997), Bd. 4, S. 4356.

109 Die Wertschöpfung (Mehrwert) entspricht betragsmäßig der Summe aus Abschreibungen, Löhnen, Zinsen, Gewinnen und Renten. Der Unterschied besteht allein darin, daß die Wertschöpfung die Einkommensentstehung, die Abschreibungen, Löhne, Zinsen, Gewinne und Renten die Einkommensverwendung repräsentieren. Wird der Mehrwert um die Abschreibungen verringert, entspricht die Bemessungsgrundlage derjenigen der ESt.

Den bisherigen Ausführungen zufolge unterliegt der private Endverbrauch der USt. Aus Sicht des Unternehmens handelt es sich buchungstechnisch um einen durchlaufenden Posten. Ob der Endverbraucher nach Wunsch des Gesetzgebers die USt auch wirtschaftlich trägt, ist keineswegs sicher. Vielmehr wird dies wesentlich von der Relation Preiselastizität der Nachfrage zu Preiselastizität des Angebots abhängen.[110] Je empfindlicher (elastischer) die Nachfrage auf Preisänderungen (Einführung, Erhöhung einer USt), in Relation zu den Angebotsänderungen reagiert, um so eher ist die Steuer von den Anbietern zu tragen.[111]

2.3.2 Umsatzsteuertarife und Sonderregelungen

Das UStG sieht einen Regelsteuersatz und einen ermäßigten USt-Satz vor. Der Regelsteuersatz beträgt 15 % (§ 12 Abs. 1 UStG). In § 12 Abs. 2 UStG und der Anlage zu diesem Paragraphen werden Wirtschaftsgüter genannt, die dem ermäßigten USt-Satz von 7 % unterliegen. Auf französischem Staatsgebiet (Kontinentalfrankreich, Korsika, Départements d´Outre-Mer (DOM)) gelten insgesamt 9 verschiedene USt-Sätze zwischen 0,9 und 20,6 %, davon 3 in Kontinentalfrankreich, 6 auf Korsika und 4 in den DOM.[112] An dieser Stelle werden nur die für Kontinentalfrankreich gültigen Tarife erwähnt. Der Regelsteuersatz (taux normal, Art. 278 CGI) beträgt 20,6 %. Daneben existieren zwei ermäßigte Steuersätze von 5,5 % (taux réduit, Art. 278 *bis* ff. CGI) und 2,1 % (taux super-réduit, Art. 281 *quater* ff. CGI).[113] Der 5,6 Prozentpunkte höhere Regelsteuersatz ist ein wesentlicher Grund für die relativ größere Bedeutung der USt im französischen Steuersystem (Kap. 2.1).

Die Tarifdifferenzierung wird hauptsächlich mit der regressiven Wirkung von Umsatzsteuern begründet. Mit zunehmendem Einkommen wird der für Umsatzsteuern verausgabte Einkommensanteil geringer, da der Konsum nur unterproportional mit dem Einkommen steigt. Deshalb werden in Deutschland und Frankreich Wirtschaftsgüter des täglichen Bedarfs, für die Bezieher geringerer Einkommen einen relativ höheren Einkommensteil ausgeben als Bezieher hoher Einkommen, mit einem reduzierten Steuersatz belegt. Dazu gehören vor allem (Grund-)Nahrungsmittel und Druckereierzeugnisse.[114] Allerdings wird der tendenzielle Ausgleich der Regressionswirkung mit einer Verzerrung der relativen Preise erkauft. Wirtschaftsgüter, die dem ermäßigten Tarif unterliegen, werden relativ billiger i.Vgl. zu einer Situation ohne USt.

---

110 Zur Erläuterung des Elastizitäts-Begriffs vgl. z.B. Varian, H. R. (1989), S. 99ff. oder Brandt, K. u.a. (1989), S. 95ff.

111 Vgl. Musgrave, R. A./Musgrave, P. B./Kullmer, L. (1988), Bd. 2, S. 316ff.

112 Vgl. Mémento fiscal (1996), Tz. 4550ff., S. 689.

113 Vgl. Mercier, J.-Y./Plagnet, B. (1995), S. 349f.

114 Vgl. Trotabas, L./Cotteret, J.-M. (1992), Tz. 170-2, S. 213; Reiß, W. (1996), Tz. 120, S. 613f.

Sonderregelungen gelten in Deutschland für Kleinunternehmer sowie Land- und Forstwirte. Kleinunternehmer sind Unternehmer, deren Umsatz im vorangegangenen Jahr 32.500 DM und im laufenden Jahr 100.000 DM nicht übersteigt (§ 19 UStG). Sie haben die Möglichkeit, sich von der USt befreien zu lassen. Als Folge hiervon sind sie einerseits nicht zum VoSt-Abzug berechtigt, andererseits dürfen sie auf eigenen Rechnungen die USt nicht separat ausweisen. Dadurch werden Kleinunternehmer in Höhe einer möglichen USt-Zahllast subventioniert.[115] Für Land- und Forstwirte gelten verminderte USt-Sätze. Der VoSt-Abzug wird pauschaliert (§ 24 UStG, Regelsteuersatz 9,5 %). In der VoSt-Pauschale sind jährlich etwa 600 Mio. DM Subventionen versteckt. Im Regelfall verbleibt keine USt-Zahllast.[116]

In Frankreich sind umsatzsteuerliche Erleichterungen in Abhängigkeit von Umsatzhöhe und ausgeübter Tätigkeit vorgesehen. Unternehmer, deren jährlicher Umsatz 70.000 FF nicht übersteigt, können sich von der USt befreien lassen. Eine pauschalierte USt-Ermittlung ist vorgesehen für Kaufleute (commerçants) mit Umsätzen unterhalb 500.000 FF und für Dienstleister mit weniger als 150.000 FF Umsatz (Art. 302 *ter* CGI).

Zur pauschalen USt-Ermittlung muß der Steuerpflichtige der Finanzbehörde Informationen über seine wirtschaftliche Tätigkeit liefern. Angesprochen sind beispielsweise Umsätze, Einkäufe und Gehälter. Auf Grundlage des eingereichten Materials wird von der Finanzverwaltung der zu zahlende oder zu erstattende Betrag festgelegt.[117] Bei Uneinigkeit kann der Steuerpflichtige auf übergeordneter Ebene (commission départementale des impôts) Einspruch einlegen. Da der Finanzbehörde letztlich die tatsächlichen wirtschaftlichen Verhältnisse verborgen bleiben, wird die USt zur Verhandlungssache mit dem Steuerpflichtigen.[118]

Für Land- und Forstwirte gelten wie in Deutschland besondere Bestimmungen. Eine USt-Pflicht tritt nur ein, wenn die landwirtschaftliche Tätigkeit gewerblichen Charakter hat (Art. 298 *bis* II 1° CGI) oder der Umsatz im Schnitt zweier aufeinanderfolgender Rechnungsperioden oberhalb 300.000 FF liegt (Art. 298 *bis* II 5° CGI). Selbst dann ist lediglich eine vereinfachte Umsatzsteuererklärung einzureichen.[119] Ein gewerblicher Charakter ist beispielsweise gegeben, wenn Erzeugnisse im eigenen Einzelhandelsgeschäft verkauft werden.[120] Positiv bleibt

---

115 Vgl. Tehler, H.-J. (1983), S. 239ff.
116 Vgl. FAZ (1997b), S. 17; Zezschwitz, F. v. (1971), S. 26ff.
117 Vgl. Colin, P./Gervaise, G./Rossetti, M. (1994), Tz. 3950, S. 268f.
118 Vgl. Beltrame, P. (1993), S. 99.
119 Vgl. Beltrame, P. (1993), S. 100.
120 Vgl. Mercier, J.-Y./Plagnet, B. (1995), Tz. 1053, S. 378f.

zu vermerken, daß zumindest ab einer bestimmten Umsatzhöhe VoSt und USt einander gegenüberzustellen sind. In Deutschland bleibt, wegen der Pauschalierung, die tatsächlich entrichtete VoSt prinzipiell im dunkeln.

Ist ein Landwirt nicht ust-pflichtig, kann er sich freiwillig hierfür entscheiden (Art. 298 *bis* III CGI). Wird diese Option nicht ausgeübt, kommt es zu einer Art Pauschalbesteuerung. Dem Steuerpflichtigen wird je nach Produktart ein Teil des Umsatzes erstattet (Art. 298 *quater* CGI). Im Schnitt beläuft sich der Erstattungsanteil auf 3 % der Verkaufspreise.[121] Dadurch soll die auf Vorprodukte entrichtete VoSt abgegolten werden. Tatsächlich verbirgt sich hinter dieser Regelung eine Subventionierung landwirtschaftlicher Tätigkeit.[122] Die anteilige Erstattung der bezahlten VoSt widerspricht dem Prinzip der USt-Befreiung, da dem höheren Einkaufspreis (kein VoSt-Abzug) ein höherer Verkaufspreis (keine USt-Verbindlichkeit) gegenübersteht.

Die angeführten Sonderregelungen lassen sich zusammenfassend zweigeteilt beurteilen. Sonderregelungen zu Vereinfachungszwecken sind bis zu einer gewissen Umsatzhöhe rechtfertigbar. Im Gegensatz dazu sind die latenten Subventionen für Land- und Forstwirte systemwidrig. Der Wissenschaftliche Beirat beim BMF hat bereits 1956 darauf hingewiesen, daß versteckte Subventionen letztlich eine gleichmäßige Umsatzbesteuerung vereiteln.[123]

2.4 Die Soll-Ertrag-Steuern

2.4.1 Zur grundsätzlichen Problematik der Soll-Ertrag-Steuern

Die Leistungsfähigkeit des Steuerpflichtigen spiegelt sich in seinen wirtschaftlichen Verhältnissen wider. Aufschluß über wirtschaftliche Verhältnisse können Einkommen sowie Konsum geben. In Deutschland und Frankreich ist das Einkommen Ausgangspunkt der Besteuerung. Dem widerspricht nicht die zusätzliche Erhebung indirekter Konsumsteuern. Sie sind als Komplement direkt auf das Einkommen ausgerichteter Steuern aufzufassen.

Jede erhobene Steuer muß mit dem Leistungsfähigkeitsprinzip in Einklang stehen. Steuern, die nur Mutmaßungen über wirtschaftliche Verhältnisse anstellen, verstoßen gegen das Leistungsfähigkeitsprinzip. Genau darin liegt das Problem der Soll-Ertrag-Steuern. Das Wort "Soll" bringt schon zum Ausdruck, daß sie nicht auf den tatsächlichen Ertrag abstellen. Vielmehr soll der Steuerpflichtige eine Rendite erwirtschaften, aus der die Steuer gezahlt werden kann.

---

121 Vgl. Mercier, J.-Y./Plagnet, B. (1995), Tz. 1057, S. 380.
122 Vgl. Beltrame, P. (1993), S. 100.
123 Wissenschaftlicher Beirat beim BMF (1956), S. 109.

Als Soll-Ertrag-Steuern werden im Folgenden die Gewerbe-, Grund- und Vermögensteuer besprochen. Die Gewerbesteuer knüpft am Gewerbebetrieb an und zielt auf den daraus erwirtschafteten Ertrag. Ansatzpunkt der Vermögensteuer ist das Vermögen. Die VSt soll aus den angenommenen Vermögenserträgen gezahlt werden. Schließlich hat die Grundsteuer das Grundvermögen als Ausgangspunkt und möchte daraus erzielte Erträge erfassen. Ob mit dem Vermögen, Gewerbe oder Grund und Boden tatsächlich eine Rendite erwirtschaftet wurde, aus der die Steuerschuld beglichen werden kann, ist unerheblich, da Soll-Ertrag-Steuern an den Objekten (Gewerbe, Vermögen, Grund und Boden) und nicht an den daraus geflossenen Erträgen ansetzen. Deshalb wird auch von Objektsteuern oder Realsteuern gesprochen.[124] Ist kein Ertrag vorhanden, aus dem die Steuer gezahlt werden kann, muß sie aus der Vermögenssubstanz entrichtet werden.

Aus den angeführten Gründen widersprechen Soll-Ertrag-Steuern schon von ihrer Konzeption her dem Leistungsfähigkeitsprinzip. Darüber hinaus belasten sie Erträge, die bereits im Rahmen der ESt erfaßt wurden. Für eine Mehrfachbelastung bedarf es aber besonderer Gründe. Unter Leistungsfähigkeitsaspekten gibt es diese m.E. aber nicht. Konsequenterweise wären Soll-Ertrag-Steuern abzuschaffen. Sie ziehen eine ungleichmäßige Besteuerung nach sich. Einzelne Begründungsansätze für Mehrfachbelastungen werden nachfolgend diskutiert.

2.4.2 Die Gewerbesteuer

2.4.2.1 Die deutsche Gewerbesteuer

Die GewSt wird in Deutschland von Gemeinden erhoben und gehört heute zu ihren bedeutendsten Einnahmequellen. Ihre historischen Wurzeln reichen bis ins 15. Jhd. zurück.[125] Damit ist sie sehr viel älter als die ESt. Mit dem Entstehen der ESt stellt sich die Frage, inwiefern der GewSt-Fortbestand rechtfertigbar ist. Vor allem mit Äquivalenz- und Leistungsfähigkeitsargumenten wird der GewSt das Wort geredet.

Da Gewerbetreibende aus kommunalen öffentlichen Leistungen, wie z.B. dem Straßenbau oder der Mitfinanzierung des Nahverkehrs, Nutzen ziehen, müßten sie dafür Entgelte entrichten. Es ist also zu prüfen, ob die gegenwärtige GewSt als Entgelt für staatliche Leistungen gesehen werden kann (Äquivalenzprinzip). Tatsächlich ist dies nicht der Fall. Einerseits sind selbständig Tätige (§ 18 EStG) sowie Land- und Forstwirte steuerbefreit. Andererseits werden, aufgrund hoher Freibeträge, nur noch 42 % der Gewerbebetriebe von der Gewerbeertragsteuer

124 Vgl. Brümmerhoff, D. (1996), S. 338f.

125 Vgl. Hansmeyer, K.-H. (1988), S. 617ff.

und 16 % von der Gewerbekapitalsteuer erfaßt. "Damit ist die Gewerbesteuer zur Sondersteuer für Großbetriebe ... denaturiert."[126]

Auch mit Leistungsfähigkeitsargumenten kann die GewSt nicht begründet werden, da Einkünfte aus Gewerbebetrieb bereits im Rahmen der ESt erfaßt werden und die unternehmerische Tätigkeit als solche keine zusätzliche Leistungsfähigkeit konstituiert, die eine steuerliche Doppelbelastung rechtfertigen würde.[127]

Ihren Fortbestand verdankt die GewSt praktischen Erwägungen. Immerhin machte sie 1995 35,5 % bzw. 33,7 Mrd. DM der Gemeindesteuereinnahmen aus.[128] Darüber hinaus ist das Hebesatzrecht Sinnbild gemeindlicher Finanzautonomie.

Bezüglich der Steuerpflicht bestimmt § 2 Abs. 1 GewStG: "Der Gewerbesteuer unterliegt jeder stehende Gewerbebetrieb, soweit er im Inland betrieben wird. Unter Gewerbebetrieb ist ein gewerbliches Unternehmen im Sinne des Einkommensteuergesetzes [§ 15 EStG] zu verstehen." "Steuerschuldner ist der Unternehmer."[129]

Die GewSt setzt sich aus der Gewerbeertragsteuer und der Gewerbekapitalsteuer zusammen. Letztere wird zum 1.1.1998 abgeschafft. Ausgangspunkt der GewESt ist der einkommensteuerrechtliche Gewinn, korrigiert um Hinzurechnungen und Kürzungen (§ 7 GewStG). Bezüglich der Hinzurechnungen kommen Fremdkapital-, Miet- und Pachtzinsen sowie Renten und dauernden Lasten besondere Bedeutung zu (§ 8 Nr. 1, 2, 7 GewStG). Dadurch erhält die GewESt den Charakter einer Kapitalertragsteuer.[130] Im Unterschied zur ESt und KSt, die sich lediglich auf die Eigenkapitalverzinsung beziehen, umschließt die GewESt noch Fremdkapitalzinsen. Allerdings sind nur 50 % der langfristigen Fremdkapitalzinsen sowie Miet- und Pachtzinsen in die GewESt-Bemessungsgrundlage einzubeziehen.[131] Zinsen auf kurzfristiges Fremdkapital bleiben vollständig außen vor.

Während die GewESt am Ist-Ertrag (Gewinn, Zinsen) ansetzt, knüpft die GewKSt am Soll-Ertrag an. Allerdings wird auch die GewESt zur Substanzsteuer, falls kein Gewinn vorhanden ist, aus dem sie gezahlt werden kann.

---

126 Orth, M. (1994), Tz. 251, S. 502.
127 Vgl. Andel, N. (1992), S. 354.
128 Finanzbericht (1997), S. 245.
129 § 5 Abs. 1 S. 1 GewStG.
130 Vgl. Stiglitz, J. E./Schönfelder, B. (1989), S. 579.
131 Fremdkapital mit einer Laufzeit (nicht Restlaufzeit) > 1 Jahr gilt grundsätzlich als langfristig. Langfristige Fremdkapitalzinsen sind solche auf langfristiges Fremdkapital. Vgl. Orth, M. (1996), Tz. 271, S. 539f.

Gewerbekapital ist der Einheitswert des Gewerbebetriebs, modifiziert um Hinzurechnungen und Abzüge (§ 12 Abs. 1 GewStG). Besondere Bedeutung kommt der hälftigen Hinzurechnung langfristigen Fremdkapitals zu. Kurzfristiges Fremdkapital wird nicht berücksichtigt.

Der anzuwendende Steuertarif ergibt sich als Produkt aus gesetzlich fixierter Steuermeßzahl und von der Gemeinde festzusetzendem Hebesatz. Für den Gewerbeertrag beträgt die Meßzahl grundsätzlich 5 % (§ 11 Abs. 2 GewStG), für das Gewerbekapital 2 ‰ (§ 13 Abs. 2 GewStG). Im Rahmen der GewESt wird ein Freibetrag von 48.000 DM, im Rahmen der GewKSt von 120.000 DM gewährt. Sowohl zu zahlende GewESt als auch GewKSt mindern die Bemessungsgrundlage der ESt und KSt. Der Grenzsteuersatz der GewSt berechnet sich wie folgt:[132] (Meßzahl * Hebesatz) * (1 – ESt/KSt Grenzsteuersatz) = Grenzsteuersatz der GewESt bzw. GewKSt.

Beispiel: Hebesatz 400, Einkommensgrenzsteuersatz 40 %
(0,05 * 400) * (1 – 0,40) = 12 % (Grenzsteuersatz GewESt)
(0,002 * 400) * (1 – 0,40) = 0,48 % (Grenzsteuersatz GewKSt)
Grenzsteuersatz-GewSt = 12,48 %

Fazit: Die aktuelle GewSt ist äquivalenz- und leistungsfähigkeitstheoretisch nicht rechtfertigbar. Hohe Freibeträge und Befreiungen von Land- und Forstwirten sowie selbständig Tätiger verhindern eine gleichmäßige Besteuerung der Gewinneinkünftebezieher. Des weiteren führen die Freibeträge zu allein steuerlich veranlaßten Betriebsaufspaltungen, um GewSt zu vermeiden und zu einer Sondersteuer für Großbetriebe. Der nur 50 %ige Einbezug von langfristigem Fremdkapital und darauf anfallenden Fremdkapitalzinsen diskriminiert die Eigen- gegenüber der Fremdkapitalfinanzierung. Vielfältige Reformvorschläge liegen seit langem vor, z.B. Ersatz der GewSt durch eine kommunale Wertschöpfungssteuer oder Beibehaltung einer modifizierten GewSt.[133] Die GewKSt wird zum 1.1.1998 abgeschafft.[134]

2.4.2.2 Die französische Gewerbesteuer

Die aktuelle französische Gewerbesteuer (taxe professionelle) wurde 1975 eingeführt und ersetzte die bis dahin gültige "patente", die vom Charakter her auch eine GewSt war und ihre Ursprünge in der Französischen Revolution hatte. In der "taxe professionelle" sollte die veraltete "patente" gewissermaßen in modernem Gewand fortbestehen.[135] Allerdings ist die Modernisierung weitgehend

---

[132] Vgl. Stiglitz, J. E./Schönfelder, B. (1989), S. 581.
[133] Vgl. Orth, M. (1996), Tz. 291ff., S. 547ff.; Brümmerhoff, D. (1996), S. 346f.
[134] Vgl. Karthaus, V. (1997), S. 1887f.
[135] Vgl. Colin, P./Gervaise, G./Rossetti, M. (1994), Tz. 5010, S. 306.

mißglückt.[136] Ähnlich wie die deutsche GewSt wird auch die Französische teilweise heftig kritisiert. François MITTERRAND bezeichnete sie einst als "dumme, ungerechte und ökonomisch widersinnige Steuer".[137] In der Tat ist die GewSt äußerst unsystematisch aufgebaut. Zum einen sind, wie in Deutschland, Land- und Forstwirte steuerbefreit. Zum anderen bewirken zahlreiche Vergünstigungen eine ungleichmäßige Besteuerung. 1 % der Gewerbesteuerpflichtigen leisten mehr als die Hälfte des GewSt-Aufkommens.[138] Die GewSt wird auf kommunaler Ebene erhoben und brachte 1994 48,6 % der direkten Gemeindesteuern bzw. 138 Mrd. FF ein.[139]

Art. 1447 CGI regelt die GewSt-Pflicht: "Die Gewerbesteuer wird jährlich geschuldet von natürlichen oder juristischen Personen, die gewöhnlich einen Beruf in nicht abhängiger Beschäftigung ausüben."[140] Erfaßt werden mit dieser Definition Gewinneinkünftebezieher, außer Land- und Forstwirten.[141] Im Unterschied dazu sind in Deutschland, neben Land- und Forstwirten, auch selbständig Tätige gewst-befreit.

Die Bemessungsgrundlage der französischen GewSt besteht aus zwei Komponenten, nämlich dem Mietwert des Sachanlagevermögens und der Lohnsumme (Art. 1467ff. CGI).[142] Im Rahmen der Ermittlung des Sachanlagevermögenmietwerts ist zwischen Immobilien und Mobilien zu unterscheiden. Immobilien gehen mit ihrem katastermäßig registrierten Mietwert, der regelmäßig unterhalb der Marktmiete liegt, in die GewSt-Bemessungsgrundlage ein.[143] Mobilien sind bei Vorliegen eines Mietvertrages mit dem dort festgesetzten Mietzins gewstpflichtig, wenn die Mietdauer mindestens 6 Monate beträgt.[144][145] Ansonsten, z.B. im Fall von Eigentum oder unentgeltlicher Überlassung, werden 16 % der Selbstkosten des Wirtschaftsgutes (prix de revient) als Mietwert unterstellt.

Unternehmen, die vor 1982 gegründet wurden, wird für Mobilienmietwerte ein Freibetrag von 25.000 FF gewährt. Betriebe mit einem Umsatz bis 1.000.000 FF

---

136 Vgl. Cozian, M. (1995), Tz. 1952, S. 462.

137 Eigene Übersetzung; Original: "Impôt imbécile, injuste et anti-économique"; zit. nach Cozian, M. (1995), Tz. 1952, S. 462.

138 Vgl. Beltrame, P. (1993), S. 115f.

139 Vgl. Ministère de l'économie et du budget (1996), Faltblatt.

140 Eigene Übersetzung; Original: "La taxe professionnelle est due chaque année par les personnes physiques ou morales qui exercent à titre habituel une activité professionnelle non salariée."

141 Vgl. Tillmanns, W. (1995), S. 630.

142 Vgl. Collette, C. (1992), S. 80ff.

143 Vgl. Tillmanns, W. (1995), S. 631f.

144 Vgl. Colin, P./Gervaise, G./Rossetti, M. (1994), Tz. 5021, S. 307.

145 Erstreckt sich die Mietdauer z. B. ab dem 01.01.96 über 15 Monate, wäre in '96 der Mietzins für 12 Monate in '97 für 3 Monate anzusetzen.

bzw. 400.000 FF im Fall von Dienstleistern haben Mobilienmietwerte gar nicht in die Bemessungsgrundlage einzubeziehen. Für sie sind nur Immobilienkatastermietwerte relevant.

Neben den angeführten Mietwerten gehen als zweite Komponente 18 % der Lohnsumme in die GewSt-Bemessungsgrundlage ein. Freiberuflich Tätige mit weniger als 5 Beschäftigten sind nicht mit 18 % der Lohnsumme, sondern mit 10 % des Jahresumsatzes gewst-pflichtig. Darüber hinaus müssen sie nur Immobilienkatastermietwerte in die Bemessungsgrundlage einbeziehen. Vom Einbezug der Mobilienmietwerte sind sie befreit.

Beispiel:[146] Ein freiberuflich tätiger Makler, der sein Unternehmen 1988 gegründet hat, erwirtschaftet 2.500.000 FF Umsatz und hat 5 Beschäftigte. Der gewst-pflichtige Immobilienmietwert beträgt 40.000 FF. Für die übrigen Sachanlagevermögenswerte wurde ein Selbstkostenpreis von 310.000 FF errechnet. Die Lohnsumme beläuft sich auf 1.000.000 FF.

Immobilienmietwert	40.000 FF	
Übrige Vermögenswerte 310.000 FF * 0,16 =	49.600 FF	Die übrigen Vermögenswerte sind miteinzubeziehen, da Beschäftigtenzahl > 4. Der Freibetrag von 25.000 FF entfällt, da die Unternehmensgründung nach 1982 war.
Lohnsumme 1.000.000 FF * 0,18 =	180.000 FF	Der niedrigere Prozentsatz von 10 % für Freiberufler entfällt, da mehr als 4 Beschäftigte.
Vorläufige GewSt-Bemessungsgrundlage	**269.600 FF**	

Ziel der GewSt ist es, eine Besteuerung nach der Leistungsfähigkeit des Steuerpflichtigen zu gewährleisten. TROTABAS/COTTERET führen aus: "Die Bemessungsgrundlage der Gewerbesteuer errechnet sich ... entsprechend der Leistungsfähigkeit der Steuerpflichtigen."[147] Wie bereits im vorangegangenen Kapitel erwähnt, konstituiert die Tatsache, Gewinneinkünftebezieher zu sein, an sich noch keine zusätzliche Leistungsfähigkeit, die eine Mehrfachbesteuerung rechtfertigen würde. Aber selbst wenn diese anerkannt wird, könnte die

146 Vgl. Cozian, M. (1995), Tz. 1963, S. 465.

147 Eigene Übersetzung; Original: "La base d'imposition de la taxe professionnelle est calculée ... suivant la capacité contributive des redevables"; Trotabas, L./Cotteret, J.-M. (1992), Tz. 192, S. 235.

momentane Ausgestaltung der GewSt dem Leistungsfähigkeitsprinzip nicht genügen.

Dem Leistungsfähigkeitsprinzip kann nur mit einer Steuer entsprochen werden, die am Individuum bzw. dessen individuellen Verhältnissen anknüpft, nicht jedoch mit einer Steuer, die den Gewerbebetrieb als Ausgangspunkt nimmt. Die französische GewSt versucht über den Mietwert und die Lohnsumme auf die Leistungsfähigkeit des Steuerpflichtigen zu schließen. Ein und derselben Summe aus Mietwert und Lohnsumme können aber ganz unterschiedliche Gewinne zugrunde liegen. Anhand äußerer Merkmale auf die Leistungsfähigkeit zu schließen liegt aber ganz in der Tradition des französischen Steuerrechts (Kap. 3). Hinzu kommt, daß die Begünstigung von Immobilien (Katastermietwerte) im Verhältnis zu Mobilien (tatsächliche Mietwerte) eine ungleichmäßige Besteuerung nach sich zieht. Unternehmen mit hohem Immobilienanteil werden bevorteilt. Ein sachgerechter Grund für die Differenzierung ist nicht ersichtlich.

Die nach obigem Schema ermittelte Bemessungsgrundlage unterliegt Korrekturen. Zunächst wird jedem Steuerpflichtigen eine Reduktion der Bemessungsgrundlage um 16 % zugestanden (Art. 1472 A *bis* CGI). Des weiteren sind nur 50 % einer Steigerung der Bemessungsgrundlage im Jahr ihres Anfalls steuerpflichtig.[148] Schließlich ist die Gewerbesteuerschuld nach oben begrenzt auf

- 3,5 % der Wertschöpfung, falls der Umsatz unterhalb 140 Mio. FF liegt;
- 3,8 % der Wertschöpfung, falls der Umsatz zwischen 140 und 500 Mio. FF liegt;
- 4 % der Wertschöpfung, falls der Umsatz oberhalb 500 Mio. FF liegt (Art. 1647 B *sexies* CGI).

Von den Gemeinden festgelegte Steuersätze liegen zwischen 6 % und 36 %.[149] Der Durchschnittssteuersatz belief sich 1995 auf 22,18 %.[150]

Fortführung des obigen Beispiels: Die Bemessungsgrundlage hat gegenüber dem Vorjahr um 5.000 FF zugenommen. Der Steuersatz wurde von der Gemeinde auf 25 % festgelegt. Die Wertschöpfung wird mit 1.500.000 FF angenommen.

---

148 Vgl. Cozian, M. (1995), Tz. 1964, S. 466.
149 Vgl. Cozian, M. (1995), Tz. 1952, S. 462.
150 Vgl. Mémento fiscal (1996), Tz. 3718, S. 579.

Berücksichtigung der 16% 269.600 * 0,84 =	226.464 FF
Hälftiger Abzug der Steigerung von 5.000	- 2.500 FF 223.964 FF
Steuerschuld 223.964 * 0,25 > 1.500.000 * 0,035 =	**52.500 FF**

Fazit: Der deutschen und französischen GewSt liegen unterschiedliche Konzeptionen zugrunde. Während sich die Gewerbeertragsteuer auf die Verzinsung des Eigen- und Fremdkapitals bezieht, unterliegt in Frankreich der Mietwert des Anlagevermögens und die Lohnsumme der Besteuerung. Beide Steuern orientieren sich nicht an der Person des Steuerpflichtigen, sondern nehmen den Gewerbebetrieb zum Ausgangspunkt der Besteuerung und versuchen mit Hilfsgrößen auf die Leistungsfähigkeit des Steuerpflichtigen zu schließen. Von daher widerspricht die Gewerbesteuer schon konzeptionell dem Leistungsfähigkeitsprinzip. Hinzu kommen vielfältige Ausnahmeregelungen und Freibeträge. Insbesondere in Frankreich gestaltet sich die Gewerbesteuer äußerst kompliziert. Eine gleichmäßige Besteuerung der Gewerbetreibenden findet nicht statt. Aus den angeführten Gründe sollte die Gewerbesteuer abgeschafft werden.

2.4.3 Die Grundsteuer

Die Grundsteuer (taxe foncière) ist eine der ältesten Steuern überhaupt. In China war sie bereits 2.000 v. Chr. bekannt.[151] Da landwirtschaftlicher Grundbesitz bis zur Industrialisierung die bedeutendste Einkommensquelle war, kam der GrSt auch in neuerer Zeit noch besonderes Gewicht zu. Von Physiokraten wurde gar gefordert, sie als einzige Steuer zu erheben (Kap. 3). Mit der Industrialisierung und dem Entstehen der ESt hat die GrSt an Bedeutung und Existenzberechtigung verloren. 1995 belief sich ihr Aufkommen in Deutschland auf 14,5 % bzw. 13,7 Mrd. DM der Gemeindesteuereinnahmen, in Frankreich (1994) auf 30,7 % bzw. 87,1 Mrd. FF direkter Gemeindesteuern.[152]

Im Lauf der Zeit hat sich ein breites Argumentationsspektrum zur Rechtfertigung der GrSt herausgebildet.[153] Beispielhaft soll hier auf die Fundustheorie eingegangen werden. Danach ist Einkommen aus Grundbesitz sogenanntes fundiertes Einkommen. Fundiertes Einkommen zeichnet sich durch besondere

151 Vgl. Hansmeyer, K.-H. (1988a), S. 726f.; Bräuer, K. (1927), S. 4.

152 Vgl. Finanzbericht (1997), S. 237, 245; Ministère de l'économie et du budget (1996), Faltblatt.

153 Vgl. Balke, M. (1996), Tz. 181, S. 526f.

Sicherheit im Zufluß aus. Arbeitseinkommen unterliegt, bedingt durch Krankheit, Arbeitslosigkeit und Unglücksfälle, einem höheren Ausfallrisiko. Die GrSt wird als Instrument angesehen, diese besondere Sicherheit abzugelten. Allerdings sind mit der Expansion des Sozialstaates (Invalidenrenten, Kündigungsschutz, Lohnfortzahlung im Krankheitsfall, Altersrenten etc.) Arbeitseinkünfte als genauso sicher einzustufen wie Grundbesitzeinkünfte.[154] Folglich läßt sich die Mehrfachbelastung der Grundvermögenserträge mit der Fundustheorie nicht rechtfertigen.

Steuersubjekt ist in Deutschland und Frankreich diejenige natürliche oder juristische Person, der das grst-pflichtige Wirtschaftsgut zuzurechnen ist (§ 10 Abs. 1 GrStG, Art. 1400 CGI). Die Zurechnungsmodalitäten sind in beiden Ländern konzeptionell verschieden. Während das deutsche Steuerrecht die Zurechnung von wirtschaftlichen Verhältnissen, d.h. von der tatsächlichen Herrschaft über ein Wirtschaftsgut abhängig macht (§ 39 AO), geben in Frankreich juristische Verhältnisse den Ausschlag. Dem wirtschaftlichen Eigentumsbegriff im deutschen Steuerrecht steht ein juristischer Eigentumsbegriff im französischen Steuerrecht gegenüber.[155]

Das Steuerobjekt der deutschen GrSt ist zweigeteilt. Land- und forstwirtschaftliches Vermögen unterliegt der GrSt A. Übriges Grundvermögen wird von der GrSt B erfaßt.[156] Zum land- und forstwirtschaftlichen Vermögen rechnen Grund und Boden, Gebäude einschließlich Wohngebäude, Maschinen, Viehbestand und umlaufende Betriebsmittel. Übriges Grundvermögen sind unbebaute und bebaute Grundstücke, Erbbaurecht und Wohnungseigentum.[157] Insofern differenziert die GrSt nach Wirtschaftssektoren in Verbindung mit einer steuerlichen Begünstigung der Land- und Forstwirte. Mit der Grundsteuerreform von 1974 blieben ihre Einheitswerte im wesentlichen unverändert, während die der GrSt B angehoben wurden.[158] In Frankreich wird unterschieden zwischen der GrSt auf bebauten Grund und Boden (taxe foncière bâti) und der auf unbebauten Grund und Boden (taxe foncière non bâti).[159]

Steuerbemessungsgrundlage sind in Deutschland die Einheitswerte grst-pflichtiger Wirtschaftsgüter. Wie bereits erwähnt, beträgt der Einheitswert aber nur einen Bruchteil des Marktwerts (Kap. 2.2.2). Auf die Einheitswerte sind folgende Steuermeßzahlen anzuwenden (§§ 14, 15 GrStG):

---

154 Vgl Tipke, K. (1993), Bd. 2, S. 775ff., 813.
155 Vgl. Altmeier, D. u.a. (1994), S. 160f.
156 Vgl. Musgrave, R. A./Musgrave, P. B./Kullmer, L. (1993), Bd. 2, S. 336f.
157 Vgl. Brümmerhoff, D. (1996), S. 340.
158 Vgl. Musgrave, R. A./Musgrave, P. B./Kullmer, L. (1993), Bd. 2, S. 337f.
159 Vgl. Comby, J./ Renard, V. (1985), S. 41ff.

- Für Betriebe der Land- und Forstwirtschaft 6 ‰;
- für bebaute Grundstücke allgemein 3,5 ‰;
- für Einfamilienhäuser 2,6 ‰ für die ersten 75.000 DM und 3,5 ‰ für den Restbetrag des Einheitswertes;
- für Zweifamilienhäuser 3,1 ‰;
- für unbebaute Grundstücke 3,5 ‰.[160]

Demzufolge wird nicht eine Steuermeßzahl auf die Summe der Einheitswerte angewandt, sondern sie divergieren je nach Art des Wirtschaftsgutes, mit der Folge ungleichmäßiger Besteuerung. Den Gemeinden obliegt das Hebesatzrecht auf das Produkt von Einheitswert und Steuermeßzahl, dem sogenannten Steuermeßbetrag. Weder existieren Freibeträge, noch dürfen Belastungen des Grundbesitzes, z.B. Hypotheken, in Abzug gebracht werden. Mit dem Abzugsverbot wird prinzipiell dem Leistungsfähigkeitsprinzip widersprochen, da mit der Höhe der Belastungen auch die Leistungsfähigkeit abnimmt. Es liegt ein Verstoß gegen das sogenannte objektive Nettoprinzip vor, wonach wirtschaftliche Belastungen, die in Zusammenhang mit der Erlangung wirtschaftlicher Vorteile anfallen, bei Ermittlung der Steuerbemessungsgrundlage Berücksichtigung finden müssen.[161]

Beispiel: Der Einheitswert eines Einfamilienhauses liegt bei 200.000 DM. Von der Gemeinde wurde ein Hebesatz für die GrSt B von 400 % festgesetzt.

Steuermeßbetrag = (75.000 DM * 0,0026 + 125.000 DM * 0,0035) = 632,50 DM
Grundsteuerschuld = 632,50 DM * 4 = 2.530 DM

Während in Deutschland zur Bestimmung der GrSt-Bemessungsgrundlage vom Einheitswert der Wirtschaftsgüter ausgegangen wird, nimmt die "taxe foncière" katastermäßig festgelegte Mietwerte zum Ausgangspunkt.[162] Für bebaute Grundstücke wird ein Nettomietwert von 50 %, für unbebaute Grundstücke von 80 % des Katasterbruttomietwertes unterstellt. Dementsprechend wird pauschal angenommen, daß die Hälfte bzw. 20 % des Mietwertes zur Mieterzielung aufgewendet werden müssen.[163] Im Gegensatz dazu ist der Einheitswert in Deutschland eine Bruttogröße und verstößt deshalb gegen das Leistungsfähigkeitsprinzip (objektives Nettoprinzip). Von den französischen Gemeinden

---

[160] Vgl. Balke, M. (1996), Tz. 190, S. 528.
[161] Vgl. Jakob, W. (1996), Tz. 12, S. 7.
[162] Wie im vorangegangenen Kapitel (GewSt) bereits erwähnt, liegen sie unterhalb der Marktmietwerte. Vgl. Trotabas, L./Cotteret, J.-M. (1992), Tz. 190, S. 232f.
[163] Vgl. Cozian, M. (1995), Tz. 1990, S. 473.

wird der GrSt-Tarif festgelegt.[164] Schematisch läßt sich die GrSt-Ermittlung folgendermaßen darstellen:[165]

Taxe foncière bâti = Nettomietwert * Gemeindesteuersatz,
+ Taxe foncière non bâti = Nettomietwert * Gemeindesteuersatz,
= GrSt-Schuld.

2.4.4 Die Vermögensteuer

Von der im Mittelalter bedeutendsten Steuer hat sich die Vermögensteuer (impôt de solidarité sur la fortune) bis zum heutigen Zeitpunkt zu einer aufkommensmäßigen Nebensächlichkeit gewandelt, um deren Abschaffung, vor allem in Deutschland, zäh gerungen wird. Dabei dominiert in der politischen Diskussion nicht selten Polemik gegenüber dem Austausch von Sachargumenten. VSt-Gegner sprechen von einer "Neidsteuer". Befürworter werten ihre Abschaffung als "ein Geschenk an die Reichen".[166] 1995 belief sich in Deutschland das VSt-Aufkommen auf 1 % des Gesamtsteueraufkommens bzw. 7,9 Mrd. DM, in Frankreich auf ganze 8,8 Mrd. FF bzw. 0,5 % des Gesamtsteueraufkommens.[167]

Die Liste vorgetragener Sachargumente pro und kontra VSt ist lang.[168] Eingegangen wird an dieser Stelle wiederum auf die bereits im vorangegangenen Kapitel erörterte Fundustheorie. Für Grundvermögen konnte bereits nachgewiesen werden, daß daraus erwirtschaftete Erträge i.Vgl. zum Arbeitseinkommen nicht besonders sicher sind und damit auch keine besondere Leistungsfähigkeit konstituieren, die eine zusätzliche Besteuerung außerhalb der ESt rechtfertigen würde. Ist aber eine Doppelbelastung nicht zu begründen, so muß dies erst recht für eine Dreifachbelastung (ESt, GrSt, VSt) gelten. Zu klären bleibt noch die Frage, ob Erträge aus anderen als Grundvermögenswerten eine besondere Sicherheit garantieren? Aktienvermögen und Unternehmensvermögen waren seit jeher Risikovermögen, wie auch Edelmetalle oder Schmuck Wertschwankungen unterworfen sind, so daß auch Erträge aus solchen Vermögenswerten nicht besonders sicher im Anfall sind und daher auch nicht mehrfach steuerlich belastet werden dürfen.

VSt-pflichtig sind in Deutschland natürliche und juristische Personen (§§ 1, 2 VStG). Demgegenüber unterliegen in Frankreich nur natürliche Personen der VSt (Art. 885 A CGI), um dadurch eine Doppelbesteuerung des Körperschafts-

---

164 Vgl. Tillmanns, W. (1995), S. 631f.
165 Vgl. Pinguet, J.-D. (1996), S. 172f.
166 Vgl. Tipke, K. (1993), Bd. 2, S. 774.
167 Vgl. Institut der deutschen Wirtschaft Köln (1996), Tafel 76; Ministère de l'économie et du budget (1996), Faltblatt.
168 Vgl. Balke, M. (1994), Tz. 72, S. 474f.

vermögens zu vermeiden.[169] Einerseits ist die Körperschaft selbst vst-pflichtig, andererseits unterliegen Gesellschaftsanteile beim Anteilseigner der VSt. Da Personengesellschaften nicht eigenständig rechtsfähig sind und damit auch nicht der VSt unterliegen, werden Anteile lediglich beim Gesellschafter vermögensteuerlich erfaßt. Eine Doppelbelastung bleibt aus. Insofern ist die französische der deutschen Vorgehensweise vorzuziehen. Wegen des Einbezugs juristischer Personen ist in Deutschland eine Doppelbesteuerung unvermeidbar.[170]

Der VSt unterliegen in Deutschland gewerbliche und private Vermögenswerte.[171] Im Gegensatz dazu ist in Frankreich der betrieblichen Sphäre zuzuordnendes Vermögen nicht vst-pflichtig.[172] Die VSt-Bemessungsgrundlage setzt sich nur aus Privatvermögen zusammen, was die geringere Bedeutung der VSt i.Vgl. zu Deutschland erklärt.[173] Abgrenzungsprobleme können bei Gesellschaftsanteilen auftreten.

Anteile an Personengesellschaften sind grundsätzlich nicht der Privatsphäre zuzuordnen, wenn der Anteilseigner hauptberuflich für die Gesellschaft tätig ist. In diesen Fällen geht der Privatvermögenscharakter verloren. Anteile an Kapitalgesellschaften sind unter folgenden Bedingungen der erwerbswirtschaftlichen Sphäre zuzuordnen: Der Kapitaleigner muß leitender Angestellter (dirigeant) des Unternehmens sein, mindestens 50 % seiner beruflichen Entgelte von der Gesellschaft beziehen und zu mindestens 25 % am Kapital beteiligt sein. Nur bei Erfüllung aller drei Bedingungen sind die Anteile nicht der Privatsphäre zuzuordnen.[174] Damit soll für den Fall einer VSt-Befreiung ein möglichst enges berufliches Band zwischen Gesellschaft und Anteilseigner sichergestellt sein.

Die Vermögensbewertung erfolgt in Deutschland und Frankreich anlog der erbschaftsteuerrechtlichen Vorgehensweise, so daß wegen der Einheitsbewertung in Deutschland Immobilienbesitzer verfassungswidrig begünstigt wurden, während in Frankreich Immobilien mit ihrem Vergleichswert in die Bemessungsgrundlage eingehen.[175] Belastungen vst-pflichtiger Wirtschaftsgüter, z.B. Hypotheken, sind abzugsfähig. Im Unterschied zur deutschen GrSt genügt die VSt dem objektiven Nettoprinzip.[176]

---

169 Vgl. Cozian, M. (1995), Tz. 2151, S. 502.

170 Vgl. Brümmerhoff, D. (1996), S. 356.

171 Vgl. Balke, M. (1996), Tz. 80, S. 505.

172 Zum steuerlichen Eigentumsbegriff in Deutschland und Frankreich vgl. die Ausführungen im vorangegangenen Kapitel.

173 Vgl. Trotabas, L./Cotteret, J.-M. (1992), Tz. 187-2, S. 227.

174 Vgl. Cozian, M. (1995), Tz. 2168ff., S. 507f.

175 Vgl. BVerfG (1995), S. 658.

176 Vgl. Brümmerhoff, D. (1996), S. 356; Cozian, M. (1995), Tz. 2158f., S. 504f.

Das BVerfG hat den deutschen Gesetzgeber mit seinem bereits im Rahmen der ErbSt angesprochenen Urteil vom 22.6.1995 beauftragt, bis zum 31.12.1996 eine verfassungskonforme Neuregelung zu treffen.[177] Regierung (CDU/CSU, FDP) und Opposition konnten sich aber weder auf eine Abschaffung noch auf eine verfassungsmäßige Neugestaltung der VSt einigen. Somit besteht das VStG formal zwar fort; aufgrund seiner Verfassungswidrigkeit darf die VSt ab 1.1.1997 allerdings nicht mehr erhoben werden.

Die Bemessungsgrundlage ist in Deutschland um die folgenden Freibeträge zu reduzieren (§ 6 VStG):

- 120.000 DM bzw. 240.000 DM für Ehegatten;
- 120.000 DM für jedes Kind, das nicht eigenständig veranlagt wird;
- zusätzliche 50.000 DM bei Vollendung des 60. Lebensjahres und bei 100 %iger Behinderung i.S.d. Schwerbehindertengesetzes.

In Frankreich wird ein Haushaltsfreibetrag von 4,7 Mio. FF gewährt. Damit sei schon hier angedeutet, daß entsprechend der Vorgehensweise bei der ESt der Haushalt und nicht ein Individuum besteuert wird. Zum Vermögen des Steuerpflichtigen ist das seiner Haushaltsmitglieder, d.h. i.d.R. das der Ehefrau und minderjähriger Kinder, hinzuzurechnen. Die Anzahl der Haushaltsmitglieder findet bei Berechnung der Steuerschuld aber keine Berücksichtigung. Unmittelbare Folge ist, wegen des progressiven VSt-Tarifs, die Diskriminierung Verheirateter gegenüber Ledigen. Einer Umgehung dieser Systemwidrigkeit im Weg der Scheidung hat der französische Gesetzgeber vorgebeugt, in dem eheähnliche Lebensgemeinschaften steuerlich einer Ehe gleichgestellt werden.[178] Diese Gleichstellung ist vst-spezifisch und existiert bei keiner anderen Steuer, insbesondere nicht bei der ESt und entspringt einem ausschließlich fiskalischen Motiv. Steuersystematisch findet sich jedenfalls keine Begründung.

Der VSt-Tarif beträgt in Deutschland für natürliche Personen 1 %. Land- und forstwirtschaftliches Vermögen, Betriebsvermögen und bestimmte andere Wirtschaftsgüter werden mit 0,5 % besteuert. Für Körperschaften gilt ein Tarif von 0,6 % (§ 10 VStG).

---

177 Vgl. BVerfG (1995), S. 665.

178 Vgl. Cozian, M. (1995), Tz. 2152, S. 503.

Art. 885 U CGI bestimmt für Frankreich folgenden progressiven VSt-Tarif:

in FF	**in %**
bis 4.700.000	0
oberhalb 4.700.000 bis 7.640.000	0,5
oberhalb 7.640.000 bis 15.160.000	0,7
oberhalb 15.160.000 bis 23.540.000	0,9
oberhalb 23.540.000 bis 45.580.000	1,2
oberhalb 45.580.000	1,5

2.5 Weitere erhobene Steuern

Bezüglich der übrigen in Frankreich erhobenen Steuern sind zunächst spezielle Arbeitgebersteuern hervorzuheben.[179] Dazu gehören die

- Lohnsummensteuer (taxe sur les salaires),
- Lehrlingsteuer (taxe d´apprentissage),
- Berufsbildungsabgabe (participation des employeurs à la formation professionnelle continue),
- Wohnungsbauabgabe (participation des employeurs à l´effort de construction).

Alle vier Steuern verwenden als Bemessungsgrundlage die Lohnsumme. Der Lohnsummensteuer unterliegen Unternehmer, deren Umsätze nicht zu mindestens 90 % ust-pflichtig sind. Da die Lohnsumme i.d.R. den größten Anteil der Wertschöpfung ausmacht, ist die Lohnsummensteuer als Ergänzung der TVA interpretierbar. Der progressive Tarif sieht Steuersätze zwischen 4,25 % und 13,6 % vor.[180] Die Lehrlingsteuer belastet die Lohnsumme mit 0,45 %. Entgelte an Auszubildende sind aus der Bemessungsgrundlage auszuscheiden. Die Steuerschuld ist nicht zwingend an die Finanzbehörde zu überweisen, sondern kann durch Abhaltung firmeninterner Unterrichtseinheiten für Lehrlinge abgegolten werden.[181] Dadurch soll die Lehrlingsteuer die Unternehmen zur Ausbildung junger Menschen motivieren. Zur Förderung der Arbeitnehmerfortbildung wird neben der Lehrlingsteuer eine Berufsbildungsabgabe erhoben. Aufwendungen des Arbeitgebers zur Fortbildung seiner Beschäftigten sind abzugsfähig. Der Steuersatz beträgt derzeit 1,5 %.[182] Schließlich haben Unternehmer eine Wohnungsbauabgabe zu leisten in Höhe von momentan 0,45 % der

[179] Vgl. Cozian, M. (1995), Tz. 2184ff., S. 514ff.
[180] Vgl. Tillmanns, W. (1995), S. 1045.
[181] Vgl. Cozian, M. (1995), Tz. 2187f., S. 515f.
[182] Vgl. Mercier, J.-Y./Plagnet, B. (1995), Tz. 1213, S. 478.

Lohnsumme. Mit dieser Steuer soll den Arbeitnehmern günstig Wohnraum zur Verfügung gestellt werden können.[183] Die kurz umrissenen speziellen Arbeitgebersteuern haben in Deutschland keine Entsprechung. Alle vier angesprochenen Steuern belasten den Faktor Arbeit. Hinzu kommen die GewSt, die 18 % der Lohnsumme besteuert, sowie Sozialabgaben, die ebenfalls auf den Faktor Arbeit erhoben werden. Als Folge hiervon müssen französische Arbeitgeber annähernd 300 FF verausgaben, um 100 FF Lohn bzw. Gehalt zu zahlen.[184]

Des weiteren werden in Frankreich vielfältige Register- und Stempelsteuern (droits d'enregistrement et de timbre) erhoben, die von ihrer Konzeption her i.d.R. Verkehrssteuern sind, d.h. an bestimmten Transaktionen ansetzen. Beispielsweise werden Immobilienkäufe, Unternehmenskäufe, Mietverträge, Wertpapierkäufe und Frachten besteuert.[185] In Deutschland rechnen die Grunderwerbsteuer, Versicherungsteuer, Feuerschutzsteuer, Rennwett- und Lotteriesteuer sowie die Kraftfahrzeugsteuer zu den Verkehrssteuern.[186]

Neben der allgemeinen USt werden weitere indirekte Steuern erhoben. Hierzu gehören in Frankreich u.a. die Wein-, Vergnügungs- und Ausschanksteuer und die Steuer auf Edelmetalle.[187] In Deutschland werden auf Tabakwaren, Bier, Branntwein, Schaumweine, Mineralöle und Kaffee spezielle Verbrauchsteuern erhoben.[188]

---

183 Vgl. Cozian, M. (1995), Tz. 2191, S. 517.
184 Vgl. Cozian, M. (1995), Tz. 2184, S. 514.
185 Vgl. Trotabas, L./Cotteret, J.-M. (1992), Tz. 180ff., S. 219ff.
186 Vgl. Reiß, W. (1996), Tz. 1ff., S. 628ff.
187 Vgl. Tillmanns, W. (1995), S. 633.
188 Vgl. Tipke, K./Lang, J. (1996), Tz. 1ff., S. 648ff.

3. Zur Geschichte der Einkommensteuer
3.1 Dogmengeschichtliche Grundlagen der Einkommensteuer

Ausgangspunkt der Ausführungen über die ESt soll ein Vergleich ihrer historischen Entwicklung sein. Dies scheint insofern angebracht, als gegenwärtig gültige Institutionen wie Gesetze, Sitten und Konventionen nicht zu einem Zeitpunkt Null i.S. eines konstruktivistischen Rationalismus von irgend jemandem am Reißbrett entworfen wurden, sondern im Zeitablauf gewachsen sind.[189] Deshalb besteht in Gegenwärtigem immer auch Vergangenes fort. Das Verständnis aktueller Unterschiede zwischen deutscher und französischer ESt wird bei Unkenntnis historischer Hintergründe erschwert.

Da die ESt nicht zu einem fixen Zeitpunkt in der Vergangenheit eingeführt wurde, sondern es eine Entwicklung mit Erfolgen und Rückschlägen hin zu ihr gab, stellt sich die Frage nach dem Einstiegszeitpunkt für nachfolgende Ausführungen. Sinnvoll erscheint, als Ausgangspunkt das 18. Jhd. zu wählen, da zum einen im ökonomischen Bereich Adam SMITH sich mit seinem Werk von 1776: "Der Wohlstand der Nationen – Eine Untersuchung seiner Natur und seiner Ursachen" verewigte, zum anderen mit dem Beginn der Französischen Revolution im Jahr 1789 eine neue Epoche begann. Wegweisend war die Deklaration der Menschen- und Bürgerrechte vom 26. August 1789.

Aufgrund des erheblichen Einflusses der Nationalökonomen vergangener Tage, vor allem von Adam SMITH, auf die zeitgenössische Wirtschaftspolitik werden auf den ersten Seiten steuertheoretische Denkansätze umrissen. Begonnen wird aber nicht mit Adam SMITH, sondern mit den Überlegungen von François QUESNAY (1694-1774). Er ist als Hauptvertreter des sogenannten Physiokratismus hervorzuheben, der als Reaktion auf den Merkantilismus (16.-18. Jhd.) entstand. Der Merkantilismus sah in Frankreich eine einseitige Förderung der gewerblichen Wirtschaft unter Vernachlässigung der Landwirtschaft vor.[190] [191] Im Gegensatz dazu rückt QUESNAY die Landwirtschaft in den Mittelpunkt seiner theoretischen Überlegungen. Wie angenommen, ist sie der einzige Wirtschaftsbereich, in dem ein Reinertrag erzielt wird. Dieser gleicht der von den Landwirten an die Grundbesitzer entrichteten Pacht. Händler und Gewerbetreibende sind nur in der Lage, ihre Kosten zu decken.[192] Abhängig Beschäftigte werden mit einem existenzminimalen Lohn vergütet.

Da jede Steuerschuld, zumindest in der langen Frist, nur aus Reinerträgen beglichen werden kann, fordert QUESNAY als logische Konsequenz eine GrSt als

189 Zum konstruktivistischen Rationalismus vgl. Hayek, F. A. v. (1965), S. 82ff.
190 Vgl. Brandt, K. (1992), Bd. 1, S. 88f.
191 Vgl. Gabler (1997), Bd. 3, S. 2601f.
192 Vgl. Kolms, H. (1977), S. 315.

Ersatz für alle bislang existierenden Steuern. Jede andere Steuer würde lediglich, durch Überwälzungsprozesse, vermeidbare volkswirtschaftliche Kosten verursachen und letztlich aus dem Reinertrag der Landwirte bezahlt.

Nach QUESNAYs Vorstellungen sollte die Besteuerung an der Quelle ansetzen, d.h., der Landwirt hat einen Teil des Pachtbetrags als GrSt an den Staat abzuführen.[193] Dabei war die GrSt nach ihrem Namen als Objektsteuer (Soll-Ertrag-Steuer) konzipiert. Sie setzte nicht an den wirtschaftlichen Verhältnissen der Individuen, sondern am Grund und Boden an. QUESNAY schlug einen proportionalen Tarif von 2/7 des Bodenreinertrages vor. Der von QUESNAY vertretene "Alleinsteuergedanke" wurde in der Folgezeit aus finanzpolitischen Gründen aufgegeben.[194] Schon MIRABEAU, immerhin ein Schüler von QUESNAY, nimmt in sein Steuerprogramm neben der Grundsteuer noch Personal-, Klassen-, Salz- und Tabaksteuern auf.

Im weiteren Verlauf erobern die Gedankengänge des Liberalismus den Kontinent. Als Liberalismus wird eine von den schottischen Moralphilosophen (Kap. 1.1) begründete Denkrichtung bezeichnet, die individuelle Freiheit und Selbstverantwortung des einzelnen betont. Hervorragende Vertreter sind neben Adam SMITH (1723-1790) David HUME (1711-76) und Adam FERGUSON (1723-1816).[195] Tragendes Prinzip des Liberalismus ist der sogenannte Individualismus. Er besagt, "daß jeder einzelne Mensch das Recht auf freie, dabei jedoch selbstverantwortliche Entfaltung seiner Persönlichkeit nach seinen eigenen Möglichkeiten und Vorstellungen hat und dieses Recht vor machtbegründeten Eingriffen durch den Staat oder durch andere Gesellschaftsmitglieder zu schützen ist."[196] An dieser Stelle sind die vier Besteuerungsgrundsätze von SMITH besonders erwähnenswert, nämlich die

1. Gleichmäßigkeit der Besteuerung;
2. Bestimmtheit der Steuergesetzgebung, d.h., sie muß unmißverständlich und im Zeitablauf konsistent sein, so daß keine Willkür der Steuerbeamten möglich ist;
3. Bequemlichkeit der Steuerzahlung für den Steuerpflichtigen;
4. Billigkeit der Steuererhebung, d.h., Verwaltungskosten sollen möglichst gering sein. Des weiteren darf die Besteuerung nicht die Leistungsbereitschaft hemmen.[197]

---

193 Vgl. Mann, F. K. (1937), S. 187ff.
194 Vgl. Vogel, E. H. (1914), S. 505.
195 Vgl. Vanberg, V. (1975), S. 5.
196 Gabler (1988), Bd. 3, Sp. 2491.
197 Vgl. Smith, A. (1993), S. 703ff.

Für die Entwicklung der ESt war vor allem der erste Grundsatz von Bedeutung. Eine gleichmäßige Besteuerung sieht SMITH gegeben, wenn "Untertanen .. im Verhältnis zu dem Einkommen Steuern zahlen, das sie unter dem Schutz des Staates beziehen."[198] Der Ausdruck "unter dem Schutz des Staates" impliziert als Rechtsgrund der Besteuerung das Äquivalenzprinzip (Prinzip von Leistung und Gegenleistung). Damit wird der tauschwirtschaftliche Grundsatz vom privaten auf den öffentlichen Bereich übertragen. Der Staat schützt das Individuum vor Eingriffen in seine Freiheitsrechte (vertragstheoretische Staatsauffassung). Als Gegenleistung zahlt es Steuern (Kap. 1.1).

Mit der Terminologie "im Verhältnis zu" ist ein proportionaler Steuertarif gemeint. Vom Staat in Anspruch genommene Leistungen wachsen mit steigendem Einkommen wie unterstellt proportional. Die Progression wird als willkürlich und nicht mit individualistischen Vorstellungen vereinbar abgetan. Aus denselben Gründen wird im Rahmen der Veranlagung eine Offenlegung individueller Einkommensverhältnisse (Deklarationspflicht) abgelehnt.[199] Entsprechend diesen Überzeugungen kann bei SMITH eine allgemeine, auf das Gesamteinkommen erhobene, die Individualität wirtschaftlicher Verhältnisse des einzelnen Steuerpflichtigen erfassende ESt keine Rolle spielen.

Statt dessen schlägt er ein System von Objektsteuern auf einzelne Einkommensteile vor (Schedulensystem). Fundierte Einkommen wie Grundrenten, Hausrenten und Kapitalzinsen sind im Vergleich zu unfundiertem Arbeitseinkommen mit einem höheren proportionalen Tarif zu belasten. Da Arbeitseinkommen i.Vgl. zu Kapitaleinkommen in der damaligen Zeit mangels sozialer Sicherungssysteme mit einem höheren Risiko behaftet waren, sind differenzierende Steuerbelastungen rechtfertigbar (Kap. 2.4.1).[200]

Die Smithsche Steuerlehre dominierte in der ersten Hälfte des 19. Jhds. die Gedankengänge deutscher und französischer Ökonomen. Die Steuererhebung wurde äquivalenztheoretisch begründet, Progression und Einkommensdeklaration als Verletzung individueller Freiheitsrechte verworfen. Erst in der 2. Hälfte des 19. Jhds. änderte sich unter deutschen Wissenschaftlern mit dem Entstehen der Opfertheorie die Sichtweise. Fortan wird in der zu zahlenden Steuer ein Opfer gesehen, ohne daß der Staat gegenüber dem Steuerpflichtigen zu einer Gegenleistung verpflichtet ist (organische Staatstheorie). Die Steuerpflicht begründet sich allein aus der Zugehörigkeit zu einem Gemeinwesen.[201] Damit war der Weg zur Besteuerung entsprechend dem Leistungsfähigkeitsprinzip frei, da eine Bindung an das Äquivalenzprinzip nicht mehr bestand. Be-

---

198 Schmölders, G./Hansmeyer, K.-H. (1980), S. 46.

199 Vgl. Großfeld, B. (1981), S. 8f.

200 Vogel, E. H. (1914), S. 507ff.

201 Vgl. Schmölders, G./Hansmeyer, K.-H. (1980), S. 51f.

sondere Relevanz kommt den Gedankengängen von SCHMOLLER, WAGNER und STEIN zu.[202] Alle drei sprechen sich für eine die individuellen wirtschaftlichen Verhältnisse des Steuerpflichtigen berücksichtigende ESt aus und widersprechen damit dem ertragsteuerlichen Schedulensystem von Adam SMITH.

Ganz anders verlief die Entwicklung in Frankreich. Dort blieben bedeutende Ökonomen wie PARIEU, LEROY-BEAULIEU und CAILLAUX auch in der zweiten Hälfte des 19. Jhds. in steuertheoretischen Fragen weitestgehend dem Individualismus verbunden.[203] Der Rechtsgrund der Steuer wurde weiterhin im Äquivalenzprinzip gesehen, womit gleichzeitig der Weg zur Besteuerung nach der Leistungsfähigkeit versperrt war. Durch die Ablehnung der Einkommensdeklaration kam zwangsläufig Objektsteuern die tragende Rolle zu.

Fazit: Sowohl in den deutschen Ländern als auch in Frankreich dominierte in der ersten Hälfte des 19. Jhds. individualistisches Gedankengut und führte zur wissenschaftlichen Begründung von Ertragsteuersystemen (Objektsteuersystemen). Steuern wurden als Entgelt für staatliche Leistungen erhoben (vertragstheoretische Staatsauffassung). Umverteilungsbemühungen paßten nicht ins marktwirtschaftliche Paradigma. Es galt das Motto: "Jeder ist seines Glückes Schmied." Die fortschreitende Industrialisierung wandelte die gesellschaftlichen Verhältnisse grundlegend. Mit dem Aufkommen der sozialen Frage änderte sich die Staatsauffassung und infolgedessen auch der Besteuerungszweck. Besonders Adolph WAGNER brachte den Aspekt sozialer Gerechtigkeit in die Steuerdiskussion ein. Die vertragstheoretische Staatsauffassung wurde zugunsten der organischen Staatstheorie aufgegeben und die reine Lehre vom Zusammenspiel von Angebot und Nachfrage um eine soziale Komponente ergänzt. An die Stelle des Äquivalenzprinzips trat das Leistungsfähigkeitsprinzip. Im Unterschied zur Entwicklung in deutschen Ländern läßt sich in Frankreich nur "ein allmähliches V o r d r i n g e n   d e s   E i n k o m m e n s t e u e r g e d a n k e n s wie auch des Gedankens der Subjektbesteuerung erkennen"[204] und damit nur eine langsame Loslösung von individualistischen Vorstellungen feststellen. Die vertragstheoretische Staatsauffassung bestand fort. Progression und Einkommensdeklaration wurden strikt abgelehnt. Bis zum Ersten Weltkrieg ist es deshalb in Frankreich nicht gelungen, eine ESt einzuführen.

---

202 Vgl. Schmoller, G. (1863), S. 1ff.; Wagner, A. (1880), S. 417ff.; Stein, L. v. (1886), S. 408ff.

203 Vgl. Parieu, E. d. (1862); Leroy-Beaulieu, P. (1877); Caillaux, J. (1903).

204 Vogel, E. H. (1914), S. 527.

3.2 Ausgewählte Einkommensteuergesetze in Deutschland

3.2.1 Die preußischen Einkommensteuergesetze von 1808[205] und 1812[206]

Die erste ESt in einem deutschen Land wurde zu Beginn des 19. Jhds. (23. Februar 1808) in den preußischen Provinzen Ostpreußen und Litauen eingeführt. Sie wurde zur Deckung der Kriegsschulden erhoben, die aus dem vierten Koalitionskrieg (1806/07) resultierten, bei dem Preußen gegen das von Napoleon geführte Frankreich eine vernichtende Niederlage hinnehmen mußte.[207] § 3 dieses Gesetzes bestimmte explizit die Zweckbindung des ESt-Aufkommens. Dementsprechend wurde die Abschaffung der ESt zum Zeitpunkt der Erfüllung der Kriegsschulden zugesagt. Als besondere Merkmale sind obligatorische Steuererklärung inklusive Kontrollmechanismen (§§ 15, 42), die Trennung der Einkommensquellen (§§ 22, 40) und der progressive Steuertarif (§ 35) zu nennen. § 22 führt als Einkommensquellen Grundstücke, Kapital, Arbeitslohn und Wohltätigkeit auf. In den §§ 23-34 ist die Ermittlung der einzelnen Einkunftsarten geregelt. § 35 legt einen progressiven auf das Gesamteinkommen aus Grundstücken und Kapitalien erhobenen Tarif von bis zu 20 % fest. Arbeitseinkünfte und Leibrenten werden nur mit maximal 15 % belegt. In § 42 ist die Kontrolle eingereichter Steuererklärungen festgelegt. Hervorzuheben bleibt, daß mit der Deklarationspflicht, der Scheidung nach Einkommensquellen bzw. Einkunftsarten, der Progression und den vorgesehenen Kontrollen bereits Merkmale verwirklicht wurden, die für eine moderne ESt charakteristisch sind. Erst 1891 kamen in Preußen mit der Miquelschen Steuerreform diese Eigenschaften wieder zum Tragen.

Von Anbeginn ihrer Einführung stieß die ESt in der Bevölkerung auf starke Ablehnung. Vor allem die obligatorische Steuererklärung und damit verbunden das Eindringen in die privaten Finanz- und Vermögensverhältnisse, entwickelte sich in Preußen bis zum EStG von 1891 zum Hauptstreitpunkt.

> "Die Steuer könne nicht ohne die Einführung der schlimmsten Untersuchungsmaßnahmen und ohne Eindringen in Privatangelegenheiten wirksam werden."[208]

Aufgrund drückender Kriegslasten entschloß sich Preußens Ministerpräsident von Hardenberg unter größtem Widerstreben für die Einführung einer ESt in

---

205 Preußische Gesetze (1808).

206 Preußische Gesetze (1812).

207 Bei den Koalitionskriegen (1792-1809) handelt es sich um Auseinandersetzungen zwischen europäischen Staaten und dem napoleonischen Frankreich, wobei die europäischen Staaten in den Koalitionskriegen in wechselnden Bündnissen kämpften. Dtv-Atlas (1977), S. 24-29.

208 Großfeld, B. (1981), S. 30.

ganz Preußen.[209] Am 24. Mai 1812 wurde die Provinzialsteuer von 1808 durch die erste für ganz Preußen geltende ESt ersetzt. Im Unterschied zur Steuer von 1808 hatte der Steuerpflichtige lediglich das Gesamteinkommen anzugeben. Eine Deklaration des Einkommens nach verschiedenen Quellen entfiel. Gemeinsamkeiten finden sich in dem progressiv ausgestalteten Steuertarif (§ 11) und der obligatorischen Steuererklärung (§ 13). Charakteristisch für die historische Situation, die ausgeprägte Abneigung gegenüber der Offenlegung privater Finanz- und Vermögensverhältnisse, erscheint der erste Satz des § 13. "Bei der Erhebung der Steuer soll jede gehässige Form und fiskalische Vexation vermieden werden", was wirksame Kontrollen eingereichter Steuererklärungen letztlich ausschloß. Nach § 11 beträgt die zu entrichtende Steuer bei Einkommen bis 99 Taler 12 bzw. 18 Groschen, für Einkommen ab 100 Taler 1 % sowie ab 300 Taler 5 % des zu versteuernden Einkommens.

Über die Abschaffung der ESt nach dem Sieg über Napoleon im Jahr 1814 gab es keine Diskussion. NEUMARK führt dies darauf zurück, daß für eine erfolgreiche Einkommensbesteuerung die "erforderlichen materiellen und ideellen Bedingungen noch nicht gegeben waren."[210] Beispielsweise fehlte eine geordnete Verwaltung, die für eine gleichmäßige Besteuerung hätte sorgen können.[211] Des weiteren dominierte in den deutschen Ländern zu dieser Zeit noch den Ertragsteuern Vorschub leistendes individualistisches Gedankengut (Kap. 3.1). Auch in der Bevölkerung war noch keine Akzeptanz gegenüber einer ESt vorhanden. Wissenschaftliche Überzeugung und Volksempfinden lagen auf einer Linie.

3.2.2 Die preußische Klassensteuer von 1820[212]

Dennoch dauerte es nur bis zum 30.05.1820, als ein Haushaltsfehlbetrag von 8 Millionen Talern den preußischen Finanzminister von BÜLOW veranlaßte, im Zug einer Steuerreform auch eine Klassensteuer einzuführen.[213] Dabei handelt es sich allerdings nur um "eine Art Einkommensteuer".[214] Die Bevölkerung wurde nach einfachen äußeren Zeichen des Wohlstands Steuerklassen zugeordnet, so daß sich obligatorische Steuererklärungen von vornherein erübrigten. Insofern trägt diese Steuer wesentliche Merkmale einer Ertrag- bzw. Objektsteuer. § 3 unterscheidet fünf Klassen, während § 5 zu zahlende Steuerbeträge regelt.

---

209 Großfeld, B. (1981), S. 31.
210 Neumark, F. (1947), S. 219.
211 Vgl. Großfeld, B. (1981).
212 Preußische Gesetze (1820).
213 Vgl. Metzger, U./Weingarten, J. (1989), S. 12.
214 Großfeld, B. (1981), S. 35.

1. Klasse: Vorzüglich wohlhabende und reiche Einwohner vier Taler.
2./3. Klasse: Wohlhabende Einwohner zwei bzw. einen Taler.
4. Klasse: Geringer Bürger- und Bauernstand acht Groschen.
5. Klasse: Lohnarbeiter, gemeines Gesinde und Tagelöhner einen Groschen bzw. bei Bildung einer Unterklasse zwischen der vierten und fünften Klasse vier Groschen in der Unterklasse.

Den Gemeinden oblag es, unter Aufsicht der Landräte, die Einteilung in Steuerklassen vorzunehmen (§ 6). Besonders auffallend ist der sehr niedrige Steuerhöchstbetrag von vier Talern. Steuersystematisch war die Klassensteuer im Vergleich zu den Einkommensteuergesetzen von 1808 und 1812 ein erheblicher Rückschritt, da lediglich vermutete und nicht tatsächliche wirtschaftliche Verhältnisse des Steuerpflichtigen ausschlaggebend waren. Anhand der 1. Klasse soll beispielhaft verdeutlicht werden, wie sich die merkmalorientierte Klasseneinteilung gestaltete.

> "Besitzer grosser Landgüter ... Grosshändler oder Handelshäuser, die kaufmännische oder Geldgeschäfte von grösserem Umfang treiben, Inhaber grösserer Fabriken, Kapitalisten etc. gehören also hierher [1. Klasse], und als allgemeines Kennzeichen für die Klasse genügt der Besitz eines solchen Vermögens oder Gewerbes, dessen Beträchtlichkeit dem Eigner nach dem davon zu erwartenden Einkommen eine bequeme und unabhängige Existenz gewährt ... Der Umfang eines bedeutenden Grundbesitzes liegt vor Jedermanns Auge zu Tage; eine hier nur nöthige ganz ungefähre Schätzung des Ertrags kann keiner Schwierigkeit unterliegen. Die Beträchtlichkeit des Gewerbebetriebes erkennt sich leicht durch das Leben und die Regsamkeit, die er verbreitet, und durch die Anzahl der dabei beschäftigten Hände. Selbst der Besitz bedeutender Kapitalien pflegt in der Gemeinde, wo der Kapitalist wohnt, nicht unbekannt zu bleiben. Ein gewisser Grad von Wohlleben endlich entspricht in der Regel dem Einkommen der wohlhabenden und reich begüterten Klassen."[215]

In der Folgezeit wurden mehrfach Modifikationen vorgenommen, um dadurch differenzierter den wirtschaftlichen Verhältnissen der Steuerpflichtigen Rechnung zu tragen. Beispielsweise wurden die Klassen dreifach unterteilt und bei der Klassenzuteilung die Kinderzahl berücksichtigt.[216] Der maximale Steuerbetrag wurde auf 144 Taler erhöht. An den grundsätzlichen Problemen änderte sich dadurch aber nichts. "Infolge der festen Obergrenze konnten die Leistungsfähigsten nicht genügend herangezogen werden".[217] Die Klassensteuer wirkte regressiv. Weiterhin wurde der Steuerpflichtige nicht auf Grundlage seines

---

215 Vgl. Held, A. (1872), Fn. 1, S. 275ff.
216 Vgl. Gerlach, O. (1892), S. 73.
217 Gerlach, O. (1892), S. 74.

tatsächlichen Einkommens, sondern durch äußere Merkmale einer Einkommensklasse zugeteilt. Von Gleichmäßigkeit der Besteuerung konnte keine Rede sein. Dies kommt deutlich in dem Rückgang des Pro-Kopf-Steueraufkommens zum Ausdruck.[218] Die beschriebenen Mängel führten einerseits zu immer stärker werdendem Druck bezüglich grundlegender Reformen, andererseits bestand die Abneigung gegenüber obligatorischen Steuererklärungen mit entsprechenden Kontrollen auch in der Folgezeit fort.

3.2.3 Die preußische Klassen- und klassifizierte Einkommensteuer von 1851[219]

Ausdruck des Spannungsverhältnisses zwischen grundlegender Reform auf der einen und Abneigung der Einkommensoffenlegung auf der anderen Seite ist das preußische EStG von 1851. Ohne Einkommensdeklaration beabsichtigte der Gesetzgeber, individuelle wirtschaftliche Verhältnisse zu erfassen, um einer gleichmäßigen Besteuerung näher zu kommen, was allerdings nicht gelang.[220] Als wesentlicher Reformpunkt ist die Einführung der klassifizierten ESt hervorzuheben. An der Klassensteuer wurde nur noch für die unteren Einkommensschichten bis zu einem Jahreseinkommen von 1.000 Talern festgehalten. Von den Gemeinden wurden weiterhin, unter Aufsicht der Landräte, Klassenzuteilungen vorgenommen.

Über 1.000 Taler hinausgehende Einkommen werden der neu geschaffenen klassifizierten ESt unterworfen (§ 2). Der Begriff klassifiziert soll die Einteilung der Steuerpflichtigen in 30 Einkommensklassen zum Ausdruck bringen (§ 20). Die Zuteilung zu einer Einkommensklasse oblag Gemeindekommissionen unter Aufsicht des jeweils zuständigen Landrats (§ 21). Da eine Deklarationspflicht nicht bestand, mußte die Klassenzuteilung bzw. die Einkommensermittlung wieder nach äußeren Merkmalen vorgenommen werden, ohne "tieferes" und "lästiges Eindringen" (§§ 22 Abs. 3, 23 Abs. 1) in die finanzielle Situation des Steuerzahlers. Damit bleiben die tatsächlichen wirtschaftlichen Verhältnisse des Steuerpflichtigen weiterhin im Verborgenen.

Der zu zahlende Steuerbetrag war auf 3 % der jeweiligen Klassenuntergrenze festgelegt (§ 19). In § 20 wird die monatliche Steuerschuld für die einzelnen Klassen angegeben. Unter Zugrundelegung des 3 %igen Steuertarifs kann auf

---

218 Vgl. Metzger, U./Weingarten, J. (1989), S. 15.

219 Preußische Gesetze (1851).

220 Art. 7 Abs. 1: "Die Steuer wird in drei Hauptklassen und in jeder Hauptklasse nach Abstufungen erhoben, in welche die einzelnen Steuerpflichtigen unter Berücksichtigung der für die Hauptklassen gegebenen allgemeinen Unterscheidungsmerkmale einerseits, andererseits aber unter Berücksichtigung ihrer gesamten Verhältnisse und der durch diese bedingten besonderen Leistungsfähigkeit einzuschätzen sind."

das Jahreseinkommen geschlossen werden. Durch die Steuerbetragsobergrenze von 7.200 Talern wurde bei Einkommen oberhalb 240.000 Talern aus der proportionalen eine regressive Steuer. Auch die Regression innerhalb einer Klasse ist nennenswert. Z.B. gibt § 20 für die 20. Klasse einen monatlichen Steuerbetrag von 100 Talern an. Auf das Jahr bezogen entspricht dies einem Einkommen von 40.000 Talern. Klasse 21 beginnt bei Einkommen von 52.000 Talern, d.h. einem monatlichen Steuerbetrag von 130 Talern. In Klasse 20 beträgt die Steuerquote (Steuerschuld in Prozent des Einkommens) an der Klassenobergrenze (51.999 Taler) lediglich 2,3 %. Bezogen auf 3 % macht die Reduktion der Steuerquote um 0,7 Prozentpunkte immerhin 23,33 % aus. Das Ausmaß der Regression divergiert zwischen den Einkommensklassen.

Insgesamt ist die Verbesserung gegenüber der Klassensteuer von 1820 als gering zu bezeichnen, da grundlegende methodische Mängel übernommen wurden. Damit blieb auch das Problem ungleichmäßiger Besteuerung bestehen.

> "Man vermutet, daß die Einkommen durchschnittlich mit weniger als der Hälfte oder gar mit weniger als einem Drittel ihrer tatsächlichen Höhe angesetzt wurden."[221]

In der Folgezeit realisierte Reformen brachten nichts weitreichend Neues.[222]

Während bis in die Mitte des 19. Jhds. eingeführte Einkommensteuern gewissermaßen dem Diktat leerer Staatskassen entsprangen, ansonsten aber äußerst unpopulär waren, begann sich in der zweiten Hälfte des 19. Jhds. das Bild zu wandeln. Renommierte Nationalökonomen wie SCHMOLLER, WAGNER und STEIN forderten eine die individuellen wirtschaftlichen Verhältnisse erfassende, das bestehende Steuersystem ergänzende ESt (Kap. 3.1). Auch in der Bevölkerung entwickelte sich allmählich das Bewußtsein, daß eine ESt nur dann gerecht i.S. einer gleichmäßigen Besteuerung aller Steuerpflichtigen sein kann, wenn der Finanzbehörde entsprechende Kontrollmechanismen an die Hand gegeben werden. Die Klassen- und klassifizierte ESt konnten diesem Anspruch jedenfalls nicht genügen. "Es war das Königreich Sachsen, das durch sein EStG vom 2. Juli 1878 den Anstoß für alles Folgende gab."[223]

---

221 Großfeld, B. (1981), S. 42.
222 Vgl. Großfeld, B. (1981), S. 43.
223 Großfeld, B. (1981), S. 43.

3.2.4 Das sächsische Einkommensteuergesetz von 1878[224]

Das sächsische EStG vom 2. Juli 1878 war Bestandteil umfassender Reformanstrengungen des direkten Steuersystems, die bereits 1868 einsetzten. Anlaß hierfür waren leere Staatskassen nach dem Deutschen Krieg von 1866, bei dem Preußen das von Sachsen unterstützte Österreich bezwang. Das EStG kann als Abschluß zehnjähriger Reformanstrengungen gewertet werden.[225] In der Bevölkerung traf "das Gesetz .. zunächst auf Mißtrauen, wurde jedoch später ... freundlich aufgenommen, sogar im Hinblick auf das Veranlagungsverfahren".[226] Deutlich wird dem allmählichen Bewußtseinswandel der Menschen Ausdruck verliehen.

Der Fortschritt gegenüber Preußen bestand zunächst in der Überwindung der Zweiteilung in Klassen- und klassifizierte ESt.[227] An ihre Stelle trat eine einheitliche ESt. Bei der Einkommensermittlung wurden verschiedene Einkommensquellen unterschieden, nämlich (§ 17)

1. Einkommen aus Verpachtung, Vermietung, Benutzung der eigenen Wohnung und dem Betrieb von Land- und Forstwirtschaft auf eigenen Grundstücken;
2. Einkommen aus Kapitalzinsen, Renten, Apanagen, Dividenden, Kuxen, Naturalgefällen, Auszügen oder Gerechtsame;
3. Lohn, Gehalt, Pension oder Wartegeld;
4. Einkommen aus Handel und Gewerbe, einschließlich des Betriebs der Landwirtschaft auf fremden Grundstücken und jede andere Erwerbstätigkeit.

Das ermittelte Einkommen unterlag einem Stufentarif (§ 12). Die erste Stufe erstreckt sich von 300 bis 400 Mark, was einem steuerfreien Existenzminimum von 300 Mark gleichkommt.[228] Der zu zahlende Steuerbetrag war 0,5 Mark bzw. 0,17 % der Klassenuntergrenze. Ab der 20. Klasse erreichte der Tarif seine Obergrenze von 3 %.[229] Bei Einkommen bis 3.300 Mark können Sachverhalte, welche die Leistungsfähigkeit mindern, z.B. Anzahl der Kinder oder Unglücksfälle, zu einer Einstufung in die nächst niedrigere Klasse führen (§ 13, subjektives Nettoprinzip).

Weitere wesentliche Merkmale sind die obligatorische Steuererklärung (§ 39) und die Kontrollinstrumente der Verwaltung (§§ 42ff. und §§ 68ff.). Sachsen wurde mit seinem EStG zum Vorreiter eines modernen Steuersystems in

224 Sächsische Gesetze (1878).
225 Vgl. Metzger, U./Weingarten, J. (1989), S. 40ff.
226 Großfeld, B. (1981), S. 44.
227 Vgl. Metzger, U./Weingarten, J. (1989), S. 42-48.
228 Vgl. Metzger, U./Weingarten, J. (1989), S. 48.
229 Gerlach, O. (1892), S. 82f.

Deutschland.[230] Festzuhalten bleibt, daß sich bei diesem Gesetz die vier schon 1808 in Preußen verwirklichten Prinzipien Quellenscheidung, Progression, Deklaration und Kontrolle wiederfinden.

3.2.5 Das preußische Einkommensteuergesetz von 1891[231]

1891 war auch in Preußen die Zeit für grundlegende Reformen gekommen. Im Zug fortschreitender Industrialisierung war die Gesellschaft sozial und wirtschaftlich immer differenzierter geworden. Nur eine an der individuellen Situation des einzelnen ansetzende ESt konnte den gesellschaftlichen und ökonomischen Verhältnissen noch gerecht werden.[232] Gerade dies tat die überkommene Klassen- und klassifizierte ESt aber nicht. Am 24.06.1891 wurde in Preußen im Rahmen einer allgemeinen Steuerreform auch die ESt modernisiert. "Treibende Kraft war der preußische Finanzminister Johannes von Miquel, von dem die Reform ihren Namen erhielt (Miquelsche Steuerreform)."[233] Der Einfluß des sächsischen Einkommensteuergesetzes von 1878 ist unverkennbar. Klassen- und klassifizierte ESt wurden zu einer einheitlichen ESt verschmolzen. Aufgrund der weitreichenden Bedeutung dieses Steuergesetzes wird es detaillierter besprochen als die vorhergehenden.

§ 1 knüpft die unbeschränkte Steuerpflicht an den Wohnsitz oder Aufenthalt in Preußen. Unbeschränkt Steuerpflichtige sind mit ihrem Welteinkommen steuerpflichtig (Welteinkommensprinzip). Sowohl natürliche als auch juristische Personen werden erfaßt. Letzteren werden Aktiengesellschaften, Kommanditgesellschaften auf Aktien sowie unter bestimmten Voraussetzungen eingetragene Genossenschaften zugerechnet. Falls die Bedingungen für eine unbeschränkte Steuerpflicht nicht erfüllt sind, greift die beschränkte Steuerpflicht (§ 2). Nur in Preußen erzielte Einkünfte sind est-pflichtig. Anschließend werden ESt-Befreiungen festgelegt (§ 3). Beispielsweise mußten Mitglieder des Königshauses und des hohenzollernschen Fürstenhauses keine ESt zahlen.

Im Anschluß an die subjektive wird die objektive Steuerpflicht rechtlich fixiert. Dabei wird ein der Quellentheorie nahestehender Einkommensbegriff verwendet. Nur aus dauerhaft bestehenden Quellen fließende, periodisch wiederkehrende Einkünfte werden im Rahmen der ESt erfaßt. Infolgedessen gelten "außerordentliche Einnahmen aus Erbschaften, Schenkungen, Lebensversicherungen, aus dem nicht gewerbsmäßig oder zu Spekulationszwecken unternommenen Verkauf von Grundstücken und ähnliche Erwerbungen .. nicht als steuerpflichtiges Einkommen, sondern als Vermehrung des Stamm-

---

230 Großfeld, B. (1981), S. 44.
231 Preußische Gesetze (1891).
232 Vgl. Mauz, F. (1935), S. 93.
233 Großfeld, B. (1981), S. 44.

vermögens".[234] Allerdings sind aus derartigen Einnahmen in der Zukunft anfallende Erträge est-pflichtig. Verwendet beispielsweise ein Wirtschaftssubjekt seine Gelderbschaft zum Erwerb von Aktien, werden daraus resultierende Dividendenzahlungen einkommensteuerlich erfaßt.

Folgende Einkommensquellen werden enumerativ genannt (§ 7):

> "Als Einkommen gelten die gesammten Jahreseinkünfte der Steuerpflichtigen in Geld und Geldeswerth aus:
> 1) Kapitalvermögen,
> 2) Grundvermögen, Pachtungen und Miethen, einschließlich des Miethswerthes der Wohnung im eigenen Hause,
> 3) Handel und Gewerbe einschließlich des Bergbaues,
> 4) Gewinn bringender Beschäftigung, sowie aus Rechten auf periodische Hebungen und Vortheile irgend welcher Art, soweit diese Einkünfte nicht schon unter Nr. 1 bis 3 begriffen sind."

Mit der Trennung nach Einkommensquellen konnte eine genauere Bestimmung des Einkommens und eine wirksamere Kontrolle durch die Steuerbehörde erreicht werden.[235]

An die Aufzählung der Einkommensquellen (§ 7) schließen sich Vorschriften über die Einkommensermittlung an. Dazu werden in § 9 allgemeine Grundsätze bezüglich in Abzug zu bringender Ausgaben und Aufwendungen ausgeführt, während in den §§ 12-16 besondere Vorschriften für einzelne Einkommensquellen niedergeschrieben sind. Gemäß § 9 Abs. 1 Nr. 1 EStG sind "die zur Erwerbung, Sicherung und Erhaltung des Einkommens verwendeten Ausgaben" abziehbar (objektives Nettoprinzip).

Für die Veranlagung ist aber nicht das zum Ende einer Periode ermittelte Einkommen relevant. Vielmehr erfolgt die Veranlagung "zukunftsorientiert", d.h. stets für das nächste Jahr. Unmittelbar stellt sich das Problem der Auswahl geeigneter Berechnungsregeln (§ 10), mit denen das vermutliche zukünftige Einkommen möglichst genau erfaßt werden kann. Bei für den Veranlagungszeitraum feststehenden Einnahmen und Ausgaben ist dies unproblematisch. Sie sind mit dem bekannten Betrag anzusetzen.[236] Eine gesetzliche Definition des Begriffs "feststehend" gibt es aber nicht. Obgleich bei abhängig Beschäftigten

---

234 § 8 EStG v. 24. Juni 1891.

235 Großfeld, B. (1981), S. 45.

236 Praktisch bereitete die Abgrenzung zwischen feststehenden und nichtfeststehenden Einnahmen/Ausgaben erhebliche Probleme. Vgl. Jastrow, J. (1892), S. 685ff.

Einnahmen und Ausgaben tendenziell eher feststehen als bei Selbständigen, ist immer auf die Individualität des Einzelfalls abzustellen.[237]

Mit welchem Wert sollen nichtfeststehende Einnahmen und Ausgaben angesetzt werden? Hierfür ist in § 10 eine Extrapolation vorgesehen. Sie sind nach dem Durchschnitt der drei letzten Veranlagungszeiträume anzusetzen.[238] Bestehen sie noch nicht so lange, sind sie nach der Dauer ihres Bestehens oder erforderlichenfalls mit dem mutmaßlichen Jahresbetrag zu veranschlagen.[239]

Ein starres Festhalten an den Berechnungsanweisungen kann aber eine verzerrte Darstellung der Einkommensverhältnisse nach sich ziehen. Man kann sich beispielsweise einen Gewerbetreibenden vorstellen, der in den Perioden eins und zwei Einnahmen in Höhe von 100.000 Mark verzeichnet, in Periode 3 aber aufgrund schwerwiegender unternehmerischer Fehlentscheidungen nur 1.000 Mark einnimmt. Für Periode vier müßten, bei starrer Orientierung an der Durchschnittsbildung, Einnahmen von 67.000 Mark angesetzt werden, selbst wenn weitere Einnahmerückgänge abzusehen sind. Daraus wird gefolgert:

> "Sobald der geschäftliche Rückgang einen Grad erreicht hat, bei dem vernünftigerweise jede Vergleichbarkeit von Vergangenheit und Zukunft aufhört, da ist auch die Durchschnittsberechnung unzulässig, und es bleibt nichts übrig, als 'nach dem mutmaßlichen Jahresertrage' zu schätzen."[240]

Das fundamentale Problem besteht aber in der zukunftsorientierten Veranlagung.[241] Wie dargelegt, wird zu Beginn der Periode vier, auf Grundlage des Zahlenmaterials der Perioden eins, zwei und drei, die Veranlagung für vier durchgeführt. Das tatsächlich erzielte Einkommen in vier ist zwar zu ermitteln, wird aber für sich allein nicht besteuert. Vielmehr gehen die zugrunde liegenden Einnahmen und Ausgaben in die Durchschnittsberechnungen für fünf ein. Auf dieses Problem weist JASTROW 1892 hin und schlägt folgendes vor:

---

237 Vgl. Jastrow, J. (1892), S. 688.
238 Vgl. Jastrow, J. (1892), S. 703.
239 Vgl. Fernow, U. (1902), Tz. 8a, S. 87.
240 Jastrow, J. (1892), S. 704.
241 Zu einer Modifikation der Veranlagung kommt es nur, wenn nachgewiesen wird, "daß während des laufenden Steuerjahres in Folge des Wegfalles einer Einnahmequelle oder in Folge außergewöhnlicher Unglücksfälle das Einkommen eines Steuerpflichtigen um mehr als den vierten Theil vermindert worden ist oder das wegfallende Einkommen anderweit zur Einkommensteuer herangezogen wird."; § 58 EStG v. 24. Juni 1891.

"Stellt man den Grundsatz auf, daß jeder Unterthan das Einkommen besteuern soll, welches er im letzten Wirtschaftsjahr gehabt hat, so verschwinden alle Streitfragen über die Unterscheidung feststehender und unbestimmter Einnahmen, über die Frage, inwieweit die Vergangenheit zur Berechnung der Zukunft herangezogen werden muß, inwieweit sie nicht herangezogen werden darf."[242]

Das ermittelte Einkommen wird einem Stufentarif unterworfen (0,67-4 %, bezogen auf die Stufenuntergrenze), unter Berücksichtigung eines steuerfreien Existenzminimums von 900 Mark (§ 5). Ein maximal zu zahlender Steuerbetrag ist nicht mehr vorgesehen. Dadurch werden unerwünschte Regressionswirkungen, wie sie bei der Klassen- und klassifizierten ESt von 1851 noch auftraten, auf die Steuerstufen beschränkt.

Dennoch wies der Steuertarif Nachteile auf. Der anzuwendende Steuersatz auf das Gesamteinkommen war derjenige der höchsten Steuerstufe, in welche das Einkommen noch hineinragte. Dadurch war ein höheres Bruttoeinkommen nicht gleichbedeutend mit einem höheren Nettoeinkommen. Hatte beispielsweise ein Steuerpflichtiger ein zu versteuerndes Einkommen von 9.501 Mark, ergab sich nach § 17 bei einer Steuerschuld von 300 Mark ein Nettoeinkommen von 9.201 Mark. Aus einem Bruttoeinkommen von 9.499 Mark resultierte bei einer Steuerschuld von 276 Mark ein Nettoeinkommen von 9.220 Mark.

Positiv zu würdigen ist die verstärkte Berücksichtigung der individuellen Leistungsfähigkeit (§§ 18, 19).

"Bei Einkommen bis 3.000 Mark wurden für jedes Familienmitglied unter 14 Jahren 50 Mark monatlich vom steuerpflichtigen Einkommen abgezogen. Bei drei Familienmitgliedern unter 14 Jahren mußte eine Steuerstufe erlassen werden".[243]

Für Einkommen bis 9.500 Mark kann eine Ermäßigung des Steuerbetrages um maximal drei Stufen erfolgen, wenn Sachverhalte gegeben sind, die die Leistungsfähigkeit entsprechend mindern, z.B. andauernde Krankheit oder besondere Unglücksfälle (subjektives Nettoprinzip). Als Kernpunkt der Reform ist das Streben nach effizienten Kontrollmechanismen hervorzuheben.[244] Veranlagt wurde der Haushalt, d.h., dem Haushaltsvorstand wird unter bestimmten Voraussetzungen das Einkommen der Haushaltsangehörigen (insb. Ehefrau und Kinder) zugerechnet (§ 11).

---

242 Jastrow, J. (1892), S. 706.

243 Metzger, U./Weingarten, J. (1989), S. 27.

244 Vgl. Großfeld, B. (1981), S. 45; Metzger, U./Weingarten, J. (1989), S. 28ff.; Gerlach, O. (1892), S. 71f.

Für die Veranlagung sind die Voreinschätzungs-, Veranlagungs- und Berufungskommission relevant. In einem ersten Schritt ermittelt der Vorsitzende der Voreinschätzungskommission der Gemeindevorsteher die Steuerpflichtigen (§ 21) und versucht über sie "möglichst vollständige Nachrichten einzuziehen, überhaupt alle Merkmale, welche ein Urtheil über die Besteuerung zu begründen vermögen, zu sammeln",[245] unter Berücksichtigung die Leistungsfähigkeit mindernder Sachverhalte (§§ 18, 19). Anschließend trägt er das mutmaßliche Einkommen, getrennt nach Einkommensquellen, in Einkommensnachweisungen ein (§ 23). Diese werden von der Voreinschätzungskommission einer genauen Prüfung unterworfen (§ 32).

Dem Vorsitzenden der Veranlagungskommission (Landrat oder ein von der Regierung ernannter Kommissar) obliegt hiernach die Überprüfung der Einkommensnachweisungen. Ebenfalls hat er eine Aufforderung zur Abgabe der Steuererklärungen bekanntzugeben, wobei der Steuerpflichtige das Einkommen getrennt nach Quellen aufzuführen hat.

> "Jeder bereits mit einem Einkommen von mehr als 3000 Mark zur Einkommensteuer veranlagte Steuerpflichtige ist auf die jährlich durch öffentliche Bekanntmachung ergehende Aufforderung zur Abgabe einer Steuererklärung verpflichtet."[246]

Bezieher geringerer Einkommen müssen erst nach einer besonderen Aufforderung eine Steuererklärung einreichen. Zur Gewährleistung richtiger Veranlagung kann vom Landrat im Rahmen der Deklarationsüberprüfungen die Mithilfe von Gemeindevorstand und Verwaltungsbehörden angefordert werden, um zusätzliche Informationen zu gewinnen (§ 53).

Der Veranlagungskommission obliegt es, eingegangene Steuererklärungen und Einkommensnachweisungen einer genauen Prüfung zu unterziehen. Dabei kann auch sie die Mithilfe von Gemeindevorstand und Verwaltungsbehörden beanspruchen. "Die Kommission setzt den nach ihrem Ermessen zutreffenden Steuersatz auf Grund der stattgehabten Ermittelungen fest."[247] Für Einkommen bis 3.000 Mark hat die Voreinschätzungskommission bezüglich der Steuerhöhe ein Vorschlagsrecht. Vom Vorsitzenden der Veranlagungskommission (Landrat/ Kommissar) kann dieser Vorschlag übernommen werden. Für den Fall einer Abweichung entscheidet die Veranlagungskommission, wie auch generell bei Einkommen oberhalb 3.000 Mark.

---

245 § 23 EStG v. 24. Juni 1891.
246 § 24 EStG v. 24. Juni 1891.
247 § 38 EStG v. 24. Juni 1891.

Fazit: Die Steuerschuld wird auf Basis zweier Informationsströme festgelegt. Erstens auf Grundlage der vom Steuerpflichtigen eingereichten Steuererklärung (obligatorisch bei Einkommen > 3.000 Mark), zweitens unter Einbezug der von Voreinschätzungs- und Veranlagungskommission sowie deren Vorsitzenden beigebrachten Informationen.

Gegen den von der Veranlagungskommission bestimmten Steuersatz konnte ihr Vorsitzender und der Steuerpflichtige Berufung bei der Berufungskommission einlegen. Als letzte Instanz hatte das Oberverwaltungsgericht zu entscheiden.

Allerdings verlor der Steuerpflichtige das Einspruchsrecht, wenn der Aufforderung zur Abgabe der Steuererklärung innerhalb der vorgegebenen Frist (mindestens vierzehn Tage nach Aufforderung) nicht nachgekommen wurde. Eine zweite Weigerung konnte zu einer 25 %igen Erhöhung der Steuerlast führen (§ 30). Ist eine Steuererklärung eingereicht worden, von deren Richtigkeit aber die Steuerbehörde nicht überzeugt war, und konnte der Steuerpflichtige die Zweifel nicht ausräumen, durfte sie das Einkommen nach ihrem Ermessen schätzen (§ 38). Falsche Angaben wurden mit dem vier- bis zehnfachen der hinterzogenen Steuer, mindestens aber mit 100 Mark, geahndet (§ 66).

> "Dieses neue Verwaltungsverfahren vollzog einen fast vollständigen Bruch mit dem alten, gegen Untersuchungsmaßnahmen gerichteten Konzept. Es wurde durch die Überzeugung erzwungen, daß die maßgebenden Fakten ohne sorgfältige Überprüfung nicht zu ermitteln waren.
> Die neue Steuer zeitigte sofortigen Erfolg. Das Aufkommen stieg – bei gleichgebliebenem Steuersatz – von knapp 80 Millionen auf fast 115 Millionen Thaler an. Das neue Veranlagungsverfahren allein brachte zusätzliche 31 Millionen Thaler ein."[248]

Fazit: "Durch die Miquelsche Steuerreform entstand 1891 ein modernes Einkommensteuergesetz, dessen Grundlinien bis zum heute in der Bundesrepublik geltenden Einkommensteuergesetz beibehalten wurden."[249] Auch die aktuelle AO enthält Verfahrensvorschriften, die bereits im preußischen EStG von 1891 zu finden sind.[250] Die eingeführten Kontrollmechanismen waren notwendig für eine gleichmäßige Besteuerung. Im Unterschied zur Gleichmäßigkeit der Besteuerung war durch die Steuerbefreiung weiter Teile des Adels die Allgemeinheit der Besteuerung nur ansatzweise verwirklicht.

---

248 Großfeld, B. (1981), S. 46.
249 Metzger, U./Weingarten, J. (1989), S. 35.
250 Linzbach, P. (1984), S. 200.

3.2.6 Das Reichseinkommensteuergesetz von 1920

Bis 1920 oblag die Erhebung der ESt den einzelnen Ländern des Deutschen Reiches, so daß eine einheitliche Reichseinkommensteuer nicht existierte. Aufgrund der kriegsbedingten Staatsschulden, die Ende 1918 bei 150 Mrd. Mark lagen, und den zu leistenden Reparationszahlungen nach dem Versailler Vertrag vom 28.06.1919 bedurfte das Reich einer kräftigen Einnahmequelle, die es bislang aber nicht hatte.[251] Vielmehr bezog es seine Einnahmen aus Matrikularbeiträgen der Länder, einem Sammelsurium aufkommensmäßig kleinerer Steuern (Zucker-, Wechsel-, Branntwein-, Bier-, Zigaretten-, Erbschaftsteuer etc.) und speziellen Kriegssteuern.[252] Bei den Kriegssteuern kam dem sogenannten Reichsnotopfer vom 31.12.1919 besondere Bedeutung zu. Es handelte sich um eine einmalige VSt mit Sätzen zwischen 10 % und 65 %.

Obschon die Verfassung des Deutschen Reiches vorsah, dessen Defizite durch Matrikularbeiträge der Länder zu decken, kam es dazu nicht, da sich mit dem Krieg die Reichsdefizite derart steigerten, daß sie über Matrikularbeiträge nicht mehr ausgeglichen werden konnten. Folglich waren es vor allem finanzielle Zwänge, die zum auslösenden Moment der ersten Reichseinkommensteuer vom 29.03.1920 wurden. Die Einführung der Reichseinkommensteuer war Bestandteil einer weitreichenden und umfassenden Finanzreform, deren Schöpfer der damalige Reichsfinanzminister Matthias ERZBERGER war. Deshalb wird auch von der Erzbergerschen Steuerreform gesprochen. Im Zug der Finanzreform wurde den Ländern 75 % der Einkommen- und Körperschaftsteuereinnahmen sowie 30 % der Umsatzsteuereinnahmen zugesprochen. Das Aufkommen aus der Grunderwerbsteuer, der Kraftfahrzeugsteuer und der Rennwettsteuer kam ihnen gänzlich zu.[253] Im Folgenden ist vor allem auf die Modifikationen der Reichseinkommensteuer gegenüber dem preußischen EStG von 1891 einzugehen.[254]

Mit der Erzbergerschen Steuerreform wurde die noch 1891 niedergeschriebene Steuerbefreiung von Teilen des Adels aufgehoben. Fortan galt eine allgemeine, d.h. ausnahmslose Steuerpflicht für natürliche Personen. Für juristische Personen ist eigens ein KStG entwickelt worden.[255] Des weiteren ist die Modifikation des zugrundeliegenden Einkommensbegriffs hervorzuheben. Die quellentheoretische Konzeption der Miquelschen ESt wurde zugunsten eines umfassenderen, der Reinvermögenszugangstheorie angenäherten Einkommensbegriffs aufgege-

---

[251] Vgl. Metzger, U./Weingarten, J. (1989), S. 129.
[252] Vgl. Metzger, U./Weingarten, J. (1989), S. 122ff.
[253] Vgl. Bühler, O. (1953), S. 32.
[254] Vgl. Metzger, U./Weingarten, J. (1989), S. 132ff.
[255] Vgl. Schmölders, G. (1981), Sp. 2, S. 622.

ben.[256] Vor allem in der Besteuerung von Veräußerungsgewinnen schlug sich dies nieder. Jedoch wurde bereits mit dem EStG von 1925 wieder von der Reinvermögenszugangstheorie abgegangen und zur Quellentheorie zurückgekehrt. Entsprechend der Kritik von JASTROW wurde das Einkommen fortan ex post und nicht mehr ex ante besteuert.[257] In der Folge ist die für das Vorjahr veranlagte Steuer bis zur nächsten Veranlagung fortlaufend zu erheben, wobei sie vom Arbeitgeber direkt abzuführen war. Weiterhin war ein Stufentarif von 10 bis 60 % vorgesehen. Dabei ist der Steuersatz der höchsten Stufe, in welche das Einkommen noch hineinragt, nicht auf das ganze Einkommen anzuwenden, sondern nur auf das Einkommen der betreffenden Stufe. Die Steuerschuld ergibt sich als Summe der Steuerbeträge aus den einzelnen Stufen.[258] Dadurch implizierte ein höheres Bruttoeinkommen immer auch ein höheres Nettoeinkommen. Beachtenswert erscheint der sehr viel breitere Tarif i.Vgl. zum preußischen Einkommensteuergesetz von 1891 (0,6-4 %).

3.3 Ausgewählte Einkommensteuerprojekte in Frankreich

3.3.1 Einführung

Für die Entwicklung der ESt waren auch in Frankreich physiokratisches und individualistisches Gedankengut prägend. So war es kein Zufall, daß 1790 im Rahmen der Französischen Revolution als erste direkte Steuer eine Grundsteuer (contribution foncière) eingeführt wurde. Vielmehr geschah dies ganz im Sinn physiokratischer Überlegungen.[259] 1791 wurde die Grundsteuer durch eine Personal- und Mobiliarsteuer (contribution personelle et mobilière) sowie eine Gewerbesteuer (contribution des patentes) ergänzt. Schließlich vollendete 1798 die Tür- und Fenstersteuer (contribution des portes et fenêtres) zunächst das direkte Steuersystem.[260] Die vier erwähnten Steuern werden auch als die "quatre vieilles contributions directes" oder kurz "quatre vieilles" bezeichnet. Mit Ausnahme der Tür- und Fenstersteuer bestehen sie in modifizierter Form noch heute und werden auf kommunaler Ebene erhoben (Kap. 2.4). Aus der "contribution foncière" wurde die "taxe foncière" (Grundsteuer), aus der "contribution des patentes" die "taxe professionnelle" (Gewerbesteuer) und schließlich aus der "contribution personelle et mobilière" die "taxe d'habitation" (Wohnraumsteuer).[261]

Während in Deutschland die ESt in Gestalt der preußischen Provinzialsteuer von 1808 mit den Charakteristika Progression, Deklaration, Trennung nach

---

256 Vgl. Respondek, E. (1921), S. 164; Petersen, H.-G. (1988), S. 18f.
257 Vgl. Strutz, G. (1927), Bd. 1, S. 114.
258 Vgl. Metzger, U./Weingarten, J. (1989), S. 137f.
259 Vgl. Gaudemet, P. M./Molinier, J. (1992), Tz. 1340, S. 271f.
260 Vgl. Rompe, F. (1930), S. 7ff.
261 Vgl. Gaudemet, P. M./Molinier, J. (1992), Tz. 1341ff., S. 272ff.

Einkunftsarten und Deklarationskontrolle bereits ihren ersten Höhepunkt erreichte, danach aber bis zum sächsischen EStG von 1878 zu einer an äußeren Merkmalen ansetzenden Besteuerung zurückgekehrt wurde, verlief die historische Entwicklung der französischen ESt in anderen Bahnen. Erst 1916, und damit über 100 Jahre später als in Preußen, wurde in Frankreich die erste ESt erhoben. Die divergierende Entwicklung lag vor allem daran, daß in Frankreich individualistisches Gedankengut, das sich besonders in einer Ablehnung der Offenlegung individueller Finanz- und Vermögensverhältnisse (Einkommensdeklaration) äußerte und deshalb Objektsteuern vorschub leistete, sehr viel zählebiger war als in Deutschland. Weder in der Bevölkerung noch in der Wissenschaft war in der zweiten Hälfte des 19. Jhds. die ESt akzeptiert. Die Einführung der ESt in Preußen führte man in Frankreich darauf zurück, daß Preußen ein "Beamtenstaat [ist], in dem die Bürger es seit altersher gewohnt seien, sich dem Willen des Beamtentums zu beugen und auch Untersuchungen ihrer Privatverhältnisse über sich ergehen zu lassen."[262] Da aber nur eine auf die individuellen Verhältnisse des einzelnen eingehende ESt eine gleichmäßige Besteuerung gewährleisten kann, wurde in der Folge das zweite Revolutionsideal (egalité) dem ersten (liberté) geopfert. Folglich übernimmt Frankreich in der europäischen Geschichte der ESt nur die Rolle eines Nachzüglers.[263]

Obgleich erst 1916 erhoben, war die ESt schon in den Jahrzehnten zuvor Gegenstand politischer und wissenschaftlicher Diskussionen. Ab 1848 wurden ESt-Projekte in die politische Auseinandersetzung eingebracht. Der Begriff "ESt-Projekt" muß aber relativiert werden, da die Vorhaben häufig eher Objekt- als ESt-Charakter hatten. In der Folgezeit kam es zu einer Vielzahl von Vorschlägen. ROMPE untersucht in seiner Dissertation von 1926 72 Entwürfe, an deren Ende schließlich die Erhebung der ersten ESt im Jahr 1916 steht.

Im Folgenden sind die bedeutendsten Vorhaben in ihrer Konzeption dargestellt. Zur Wahrung der Übersichtlichkeit werden in Anlehnung an VOGEL die ESt-Vorschläge in fünf Kategorien eingeteilt, nämlich in

1. Projekte, die als Ausgangspunkt der Einkommensermittlung den Wohnungsmietwert haben;
2. Projekte, die eine getrennte Besteuerung einzelner Einkommensquellen vorsehen (Schedulensteuer, analytische ESt);
3. Projekte, die einer ESt gleichkommen (synthetische ESt);
4. Projekte, die Schedulen- und Vermögensteuer verbinden;
5. Projekte, die Schedulen- und Einkommensteuer kombinieren.[264]

---

262 Rompe, F. (1930), S. 2.
263 Vgl. Lambert, T. (1995), S. 201ff.; Albers, W. (1988), S. 190.
264 Vgl. Vogel, E. H. (1914), S. 566ff.

3.3.2 Der Wohnungsmietwert als Ausgangspunkt der Einkommensermittlung

In der ersten Kategorie wird versucht, aus den Wohnverhältnissen des Steuerpflichtigen auf dessen Einkommen zu schließen.[265] Hierfür wird der Wohnungsmietwert (valeur locative) verwendet. Der erste dieser Kategorie zuzurechnende Vorschlag ist von Finanzminister GOUDCHAUX am 23. August 1848 eingebracht worden. Er liegt in den fortdauernden finanziellen Nöten des französischen Staates begründet, die sich durch die Februarrevolution vom 22. bis 24.02.1848 noch verstärkten.[266] Überhaupt wurden Vorschläge bis Anfang der 60er Jahre vornehmlich mit der Erschließung neuer Einnahmequellen begründet. Erst allmählich flossen Gedanken steuerlicher Gerechtigkeit i.S.d. Berücksichtigung individueller wirtschaftlicher Verhältnisse in die Begründungszusammenhänge ein. Die von GOUDCHAUX vorgeschlagene ESt war als Repartitionssteuer konzipiert, d.h., ein vorgegebenes Steueraufkommen sollte auf Départements, Arrondissements, Kommunen und letztlich die Steuerpflichtigen verteilt werden.[267]

Erst 1872 folgte der nächste Vorschlag. AUBRY stellte nicht fiskalische Motive in den Mittelpunkt seiner Begründung, sondern wollte mit seinem Vorhaben regressive Wirkungen indirekter Steuern ausgleichen, um eine proportionale Gesamtsteuerbelastung zu gewährleisten. Miet- oder Pachtwerte sind aus einem entsprechenden Vertrag, bei Eigennutzung durch Vergleich oder Schätzung, zu ermitteln. Der Mietwert ist sodann mit einem Multiplikator zu vervielfachen. Daraus resultierte das vermutete steuerpflichtige Einkommen. AUBRY sah einen Steuersatz von 1 % vor. Bei der Festlegung des Multiplikators wurde zum einen der Erfahrungstatsache Rechnung getragen, daß mit steigendem Einkommen ein relativ geringerer Einkommensteil für Miete ausgegeben wird.[268] Zum anderen wurden Ortsgröße und Familienstand berücksichtigt. Stellte man mit zunehmender Ortsgröße einen Mietanstieg fest, so mußte der Multiplikator fallen, sofern in größeren Orten nicht ein höheres Entgeltniveau vermutet wurde. Mit wachsender Haushaltsgröße reduzierte sich der Multiplikator.[269] In der Folgezeit wurde versucht, durch Berücksichtigung weiterer äußerer Merkmale, wie z.B. Dienstboten und Wagenpferde, die Einkommensverhältnisse detaillierter zu erfassen.[270] Insgesamt bleibt festzuhalten, daß es sich bei diesen Projekten

---

265 Vgl. Vogel, E. H. (1914), S. 566.
266 Vgl. Vogel, E. H. (1914), S. 565.
267 Vgl. Rompe, F. (1930), S. 24f.
268 Aufgrund des relativ geringeren Anteils der Mietausgaben am Gesamteinkommen bei höheren Einkommen muß der Multiplikator größer sein als bei niedrigen Einkommen.
269 Für Paris wurden folgende Multiplikatoren vorgeschlagen: Bei einem Ein-Personen-Haushalt 8, bei 2 Personen 7, bei 3-4 Personen 6, bei 5-6 Personen 5, bei 7-8 Personen 4, bei 9 und mehr Personen 3. Vgl. Vogel, E. H. (1914), S. 567.
270 Vgl. Vogel, E. H. (1914), S. 566ff.

um äußerst rudimentäre Formen einer ESt handelt. Über die tatsächliche Einkommenssituation wird nur anhand äußerer Merkmale gemutmaßt.

3.3.3 Die Schedulensteuer (analytische Einkommensteuer)

Das Grundprinzip der Schedulensteuer (impôts sur les revenus) besteht darin, die einzelnen Einkommensarten bezüglich Einkommensermittlung und Tarif isoliert voneinander zu behandeln. Im Gegensatz zu einer Steuer auf das Gesamteinkommen (Gesamteinkommensteuer, synthetische ESt) wird jede Einkommensart gesondert besteuert. Die getrennte Besteuerung einzelner Einkommensteile eröffnet die Möglichkeit, fundiertes Einkommen anders zu behandeln als unfundiertes Einkommen. Bei fundiertem Einkommen handelt es sich um Einkommen aus Kapitalvermögen. Es würde sich durch besonders hohe Sicherheit im Zufluß auszeichnen. Bei Arbeitseinkommen wäre das Ausfallrisiko höher, z.B. wegen Krankheit oder Unfall.[271] Deshalb entsprach es damaligen Gerechtigkeitsvorstellungen im Rahmen der Schedulensteuer, fundiertes Einkommen mit einem höheren Steuersatz zu belegen als unfundiertes Einkommen. Soziale Sicherungssysteme, die einen Ausgleich der Risiken hätten bewirken können, existierten nicht. Einkommen aus unternehmerischer Tätigkeit nahm häufig eine Zwischenstellung ein. Hierfür vorgesehene Tarife waren einerseits höher als die auf unfundiertes Einkommen, weil im eingesetzten Kapital eine besondere Sicherheit gesehen wurde, andererseits waren die Steuersätze geringer als auf fundiertes Einkommen, da auch Selbständige z.B. Krankheitsrisiken unterliegen.[272]

Aus heutiger Sicht liegt gerade in der unterschiedlichen Besteuerung einzelner Einkommensquellen der wesentliche Nachteil einer Schedulensteuer.[273] Durch den Ausbau sozialer Sicherungssysteme sind Arbeitseinkommen nicht mehr besonders risikobehaftet. Als Beispiel für eine Schedulensteuer wird das Projekt von PERIERS (1871) umrissen. Es wird von VOGEL als "am interessantesten"[274] bezeichnet. Das Einkommen wird in vier Schedulen eingeteilt:

A. Einkommen aus Wertpapieren, Dividenden und Gewinnanteilen von Gesellschaften;
B. Einkommen aus Dienstbezügen, Gehältern, Löhnen und Pensionen;
C. Einkommen aus Darlehenszinsen und Renten;
D. Einkommen aus selbständiger Tätigkeit, z.B. Reinerträge aus gewerblichen und industriellen Unternehmungen.

---

271 Auf Kritik an dieser Argumentation aus heutiger Sicht wird in Kap. 2.4.1 eingegangen.
272 Vgl. Martinez, J.-C./Malta, P. d. (1989), Tz. 578, S. 54f.
273 Vgl. Tipke, K./Lang, J. (1996), Tz. 1, S. 201.
274 Vogel, E. H. (1914), S. 570.

Einnahmen aus Staatsrenten und Immobilienbesitz blieben unberücksichtigt. Zur Vermeidung der als lästig empfundenen Einkommensdeklaration sollte die Steuer direkt von der auszahlenden Stelle (Arbeitgeber, Bank) abgeführt werden. Lediglich Einkünfte der Schedulen C. und D. sowie aus ausländischen Wertpapieren (Schedule A.) waren offenzulegen. Das Gesamteinkommen blieb das Geheimnis des Steuerpflichtigen. In den Schedulen B. und D. wurden zur Sicherung des Existenzminimums Freibeträge von 1.500 Franc gewährt. Derjenige, der ausschließlich fundiertes Einkommen bezog (Schedulen A. und C.), bekam sein Existenzminimum nicht freigestellt. Der proportionale Steuersatz war in Schedule B. auf 2 %, im übrigen auf 3 % festgelegt.[275] Als unmittelbare Folge der Schedulensteuer würde ein progressiver Tarif zu einer Mehrbelastung desjenigen führen, dessen Einkommen sich in einer Klasse konzentriert, i.Vgl. zu jemandem, der zwar ein gleich hohes Gesamteinkommen bezieht, dieses sich aber gleichmäßig auf die einzelnen Schedulen verteilt. Da mit Quellenabzug und Deklarationspflicht das tatsächliche Einkommen zum Ausgangspunkt der Besteuerung wurde, ist ein wesentlicher Fortschritt gegenüber der am Mietaufwand ansetzenden Steuern festzustellen.

3.3.4 Die Gesamteinkommensteuer (synthetische Einkommensteuer)

Der wesentliche Fortschritt der Gesamteinkommensteuer (impôt sur le revenu) i.Vgl. zur Schedulensteuer besteht in der Besteuerung der Summe der Einkünfte aus den einzelnen Einkünftekategorien mit einem einheitlichen Tarif. Dadurch wird einer gleichmäßigen Besteuerung besser entsprochen. Allerdings sind für das Gelingen der Gesamteinkommensteuer obligatorische Steuererklärungen und wirksame Kontrolltätigkeiten der Finanzbehörde unabdingbare Voraussetzungen. Wegen der Abneigung gegenüber der Deklarationspflicht und dem progressiven Steuertarif aufgrund der Dominanz individualistischer Gedankengänge hatten im 19. Jhd. Reformvorhaben dieser Art kaum eine Realisierungschance.[276] Immer wieder wurden sie mit Sozialismus undKommunismus in Verbindung gebracht.[277] Deshalb wurden bis Ende der 80er Jahre solche Reformprojekte stets mit staatlichem Finanzbedarf begründet. Systematische Aspekte waren kaum von Bedeutung. Erst allmählich drang der Gedanke steuerlicher Gerechtigkeit i.S.d. Leistungsfähigkeitsprinzips in die Begründungszusammenhänge ein, so auch bei dem besonders bedeutenden Entwurf von Finanzminister DOUMERS vom 1. Februar 1896.[278]

Als Einkommensquellen nennt er Kapitalvermögen, Immobilien, Handel und Industrie, freiberufliche Tätigkeiten sowie alle anderen gewinnbringenden

[275] Vgl. Vogel, E. H. (1914), S. 571.
[276] Vgl. Rompe, F. (1930), S. 1-6.
[277] Vgl. Vogel, E. H. (1914), S. 572f.
[278] Vgl. Vogel, E. H. (1914), S. 574f.; Rompe, F. (1930), S. 63ff.

Tätigkeiten, abhängige Beschäftigung und schließlich Alterseinkünfte wie Pensionen und Renten. Von den Bruttoeinkünften sollten Aufwendungen zur Erwerbung und Sicherung des Einkommens abgezogen werden können (objektives Nettoprinzip). Bei Einkommen bis 10.000 FF trat an die Stelle der obligatorischen Einkommensdeklaration eine kommissionelle Einschätzung. Das ermittelte Einkommen wurde einem Stufentarif unterworfen, wobei ein steuerfreies Existenzminimum von 2.500 FF und weitere Ermäßigungen in Abhängigkeit der Kinderzahl vorgesehen waren (subjektives Nettoprinzip). Für die Anwendung des Steuersatzes galt, daß auf den Einkommensteil oberhalb 2.500 FF bis 5.000 FF 1 %, auf den oberhalb 5.000 FF bis 10.000 FF 2 %, auf den oberhalb 10.000 FF bis 20.000 FF 3 % und den oberhalb 20.000 FF bis 50.000 FF 4 % in Anwendung kamen (Stufentarif). Alles darüber hinausgehende Einkommen wurde mit dem Höchstsatz von 5 % belastet. ROMPE kommt in seiner Beurteilung dieses Projektes zu folgendem Ergebnis: "Bei starker Betonung des subjektiven Moments trägt es allen Erfordernissen einer Einkommensteuer Rechnung und schafft die Möglichkeit einer individualisierenden Anpassung der Steuerschuld an die Leistungsfähigkeit des einzelnen Steuersubjektes."[279] Auch WAGNER spendete dem Vorschlag viel Lob. Er sei "der richtigste, bestbegründete, wohldurchdachteste und durchgearbeitete ... welchen eine französische Regierung in diesem Jahrhundert auf diesem Gebiete der direkten Besteuerung vertreten hat".[280]

3.3.5 Die Verbindung von Vermögen- und Schedulensteuer

In dieser Kategorie ist das Projekt von MAUJAN (1891) besonders hervorzuheben. Das Vermögen und Einkommen wird jeweils in vier Schedulen unterteilt:

1. Vermögensteuer A: Schlösser, Parks, Kunstsammlungen und ähnliche Objekte; Steuersatz 4 ‰;
2. Vermögensteuer B: sonstige Wohnhäuser, Möbel, Nutzgärten; Steuersatz 2 ‰;
3. Vermögensteuer C: Anlage- und Betriebskapital von Industrie und Handel; Steuersatz 1 ‰;
4. Vermögensteuer D: Anlage- und Betriebskapital der Landwirtschaft; Steuersatz 0,5 ‰;
5. Kapitaleinkommen: Zinsen, Dividenden, Renten, Mietzinserträge usw.; Steuersatz 3 %;
6. Gewerbliches Einkommen: Landwirtschaft, Handel, Gewerbe usw.; Steuersatz 2 %;
7. Freiberufliches Einkommen; Steuersatz 1 %;

---

[279] Rompe, F. (1930), S. 65.
[280] Zit. nach Vogel, E. H. (1914), S. 575.

8. Arbeitseinkommen; Steuersatz 0,5 %.[281]

Der Steuerpflichtige muß jährlich sein Vermögen und Einkommen getrennt nach Schedulen deklarieren, wobei die sich ergebenden Steuerbeträge zu einer Gesamtsumme addiert werden. Der insgesamt zu zahlende Steuerbetrag wird je nach Höhe mit einem unterschiedlichen Multiplikator vervielfacht, um dadurch mittelbar eine Progression zu erreichen. Beispielsweise beträgt der Multiplikator bis 100 FF Steuersumme 0,5 und ab 500 FF 8. An eine steuerliche Freistellung des Existenzminimums war nicht gedacht. Auf die Kinderzahl wird nur bei ärmeren Bevölkerungsschichten Rücksicht genommen.[282]

3.3.6 Die Kombination von Schedulensteuer und Gesamteinkommensteuer

3.3.6.1 Die Schedulensteuer

Bei diesen Projekten handelt es sich im Grund um nichts anderes als einer Kombination der in Kap. 3.3.3 und 3.3.4 erläuterten Konzepte. Aufgrund seiner weitreichenden Bedeutung soll das am 9. März 1909 von der Deputiertenkammer verabschiedete ESt-Projekt etwas ausführlicher besprochen werden. Inhaltlich geht es im wesentlichen auf den von Finanzminister CAILLAUX am 7. Februar 1907 vorgelegten ESt-Entwurf zurück. Alle anderen bis dahin eingebrachten Vorschläge wurden abgewiesen. Es erscheint lohnenswert, die Vorgeschichte dieses Projektes kurz zu beleuchten.

Vor allem zwei Ursachen sind zu nennen, welche die Einführung einer ESt schließlich unausweichlich machten. Erstens stiegen die Staatsausgaben von 1814 bis 1914 von 1 auf 5 Milliarden Franc. Da bei den direkten Steuern grundlegende Reformen ausblieben, erhöhte sich der Anteil indirekter Steuern am Gesamtsteueraufkommen auf 80 %. Zweitens wurde das überalterte Objektsteuersystem, das seine Wurzeln in der Französischen Revolution hatte (quatre vieilles), den durch die Industrialisierung veränderten ökonomischen und sozialen Verhältnissen nicht mehr gerecht und vereitelte eine gleichmäßige Besteuerung.[283] All dies führte dazu, daß sich bei den Wahlen zur Deputiertenkammer im Jahr 1906 eine Mehrheit von 263 Abgeordneten im Wahlkampf für die Einführung einer ESt ausgesprochen hatte. 150 Abgeordnete waren immerhin der Ansicht, daß radikale Änderungen des bestehenden Steuersystems eintreten müssen. Das von CAILLAUX vorgelegte Vorhaben ist gewissermaßen als Erfüllung dieses Wahlversprechens anzusehen. Anschließend wurde mehr als 2 Jahre beraten, bevor am 9. März 1909 das erste ESt-Projekt von der Deputiertenkammer beschlossen wurde. Es wies zwar einige Änderungen gegenüber dem

---

281 Vgl. Rompe, F. (1930), S. 55.
282 Vgl. Vogel, E. H. (1914), S. 575ff.; Rompe, F. (1930), S. 54ff.
283 Vgl. Trotabas, L./Cotteret, J.-M. (1992), Tz. 109ff., S. 143f.

ursprünglichen Vorschlag von CAILLAUX auf, die wesentlichen Gedanken sind aber erhalten geblieben.[284][285] Das beschlossene ESt-Projekt hat zwei Bestandteile: Zum einen sollte an die Stelle der Objektsteuern eine Schedulensteuer treten, zum anderen war als Ergänzung für die Bezieher höherer Einkommen eine Gesamteinkommensteuer vorgesehen.

Im Rahmen der Schedulenbesteuerung werden sieben Schedulen unterschieden:

1. Einkommen aus Gebäudebesitz;
2. Einkommen aus unverbautem Grundbesitz;
3. Einkommen aus Wertpapieren;
4. Gewinne aus Handel, Industrie und bestimmten Ämtern (charges et offices);
5. Gewinne aus landwirtschaftlicher Tätigkeit;
6. Gehälter, Löhne und Pensionen;
7. Einkommen aus freien Berufen und sonstiger in den obigen Kategorien nicht erfaßter Tätigkeit.

Die Einkommensermittlung der einzelnen Schedulen orientiert sich überwiegend nicht an den tatsächlichen wirtschaftlichen Verhältnissen des Steuerpflichtigen. Deshalb ist bei der Feststellung des zu versteuernden Einkommens Oberflächlichkeit zu beanstanden (ungleichmäßige Besteuerung). Die Schedulensteuern nehmen den Charakter von Ertragsteuern an. Beispielsweise werden bei den Schedulen 1 und 2 Einnahmen mit den alle 10 Jahre neu behördlich festzustellenden Miet- bzw. Pachtwerten gleichgesetzt. Hiervon wird dann ein unterstellter Aufwand in Form eines festgelegten Prozentsatzes abgezogen. Bei Wohngebäuden sind es 25 %, bei gewerblich genutzten Gebäuden 40 % und bei unverbautem Grundbesitz 20 %. Ebenfalls am Pachtwert gemessen wird das Einkommen aus landwirtschaftlicher Tätigkeit (Schedule 5). Bis zu einem Pachtwert von 5.000 FF wird die Hälfte, für den darüber hinausgehenden Betrag 2/3 als zu versteuerndes Einkommen angenommen. Das Problem der Schedulen 4 und 7 liegt in unzureichenden Kontrollmechanismen. Der Steuerpflichtige hat zwar jährlich sein Einkommen zu deklarieren; bei vermuteten Falschangaben dürfen aber seitens der Finanzbehörde die Geschäftsbücher nicht eingesehen werden. Damit bleibt die Offenlegung tatsächlicher Wirtschaftsverhältnisse letztlich der Ehrlichkeit des Steuerpflichtigen überlassen.

Im Gegensatz dazu erfolgt die Einkommensfeststellung der Schedule 6 exakter. Nicht der Steuerpflichtige muß sein Einkommen deklarieren, sondern der Arbeitgeber hat im Januar eines Jahres der Steuerbehörde eine Liste seiner Beschäftigten einzureichen, aus der die Vorjahresgehälter hervorgehen. Auf

---

[284] Vgl. Seligman, E. R. A. (1921), S. 308ff.

[285] Die nachfolgenden Ausführungen orientieren sich inhaltlich an Vogel, E. H. (1914), S. 577-595, Rompe, F. (1930), S. 79-82.

Grundlage dieser Informationen setzt die Finanzbehörde die zu zahlende Steuer fest. Schedule 3 vermeidet mit Hilfe des Quellenabzugverfahrens Steuerhinterziehung. Von der auszahlenden Institution, z.B. einer Bank, werden 3,5 % des Rohertrages einbehalten und an die Finanzbehörde abgeführt.[286] Dabei kann eine Doppelbesteuerung entstehen, da Dividenden aus bereits versteuertem Einkommen der Schedule 4 gezahlt werden und ein Anrechnungsverfahren nicht vorgesehen war.

In den einzelnen Kategorien gelten unterschiedlich hohe Freibeträge. Allerdings werden sie nur gewährt, wenn das Gesamteinkommen als Summe der Einkommen aller Schedulen einen Höchstbetrag nicht überschreitet. Eine Ausnahme bilden die Schedulen 6 und 7. Hier werden die Freibeträge unabhängig von der Gesamteinkommenshöhe gewährt.[287] Möchte der Steuerpflichtige einen Freibetrag wahrnehmen, muß er zuvor sein Einkommen offenlegen.

Die Steuertarife variieren zwischen den Schedulen. Für fundiertes Einkommen – Schedule 1, 2 und 3 – sind 4 % vorgesehen. Dagegen wird unfundiertes Einkommen geringer belastet, nämlich mit 3 % bei den Schedulen 5, 6 und 7 sowie 3,5 % bei Schedule 4. In verschiedenen Schedulen wird durch Ermäßigung der Bemessungsgrundlage die durch Freibeträge mittelbar bewirkte Progression noch verstärkt. Der Grundgedanke besteht darin, daß mit steigendem Einkommen ein immer kleinerer Betrag innerhalb eines Einkommensbereichs steuerfrei bleibt bzw. ein immer größerer der Bemessungsgrundlage zugerechnet wird.[288]

Dies soll am Beispiel der Schedule 6 verdeutlicht werden. Für Pensionen wird ein fester Freibetrag gewährt. Von dem Teil des Einkommens oberhalb des Freibetrages (1.250 FF) bis 3.000 FF sind 5/6, oberhalb 3.000 FF bis 3.500 FF 4/6, oberhalb 3.500 FF bis 4.000 FF 3/6, oberhalb 4.000 FF bis 4.500 FF 2/6, oberhalb 4.500 FF bis 5.000 FF 1/6 steuerfrei. Der jeweilige Restbetrag ist steuerpflichtig (Steuersatz 3 %). Diese Vorgehensweise wird auch als"par-tranche"-Verfahren bezeichnet. Oberhalb 5.000 FF wird das ganze Einkommen mit 3 % belastet. Daraus ergibt sich eine moderate Progression. Z.B. beträgt die Steuerbelastung bei einem Einkommen von 100.000 FF 2,89 %.

---

286 Unter systematischen Aspekten wäre die Besteuerung des Reinertrages angebracht (objektives Nettoprinzip). Allerdings ist zu berücksichtigen, daß in dieser Kategorie der Unterschied zwischen Roh- und Reinertrag eher unwesentlich ist, da die Kosten der Einkommenserzielung relativ gering sind.

287 Für die Schedulen 1, 2, 3 und 4 werden 1.250 FF als Gesamteinkommensobergrenze vorgegeben. In der Schedule 5 darf der Gesamtpachtwert 12.000 FF nicht übersteigen.
Folgende Freibeträge werden gewährt:
Schedulen 1, 2, 3, 4, 5: 80 FF, 625 FF, 625 FF, 1.250 FF, 1.250 FF.
Schedulen 6 und 7: 1.250 FF für Pensionen; im übrigen 1.500-3.000 FF je nach Ortsgröße.

288 Anwendung findet dieses Vorgehen in ähnlicher Weise in den Schedulen 2, 4, 5, 6 und 7.

Auch hier gilt die bereits erwähnte Kritik, daß die Progression, selbst wenn sie nur mittelbar erreicht wird, im Rahmen des Schedulensystems zu einer Bevorteilung derjenigen führt, deren Einkommen sich gleichmäßig auf einzelne Schedulen verteilen im Vergleich zu anderen, deren Einkommen sich in einer Schedule konzentrieren (ungleichmäßige Besteuerung).

3.3.6.2 Die ergänzende Gesamteinkommensteuer

Ziel der ergänzenden ESt ist es, Bezieher höherer Einkommen zusätzlich zu belasten, um regressive Wirkungen indirekter Steuern auszugleichen. Nur Steuerpflichtige mit einem Gesamteinkommen oberhalb 5.000 FF sollten erfaßt werden. Dazu wird in jeder Gemeinde eine Liste der vermutlich Steuerpflichtigen angelegt. Diese werden dann individuell aufgefordert, eine Einkommensdeklaration einzureichen oder aber nachzuweisen, daß ihr Gesamteinkommen 5.000 FF nicht übersteigt. Wird der Aufforderung nicht nachgekommen, erfolgt eine Veranlagung von Amts wegen. Steuerhinterziehung wird mit dem Dreifachen des hinterzogenen Betrages bestraft.

Die Feststellung des Gesamteinkommens orientiert sich an den im Rahmen der Schedulensteuer für die einzelnen Einkommenskategorien deklarierten Einkommen. Im Grunde werden sie zur Gesamteinkommensermittlung einfach addiert.[289] Allerdings werden vom einzelnen in den verschiedenen Kategorien in Anspruch genommene Ermäßigungen (z.B. "par-tranche"-Verfahren) in die Bemessungsgrundlage hineingerechnet mit dem Ziel, dasjenige Einkommen zu ermitteln, das sich ohne Ermäßigungen ergibt. Praktisch bedeutete dies, daß der Steuerpflichtige lediglich wahrgenommene Vergünstigungen zu deklarieren hat. Zusammen mit den Informationen der Schedulensteuer wurde dann auf das Gesamteinkommen geschlossen. Nur für Einkommen der Schedule 3 bestand Deklarationspflicht, da der Finanzbehörde durch den Quellenabzug Informationen hierüber fehlten.

Bei der Ermittlung der Bemessungsgrundlage wurde das "par-tranche"-Verfahren angewandt. Von dem Teil des Einkommens oberhalb des Freibetrages (5.000 FF) bis 10.000 FF gehen 1/5, oberhalb 10.000 FF bis 15.000 FF 2/5, oberhalb 15.000 FF bis 20.000 FF 3/5, oberhalb 20.000 FF bis 25.000 FF 4/5 in die Bemessungsgrundlage ein (Steuersatz 5 %). Der jeweilige Rest bleibt steuerfrei. Darüber hinaus gehendes Einkommen wird gänzlich mit 5 % belastet. Dadurch ergibt sich wieder mittelbar eine Progression.

---

[289] Damit wird aber gleichzeitig die Oberflächlichkeit in der Einkommensermittlung übernommen.

Besondere, die Leistungsfähigkeit mindernde Umstände, wie z.B. Krankheit, werden durch eine Verringerung der Steuerschuld sowohl im Rahmen der Schedulen- als auch der Ergänzungsteuer berücksichtigt (subjektives Nettoprinzip).

Obgleich von der Deputiertenkammer am 9.3.1909 verabschiedet, hat der französische Senat das auf CAILLAUX zurückgehende ESt-Projekt zurückgewiesen.[290] Dadurch verzögerte sich die gesetzliche Einführung der ersten ESt bis zum 15.7.1914.[291] Wegen des Ersten Weltkrieges wurde sie aber erst ab 1916 erhoben. Die ESt bestand aus zwei Komponenten, nämlich einer Schedulensteuer und einer Gesamteinkommensteuer, wobei letztere wiederum als Zusatzsteuer für Bezieher höherer Einkommen gedacht war. Folglich liegt die besondere Bedeutung von CAILLAUX in seiner wegweisenden Trennung von Schedulen- und allgemeiner ESt. Erst am 28.12.1959 wurden Schedulensteuer und Gesamteinkommensteuer zu einer einzigen Gesamteinkommensteuer verschmolzen.[292]

Inwiefern lassen sich aktuelle Unterschiede zwischen deutscher und französischer ESt auf historische Entwicklungen zurückführen?

Der in Frankreich i.Vgl. zu Deutschland relativ geringere ESt-Anteil am Gesamtsteueraufkommen (Kap. 2.1) läßt sich mit der traditionell größeren Bedeutung indirekter Steuern erklären. Dem permanent steigenden staatlichen Finanzbedarf im 19. Jhd. stand ein "statisches" Steuersystem gegenüber. Die "quatre vieilles" wurden den veränderten sozialen und wirtschaftlichen Verhältnissen nicht mehr gerecht. Eine grundlegende Neuorientierung des Steuersystems blieb aber aus, da der ESt mit Argwohn begegnet wurde. Progression und Einkommensdeklaration blieben weiten Teilen der Bevölkerung suspekt. Auch seitens der Wissenschaft fand sich kaum Unterstützung für die Einkommensteuer. Aus dieser Konstellation heraus blieb gar nichts anderes übrig, als indirekte Steuern auszuweiten. Sie berücksichtigen aber individuelle wirtschaftliche Verhältnisse nur oberflächlich und sind deshalb allenfalls bedingt mit dem Leistungsfähigkeitsprinzip vereinbar.

In Kap. 2.3.1 wurde darauf hingewiesen, daß sich Verbrauchsteuern als Komplemente zur ESt rechtfertigen lassen. Im Frankreich des 19. Jhds. gab es aber keine ESt, so daß mit Hilfe indirekter Steuern der weitaus größte Teil staatlicher Ausgaben bestritten werden mußte. Anfang des 20. Jhds. waren es 80 %. Mit dem Anstieg indirekter Steuern wandelte sich das Gerechtigkeitsempfinden weiter Teile der Bevölkerung. Es setzte sich die Erkenntnis durch, daß eine gleichmäßige Besteuerung nur mit einer Steuer erreichbar ist, die am Individuum

---

[290] Vgl. Vogel, E. H. (1915), S. 364.
[291] Vgl. Ardant, G. (1965), Bd. 1, S. 82.
[292] Vgl. Trotabas, L./Cotteret, J.-M. (1992), Tz. 109ff., S. 143ff.

selbst ansetzt und nicht über äußere Merkmale auf den Wohlstand des einzelnen schließt. Die Ressentiments gegenüber der ESt verschwanden, so daß zu Beginn des 20. Jhds. auch die ideellen Voraussetzungen für die Einführung einer ESt gegeben waren. Heute macht die USt etwa 37 % am Gesamtsteueraufkommen aus und ist damit immer noch die aufkommensstärkste Steuer. Auch hierin spiegelt sich die Nachzüglerrolle Frankreichs hinsichtlich der ESt wider.

Als weiterer wichtiger Unterschied zur deutschen ESt ist der "Pauschalierungsdrang" des französischen Gesetzgebers hervorzuheben. Pauschalieren bedeutet aber individuelle wirtschaftliche Verhältnisse im Verborgenen zu lassen. Über steuerliche Leistungsfähigkeit wird nur gemutmaßt. Als Motiv für Pauschalierungen werden Erleichterungen für Steuerpflichtige und Finanzverwaltung genannt.[293] Die Steuererhebung darf nicht zu unangemessen hohen Belastungen bei der Einkommensermittlung führen. Sie muß praktikabel durchführbar sein. In vielen Fällen der französischen ESt liegt aber die Vermutung nahe, daß mit Pauschalen nicht nur Vereinfachungszwecke verfolgt, sondern auch Bezieher bestimmter Einkünfte subventioniert werden sollen. Als Beispiel läßt sich die 10 %ige Werbungskostenpauschale anführen. Sie hat mit tatsächlich angefallenen Werbungskosten wenig zu tun und bevorteilt abhängig Beschäftigte gegenüber Selbständigen. Eine gleichmäßige Besteuerung wird vereitelt. Möglicherweise lebt auch die traditionelle Abneigung gegenüber der Einkommensoffenlegung in den zahlreichen Pauschalen latent fort.

[293] Vgl. Deruel, F. (1995), S. 20; Schloßmacher, S. (1991), S. 133.

4. Die persönliche und sachliche Steuerpflicht
4.1 Die persönliche Steuerpflicht in Deutschland
4.1.1 Die unbeschränkte und erweitert unbeschränkte Steuerpflicht

Nachdem in Kap. 3 die historische Entwicklung der ESt umrissen wurde, beziehen sich nachfolgende Ausführungen auf aktuelle Regelungen, wenn nicht explizit etwas anderes ausgeführt wird.

Die ESt erstreckt sich auf das Staatsgebiet der Bundesrepublik Deutschland. Steuerpflichtig sind natürliche Personen. Juristische Personen unterliegen der KSt. Bezüglich der Art der Steuerpflicht wird zwischen unbeschränkter und beschränkter Steuerpflicht unterschieden. Die unbeschränkte Steuerpflicht bezieht sich auf das Welteinkommen des Steuerpflichtigen, d.h. auf die gesamten Einkünfte, unabhängig davon, in welchem Land sie wirtschaftlich entstanden sind.[294]

Nur im Welteinkommen spiegeln sich letztlich die wirtschaftlichen Verhältnisse wider. Dennoch erscheint es nicht immer zweckmäßig, auf das Welteinkommen als Besteuerungsgrundlage abzustellen. Beispielsweise ist ein Steuerpflichtiger denkbar, der in Frankreich wohnt und in Deutschland im Verhältnis zu seinem Welteinkommen nur relativ geringe Zinseinkünfte erwirtschaftet. Die französischen Finanzbeamten haben einen besseren Überblick über seine wirtschaftlichen Verhältnisse als die deutschen Kollegen. Deshalb sind zweckmäßige Voraussetzungen nötig, die zu einer unbeschränkten Steuerpflicht führen. Als solche werden Wohnsitz oder gewöhnlicher Aufenthalt auf deutschem Staatsgebiet genannt (§ 1 Abs. 1 S. 1 EStG). "Dies befähigt den Staat, die steuerliche Leistungsfähigkeit des Steuerpflichtigen umfassend zu besteuern, weil er den besten Zugriff auf die Gesamtverhältnisse hat."[295]

Der Wohnsitz ist an das Vorhandensein einer Wohnung geknüpft (§ 8 AO). Dabei müssen die Umstände, unter denen die Wohnung gehalten wird, darauf schließen lassen, daß sie beibehalten und benutzt wird. Unter einer Wohnung werden "eingerichtete Räume [verstanden], die der Inhaber ohne eine wesentliche Änderung jederzeit zum Wohnen benutzen kann und die ihm nach der Größe und Ausstattung ein seinen Lebensbedürfnissen entsprechendes Heim bieten."[296] Eine abgeschlossene Wohnung ist nicht erforderlich. Auch möblierte Zimmer oder Hotelzimmer können bei Vorliegen von Dauermietverhältnissen Wohnungen darstellen.

294 Vgl. Loritz, K. G. (1988), S. 19.
295 Tipke, K./Lang J. (1996), Tz. 37, S. 32f; vgl. Andel, N. (1992), S. 488.
296 Zenthöfer, W./Schulze zur Wiesche, D. (1997), S. 11.

Halten bzw. Innehaben einer Wohnung bedeutet, die tatsächliche Verfügungsmacht auszuüben. Im Fall einer Weitervermietung geht die tatsächliche Verfügungsmacht auf den Mieter über.[297] Zum Innehaben der Wohnung muß die Beibehaltungs- und Benutzungsabsicht hinzukommen. Bei von vornherein zeitlich begrenzter tatsächlicher Verfügungsmacht stellt sich die Frage, ab welcher Zeitspanne eine Beibehaltung vorliegen soll. Da das Gesetz hierzu keine Regelungen enthält, schlagen ZENTHÖFER/SCHULZE ZUR WIESCHE in Anlehnung an § 9 S. 2 AO (gewöhnlicher Aufenthalt) sechs Monate vor. Bezüglich der Benutzung kommt es nicht auf den Umfang an, sondern darauf, daß die Wohnung dem Inhaber dauernd für seine Wohnzwecke zur Verfügung steht und wiederholt durch ihn benutzt wird.[298] Beispielsweise stellen regelmäßige Wochenendaufenthalte eine Benutzung i.S.d. Gesetzes dar.[299]

Neben dem Wohnsitz führt auch der gewöhnliche Aufenthalt in Deutschland zur unbeschränkten Steuerpflicht. "Den gewöhnlichen Aufenthalt hat jemand dort, wo er sich unter Umständen aufhält, die erkennen lassen, daß er an diesem Ort oder in diesem Gebiet nicht nur vorübergehend verweilt."[300] Als gewöhnlicher Aufenthalt ist ein zeitlich zusammenhängender Aufenthalt von mehr als sechs Monaten (183 Tage) anzusehen. Kurze Unterbrechungen, wie z.B. Ferienaufenthalte, sind unbeachtlich, aber bei der Tageberechnung in Abzug zu bringen (§ 9 S. 2 AO).[301] Zusätzlich setzt der gewöhnliche Aufenthalt Stetigkeit, d.h. auch Übernachtung im Inland voraus. Grenzgänger sind nicht unbeschränkt steuerpflichtig.[302]

Unter bestimmten Voraussetzungen erfährt die unbeschränkte Steuerpflicht eine Erweiterung. Mit dem Wort "Erweiterung" wird zum Ausdruck gebracht, daß für die unbeschränkte Steuerpflicht weder Wohnsitz noch gewöhnlicher Aufenthalt Anknüpfungspunkte sind.[303] § 1 Abs. 2 EStG nennt als Voraussetzungen unbeschränkter Steuerpflicht ein Dienstverhältnis des Steuerpflichtigen mit einer juristischen Person des öffentlichen Rechts und Entlohnung aus einer inländischen öffentlichen Kasse. Angesprochen sind beispielsweise Dienstverhältnisse

---

297 Vermietet oder untervermietet ein Steuerpflichtiger seine inländische Wohnung während eines kurzfristigen Auslandaufenthaltes (bis zu 6 Monate), um sie nach der Rückkehr wieder zu benutzen, kann nach den Umständen des Einzelfalles das Innehaben einer inländischen Wohnung anzunehmen sein (§ 8 Abs. 2 AEAO).

298 Vgl. Zenthöfer, W./Schulze zur Wiesche, D. (1997), S. 12f.

299 Vgl. Heinicke, W. (1996), Tz. 21ff., S. 8f.

300 § 9 S. 1 AO.

301 "Der Tatbestand des gewöhnlichen Aufenthalts kann bei einem weniger als sechs Monate dauernden Aufenthalt verwirklicht werden, wenn Inlandsaufenthalte nacheinander folgen, die sachlich miteinander verbunden sind und der Steuerpflichtige von vornherein beabsichtigt, nicht nur vorübergehend im Inland zu verweilen."; § 9 Nr. 1 S. 8 AEAO.

302 Vgl. Biergans, E. (1992), S. 28f.

303 Vgl. Zenthöfer, W./Schulze zur Wiesche, D. (1997), S. 9f.

mit Anstalten und Stiftungen von Bund und Ländern. Unbeschränkt steuerpflichtig können auch Angehörige des Steuerpflichtigen sein.[304] Besondere Bedeutung kommt dabei der unbeschränkten Steuerpflicht der Ehefrau zu, da unbeschränkte Steuerpflicht beider Ehegatten Bedingung für die Inanspruchnahme des Ehegattensplittings ist (§ 26 EStG). Allerdings gilt die unbeschränkte Steuerpflicht nur für Personen, die im Staat ihres Wohnsitzes oder gewöhnlichen Aufenthalts nicht unbeschränkt steuerpflichtig sind. Hauptsächlich diplomatisch und konsularisch Bedienstete, deren Länder den Wiener Übereinkommen über diplomatische und konsularische Beziehungen vom 18.04.1961 bzw. 24.04.1963 beigetreten sind, fallen hierunter. Durch die beiden Abkommen wird dem angeführten Personenkreis der Status beschränkter Steuerpflicht gewährt, obgleich sie im jeweiligen Ausland ihren Wohnsitz oder gewöhnlichen Aufenthalt haben.[305]

Nach § 1 Abs. 3 EStG können natürliche Personen ohne Wohnsitz oder gewöhnlichen Aufenthalt in Deutschland die unbeschränkte Steuerpflicht beantragen, wenn sie mindestens 90 % ihrer Einkünfte in Deutschland erwirtschaften oder die nicht der deutschen ESt unterliegenden Einkünfte höchstens 12.000 DM betragen. Insbesondere Grenzgänger sind hiervon betroffen.[306]

4.1.2 Die beschränkte und erweitert beschränkte Steuerpflicht

Natürliche Personen, die nicht unbeschränkt steuerpflichtig sind, unterliegen der beschränkten ESt-Pflicht (§ 1 Abs. 4 EStG). Sie sind lediglich mit im Inland bezogenen und in § 49 EStG abschließend aufgeführten Einkünften steuerpflichtig. Nur die im Inland erworbene Leistungsfähigkeit wird besteuert.

Die beschränkte Steuerpflicht erfährt eine Erweiterung, sobald deutsche Staatsangehörige ihren Wohnsitz in niedrig besteuernde Gebiete verlegen, aber weiterhin wesentliche wirtschaftliche Interessen im Inland haben (§ 2 Abs. 1 AStG). Eine Niedrigbesteuerung liegt vor, wenn im Ausland die Einkommensteuerbelastung nicht mindestens 2/3 der im Inland beträgt bei unbeschränkter ESt-Pflicht (§ 2 Abs. 2 AStG). Wesentliche wirtschaftliche Interessen bestehen, falls sich der Steuerpflichtige im Inland als Unternehmer oder Mitunternehmer betätigt oder mehr als 30 % des Einkommens bzw. Vermögens aus deutscher Quelle stammt bzw. in Deutschland liegt (§ 2 Abs. 3 AStG). Voraussetzung für eine erweiterte beschränkte Steuerpflicht ist, daß während der letzten 10 Jahre vor Wohnsitzaufgabe in Deutschland mindestens 5 Jahre unbeschränkte Steuer-

---

304 § 15 AO definiert das Wort "Angehörige".
305 Vgl. Ehmcke, T. (1988), S. 15ff.
306 Vgl. Grune, J. (1996), S. 8f.

pflicht bestand. Niedrigsteuergebiete sind z.B. Andorra, Campione, Monaco, die Bahamas, Bermudas und Liechtenstein.[307]

Die Erweiterung der beschränkten Steuerpflicht besteht in der Erfassung aller inländischer Einkünfte und nicht nur der in § 49 EStG erwähnten.[308] Sie hat 10 Jahre lang nach Aufgabe der unbeschränkten Steuerpflicht Gültigkeit.

> "Der fiskalpolitische Zweck dieser Ausweitung der Steuerpflicht ist, die Steuerflucht in Form von Wohnsitzverlegungen in ein Niedrigsteuerland unter Beibehaltung der wirtschaftlichen Interessen in der Bundesrepublik Deutschland zu verhindern oder doch zu erschweren. Der einfache Wechsel von der unbeschränkten zur beschränkten Steuerpflicht soll dem Steuerpflichtigen zumindest im Hinblick auf seine Inlandseinkünfte für einen Zeitraum von zehn Jahren keine steuerlichen Vorteile bringen."[309]

4.2 Die persönliche Steuerpflicht in Frankreich

4.2.1 Die unbeschränkte Steuerpflicht

Die französische ESt (impôt sur le revenu) erstreckt sich auf Kontinentalfrankreich, Korsika, die Küsteninseln sowie Guadeloupe, Guyane, Martinique und Réunion. Steuerpflichtig sind wie in Deutschland natürliche Personen (Art. 1 CGI). Juristische Personen unterliegen der KSt (impôt sur les sociétés). Art. 4 A CGI regelt die Arten der Steuerpflicht:

> "Personen, die in Frankreich ihren steuerlichen Wohnsitz haben, sind mit ihrem gesamten Einkommen einkommensteuerpflichtig [unbeschränkte Steuerpflicht]. Diejenigen, deren steuerlicher Wohnsitz außerhalb Frankreichs liegt, unterliegen dieser Steuer nur mit Einkommen aus französischer Quelle [beschränkte Steuerpflicht]."[310]

Der steuerliche Wohnsitz liegt in Frankreich, wenn eine der folgenden Bedingungen erfüllt ist (Art. 4 B 1. CGI):[311]

---

307 Vgl. Zenthöfer, W./Schulze zur Wiesche, D. (1997), S. 1104ff.

308 § 34d EStG bestimmt, was als ausländische Einkünfte anzusehen ist.

309 Biergans, E. (1992), S. 44.

310 Eigene Übersetzung; Original: "Les personnes qui ont en France leur domicile fiscal sont passibles de l'impôt sur le revenu en raison de l'ensemble de leurs revenus. Celles dont le domicile fiscal est situé hors de France sont passibles de cet impôt en raison de leurs seuls revenus de source française."

311 Vgl. Tillmanns, W. (1995), S. 1034.

1. Der Steuerpflichtige hat seinen Familienwohnsitz (foyer) in Frankreich;[312]
2. der Steuerpflichtige hat seinen gewöhnlichen Aufenthalt (séjour principal) in Frankreich;
3. der Steuerpflichtige übt in Frankreich seine berufliche Haupttätigkeit aus;
4. der Steuerpflichtige hat in Frankreich das Zentrum seiner wirtschaftlichen Interessen (centre des intérêts économiques).

"Der Familienwohnsitz befindet sich dort, wo der Steuerpflichtige oder sein Ehegatte und seine Kinder normalerweise wohnen."[313] Inhaltlich entspricht das Wort "Familienwohnsitz" der im deutschen EStG verwendeten Terminologie "Wohnsitz". Der Zusatz "Familie" kann als Hinweis auf die Haushaltsbesteuerung gedeutet werden. Entscheidend sind tatsächliche Verfügungsmacht und wiederholte Benutzung der Wohnung durch den Steuerpflichtigen. Der Benutzungsumfang steht im Hintergrund. Hält sich der Steuerpflichtige aus beruflichen Gründen überwiegend im Ausland auf, während seine Familie in Frankreich wohnt, befindet sich dort dennoch sein steuerlicher Wohnsitz.[314]

Im Gegensatz zum Familienwohnsitz knüpft die Voraussetzung des gewöhnlichen Aufenthalts direkt an der persönlichen Anwesenheit des Steuerpflichtigen in Frankreich an. Ob die betreffende Person eine Wohnung mietet, im Hotel wohnt oder unentgeltlich untergebracht ist, spielt keine Rolle. Entscheidend ist lediglich, daß der Steuerpflichtige sich mindestens 183 Tage im Lauf eines Jahres in Frankreich aufgehalten hat oder, falls diese Bedingung nicht erfüllt ist, sich in Frankreich deutlich länger aufhält als in den übrigen bereisten Staaten.[315] Diese Ausführungen belegen eine wesentliche Übereinstimmung mit den Regelungen zum gewöhnlichen Aufenthalt nach deutschem Recht (§ 1 Abs. 1 EStG).

Nach deutscher Terminologie stehen die Voraussetzungen drei und vier für eine erweitert unbeschränkte Steuerpflicht, da weder Wohnsitz noch gewöhnlicher Aufenthalt für eine unbeschränkte Steuerpflicht ursächlich sind. Allerdings wird in Frankreich nicht von einer erweitert unbeschränkten Steuerpflicht gesprochen.[316] Von einer beruflichen Haupttätigkeit ist auszugehen, wenn der Steuerpflichtige für die in Frankreich ausgeübte Tätigkeit am meisten Arbeitszeit verwendet oder aus ihr das meiste Einkommen bezieht.[317]

---

[312] Die eigentliche Übersetzung von "foyer" ist Haushalt. Sie ist in diesem Zusammenhang aber nicht passend. Auch in der deutschsprachigen Literatur zur französischen ESt wird von Familienwohnsitz gesprochen. Vgl. Tillmanns, W. (1996), Tz. 40, S. 17.

[313] Eigene Übersetzung; Original: "Le foyer s'entend du lieu où le contribuable ou son conjoint et ses enfants habitent normalement"; vgl. Gaudemet, P. M./Molinier, J. (1992), Tz. 1416, S. 337f.

[314] Vgl. Lamy fiscal (1995), Tz. 1316, S. 524; Mémento fiscal (1996), Tz. 16, S. 15.

[315] Vgl. Gest, G./Tixier, G. (1986), S. 453.

[316] Vgl. Tillmanns, W. (1996), Tz. 44, S. 18.

[317] Vgl. Beltrame, P. (1993), S. 35.

Beim Zentrum wirtschaftlicher Interessen "handelt es sich um den Ort, wo der Steuerpflichtige seine hauptsächlichen Investitionen getätigt hat und von wo aus er seine Geschäfte leitet."[318] Aufgrund seiner wagen Formulierung bereitet diese Voraussetzung praktische Anwendungsprobleme.[319] Das Zentrum wirtschaftlicher Interessen kann gleichzeitig dort sein, wo die meiste Arbeitszeit aufgewendet und das meiste Entgelt erwirtschaftet wird.[320]

Art. 4 B 2. CGI sieht für im Ausland tätige Staatsbedienstete (agents de l'État) eine unbeschränkte Steuerpflicht vor, falls sie dort nur beschränkt einkommensteuerpflichtig sind. Wegen der Wiener Abkommen fallen unter diese Regelung wie in Deutschland überwiegend diplomatisch und konsularisch Bedienstete.

Fazit: Die Voraussetzungen (Familien-)Wohnsitz (foyer) und gewöhnlicher Aufenthalt (séjour principal) entsprechen sich weitgehend in Deutschland und in Frankreich. Hinsichtlich der (erweiterten) unbeschränkten Steuerpflicht sind zum einen die Wiener Abkommen zu nennen, die sowohl von Deutschland als auch Frankreich unterzeichnet wurden. Zum anderen räumt § 1 Abs. 3 EStG beschränkt Steuerpflichtigen die Option einer unbeschränkten Steuerpflicht ein, wenn mindestens 90 % des Einkommens der deutschen ESt unterliegt oder die nicht der deutschen ESt unterliegenden Einkünfte höchstens 12.000 DM betragen. Eine Ähnlichkeit dieser Bestimmung zu den in Frankreich geltenden Voraussetzungen 3 und 4 besteht insofern, als auch dort Steuerpflichtige, die ihr Einkommen im wesentlichen in Frankreich erwirtschaften (meiste Arbeitszeit, meistes Einkommen, Zentrum wirtschaftlichen Interesses), unbeschränkt steuerpflichtig sind. Ein Wahlrecht nach deutschem Muster besteht aber nicht.

4.2.2 Die beschränkte Steuerpflicht

Personen ohne steuerlichen Wohnsitz in Frankreich sind lediglich mit Einkünften aus französischer Quelle est-pflichtig (beschränkte Steuerpflicht, Art. 4 A CGI). Die Modalitäten beschränkter Steuerpflicht hängen davon ab, ob der Steuerpflichtige in Frankreich über eine Wohnung (habitation) verfügt. In Deutschland wird eine solche Unterscheidung im Rahmen der beschränkten Steuerpflicht nicht getroffen. Beschränkt Steuerpflichtige, die über keine Wohnung in Frankreich verfügen, sind nur mit den aus französischer Quelle stammenden Einkünften steuerpflichtig. Die relevanten Einkommensquellen

---

[318] Eigene Übersetzung; Original: "Il s'agit du lieu où le contribuable a effectué ses principaux investissements et d'où il dirige ses affaires."; Gaudemet, P. M./Molinier, J. (1992), Tz. 1416, S. 338.

[319] Vgl. Beltrame, P. (1993), S. 35.

[320] Vgl. Lamy fiscal (1995), Tz. 1319, S. 524.

sind in Art. 164 B CGI abschließend aufgelistet. Diese Vorgehensweise entspricht § 1 Abs. 4 EStG i.V.m. § 49 EStG. Erfaßt werden Einkünfte aus

- in Frankreich liegendem Vermögen,
- einer in Frankreich ausgeübten Tätigkeit,
- einem in Frankreich begründeten Schuldverhältnis.[321]

Für beschränkt Steuerpflichtige, die über eine Wohnung in Frankreich verfügen, wird ein pauschales zu versteuerndes Einkommen in Höhe des dreifachen Mietwertes der Wohnung unterstellt (Art. 164 C CGI). Dies gilt aber nur, wenn die tatsächliche Summe der Einkünfte aus französischer Quelle das pauschalierte Einkommen unterschreitet. Anderenfalls wird anstatt der Pauschale das tatsächliche Einkommen aus französischer Quelle als Bemessungsgrundlage verwendet.[322] Dadurch erhält die Pauschale den Charakter einer Mindestbesteuerung.[323]

Die am Wohnungsmietwert orientierte Besteuerung entfällt, sobald der Steuerpflichtige eine Einkommensbesteuerung im Staat seines steuerlichen Wohnsitzes nachweist, die mindestens 2/3 der französischen ESt beträgt (Art. 164 C CGI). Hauptsächlich in Steuerparadiesen ansässige Personen werden erfaßt.[324] Von der Zielsetzung her bestehen Ähnlichkeiten mit den Bestimmungen des AStG (Kap. 4.1.2).

4.2.3 Vollständige oder teilweise Steuerbefreiung unbeschränkt Steuerpflichtiger

In Frankreich werden ESt-Befreiungen gewährt, die im deutschen EStG keine Entsprechung haben. Unbeschränkt steuerpflichtige französische Staatsangehörige, die von ihrem Arbeitgeber ins Ausland entsandt werden, sind unter bestimmten Voraussetzungen mit ihren Löhnen und Gehältern von der ESt befreit (Art. 81 A CGI).[325]

Eine vollständige Befreiung wird gewährt, falls zum einen die Entsendung ins Ausland durch ein im Inland ansässiges Unternehmen erfolgt und zum anderen der Steuerpflichtige im Ausland ESt mindestens in Höhe von 2/3 des Betrages zahlt, den er bei Besteuerung in Frankreich hätte entrichten müssen (Art. 81 A I. CGI). Dadurch sollen französischen Unternehmen Anreize gegeben werden, ins

---

[321] Vgl. Gest, G./Tixier, G. (1990), S. 380.
[322] Vgl. Gaudemet, P. M./Molinier, J. (1992), Tz. 1416, S. 338f.
[323] Vgl. Mercier, J.-Y./Plagnet, B. (1995), Tz. 284, S. 99.
[324] Vgl. Gest, G./Tixier, G. (1990), S. 381.
[325] Vgl. Mercier, J.-Y./Plagnet, B. (1995), Tz. 287f., S. 101f.

Ausland vorzudringen.[326] Die Befreiung gilt nur für Einkünfte aus nichtselbständiger Tätigkeit. Alle übrigen Einkünfte unterliegen der französischen ESt.

Ist der Steuerpflichtige nicht in der Lage, eine Besteuerung seines Entgeltes in Höhe von 2/3 der französischen ESt nachzuweisen, müssen zusätzlich zwei Voraussetzungen gleichzeitig erfüllt sein, um der französischen ESt zu entgehen.[327] Erstens muß sich der Steuerpflichtige innerhalb einer Periode von 12 aufeinanderfolgenden Monaten mehr als 183 Tage im Ausland aufgehalten haben und zweitens eine der folgenden Tätigkeiten ausüben: Bauausführungen und Montagen, Errichtung, Inbetriebnahme und Betrieb von Industrieanlagen und damit zusammenhängende Forschungs- und Ingenieurarbeiten sowie Schürfung oder Ausbeutung von Bodenschätzen (Art. 81 A II. CGI).

Wird keiner der vorerwähnten Bedingungen entsprochen, greift die teilweise Steuerbefreiung (Art. 81 A III. CGI). Danach bleiben aufgrund der Auslandstätigkeit erzielte Zuschläge steuerfrei. Es wird steuerlich so getan, als wäre die Tätigkeit in Frankreich ausgeübt worden.[328]

4.3 Die Individualbesteuerung in Deutschland

4.3.1 Historische Hintergründe

Die deutsche ESt bezieht sich auf das Einkommen eines einzelnen Individuums.[329] Deshalb wird auch vom Prinzip der Individualbesteuerung gesprochen. Unmittelbar stellt sich die Frage, ob die Ehegattenveranlagung (§§ 26-26c EStG) mit der Individualbesteuerung vereinbar ist. Schließlich wird die Ehe durch zwei Individuen konstituiert. Beantwortet wird diese Frage im Rahmen der Besprechung der einzelnen Formen der Ehegattenveranlagung in Kap. 4.3.3. Von der Ehegattenveranlagung zu unterscheiden ist die Haushaltsbesteuerung, die durch den zusätzlichen Einbezug der Kinder gekennzeichnet ist. Auch sie hat im deutschen ESt-Recht Tradition.[330]

Sowohl Ehegattenveranlagung als auch Haushaltsbesteuerung gaben in der Vergangenheit Anlaß zu verfassungsrechtlichen Streitigkeiten. Sie lagen darin begründet, daß einerseits ein auf die einzelne Person ausgerichteter progressiver Steuertarif bestand, andererseits aber beide Ehegatten bzw. mehrere Haushaltsmitglieder Einkünfte erwirtschafteten. In solchen Fällen führte die Progression zwangsläufig zu einer Höherbelastung Verheirateter i.Vgl. zu Ledigen. Da je-

---

326 Vgl. Gest, G./Tixier, G. (1990), S. 362.
327 Vgl. Mercier, J.-Y./Plagnet, B. (1995), Tz. 287, S. 101f.
328 Vgl. Mémento fiscal (1996), Tz. 488, S. 109.
329 Vgl. Raupach, A./Schencking, M. (1994), Bd. 2, Anm. 14 zu § 2 EStG, E 23.
330 Vgl. Wöhe, G. (1988), S. 162.

doch "Ehe und Familie .. unter dem besonderen Schutze der staatlichen Ordnung"[331] stehen, hat das BVerfG in seinem Beschluß vom 17.1.1957 die bis dahin geltende Zusammenveranlagung von Ehegatten für verfassungswidrig erklärt.[332] Mit derselben Begründung hat es am 30.6.1964 die Zusammenveranlagung des Steuerpflichtigen mit seinen Kindern abgelehnt (§ 27 EStG).[333] Damit ist die Haushaltsbesteuerung beseitigt worden, während die Ehegattenbesteuerung in anderer Form (Splitting-Verfahren) fortbestand.

Seitdem werden Kinder und Eltern getrennt veranlagt. Für Kinder wurde je nach politischer Konstellation entweder nur Kindergeld oder aber eine Kombination aus Kindergeld und Kinderfreibetrag gewährt. Als neue Form der Ehegattenveranlagung wurde nach amerikanischem Vorbild das sogenannte Splitting-Verfahren eingeführt. Danach werden die Einkünfte der Eheleute addiert und anschließend durch zwei dividiert. Hierauf wird der Steuertarif angewandt und der sich ergebende Steuerbetrag mit zwei multipliziert.[334] Einer steuerlichen Höherbelastung durch Eheschließung wird damit vorgebeugt. Außer für den Fall, daß beide Eheleute gleichviel verdienen, führt das Splitting-Verfahren i.V.m. einem progressiven Tarif zu einer Steuerentlastung.[335]

4.3.2 Zur Begründung und Kritik des Ehegattensplittings

Das BVerfG sieht in der intakten Durchschnittsehe eine Erwerbs- und Verbrauchsgemeinschaft. Jeder Ehegatte ist wirtschaftlich an den Einkünften und Lasten des anderen hälftig beteiligt. Als Konsequenz ist jedem Ehepartner die Hälfte der von beiden insgesamt erzielten Einkünften zuzuordnen. Genau dieser Einkommensverteilung trägt das Ehegattensplitting Rechnung. "Demnach beinhaltet das Ehegattensplitting eigentlich eine Regelung der *Verteilung des Einkommens* zwischen den Eheleuten."[336] LANG spricht von einem Transfer steuerlicher Leistungsfähigkeit zwischen den Ehegatten.[337][338] Insofern ist das

331 Art. 6 Abs. 1 GG.
332 Vgl. BVerfG (1957), S. 193ff.
333 Vgl. BVerfG (1964), S. 488ff.
334 Vgl. Brümmerhoff, D. (1996), S. 316.
335 Vgl. Müssener, I. (1991), S. 808f.
336 Tipke, K./Lang, J. (1996), Tz. 95, S. 244f.
337 Lang, J. (1981/88), S. 626.
338 Beispiel: Ist in einer Ehe der Mann Alleinverdiener (80.000 DM), während die Frau den Haushalt versorgt, werden ihr nach der Vorstellung der Erwerbsgemeinschaft 40.000 DM zugerechnet. Ihre steuerliche Leistungsfähigkeit erhöht sich um diesen Betrag. Die des Mannes verringert sich entsprechend. Im Rahmen der Verbrauchsgemeinschaft wird unterstellt, daß die Ehefrau gleichberechtigt bei der Einkommensverwendung mitentscheidet und mitkonsumiert, z.B. bei Anschaffung und Nutzung eines Pkw.

Ehegattensplitting keine Steuervergünstigung, sondern genügt dem Leistungsfähigkeitsprinzip.[339]

TIPKE/LANG kritisieren, daß die Erwerbs- und Verbrauchsgemeinschaft nicht für jeden ehelichen Güterstand angenommen werden kann. Im Fall der Zugewinngemeinschaft wird nach deren Ende (Tod eines Ehegatten, Scheidung der Ehe oder Aufhebung des Güterstandes) der Zugewinn der Ehegatten ausgeglichen.[340] So wird dem Gedanken der Erwerbs- und Verbrauchsgemeinschaft entsprochen. Allerdings besteht während der Ehe Gütertrennung. Die Vermögen bleiben rechtlich völlig getrennt und werden vom jeweiligen Ehegatten eigenverantwortlich verwaltet. Für dabei getroffene Entscheidungen bedarf es keiner Zustimmung des Ehepartners, außer wenn ein Ehegatte sein Vermögen im ganzen oder Gegenstände des ehelichen Hausrats veräußern will. Der Ausgleich kann umgangen werden, indem der Ehepartner mit dem höheren Zugewinn diesen in der Endphase einer scheiternden Ehe verbraucht oder beiseite geschafft. In der Folge geht der andere Ehegatte leer aus. "Daher begründet die Zugewinngemeinschaft nur bedingt eine Erwerbs- und Verbrauchsgemeinschaft."[341]

Überhaupt nicht mit der Annahme einer Erwerbs- und Verbrauchsgemeinschaft in Einklang zu bringen ist die Gütertrennung. Die Vermögen beider Ehegatten bleiben rechtlich völlig voneinander getrennt. Jeder Ehepartner bleibt Eigentümer seines Vermögens und haftet nur für eigene Schulden, nicht aber für die des Ehegatten. Am Ende der Gütertrennung findet kein Zugewinnausgleich statt.

Demgegenüber läßt sich mit der Güter- und Errungenschaftsgemeinschaft das Ehegattensplitting rechtfertigen. Allerdings ist die Errungenschaftsgemeinschaft seit 1958 im BGB nicht mehr vorgesehen.[342] Eine Gütertrennung während der Ehe besteht in beiden Fällen nicht. Die rechtliche Trennung der Ehegattenvermögen wird durch Gemeinschaftsvermögen ersetzt. Das eheliche Vermögen wird entweder durch beide Ehegatten verwaltet oder nur durch einen, wenn der andere ihn hierzu bevollmächtigt. Von den Ehegatten während der Ehe erwirt-

---

[339] Vgl. Lingemann, W. (1994), S. 166ff.

[340] Zugewinn ist der Betrag, um den das Endvermögen (Vermögen zum Zeitpunkt der Beendigung der Zugewinngemeinschaft) eines Ehegatten das Anfangsvermögen (Vermögen zum Zeitpunkt des Inkrafttretens der Zugewinngemeinschaft) übersteigt. Beispiel Scheidung: Zu einem Zugewinnausgleich kommt es nur, wenn sich die Vermögen der Ehepartner im Verlauf der Ehe unterschiedlich entwickelt haben. Haben zu Beginn der Zugewinngemeinschaft beide Eheleute ein Vermögen von 10.000 DM und am Ende der Mann 60.000 DM und die Frau 20.000 DM, kann die Frau Anspruch auf die Hälfte des höheren Überschusses ihres Mannes, d.h. in dem Fall auf 20.000 DM, erheben. Vgl. Gabler (1997), Bd. 1, S. 1017ff.

[341] Vgl. Tipke, K./Lang, J. (1996), Tz. 760, S. 430.

[342] Vgl. Tipke, K./Lang, J. (1996), Tz. 760, S. 430f.

schaftete Einkünfte werden zu Gemeinschaftsvermögen. Nach Beendigung der Güter- bzw. Errungenschaftsgemeinschaft wird ein Überschuß unter den Eheleuten zu gleichen Teilen aufgeteilt (Zugewinnausgleich).[343]

4.3.3 Wahlmöglichkeiten im Rahmen der Ehegattenveranlagung

Wie bereits in Kap. 4.1.1 angedeutet, genügt die Heirat allein nicht, um in den "Genuß" des Ehegattensplittings zu kommen bzw. ein Veranlagungswahlrecht zu haben.[344] Vielmehr müssen beide Ehegatten unbeschränkt est-pflichtig sein und dürfen nicht dauernd getrennt voneinander leben.[345] Würden sie dauernd getrennt leben, könnte eine Erwerbs- und Verbrauchsgemeinschaft nicht angenommen werden. Diese Voraussetzungen müssen entweder zu Beginn des Veranlagungszeitraums vorgelegen haben oder in dessen Verlauf eingetreten sein. Ist dies der Fall, können Ehegatten zwischen getrennter Veranlagung, Zusammenveranlagung und im Jahr der Eheschließung der besonderen Veranlagung wählen (§ 26 Abs. 1 S. 1 EStG).[346]

Von dauerndem Getrenntleben der Ehegatten ist auszugehen, wenn die eheliche "Lebens- und Wirtschaftsgemeinschaft nach dem Gesamtbild der Verhältnisse auf die Dauer nicht mehr besteht."[347] Der Ausdruck "auf die Dauer" ist mit "endgültig" gleichzusetzen.[348] Unter Lebensgemeinschaft wird die räumliche, persönliche und geistige Gemeinschaft sowie unter Wirtschaftsgemeinschaft die gemeinsame Erledigung der die Eheleute gemeinsam berührenden wirtschaftlichen Fragen ihres Zusammenlebens verstanden (R 174 Abs. 1 EStR). Dabei kommt der räumlichen Trennung als objektiv beobachtbarem Merkmal bei der Abwägung der Für und Wider dauernden Getrenntlebens besondere Bedeutung zu. Dies um so mehr, als es der Finanzverwaltung zum Schutz der Menschenwürde (Art. 1 Abs. 1 GG) nicht gestattet ist, in die Intimsphäre des Steuerpflichtigen einzudringen. Deshalb ist die Frage des dauernden Getrenntlebens in erster Linie nach äußeren Umständen zu beurteilen.[349] Als subjektives Merkmal ist der Wille zur endgültigen Trennung hervorzuheben. Eine nur vorübergehende Trennung, z.B. bedingt durch Beruf, Krankheit oder Freiheitsstrafe, verbunden mit der Absicht, die eheliche Gemeinschaft zu einem späteren Zeitpunkt wiederherzustellen, ist nicht als dauerndes Getrenntleben zu werten.

---

343 Vgl. Gabler (1997), Bd. 1, S. 1017ff.

344 Zum Veranlagungswahlrecht in Sonderfällen vgl. § 26 Abs. 2 S. 2 EStG und R 174 Abs. 2 EStR.

345 Für Zeiträume beschränkter Steuerpflicht sind die Ehegatten einzeln zu veranlagen.

346 Die getrennte Veranlagung darf nicht mit der Einzelveranlagung verwechselt werden, da sie nach anderen Grundsätzen durchgeführt wird. Vgl. Zenthöfer, W./Schulze zur Wiesche, D. (1997), S. 106.

347 R 174 Abs.1 S. 1 EStR.

348 Vgl. Zenthöfer, W./Schulze zur Wiesche, D. (1997), S. 110.

349 Vgl. Zenthöfer, W./Schulze zur Wiesche, D.(1997), S. 110f.

Zur getrennten Veranlagung (§ 26a EStG) kommt es nur, wenn sie von mindestens einem Ehegatten beantragt wird. Für jeden Ehepartner werden die Einkünfte eigenständig ermittelt und anschließend auch selbständig besteuert. Das Prinzip der Individualbesteuerung hat Bestand. Es wird keine Erwerbsgemeinschaft unterstellt. Jeder Ehepartner hat eine eigenhändig unterschriebene Steuererklärung abzugeben (§ 25 Abs. 3 EStG). Sonderausgaben sind bei dem Ehegatten zu verrechnen, der die entsprechenden Zahlungen geleistet hat. Dagegen sind außergewöhnliche Belastungen in Höhe des bei einer Zusammenveranlagung in Betracht kommenden Betrags hälftig auf die Ehepartner umzulegen, sofern sie keinen anderen Aufteilungsmodus beantragt haben. Dahinter steht die Vorstellung, daß außergewöhnliche Belastungen i.d.R. von den Eheleuten zu gleichen Teilen getragen werden (Annahme einer Verbrauchsgemeinschaft). Allerdings bleibt zu fragen, weshalb sich die Annahme einer Verbrauchsgemeinschaft bei getrennter Veranlagung auf außergewöhnliche Belastungen beschränken soll und nicht alle persönlichen Abzüge erfaßt.[350]

Die Zusammenveranlagung (§ 26b EStG) kommt immer dann zur Anwendung, wenn sie entweder von beiden Ehegatten beantragt wird oder die Eheleute bezüglich der Veranlagungswahl überhaupt keinen Antrag stellen. Im letzteren Fall unterstellt das Finanzamt den Wunsch einer gemeinsamen Veranlagung (§ 26 Abs. 2 u. 3 EStG). Für den Fall der Zusammenveranlagung haben die Ehegatten im Unterschied zur vorerwähnten getrennten Veranlagung eine gemeinsame, von beiden eigenhändig unterschriebene Steuererklärung abzugeben (§ 25 Abs. 3 EStG). Trotzdem ist aber "der 'Grundsatz der Individualbesteuerung' .. auch bei [zusammenveranlagten] Ehegatten uneingeschränkt durchzuführen".[351] Für jeden Ehegatten sind die Einkünfte zunächst getrennt zu ermitteln. Im weiteren werden "die Ehegatten .. gemeinsam als Steuerpflichtiger behandelt".[352] Mithin bleibt auch im Rahmen der Zusammenveranlagung von Ehegatten der Grundsatz der Individualbesteuerung gewahrt, da die Ehegatten wie ein Steuerpflichtiger, d.h. wie ein Individuum behandelt werden.[353] Sie sind Gesamtschuldner der zu zahlenden ESt.[354] In dem bereits erläuterten Splitting-Verfahren wird anschließend die Steuerschuld ermittelt. Die Zusammenveranlagung steht für die Annahme einer Erwerbs- und Verbrauchsgemeinschaft.

Eine besondere Veranlagung (§ 26c EStG) tritt ein, wenn beide Ehepartner sie beantragen (§ 25 Abs. 3 EStG). Beantragt werden kann diese Veranlagungsform nur im Jahr der Eheschließung. Dadurch sollen die Ehepartner eine steuerliche

---

350 Vgl. Lang, J. (1981/88), S. 637.
351 Vgl. Raupach, A./Schencking, M. (1994), Bd. 2, Anm. 14 zu § 2 EStG, E 23.
352 § 26b EStG.
353 Vgl. Raupach, A./Schencking, M. (1994), Bd. 2, Anm. 14 zu § 2 EStG, E 23.
354 Vgl. Gabler (1997), Bd. 2, S. 1528f.

Höherbelastung i.Vgl. zur Einzelveranlagung abwenden können. Das kann vor allem bei der Vermählung von zwei Nichtverheirateten mit Kindern der Fall sein, wegen des Wegfalls der Haushaltsfreibeträge bei gemeinsamer Veranlagung, oder bei Verwitweten, denen noch für das dem Todesjahr des Ehegatten folgende Kalenderjahr das Verwitwetensplitting zusteht (§ 32a Abs. 6 Nr. 1 EStG).[355] Das Einkommen der Ehegatten ist grundsätzlich nach den für Unverheiratete geltenden Vorschriften zu ermitteln. Somit wird dem Grundsatz der Individualbesteuerung entsprochen. Sonderausgaben dürfen nur bei dem Ehegatten in Ansatz gebracht werden, der sie tatsächlich geleistet hat. Gleiches gilt, im Unterschied zur getrennten Veranlagung, für außergewöhnliche Belastungen. Folglich wird keine Erwerbs- und Verbrauchsgemeinschaft unterstellt.

4.4 Die Haushaltsbesteuerung in Frankreich

4.4.1 Zu Prinzip und Begründung der Haushaltsbesteuerung

Im Gegensatz zu Deutschland wird in Frankreich nicht das einzelne Individuum besteuert, sondern bereits seit 1945 der Haushalt.[356] Eine Ausnahme von der Haushaltsbesteuerung gibt es nicht. Im Extremfall besteht der Haushalt nur aus einer Person, nämlich dem Steuerpflichtigen. Dabei handelt es sich aber nicht um eine Individualbesteuerung im deutschen Wortsinn. Zunächst soll die prinzipielle Vorgehensweise bei der Haushaltsbesteuerung dargelegt werden.

In einem ersten Schritt sind die dem Haushalt zuzurechnenden Personen festzustellen. Anschließend wird jedem Haushaltsmitglied eine sogenannte Anteilezahl (nombre de parts) zugeordnet. Ehepaare werden als Einheit, d.h. als ein Steuerpflichtiger mit der Anteilezahl 2 betrachtet. Das Haushaltseinkommen ergibt sich als Summe der Einkommen aller Haushaltsmitglieder. Aus der Division des Haushaltseinkommens durch die Haushaltsanteilezahl resultiert das Einkommen pro Anteilezahl, der sogenannte Familienquotient (quotient familial). Auf den Familienquotienten wird der progressive Tarif erhoben. Schließlich folgt aus der Multiplikation des daraus resultierenden Wertes mit der Anteilezahl die vorläufige Steuerschuld (Art. 193 CGI).[357]

Die Haushaltsbesteuerung wird erstens mit der Unteilbarkeit des erwirtschafteten Einkommens begründet. Als typische Beispiele werden Familienunternehmen angeführt. In diesen Fällen ist der Gewinn das Ergebnis einer gemeinschaftlichen Tätigkeit. Der Beitrag des einzelnen zum Gesamterfolg ist nicht exakt feststellbar. Diese Begründung verliert aber mit der Zunahme abhängiger Beschäftigung an Bedeutung. Daraus resultierende Einkünfte sind individuell

---

355 Vgl. Zenthöfer, W./Schulze zur Wiesche, D. (1997), S. 123.
356 Vgl. App, M./Kirtschig, S. (1993), S. 367.
357 Vgl. Plagnet, B. (1992), S. 190.

erfaß- und besteuerbar. Dennoch können auch gemeinschaftlich erzielte Einkünfte anfallen, z.B. aus gemeinsamem Immobilienvermögen der Eheleute.[358]

Zweitens wird die Haushaltsbesteuerung damit gerechtfertigt, daß der Haushalt aufgrund der Enge der Beziehung unter den Haushaltsmitgliedern eine Verbrauchsgemeinschaft bildet und deshalb Anknüpfungspunkt der Besteuerung sein sollte. Somit steht eine bedarfsorientierte Aufteilung des Haushaltseinkommens auf die Haushaltsmitglieder im Blickpunkt. Der CONSEIL des IMPOTS spricht in diesem Zusammenhang von "gemeinsamer Verwendung des Einkommens".[359] Besteuert wird nicht das Einkommen eines einzelnen; vielmehr verkörpert der in Geldeinheiten gemessene Lebensstandard (niveau de vie) des Haushalts die steuerliche Leistungsfähigkeit. Dabei besteht das Problem in der Vergleichbarkeit unterschiedlicher Lebensverhältnisse. Wann z.B. erreichen Ehepaare den gleichen Lebensstandard wie Ledige? Statistische Untersuchungen haben ergeben, daß Verheiratete den gleichen Lebensstandard erreichen wie Ledige, wenn ihr Einkommen um 70% höher ist als das der Ledigen bzw. in etwa doppelt so hoch ist, wenn ein Kind vorhanden ist.[360] Der Einkommensbedarf eines Ehepaars ist deshalb nicht doppelt so hoch wie der eines Ledigen, da z.B. dauerhafte Konsumgüter wie Herd und Waschmaschine nicht zweifach angeschafft werden müssen und der Haushalt insgesamt wirtschaftlicher geführt werden kann.[361]

Festzuhalten bleibt: Die Begründung der Haushaltsbesteuerung über den Lebensstandard ist bedarfsorientiert, d.h., "daß das Einkommen von Familienangehörigen, die in einem gemeinsamen Haushalt leben, zusammengelegt und für alle Angehörigen gemeinsam verwendet wird, wobei jeder anteilig mit seinem Bedarf berücksichtigt wird".[362] Dabei ist dem französischen System der Haushaltsbesteuerung die Annahme zunehmender Bedarfe mit steigendem Einkommen immanent. Alternativ könnten Bedarfe der Haushaltsangehörigen über Freibeträge berücksichtigt werden, um sie dadurch von der Höhe des Einkommens zu lösen.

Nach den bereits erwähnten statistischen Untersuchungen wäre für ein Ehepaar die Anteilezahl 1,7, für das erste Kind 0,31, für das zweite 0,29 und für das dritte 0,37 zu berechnen.[363] Tatsächlich wird für ein Ehepaar eine Anteilezahl von 2

---

358 Vgl. Conseil des impôts (1990), S. 229f.

359 Eigene Übersetzung; Original: "Utilisation conjointe du revenu"; Conseil des impôts (1990), S. 230.

360 Vgl. Conseil des impôts (1990), S. 230ff.

361 Vgl. Lang, J. (1981/88), S. 631.

362 Vgl. Wissenschaftlicher Beirat beim BMF (1967), S. 347.

363 Beispiel: Bei einem Ehepaar mit einem Kind und einem Haushaltseinkommen von 200.000 FF ergibt sich folgender Bedarf der Haushaltsmitglieder: 99.500 FF für die erste

sowie für die ersten beiden Kinder 0,5 und ab dem dritten Kind eine Anteilezahl von 1 berechnet. Der Anteilezahl 2 für Ehepaare kommt auch praktische Bedeutung zu, da durch sie eine Schlechterstellung gegenüber der getrennten Besteuerung in jedem Fall vermieden wird. Liegt die Anteilezahl für ein Ehepaar unter 2, ergibt sich aufgrund der Progressionswirkung bei gleich hohem Einkommen der Eheleute durch die Eheschließung eine höhere Steuerbelastung i.Vgl. zur Einzelveranlagung.[364]

Mit dem System des Familienquotienten wird bei gleichem Lebensstandardverhältnis vor Steuern ein gleiches Lebensstandardverhältnis nach Steuern gewährleistet.[365] Dies trifft auch auf das Ehegattensplitting nach deutschem Recht zu. Beispiel: Das französische Steuerrecht ordnet, wie erwähnt, einem Ledigen die Anteilezahl 1, einem Ehepaar die Anteilezahl 2 zu (Art. 194 CGI). Dementsprechend wird ein gleicher Lebensstandard zwischen Ledigen und Verheirateten unterstellt, wenn Verheiratete ein doppelt so hohes Einkommen haben wie Ledige, z.B. 100.000 FF bzw. 200.000 FF. Um ein gleiches Lebensstandardverhältnis nach Steuern zu gewährleisten, sind die Einkommen durch die jeweilige Anteilezahl zu dividieren (1 bzw. 2). Daraus resultiert das Einkommen pro Anteilezahl der sogenannte Familienquotient (100.000 FF/1 bzw. 200.000 FF/2 = 100.000 FF). Der Lebensstandard jedes Ehegatten entspricht dem des Ledigen. Auf den Familienquotienten wird im Anschluß der Steuertarif erhoben und dieser Wert mit der Haushaltsanteilezahl multipliziert, um zur Steuerschuld zu gelangen. Aus einer angenommenen Steuerbelastung von 25 % folgt ein Einkommen nach Steuern von 75.000 FF bzw. 150.000 FF. Es besteht ein gleiches Lebensstandardverhältnis nach Steuern fort. Das Einkommensverhältnis beträgt weiterhin 1:2, was einfach in der Multiplikation der Steuerschuld pro Anteilezahl mit der Zahl begründet liegt, mit der zuvor dividiert wurde.

Die bedarfsorientierte Begründung der Haushaltsbesteuerung ist streng zu unterscheiden von der durch das BVerfG gegebenen Rechtfertigung des Ehegattensplittings als der Berücksichtigung der Ehe als Erwerbs- und Verbrauchsgemeinschaft. Bei der Erwerbs- und Verbrauchsgemeinschaft tragen beide Ehepartner nach Annahme hälftig zum Erwerb und Verbrauch des Einkommens bei. Deshalb kommt lediglich ein Splitting-Divisor von 2 in Betracht. Bei der Haushaltsbesteuerung dagegen geht es um die bedarfsgerechte Aufteilung des Haushaltseinkommens auf die Haushaltsmitglieder. Entsprechend kann bei Ehegatten eine Anteilezahl kleiner als 2 gerechtfertigt sein, was aber mit der

---

und 69.650 FF für die zweite Person bzw. die Summe daraus 169.150 FF für die Ehegatten und 30.850 FF für das Kind.

364 Vgl. Brümmerhoff, D. (1996), S. 317.

365 Vgl. Conseil des impôts (1990), S. 231.

Annahme einer Erwerbs- und Verbrauchsgemeinschaft nicht in Einklang zu bringen ist.

Die Familien- bzw. Haushaltsbesteuerung nach französischem Muster ist auch in Deutschland schon seit langem ein Thema und wird auch gegenwärtig in die politische Diskussion um die Neuordnung des Familienlastenausgleichs eingebracht. Bereits 1967 hat der Wissenschaftliche Beirat beim BMF den Einbezug der Kinder in das Splittingsystem gefordert. "Die Mehrheit des Beirats sieht das Leistungsfähigkeitsprinzip am besten in einer Besteuerung des gemeinsamen Haushaltseinkommens verwirklicht, weil damit der engen und umfassenden Lebensgemeinschaft am ehesten Rechnung getragen wird."[366] Eine dezidiert andere Auffassung vertritt die 1968 eingesetzte Steuerreformkommission in ihrem Gutachten von 1971. Sie stand der Einführung des Familiensplittings abgeneigt gegenüber.[367] Die Begründung der Ehe als einer Erwerbs- und Verbrauchsgemeinschaft läßt sich auf Kinder nicht übertragen, da sie "nicht Teilhaber einer echten Erwerbs- und Wirtschaftsgemeinschaft mit Anspruch auf einen Einkommensteil"[368] sind. In der Tat sind Kinder heute innerhalb des Familienverbandes eher Versorgungsempfänger, als daß sie zur Einkünfteerzielung ihrer Eltern wesentlich beitragen. Ebenfalls unrealistisch ist der gleichberechtigte Einbezug der Kinder in die wirtschaftlichen Entscheidungen der Eltern. Weiter werden verfassungsrechtliche Probleme angeführt. Das Familiensplitting würde zu innerfamiliären Auseinandersetzungen Anlaß geben. Ehe und Familie stehen aber unter dem besonderen Schutz staatlicher Ordnung (Art. 6 Abs. 1 GG). So lägen in der Aufteilung der Steuerschuld auf die Haushaltsmitglieder Konfliktpotentiale. Auch wollten Kinder ihre Einkünfte gegenüber den Eltern nicht offenlegen. Um solchen Einwänden Rechnung zu tragen, sind in Frankreich erwachsene Kinder (ab 18 Jahren) grundsätzlich eigenständig steuerpflichtig. Minderjährige Kinder mit eigenen Einkünften können sich wahlweise aus dem Haushaltsverband lösen, um selbständig besteuert zu werden.

4.4.2 Die Ermittlung der Haushaltsmitglieder

Nachdem im vorangegangenen Kapitel das Prinzip der Haushaltsbesteuerung umrissen wurde, ist auf die Ermittlung der Haushaltsmitglieder einzugehen. Folgende Grundsätze gelten: Dem Haushalt des Steuerpflichtigen sind ledige minderjährige und behinderte Kinder zuzurechnen. Erwachsene und verheiratete Kinder begründen einen eigenen Hausstand. Sie sind eigenständig steuerpflichtig.[369]

---

366 Wissenschaftlicher Beirat beim BMF (1967), S. 347.

367 Vgl. Steuerreformkommission (1971), Tz. 589, S. 198.

368 Steuerreformkommission (1971), Tz. 576f., S. 196.

369 Vgl. Fernoux, P. (1996), S. 28f.

Grundlage der Haushaltsbesteuerung (imposition par foyer) ist Art. 6 1. CGI. Dort ist festgelegt, daß der Steuerpflichtige nicht nur mit seinen eigenen Einkünften besteuert wird, sondern mit der Gesamtheit der Einkünfte aller Haushaltsmitglieder. Steuerpflichtig ist entweder eine einzelne Person (Ledige, Verwitwete, Geschiedene, getrennt Lebende) oder ein Ehepaar. Ehepaare werden als Einheit, d.h. als ein Steuerpflichtiger, angesehen und unabhängig vom ehelichen Güterstand gemeinsam besteuert.[370] Dies entspricht der Sichtweise des deutschen Einkommensteuerrechts.[371] Besondere Regelungen gelten für das Jahr der Heirat, Scheidung bzw. Trennung und des Todes eines Ehegatten (Art. 6 5. u. 6. CGI). In allen drei Fällen findet eine gemeinsame Besteuerung nur für die Zeitspanne statt, in der die Ehe rechtlichen Bestand hatte. Für die übrige Zeit wird eine getrennte Besteuerung vorgenommen.[372] Findet die Heirat beispielsweise am 28. Juni eines Jahres statt, sind die vom 1. Januar bis zum 27. Juni erwirtschafteten Einkünfte von den Eheleuten separat zu versteuern. Sie sind für diese Zeit eigenständig steuerpflichtig. Einkommen, die in der Zeit vom 27. Juni bis zum Jahresende erzielt werden, sind gemeinsam zu versteuern.

Im Unterschied dazu wird in Deutschland der Veranlagungszeitraum nicht aufgeteilt in eine Zeitspanne vor Heirat, Scheidung oder Tod eines Ehegatten und eine Zeitspanne danach. Vielmehr gelten im Jahr der Heirat, Scheidung und des Ablebens eines Ehepartners die Wahlrechte der Ehegattenveranlagung. Verwitwete unterliegen noch in dem auf das Ableben des Ehepartners folgenden Veranlagungszeitraum dem Splitting-Verfahren (sog. Verwitweten-Splitting, § 32a Abs. 6 Nr. 1 EStG). Systematisch richtig wäre die Einzelveranlagung.[373]

Neben dem Steuerpflichtigen kann der Haushalt aus weiteren Personen bestehen. Art. 6 1. CGI nennt Kinder des Steuerpflichtigen und zu dessen Lasten gehende Personen (personnes étant à sa charge). In Art. 196 und 196 A *bis*. CGI werden die weiteren Haushaltsmitglieder näher bestimmt. Es handelt sich um

- eigene oder angenommene minderjährige Kinder;
- eigene oder angenommene körperbehinderte Kinder, unabhängig vom Alter;
- Personen, die Inhaber eines Invalidenausweises i.S.d. Art. 173 Code de la famille et de l'aide sociale sind und mit dem Steuerpflichtigen unter einem Dach wohnen.

Ausnahmen hiervon finden sich in Art. 6 2.-4. CGI.

---

370 Vgl. Pratique lamy fiscal (1995), Tz. 2260, S. 1155f.
371 Vgl. § 26b EStG und die Ausführungen zur Zusammenveranlagung (Kap. 4.3.3).
372 Vgl. Lamy fiscal (1995), Tz. 1302, S. 521.
373 Vgl. Tipke, K./Lang, J. (1996), Tz. 763, S. 432.

Beziehen ledige minderjährige Kinder Einkünfte aus eigener Arbeit oder eigenem Vermögen, können sie als eigenständig steuerpflichtig angesehen werden (Art. 6 2. CGI). Der Steuerpflichtige des Haushalts, dem sie bisher angehörten, muß die selbständige Besteuerung der Kinder mit Abgabe seiner eigenen Steuererklärung beantragen. Die alleinige Abgabe einer Steuererklärung auf den Namen der Kinder reicht nicht aus. Sofern beantragt, hat die getrennte Veranlagung für ein Jahr Gültigkeit und kann am Ende dieses Zeitraums erneuert werden. Ob sie eine Steuerersparnis bringt, muß im Einzelfall geprüft werden.[374] [375]

Ledige volljährige Kinder, die jünger als 21 Jahre oder, falls sie studieren, jünger als 25 Jahre sind, sowie Wehrpflichtige unabhängig vom Alter, haben die Wahl, eigenständig besteuert zu werden oder sich dem Haushalt zurechnen zu lassen, dem sie mit Vollendung des 18. Lebensjahres angehörten (Art. 6 3. CGI). Im letzteren Fall müssen zwei Voraussetzungen erfüllt sein: Erstens ist von den Kindern die Zurechnung zum Haushalt der Eltern zu beantragen, und zweitens muß dieses Begehren von den Eltern akzeptiert werden. Ist dies der Fall, hat die Angliederung an den elterlichen Haushalt für ein Jahr Bestand und kann anschließend verlängert werden. Hierzu muß die Zurechnung am Jahresende für das Folgejahr neu beantragt werden.[376] Mit der Angliederung geht die Einbringung des Gesamteinkommens des Kindes in das Haushaltseinkommen des Steuerpflichtigen einher. Gleichzeitig erhöht sich als Ausgleich die Anteilezahl (Art. 196 B CGI). Entscheidet sich der Steuerpflichtige für die Angliederung, dürfen vormals berücksichtigte Unterhaltszahlungen (pensions alimentaires) nicht mehr in Abzug gebracht werden, da bereits eine Erhöhung der Anteilezahl gewährt wurde. Eine Angliederung ist auf jeden Fall vorteilhaft, wenn der Steuerpflichtige keine Unterhaltszahlung geltend macht und das Kind keine eigenen Einkünfte hat. Bei davon abweichenden Bedingungen muß im Einzelfall geprüft werden, ob sich die Angliederung lohnt.[377]

---

[374] Vgl. Pratique lamy fiscal (1995), Tz. 2262, S. 1156.

[375] Die grundlegenden Effekte einer eigenständigen Besteuerung sind folgende: Zum einen verringert sich für den (bisherigen) Steuerpflichtigen die Anteilezahl. Dadurch erhöht sich ceteris paribus der Familienquotient (steuerlich negativer Effekt); zum anderen verringert sich aber auch das zu versteuernde Einkommen des Steuerpflichtigen, da das Einkommen des Kindes nicht mehr in die Bemessungsgrundlage einfließt (steuerlich positiver Effekt). Bei nur geringem Einkommen des Kindes ist die Steuerersparnis bei eingenständiger Veranlagung für die Eltern eher gering. Der steuerlich negative Effekt aus der reduzierten Anteilezahl wird durch den steuerlich positiven Effekt einer verminderten Bemessungsgrundlage eher nicht kompensiert. Aus der Sicht des Kindes ist wegen des progressiven Tarifs bei geringem Einkommen eine eigenständige Veranlagung eher vorteilhaft.

[376] Vgl. Précis de fiscalité (1995), Bd. 1, Tz. 19, S. 26.

[377] Vgl. Mémento fiscal (1996), Tz. 194, S. 43f.

Auch verheiratete Kinder und solche, die allein leben und selbst Kinder haben, z.B. alleinerziehende Mütter, können dem Haushalt zugerechnet werden, dem sie mit Vollendung des 18. Lebensjahres angehörten (Art. 6 3. CGI). Die Voraussetzungen sind dieselben wie bei den ledig erwachsenen Kindern.[378] Bei Verheirateten genügt es, wenn einer der Eheleute die Bedingungen erfüllt. Die Angliederung kann entweder beim Haushalt der Eltern des Ehemannes oder der Ehefrau erfolgen. Dabei wird das Gesamteinkommen der fraglichen Personen dem Haushaltseinkommen des Steuerpflichtigen zugeschlagen. Im Gegenzug ist aber eine Berücksichtigung bei Berechnung der Anteilezahl untersagt. Statt dessen darf ein Freibetrag in Ansatz gebracht werden. Dieser beträgt 1996 30.000 FF pro Person, d.h. 60.000 FF für ein Ehepaar und 90.000 FF, wenn ein Kind vorhanden ist (Art. 196 B CGI).

Behinderte erwachsene Kinder können, unabhängig vom Alter, bei dem Haushalt besteuert werden, dem sie mit Vollendung des 18. Lebensjahres angehörten. Wie bei erwachsenen nichtbehinderten Kindern wird die Angliederung über eine höhere Anteilezahl berücksichtigt. Für verheiratete behinderte Kinder wird ein Freibetrag in den oben genannten Grenzen gewährt.[379]

Von der gemeinsamen Besteuerung eines Ehepaares wird abgesehen (Art. 6 4. CGI), wenn

- Gütertrennung besteht und die Eheleute getrennt leben oder
- ein Scheidungsverfahren anhängig ist und die Ehegatten getrennt leben oder
- jeder eigenständige Einkünfte bezieht und die Eheleute getrennt leben.[380]

4.4.3 Die Ermittlung der Anteilezahl

An die Feststellung der Haushaltsmitglieder schließt sich die Ermittlung der Anteilezahl an. Sie ist in den Art. 194 und 195 CGI geregelt. Ist der Steuerpflichtige eine einzelne Person, wird ihm 1 Anteil zugeordnet. Bei einem Ehepaar beträgt die Anteilezahl 2. Den ersten beiden Kindern wird ein Anteil von 0,5, jedem weiteren Kind ein Anteil von 1 zugeschrieben. Für jede nach Art. 6 3. CGI (Kap. 4.4.2) dem Haushalt angegliederte Person darf der Steuerpflichtige einen Anteil von 0,5 berechnen. Bei Verheirateten wird anstatt einer Erhöhung der Anteilezahl ein Freibetrag von 30.000 FF pro Person gewährt (Art. 196 B CGI). Wird beispielsweise einem Ehepaar ein zwanzigjähriger Sohn zugerechnet, beträgt die Anteilezahl 2,5. Die Gemeinsamkeit mit dem deutschen

---

378 Die betreffenden Personen müssen jünger als 21 Jahre, bzw. wenn sie studieren jünger als 25 Jahre sein. Für Wehrpflichtige gelten diese Vorschriften unabhängig vom Alter.

379 Vgl. Mémento fiscal (1996), Tz. 199, S. 45f.

380 Vgl. App, M./Kirtschig, S. (1993), S. 368.

Steuerrecht reduziert sich auf die Anteilezahl 2 für Ehepaare. Ihr entspricht im deutschen Steuerrecht der Splitting-Divisor 2.

Nachfolgende Tabelle verschafft einen Überblick über die Höhe der Anteilezahl in Abhängigkeit von Familienstand und Familiengröße (Art. 194 CGI).[381]

Anzahl der Kinder	0	1	2	3	4	5
ledig, geschieden, verwitwet	1	1,5 (2)	2 (2,5)	3 (3,5)	4 (4,5)	5 (5,5)
verheiratet	2	2,5	3	4	5	6

Art. 195 CGI regelt Ausnahmen von der grundsätzlichen Berechnungsweise der Anteilezahl. Die Ausnahmen bestehen in der Gewährung eines zusätzlichen halben bzw. ganzen Anteils für besondere Belastungen. Hierzu gehören beispielsweise Behinderungen des Steuerpflichtigen oder seiner Kinder.

Negativ fiel beim System der Anteilezahlermittlung die bis 1994 praktizierte Bevorzugung Lediger i.Vgl. zu Verheirateten auf. Dies erklärt die Vielzahl nichtehelicher Lebensgemeinschaften in Frankreich.[382] Für das erste Kind wurde nicht wie bei Verheirateten ein halber Anteil, sondern ein ganzer Anteil berechnet (Werte in Klammern in obiger Tabelle). Lebten zwei Ledige mit jeweils einem Kind zusammen, ergab sich für jeden eine Anteilezahl von 2 (1 + 1). Insgesamt belief sich die Anteilezahl auf 4 ((1 + 1) + (1 + 1)). Im Fall einer Heirat und der damit verbundenen steuerlichen Konstituierung nur eines anstatt der bisher zwei Haushalte hat die Anteilezahl aber nur 3 (2 + 0,5 + 0,5) betragen.[383] Begründet wurde die Anteilezahl von 2 für Ledige mit Kind mit dem Schutz Alleinerziehender. Die Bevorzugung nichtehelicher Lebensgemeinschaften war eine ungewollte Nebenwirkung.[384] Mit dem Finanzgesetz für 1996 (loi de finances pour 1996) wurde für in wilder Ehe lebende Paare (concubinage) der zusätzliche halbe Anteil für das erste Kind abgeschafft (ab 1995). Die Diskriminierung von Ehepaaren ist beendet.[385] Alleinerziehenden, die nicht in

---

381 Vgl. Schloßmacher, S. (1991), S. 154.

382 Vgl. Sullerot, E. (1984), S. 46f., 183ff., 206.

383 Obwohl beide Lebenspartner in nur einer Wohnung leben, werden steuerlich zwei Haushalte konstituiert, da das ESt-Recht bezüglich einer gemeinsamen oder getrennten Steuerpflicht nicht an dem Faktum Zusammenwohnen sondern an der Eheschließung anknüpft.

384 Vgl. Schloßmacher, S. (1991), S. 157.

385 Vgl. Tillmanns, W. (1996a), S. 1072f.

wilder Ehe leben, wird weiterhin der zusätzliche halbe Anteil für das erste Kind gewährt (Werte in Klammern in obiger Tabelle, Art. 194 II. CGI).

Nachdem Haushaltsmitglieder, Haushaltseinkommen und Anteilezahl feststehen, ist der Familienquotient berechenbar. Unmittelbarer Ausfluß des progressiven Tarifs ist eine um so höhere Steuerentlastung, je höher bei gegebener Anteilezahl das Haushaltseinkommen ist.[386] Um diesen Effekt zu lindern, bestehen seit 1981 Obergrenzen für die Steuerermäßigung.[387] Ausgehend von einer Anteilezahl von 2 für Verheiratete und einer von 1 für alle übrigen, darf jede zusätzliche halbe Anteilezahl maximal eine Steuerentlastung von 16.200 FF bewirken. In Ausnahmefällen sind 20.050 FF zulässig (Art. 197 2. CGI).[388]

Das beschriebene System der Haushaltsbesteuerung führt zu einer im Vergleich zu Deutschland und den anderen europäischen Staaten höheren Familienentlastung.[389] "Bei einem zu versteuernden Einkommen von 150.000 Franc, das sind 44.500 DM, zahlt ein Alleinstehender 32.671 Franc (9.687 DM) Steuer, ein Ehepaar ohne Kinder 17.018 Franc (5.046 DM) und ein Ehepaar mit zwei Kindern nur noch 7.527 Franc (2.231 DM) Einkommensteuer."[390]

Sämtliche Ausführungen bis hierher haben sich auf die persönliche Steuerpflicht bezogen (beschränkte vs. unbeschränkte Steuerpflicht, Individual- vs. Haushaltsbesteuerung). Im Folgenden ist auf die sachliche Steuerpflicht einzugehen. Es ist zu klären, was unter Einkommen im deutschen und im französischen ESt-Recht zu verstehen ist.

4.5 Einkommenstheorien und sachliche Steuerpflicht

4.5.1 Zur Quellen-, Reinvermögenszugangs- und Markteinkommenstheorie

Obgleich das Wort "Einkommen" jedem geläufig ist, ist seine inhaltliche Konkretisierung keineswegs einfach und schon gar nicht eindeutig. Seitens der Finanzwissenschaft wurden zwei Theorien entwickelt, um das Einkommen näher zu bestimmen, nämlich die Quellentheorie und die Reinvermögenszugangstheorie. Ergänzt wurde die finanzwissenschaftliche Diskussion durch die Markteinkommenstheorie der Rechtswissenschaften.

Als besonders einflußreicher Vertreter der Quellentheorie ist B. FUISTING hervorzuheben.[391] In seinem politischen Einfluß liegt die quellentheoretische

---

386 Vgl. Martinez, J.-C./Malta, P. d. (1989), Tz. 656f., S. 118ff.
387 Vgl. Schloßmacher, S. (1991), S. 155.
388 Vgl. Müssener, I. (1991), S. 811; Mémento fiscal (1996), Tz. 237, S. 53.
389 Vgl. Müssener, I. (1991), S. 812f.; Mennel, A. (1984), S. 289.
390 FAZ (1997), S. 13f.
391 Vgl. Mennel, A. (1973), S. 5.

Ausrichtung des preußischen EStG von 1891 begründet. Nach der Quellentheorie sind nur solche Bezüge als Einkommen zu werten, die regelmäßig aus dauerhaften Quellen fließen.[392] Die Quellen selbst werden als Stammvermögen bezeichnet. Dauerhafte Quellen sind: "Arbeit für Arbeitseinkommen, Kapital für Kapitaleinkommen, ein Betrieb für Unternehmergewinne."[393] Aus den genannten Quellen muß das Einkommen regelmäßig fließen. Deshalb werden z.B. Erbschaften, Lotteriegewinne und Gewinne aus Aktien- oder Immobilienverkäufen nicht als Einkommen aufgefaßt. Aktien und Immobilien sind zwar dauerhafte Quellen (Kapital), daraus resultierende Veräußerungsgewinne fallen aber nicht regelmäßig an. Sie liegen im Stammvermögen als solchem, nämlich in dessen Wertänderungen begründet. Demgegenüber sind Dividenden- und Mietzahlungen steuerbar, da sie als regelmäßig fließend gewertet werden. Während dies bei Mietzahlungen unstrittig ist, hängt die Dividendenzahlung im wesentlichen von der Gewinnsituation des Unternehmens ab. Dadurch wird das Erfordernis der Regelmäßigkeit aber zumindest fraglich.

Begründet wird die Quellentheorie damit, "daß nur durch diese die Beachtung der wichtigen Maxime der «Schonung» oder «Bewahrung» der Einkommensquelle gewährleistet werde. Jedoch: diese ... Maxime ist durchaus kein Reservat der Quellentheorie, sondern selbstverständliches Korrelat *jeder* Theorie, die, wie geboten, Einkommen als Reinbetrag auffaßt."[394] Des weiteren ist auf die für Dividendenzahlungen bereits angedeutete Relativität des Worts "regelmäßig" hinzuweisen. So führt SCHUMPETER aus, daß "der Unternehmergewinn ... überhaupt kein Einkommenszweig [ist], wenn man regelmäßige Wiederkehr eines Ertrages zu den Charakteristika der Einkommensqualität zählt".[395] Der gewichtigste Einwand dürfte aber die unzureichende Erfassung individueller steuerlicher Leistungsfähigkeit sein. Auch unregelmäßig anfallende Veräußerungsgewinne erhöhen die Leistungsfähigkeit. Sie können genauso zur privaten Bedürfnisbefriedigung verwendet werden wie z.B. Einkünfte aus abhängiger Beschäftigung. Wenn schon durch Leistung erwirtschaftete Einkommen besteuert werden, müßte dies doch erst recht für leistungslos erworbene Veräußerungsgewinne gelten.[396] Fazit: Zum einen ist der Einkommensbegriff der Quellentheorie zu eng angelegt, zum anderen führt die Relativität des Begriffs "regelmäßig" zu Abgrenzungsschwierigkeiten. Einer gleichmäßigen Besteuerung wird nur entsprochen, wenn auch unregelmäßig anfallende Einkünfte besteuert werden.

---

392 Vgl. Fuisting, B. (1907), S. 57f.

393 Brümmerhoff, D. (1996), S. 292.

394 Neumark, F. (1947), S. 39.

395 Schumpeter, J. (1931), S. 236.

396 Mit diesen Ausführungen soll nicht einer Besteuerung das Wort geredet werden, die aufgewendetes Arbeitsleid zum Maßstab der Besteuerung erhebt. Das Postulat einer gleichmäßigen Besteuerung gebietet aber m.E. die steuerliche Erfassung der Veräußerungsgewinne.

Die Reinvermögenszugangstheorie wurde von SCHANZ begründet und später von HAIG und SIMONS in den USA fortgeführt.[397] Im Vergleich zur Quellentheorie wird das Einkommen umfassender definiert. SCHANZ rechnet "zum Einkommen alle Reinerträge und Nutzungen, geldwerte Leistungen Dritter, alle Geschenke, Erbschaften, Legate, Lotteriegewinne, Versicherungskapitalien, Versicherungsrenten, Konjunkturgewinne jeglicher Art".[398] Der schanzsche Einkommensbegriff umfaßt demnach Nutzungswerte genauso wie unrealisierte Wertsteigerungen. Das Einkommen einer Periode läßt sich analytisch wie folgt ermitteln:

$Y_t = \Delta V_t + C_t$.[399]

ΔV_t stellt die Differenz zwischen dem Reinvermögen am Ende und zu Beginn der Periode dar. C_t steht für den Konsum innerhalb der Rechnungsperiode.

Obwohl die Reinvermögenszugangstheorie jeglichen Zuwachs wirtschaftlicher Leistungsfähigkeit zu erfassen beabsichtigt und damit als idealer Indikator steuerlicher Leistungsfähigkeit anzusehen ist, scheitert sie an praktischen Problemen. Zum einen wäre es technisch zu aufwendig, alle Nutzungswerte zu erfassen, zum anderen wäre eine Ungleichbehandlung von Steuerpflichtigen vorprogrammiert. Die monetäre Quantifizierung der Nutzungswerte eröffnet Verhandlungsspielraum mit der Finanzbehörde, da es sich nicht um beobachtbare, am Markt erwirtschaftete Einkommen handelt. Eine gleichmäßige Besteuerung könnte nicht gewährleistet werden. Es läge ein Verstoß gegen den Gleichheitssatz (Art. 3 Abs. 1 GG) vor.[400]

Im Ergebnis können Quellen- und Reinvermögenszugangstheorie als Minimal- bzw. Maximalpositionen dessen angesehen werden, was als Einkommen aufgefaßt werden kann. Das in den nationalen Einkommensteuergesetzen erfaßte Einkommen ist entweder der einen oder anderen Extremposition angenähert.

Die Markteinkommenstheorie ist zwischen den beiden oben erwähnten Einkommenstheorien anzusiedeln. Zum Teil wird sie als eine auf das Praktikable zurückgenommene Reinvermögenszugangstheorie aufgefaßt.[401] Nach der Markteinkommenstheorie soll "nur das am Markt erwirtschaftete Einkommen

---

397 Vgl. Mennel, A. (1973), S. 5; Schanz, G. v. (1896), Haig, R. M. (1921), Simons, H. C. (1938).

398 Schanz, G. v. (1896) S. 24.

399 Brümmerhoff, D. (1996), S. 292.

400 Vgl. Tipke, K./Lang, J. (1996), Tz. 32, S. 201f.

401 Vgl. Lang, J. (1981/88), S. 18f.

der Besteuerung unterliegen".[402] TIPKE/LANG stellen hierzu konkretisierend fest: "Danach [Markteinkommenstheorie] unterliegen der Einkommensteuer *Einkünfte, die durch eine Erwerbstätigkeit mit der Absicht, einen Überschuß von Einnahmen/Erträge über Aufwendungen zu erzielen, erwirtschaftet worden sind.*"[403] Unrealisierte Gewinne und Nutzungswerte bleiben steuerlich außen vor, da sie nicht Gegenstand einer Markttransaktion sind. Angesprochen sind z.B. der Nutzungswert des eigenen Hauses und nichtrealisierte Aktiengewinne. Auch Einkünfte aus Liebhaberei, Schenkungen, Erbschaften und Lotteriegewinnen werden von der ESt nicht erfaßt. Liebhabereieinkünften fehlt die Gewinnerzielungsabsicht, während die Beteiligung an Lotterien und Glücksspielen durch private Spielleidenschaft angetrieben wird und deshalb keine Erwerbstätigkeit vorliegt.[404] Selbst wenn Gewinne aus Glücksspielen unter Verweis auf die Gewinnerzielungsabsicht steuerpflichtig würden, hätte die Finanzbehörde mangels Kontrolle beim Ansatz der Spieleinsätze Probleme, eine dem Gleichheitssatz genügende Besteuerung zu gewährleisten. Ohnehin übersteigen allgemein Spieleinsätze den Gewinn. Sonst wäre ein Angebot von Glücksspielen nicht lohnenswert. Erbschaften und Schenkungen werden einer eigenen Steuer, nämlich der Erbschaft- und Schenkungsteuer, unterworfen.

4.5.2 Die sachliche Steuerpflicht

Je nach zugrunde liegender Einkommenstheorie wird die ESt-Bemessungsgrundlage eine unterschiedliche Ausdehnung erfahren. Für Deutschland bestimmt § 2 EStG den Gegenstand der ESt. TIPKE sieht darin "die zentrale Vorschrift des deutschen Einkommensteuerrechts".[405] § 2 EStG enthält aber keine abstrakte Definition des Einkommens.[406] Statt dessen nennt der Gesetzgeber enumerativ sieben Einkunftsarten. Einkünfte, die sich keiner Einkunftsart zuordnen lassen, unterliegen nicht der ESt.

> "Der Einkommensteuer unterliegen
> 1. Einkünfte aus Land- und Forstwirtschaft,
> 2. Einkünfte aus Gewerbebetrieb,
> 3. Einkünfte aus selbständiger Arbeit,
> 4. Einkünfte aus nichtselbständiger Arbeit,
> 5. Einkünfte aus Kapitalvermögen,
> 6. Einkünfte aus Vermietung und Verpachtung,
> 7. sonstige Einkünfte im Sinne des § 22,

---

402 Ruppe, H.-G. (1990), Bd. 1, Anm. 17 zu Einf. ESt, E 24.
403 Tipke, K./Lang, J. (1996), Tz. 52, S. 228.
404 Vgl. Tipke, K. (1993), Bd. 2, S. 605f.
405 Tipke, K. (1993), Bd. 2, S. 590.
406 Musgrave, R. A./ Musgrave, P. B./Kullmer, L. (1993), Bd. 2, S. 157f.

die der Steuerpflichtige während seiner unbeschränkten Einkommensteuerpflicht oder als inländische Einkünfte während seiner beschränkten Einkommensteuerpflicht erzielt."[407]

§ 2 Abs. 2 EStG definiert die Einkunftsarten 1-3 als Gewinneinkünfte. Einkünfte der übrigen Kategorien werden als Überschußeinkünfte (Überschuß der Einnahmen über die Werbungskosten) bezeichnet. Sämtliche Einkunftsarten erfassen nur "die aufgrund originärer Teilnahme am Markt erzielten Einnahmen".[408] Nutzungswerte werden nicht besteuert.[409]

Daß nur am Markt erwirtschaftetes Einkommen in die ESt-Bemessungsgrundlage eingeht, darf nicht mit der Besteuerung sämtlicher marktmäßiger Einkünfte gleichgesetzt werden. Vielmehr entspricht das EStG der Markteinkommenstheorie nur eingeschränkt. Von besonderer Bedeutung ist in dieser Hinsicht die grundsätzliche Steuerfreiheit privater Veräußerungsgewinne. Nur Einkünfte aus Spekulationsgeschäften i.S.d. §§ 17, 22 Nr. 2, 23 EStG unterliegen der ESt.

Es bleibt festzuhalten: Besteuerungsobjekt der deutschen ESt ist am Markt erwirtschaftetes Einkommen. Nutzungswerte bleiben unberücksichtigt. Zur Definition am Markt erwirtschafteter Einkommen geht der Gesetzgeber pragmatisch vor, in dem er sieben Einkunftsarten nennt. Der Markteinkommenstheorie wird wegen der grundsätzlichen Steuerfreiheit privater Veräußerungsgewinne nur unzureichend entsprochen und eine gleichmäßige Besteuerung dadurch vereitelt.

Auch der französische Gesetzgeber hat auf eine abstrakte Einkommensdefinition verzichtet. Statt dessen bedient er sich ebenfalls des Enumerationsprinzips (Art. 1 CGI).[410] Alle nicht aufgeführten Einkünfte bleiben est-frei. Der ESt unterliegen:

1. Einkünfte aus Grundvermögen (revenus fonciers);
2. Gewinne aus Gewerbebetrieb (bénéfices industriels et commerciaux);
3. Einkünfte bestimmter leitender Angestellter;
4. Gewinne aus Land- und Forstwirtschaft (bénéfices de l´exploitation agricole);
5. Einkünfte aus nichtselbständiger Arbeit (traitements, salaires, indemnités, émoluments, pensions et rentes viagères);

---

407 § 2 Abs. 1 EStG.

408 Crezelius, G. (1979), S. 1346; vgl. Lang, J. (1981), S. 229.

409 Übergangsregelungen lassen noch bis 1998 eine Nutzungswertbesteuerung eigenen Wohnraums im Rahmen der Einkünfte aus Land- und Forstwirtschaft sowie Vermietung und Verpachtung zu. Vgl. Drenseck, W. (1986), S. 383f.

410 Vgl. Plagnet, B. (1992), S. 167.

6. Gewinne aus selbständiger Arbeit (bénéfices des professions non commerciales et revenus y assimilés);
7. Einkünfte aus Kapitalvermögen (revenus de capitaux mobiliers);
8. Veräußerungsgewinne (plus-values de cession à titre onéreux de biens ou de droits de toute nature).

Während in § 2 Abs. 1 EStG nur von Einkünften die Rede ist, wird in Art. 1 CGI sprachlich direkt zwischen Gewinneinkünften und übrigen Einkünften unterschieden. Zu den Gewinneinkünften rechnen die Einkunftsarten 2, 4 und 6. Nach deutschem Sprachgebrauch stellen die verbleibenden Einkunftsarten Überschußeinkünfte dar. Eine § 2 Abs. 2 EStG entsprechende Vorschrift, die diese Unterscheidung explizit trifft, existiert in Frankreich nicht.

Ebenso wie in Deutschland erfassen sämtliche Einkunftsarten nur am Markt erwirtschaftete Einkünfte. Eine Nutzungswertbesteuerung findet nicht statt. Der wesentliche Unterschied zum deutschen EStG besteht darin, daß privaten Veräußerungsgewinnen eine eigene Einkünftekategorie (Nr. 8) zugedacht ist. Im deutschen Steuerrecht sind sie bei den sonstigen Einkünften "versteckt". Daraus kann schon auf ihre nur ausnahmsweise Besteuerung, nämlich bei Vorliegen eines Spekulationsgeschäfts, geschlossen werden. Im Gegensatz dazu sind in Frankreich private Veräußerungsgewinne grundsätzlich steuerpflichtig. Vielfältige Ausnahmen relativieren allerdings diesen Grundsatz.

Fazit: Das Postulat einer gleichmäßigen Besteuerung fordert, alle Einkünfte unabhängig von ihrer Entstehungsart gleich zu belasten. Die steuerliche Begünstigung einzelner Einkünfte führt gleichzeitig zur Diskriminierung anderer Einkünfte. Eine gleichmäßige Besteuerung bleibt notwendigerweise aus. Durch die Markteinkommenstheorie ist konzeptionell eine gleichmäßige Besteuerung sichergestellt. Da Veräußerungsgewinne am Markt erwirtschaftete Einkünfte sind, müßten sie der ESt unterliegen. Tatsächlich werden aber Veräußerungsgewinne in Deutschland nur ausnahmsweise besteuert (§§ 17, 22 Nr. 2, 23 EStG). Im Unterschied dazu sind sie in Frankreich zwar grundsätzlich steuerpflichtig, wodurch der Markteinkommenstheorie und damit einer gleichmäßigen Besteuerung eher entsprochen wird. Vielfältige Vergünstigungen laufen aber einer gleichmäßigen Besteuerung zuwider. Eine Nutzungswertbesteuerung ist in beiden Ländern nicht vorgesehen.

5. Die Ermittlung der Gewinneinkünfte
5.1 Grundlegendes zur Einkünfteermittlung
5.1.1 Der Dualismus der Einkünfteermittlung in Deutschland

In Kap. 4.5.2 wurde bereits die unterschiedliche Behandlung gewerblicher und privater Veräußerungsgewinne angesprochen. Im Rahmen der Gewinneinkunftsarten erzielte Veräußerungsgewinne sind grundsätzlich steuerpflichtig. Im Rahmen der Überschußeinkünfte angefallene Veräußerungsgewinne sind grundsätzlich steuerfrei. Deshalb wird auch vom "Dualismus der Einkünfteermittlung" gesprochen (Gewinneinkünfte vs. Überschußeinkünfte). Unter Leistungsfähigkeitsgesichtspunkten ist die zweigeteilte Einkünfteermittlung freilich abzulehnen. Sie führt zu einer ungleichmäßigen Besteuerung. Es ist nicht einzusehen, weshalb Spekulanten steuerlich besser gestellt werden als Unternehmer und abhängig Beschäftigte.

Gesetzlich verankert ist der "Dualismus" in § 2 Abs. 2 EStG. Dortwird explizit zwischen Gewinneinkünften (Land- und Forstwirtschaft, Gewerbebetrieb, selbständige Arbeit) und Überschußeinkünften (übrige Einkunftsarten) unterschieden. § 4 Abs. 1 EStG definiert den Gewinnbegriff folgendermaßen:

> "Gewinn ist der Unterschiedsbetrag zwischen dem Betriebsvermögen [Eigenkapital] am Schluß des Wirtschaftsjahrs und dem Betriebsvermögen am Schluß des vorangegangenen Wirtschaftsjahrs, vermehrt um den Wert der Entnahmen und vermindert um den Wert der Einlagen."

Der so formulierte Gewinnbegriff steht der Markteinkommenstheorie nahe. Veräußerungsgewinne und -verluste, die aus dem Verkauf von Wirtschaftsgütern herrühren, gehen in die Gewinnermittlung ein.[411] Im Gegensatz dazu sind die Überschußeinkünfte dem Konzept der Quellentheorie angenähert. Danach indizieren die Quellen (sog. Stammvermögen: Arbeit, Kapital, Betrieb) selbst keine Leistungsfähigkeit, sondern nur die aus ihnen regelmäßig fließenden Erträge. Da Veräußerungsgewinne und -verluste in Wertänderungen des Stammvermögens begründet liegen, das selbst aber keine steuerliche Leistungsfähigkeit konstituiert, müssen folgerichtig Veräußerungsgewinne und -verluste steuerlich unberücksichtigt bleiben.

Allerdings erweitert das deutsche EStG den quellentheoretischen Rahmen der Überschußeinkünfte durch Erfassung der Einkünfte aus Spekulationsgeschäften i.S.d. §§ 22 Nr. 2, 23 EStG und der Veräußerungen von wesentlichen Beteiligungen an Kapitalgesellschaften i.S.v. § 17 EStG.

---

411 Vgl. Tipke, K./Lang, J. (1996), Tz. 181, S. 264.

Der Dualismus der Einkünfteermittlung ist historisch gewachsen. Nach FUISTINGS Vorstellung sollte sich das preußische EStG von 1891, auf dessen Ausgestaltung er nicht unerheblichen Einfluß nahm, auch hinsichtlich der Gewinneinkünfte an der Quellentheorie orientieren. Dagegen wandte sich aber die Lobby der Kaufleute, die den steuerlichen Gewinn mit dem der handelsrechtlichen Buchführung identifiziert sehen wollte. Sie waren es leid, neben der Handelsbilanz eine zweite steuerliche Ergebnisrechnung anfertigen zu müssen, die eine der Quellentheorie nahestehende Einnahmen/Ausgaben-Rechnung war. Eher waren sie geneigt, die breitere, nach Handelsrecht ermittelte Bemessungsgrundlage auch der Besteuerung zugrunde zu legen. SCHNEIDER spricht in diesem Zusammenhang von "Bequemlichkeit"[412] der Kaufleute. Erklären läßt sich die "Bequemlichkeit" mit dem aus heutiger Sicht als äußerst mäßig anmutenden progressiven Steuertarif (0,67-4 %).

Die lobbyistischen Aktivitäten der Kaufleute führten schließlich dazu, daß im preußischen EStG von 1891 das handelsrechtliche Ergebnis zum Ausgangspunkt der steuerlichen Gewinnermittlung wurde. Damit war in Preußen gleichzeitig das sogenannte Maßgeblichkeitsprinzip geboren.[413] Private Veräußerungsgewinne blieben weiterhin steuerfrei. Erst 1920 wurden mit der Erzbergerschen Steuerreform auch private Veräußerungsgewinne steuerpflichtig. Die Steuerpflicht währte aber nur kurz. Bereits 1925 kehrte man im Bereich der Überschußeinkünfte zur Quellentheorie zurück. Der damalige Gesetzgeber war der Ansicht, daß zum einen bei den Überschußeinkünften der Kapitaleinsatz von untergeordneter Bedeutung ist und zum anderen bei der privaten Vermögensverwaltung nicht die Realisierung von Wertänderungen der Wirtschaftsgüter im Vordergrund steht, sondern die Erwirtschaftung regelmäßiger Erträge aus dem Stammvermögen. An der Zweiteilung der Einkünfteermittlung hat sich bis heute nichts geändert.[414]

Wie eingangs bereits angedeutet, verstößt der angesprochene Dualismus, auch wenn er eine lange Tradition hat, gegen die Besteuerungssystematik, da die Bemessungsgrundlage der Gewinneinkünfte weiter definiert ist als die der Überschußeinkünfte, was eine ungleichmäßige Besteuerung bewirkt. Zwar hat das BVerfG die Differenzierung zwischen Gewinn- und Überschußeinkünften bisher nicht als willkürlich verworfen; im Schrifttum wird aber der Auffassung des BVerfG mit anschaulichen und drastischen Beispielen widersprochen.[415] Durch einheitliche Einkünfteermittlungsgrundsätze und Vermeidung spezieller Befreiungen, Freibeträge und Freigrenzen bei einzelnen Einkommensarten könnte eine diskriminierende Besteuerung vermieden werden.

---

412 Schneider, D. (1971), S. 331; Schneider, D. (1970), S. 1697.
413 Vgl. Vogt, S. (1991), S. 82ff.
414 Vgl. Tipke, K. (1973), S. 393ff.
415 Vgl. Merkenich, K. (1982), S. 43ff.; Tipke, K./Lang, J. (1996), Tz. 185ff., S. 265f.

5.1.2 Einheitliche Einkünfteermittlung in Frankreich

In Frankreich existiert kein Dualismus der Einkünfteermittlung nach deutschem Muster. Sowohl die Bemessungsgrundlage der Gewinneinkünfte als auch die der Überschußeinkünfte ist der Markteinkommenstheorie angenähert. Damit sind zumindest konzeptionell die Voraussetzungen für eine gleichmäßige Besteuerung über sämtliche Einkunftsarten hinweg gegeben. Ausnahmen von der Markteinkommenstheorie werden in den Kap. 5.3.8.2 (Neubewertungsrücklage) und 5.3.8.7 (latente Währungsgewinne) aufgezeigt. Veräußerungsgewinne aus der Verwaltung des Privatvermögens werden in einer eigenständigen Einkünftekategorie erfaßt (Kap. 4.5.2).[416] Allein die Tatsache, daß in Frankreich private Veräußerungsgewinne einer eigenen Einkunftsart zugeordnet werden, kann schon als Indiz für eine umfangreichere Besteuerung gewertet werden.

Die Besteuerung privater Veräußerungsgewinne wurde in Frankreich 1963 in Form verschiedener Einzelregelungen eingeführt.[417] Von einem "System der Besteuerung privater Veräußerungsgewinne"[418] kann erst seit 1978 gesprochen werden.[419] Gegenwärtig sind zwar nach Art. 150 A CGI Wertsteigerungen "aus der entgeltlichen Abtretung von Gütern und Rechten jeglicher Art"[420] est-pflichtig; in den folgenden Artikeln werden aber eine Fülle von Ausnahmen genannt, so daß auch Frankreich tatsächlich von der Erfassung sämtlicher privater Veräußerungsgewinne weit entfernt ist, obwohl dies systematisch geboten wäre. Bei denjenigen Wirtschaftsgütern, deren Veräußerungsgewinne der Besteuerung unterliegen, vor allem Immobilien, Metalle, Schmuck, Kunst- und Sammlungsgegenstände, Antiquitäten, Wertpapiere, gelten spezielle, auf das jeweilige Wirtschaftsgut zugeschnittene Regelungen.[421] Wenn von einem System der Besteuerung privater Veräußerungsgewinne die Rede ist, müssen diese Ungleicheiten stets berücksichtigt werden. Gänzlich steuerfrei bleiben Veräußerungsgewinne aus Gütern des täglichen Bedarfs wie Möbeln, Kraftfahrzeugen und Haushaltsgegenständen.

Festzuhalten bleibt: In Frankreich werden aus der privaten Vermögensverwaltung resultierende Veräußerungsgewinne einkommensteuerlich prinzipiell erfaßt, während sie in Deutschland nur ausnahmsweise Berücksichtigung finden, nämlich, wenn es sich um Spekulationsgeschäfte i.S.d. §§ 17, 22 Nr. 2, 23 EStG

---

416 Vgl. Plagnet, B. (1992), S. 185f.

417 Vgl. Fernandez-Maublanc, L.-V./Maublanc, J.-P. (1996), S. 44; Beltrame, P. (1993), S. 52f.

418 Tillmanns, W. (1995), S. 1044f.

419 Für anfängliche Regelungen vgl. Intertax (1976), S. 384ff.

420 Eigene Übersetzung; Original: "De la cession à titre onéreux de biens ou de droits de toute nature."

421 Vgl. Guide pratique du contribuable (1995), S. 55ff.

handelt. Folglich sind in Frankreich sämtliche Einkunftsarten von ihrer Konzeption her der Markteinkommenstheorie angenähert. Durch die Fülle von Einzelregelungen wird eine systematische Erfassung aller privater Veräußerungsgewinne jedoch vereitelt.

5.1.3 Die Abgrenzung der Erwerbs- von den Privatausgaben in Deutschland[422]

Die bisherigen Ausführungen bezogen sich auf die konzeptionelle Breite der ESt-Bemessungsgrundlage. Erläutert wurde der Bezug der deutschen und französischen ESt zur Quellen-, Reinvermögenszugangs- und Markteinkommenstheorie. Die Einkommensermittlung einzelner Einkunftsarten wurde noch nicht thematisiert.

Das Leistungsfähigkeitsprinzip gebietet die Besteuerung der tatsächlichen wirtschaftlichen Verhältnisse des Steuerpflichtigen. Wirtschaftliche Verhältnisse sind letztlich immer das Resultat positiver und negativer Faktoren. Betriebswirtschaftlicher Terminologie zufolge ist im Bereich der Gewinneinkünfte hinsichtlich dieser Faktoren von Aufwendungen und Erträgen im Rahmen der Überschußeinkünfte von Einnahmen und Ausgaben die Rede. Es ist unmittelbar einsichtig, daß sich die Leistungsfähigkeit eines Individuums nicht nur in seinen Erträgen/Einnahmen widerspiegelt. Je nach Geschick und Glück müssen zwei Steuerpflichtige unterschiedlich hohe Aufwendungen/Ausgaben tätigen, um gleich hohe Erträge/Einnahmen zu erzielen. Deshalb kann letztlich nur der Saldo positiver und negativer Faktoren Aufschluß über die wirtschaftlichen Verhältnisse des Steuerpflichtigen geben. Steuertechnisch wird vom objektiven Nettoprinzip gesprochen.[423] Von entscheidender Bedeutung ist die Frage, unter welchen Voraussetzungen positive und negative Faktoren der Erwerbssphäre zugeordnet werden und wann eine Zuordnung zur Privatsphäre erfolgt. Um eine gleichmäßige Besteuerung zu gewährleisten, müßte das Abgrenzungskriterium über alle Einkunftsarten hinweg identisch sein. Tatsächlich ist dies im deutschen EStG nicht der Fall.

Analog der Einteilung in Gewinn- und Überschußeinkünfte (§ 2 Abs. 2 EStG) unterscheidet das EStG zwischen Betriebsausgaben und Werbungskosten. § 4 Abs. 4 EStG regelt die Abgrenzung der Betriebs- von den Privatausgaben. "Betriebsausgaben sind die Aufwendungen, die durch den Betrieb [Land- und Forstwirtschaft, Gewerbebetrieb, selbständige Arbeit] veranlaßt sind." Das Analogon für die Überschußeinkünfte lautet: "Werbungskosten sind Aufwen-

---

422 Die Ausführungen dieses Kapitels orientieren sich vor allem an Tipke, K./Lang, J. (1996), Tz. 227ff., S. 283-309, und Tipke, K. (1979), S. 193-208.

423 Vgl. Tipke, K./Lang, J. (1996), Tz. 42f., S. 223f.

dungen zur Erwerbung, Sicherung und Erhaltung der Einnahmen."[424] Der steuerrechtliche Begriff "Aufwendungen" steht als Oberbegriff für Aufwand und Ausgabe.[425] [426] Damit umfaßt § 4 Abs. 4 EStG sowohl den Betriebsvermögensvergleich (Gewinnermittlung mittels Aufwand und Ertrag, §§ 4 Abs. 1, 5 Abs. 1 EStG) als auch die Kassenrechnung (Gewinnermittlung mittels Ausgaben und Einnahmen, § 4 Abs. 3 EStG).

Auffallend ist die im Wortlaut unterschiedlich vorgenommene Abgrenzung bei den Gewinn- und Überschußeinkünften, d.h. dem Betriebsausgaben- und Werbungskostenbegriff. Während bei ersterem auf den Zusammenhang zwischen Aufwendungen und einer Tätigkeit im Bereich Land- und Forstwirtschaft, Gewerbebetrieb oder selbständiger Arbeit abgestellt wird, ist es bei letzterem die Verbindung zwischen Aufwendungen und Einnahmen. Der BFH interpretiert aber den Betriebsausgaben- und Werbungskostenbegriff grundsätzlich inhaltsgleich nach dem in § 4 Abs. 4 EStG formulierten Veranlassungsprinzip (Zusammenhang zwischen Aufwendungen und einer Tätigkeit).[427] Insofern ist § 9 Abs. 1 S. 1 EStG falsch formuliert. Er müßte richtig etwa wie folgt lauten: "Werbungskosten sind Aufwendungen, die durch nichtselbständige Arbeit, Kapitalvermögen, Vermietung und Verpachtung oder sonstige Einkünfte im Sinne des § 22 EStG veranlaßt sind."

Schlußfolgerung: Da Betriebsausgaben und Werbungskosten grundsätzlich inhaltsgleich interpretiert werden, kann vereinfacht von Erwerbsaufwendungen gesprochen werden. Erwerbsaufwendungen werden durch eine Erwerbstätigkeit, d.h. eine Tätigkeit, die zu Einkünften i.S.v. § 2 Abs. 1 EStG führt, veranlaßt. In Analogie zu den Erwerbsaufwendungen sind Erwerbsbezüge Einnahmen, die durch eine der sieben Einkunftsarten veranlaßt wurden.[428]

---

424 § 9 Abs. 1 S. 1 EStG.

425 Vgl. Tipke, K./Lang, J. (1996), Tz. 226, S. 281.

426 Aufwand ist der eigenkapitalmindernde Werteverzehr, während unter Ertrag der eigenkapitalmehrende Wertezuwachs einer Rechnungsperiode verstanden wird. Auf den Zahlungszeitpunkt (Geldfluß) kommt es nicht an. Demgegenüber knüpfen Ausgaben und Einnahmen an konkreten Zahlungsvorgängen an.

427 Das Wort "grundsätzlich" deutet Ausnahmen in der Rechtsprechung an (vgl. BFH (1984a), S. 286). Dort unterbindet der BFH den Werbungskostenabzug von Weihnachtsgeschenken eines Chefarztes an seine Mitarbeiter mit der Begründung, daß dadurch kein Einfluß auf seine Einkünfte genommen würde.

428 "Die veranlassungstheoretische Rechtsfigur formt auch den Begriff der **Erwerbsbezüge**; diese sind zu definieren als Bezüge, die durch die Erwerbstätigkeit veranlaßt sind. Eine derartige kausalrechtliche Symmetrie des Einkünftebegriffs hat sich aber noch nicht allgemein durchgesetzt. Die Rechtsdogmatik der Bezüge hinkt hier hinter der Rechtsdogmatik der Aufwendungen her."; Tipke, K./Lang, J. (1996), Tz. 211, S. 275.

Hinsichtlich der Veranlassung von Erwerbsaufwendungen lassen sich drei Ursachen unterscheiden, nämlich subjektiv-finale, objektive und willensunabhängige Ursachen. Subjektiv-finale Ursachen beruhen auf den individuellen Motiven und Zwecken des Handelnden. Entweder möchte er zu Erwerbs- oder zu Privatzwekken handeln. Aus der Subjektivität der Ursachen resultiert ein Handlungsspielraum. Es obliegt der freien Entscheidung des Steuerpflichtigen, welche Aufwendungen er für Erwerbszwecke tätigen will.[429] "Auf die betriebliche/berufliche Notwendigkeit, Üblichkeit oder Zweckmäßigkeit der Handlung kommt es grundsätzlich nicht an."[430] Die Finanzbehörde kann dem Handelnden nicht vorschreiben, wie er zur Erreichung bestimmter Zwecke vorzugehen hat. Dem widerspricht aber nicht, daß Unüblichkeit oder Unzweckmäßigkeit einer Handlung als Indizien für eine private Mitveranlassung gewertet werden. Damit ist der Übergang zu den objektiven Ursachen erreicht.

Um willkürliche Zuordnungen von Aufwendungen zur Erwerbssphäre zu vermeiden, müssen Aufwendungen nicht nur in dem bereits erwähnten subjektiv-finalen, sondern darüber hinaus auch in einem objektiven Zusammenhang mit der Erwerbssphäre stehen. Sie müssen objektiv durch die erwerbswirtschaftliche Tätigkeit veranlaßt sein. Bleibt festzuhalten: Erwerbsaufwendungen müssen objektiv mit der Erwerbstätigkeit zusammenhängen und subjektiv, d.h. aus der Sicht des Handelnden dazu bestimmt sein, ihr zu dienen.

Neben subjektiv-finalen und objektiven Ursachen sind noch willensunabhängige Ursachen von Erwerbsaufwendungen zu berücksichtigen, da Aufwendungen vorstellbar sind, die zwar im Zusammenhang mit der Einkünfteerzielung stehen, ihr aber nicht dienen. Als Beispiel läßt sich ein durch Blitzschlag verursachter Schaden an einem Werksgebäude anführen. Der Blitzschlag bewirkt zwar Aufwand, er dient aber sicherlich nicht der Erwerbstätigkeit. Da das Werksgebäude aber in objektivem Zusammenhang mit der Erzielung gewerblicher Gewinne steht, muß der entstandene Aufwand im Rahmen der Einkünfte aus Gewerbebetrieb berücksichtigbar sein.

Problematisch können Fälle sein, in denen Aufwendungen gleichzeitig privat und gewerblich veranlaßt sind. Dabei lassen sich prinzipiell zwei Arten von Fällen unterscheiden:

Erstens solche, bei denen entweder Privat- oder Erwerbsursachen wesentlich sind. Die Aufwendungen sind der wesentlichen Ursache insgesamt zuzuordnen. Hierfür läßt sich folgendes Beispiel anführen: Im Zustand der Trunkenheit führt ein Steuerpflichtiger auf einer Dienstfahrt einen Verkehrsunfall herbei. Es kann argumentiert werden: Ohne Berufsfahrt hätte es keinen Unfall gegeben. Folglich

---

[429] Vgl. Diepenbrock, W. (1990), Tz. 1642, S. 695; Woring, S. (1995), Tz. 122ff., S. 1391.
[430] Tipke, K./Lang, J. (1996), Tz. 213, S. 276.

wird die Dienstreise als wesentliche Ursache angesehen. In diesem Fall wären die Unfallaufwendungen der Erwerbssphäre zuzurechnen und einkommensmindernd zu verbuchen. Umgekehrt kann argumentiert werden: Ohne Trunkenheit hätte es keinen Verkehrsunfall gegeben. Folglich wird die private Bedürfnisbefriedigung als wesentliche Ursache angesehen. In diesem Fall wären die Unfallaufwendungen der Privatsphäre zuzurechnen und nicht einkommensmindernd berücksichtigbar. Tatsächlich hat sich der BFH in diesem konkreten Fall für letztere Variante entschieden.[431] Da eine abstrakte Bestimmung der Wesentlichkeit bisher nicht gelungen ist, besteht für den Steuerpflichtigen Rechtsunsicherheit bezüglich der Frage, wie der BFH im Zweifelsfall entscheiden wird.

Zweitens ist auf Fälle hinzuweisen, bei denen Aufwendungen sowohl durch Erwerbs- als auch Privatzwecke wesentlich veranlaßt sind und deshalb aus systematischen Gründen auf beide Bereiche aufgeteilt werden müßten. Eine wesentliche private Mitveranlassung liegt immer vor, wenn der privat veranlaßte Teil mindestens 10 % der Erwerbsaufwendung beträgt.[432] Aus Gerechtigkeitsüberlegungen läßt der BFH aber Aufteilungen nur für Fälle zu, in denen sie leicht und einwandfrei durchgeführt werden können. Sonst sind die Aufwendungen gänzlich dem Privatbereich zuzuordnen.[433] Es bleibt allerdings fraglich, ob die durch eine Aufteilungsuntersagung bewirkte Diskriminierung gerechter ist als mögliche Ungleichbehandlungen, die auf schwierigen Aufteilungen beruhen. Des weiteren eröffnet sich Spielraum für willkürliche Entscheidungen bezüglich der Frage, wann eine schwierige Aufteilung vorliegt. So hat es der BFH untersagt, bei einem privat veranlaßten Umzug den Teil der Umzugskosten, der auf eine Arbeitszimmereinrichtung entfiel, als Erwerbsaufwendungen zu berücksichtigen, obwohl es technisch einfach gewesen wäre, diese Aufwendungen herauszurechnen.[434] Einer Aufteilung wird z.B. bei Kraftfahrzeug-, Reise- und Telefonkosten zugestimmt.

Wenn Aufwendungen wesentlich beruflich und privat veranlaßt sind, ist der grundlegende Aufteilungsmaßstab das Angemessenheitsprinzip. Nur der wirtschaftlich angemessene Aufwendungsteil darf der Erwerbssphäre zugerechnet werden. Beispielsweise ist der sogenannte Fremdvergleich Instrument des Angemessenheitsprinzips, um Inhalte von Verträgen zwischen Familienangehörigen auf ihre Angemessenheit hin zu überprüfen. Das Gehalt der Ehefrau eines Unternehmers für Sekretariatsdienste darf nur in der Höhe den Gewinn mindern, wie es auch mit fremden Dritten für gleiche Dienste ausgehandelt worden wäre. Einer beliebigen Reduzierung des Gewinns durch das Entgelt der

---

[431] Vgl. BFH (1978), S. 105; BFH (1984), S. 434.
[432] Vgl. Boochs, W. (1991), S. 8134.
[433] Vgl. BFH (1971), S. 20.
[434] Vgl. BFH (1989), S. 972.

Ehefrau, um beispielsweise Gewerbesteuer zu sparen, wird damit vorgebeugt. Es sei hier nochmals darauf hingewiesen, daß sich die Frage der Angemessenheit nur stellt, wenn Aufwendungen durch Erwerbs- und Privatzwecke wesentlich verursacht sind, nicht jedoch, wenn sie nur unwesentlich (< 10 %) durch Privatzwecke veranlaßt und folglich insgesamt als Erwerbsaufwendungen berücksichtigt werden.

Der Gesetzgeber unterscheidet explizit zwei Arten von Ausgaben, die die ESt-Bemessungsgrundlage nicht mindern dürfen. Bei der ersten Art handelt es sich eigentlich um Betriebsausgaben. Sie dürfen nicht berücksichtigt werden, weil sie entweder im Zusammenhang mit steuerfreien Einnahmen stehen (§ 3c EStG) oder eine wesentliche private Mitveranlassung vorliegt und eine problemlose Aufteilung nicht angenommen wird (§ 4 Abs. 5, 7 EStG). Die zweite Art von Ausgaben ist in § 12 EStG genannt.[435] Dort handelt es sich um Ausgaben, die ausschließlich wesentlich privat veranlaßt sind. Die erwerbswirtschaftliche Veranlassung ist unwesentlich. Diesem Sachverhalt verleiht der Gesetzgeber dadurch Ausdruck, daß er diese Ausgaben nicht dort ansiedelt, wo es um die Einkünfteermittlung der Einkunftsarten geht (§§ 4-9a EStG), sondern separat davon anführt.

Vom Abzugsverbot dem Privatbereich zuzuordnender Ausgaben gibt es vielfältige Ausnahmen. Gemeint sind die sogenannten Sonderausgaben. Sie werden in § 10ff. EStG geregelt. Im Vorgriff auf ihre ausführlichere Besprechung (Kap. 6.4.3.3f.) sei hier schon folgendes erwähnt: Der Sonderausgabenabzug ist immer dann berechtigt, wenn der Steuerpflichtige aus seinen privaten Lebensumständen heraus an solchen Ausgaben nicht vorbeikommt. Angesprochen sind z.B. Ausgaben zur Altersversorgung, zur Unterhaltszahlung oder wegen Krankheit. Solche Ausgaben muß der Steuerpflichtige tätigen. Über hierfür aufzubringendes Einkommen kann er nicht frei verfügen. Es ist sozusagen indisponibel. Da sich in Höhe des indisponiblen Einkommens die Leistungsfähigkeit mindert, sind derartige Sonderausgabenabzüge gerechtfertigt. Es wird auch vom subjektiven Nettoprinzip gesprochen.[436] Erhaltene Leistungen aus vormals indisponiblem Einkommen (z.B. Rentenbeiträge vs. Rentenzahlungen) erhöhen die Leistungsfähigkeit und müßten besteuert werden.

Fazit: Bei der Prüfung, ob eine Erwerbs- oder Privatausgabe vorliegt, ist in einem ersten Schritt festzustellen, ob für den gegebenen Fall in den §§ 3c, 4 Abs. 5 u. 7, 12 EStG ein Abzugsverbot vorliegt. Trifft dies nicht zu, ist zu untersuchen, ob eine Erwerbs- oder Privathandlung die Aufwendungen wesentlich veranlaßt hat. Sind Aufwendungen sowohl durch die Erwerbs- als auch Pri-

---

435 Vgl. Drenseck, W. (1996), Tz. 1ff., S. 949ff.
436 Vgl. Tipke, K./Lang, J. (1996), Tz. 42, S. 223.

vatsphäre wesentlich verursacht, ist über eine Aufteilung der Aufwendungen zu entscheiden.

5.1.4 Die Abgrenzung der Erwerbs- von den Privatausgaben in Frankreich

Die Abgrenzung zwischen Erwerbs- und Privatausgaben wird in Frankreich durch einen für alle Einkunftsarten gleichermaßen geltenden Wortlaut vorgenommen. Im Unterschied dazu existieren in Deutschland für die Gewinn- und Überschußeinkünfte getrennte Definitionen. Art. 13 1. CGI bestimmt für alle 8 Einkunftsarten einheitlich:

> "Der Gewinn oder das steuerpflichtige Einkommen ergibt sich als Überschuß der Erträge, den Wert der Naturalvorteile eingeschlossen, über die zum Erwerb und zur Sicherung des Einkommens geleisteten Ausgaben."[437]

Diese Definition ähnelt derjenigen für Werbungskosten nach deutschem Recht. Demgegenüber stellt § 4 Abs. 4 EStG auf die betriebliche Veranlassung einer Aufwendung ab. Der entscheidende Unterschied zwischen beiden Sichtweisen liegt in den divergierenden Anknüpfungspunkten. Der Ausdruck "zum Erwerb und zur Sicherung des Einkommens" setzt am Ergebnis der Mittelverwendung an. Es liegt eine finale Sichtweise vor. Das Veranlassungsprinzip hat die Entstehung der Mittelverwendung zum Ausgangspunkt. Es muß eine Veranlassung durch den Betrieb vorliegen. Im ersten Fall wird eine Kausalbeziehung zwischen Ausgaben und Einnahmen, im zweiten Fall eine Kausalbeziehung zwischen Ausgaben und einer Tätigkeit hergestellt.

Die Verknüpfung von Ausgaben mit Einnahmen birgt Probleme in sich.[438] Ausgaben können lediglich mit der Absicht getätigt werden, Einnahmen zu erzielen. Ob tatsächlich Einnahmen erwirtschaftet werden, kann zum Zeitpunkt der Ausgabe nicht mit Sicherheit festgestellt werden. Vielmehr verbirgt sich dies zunächst hinter einem Schleier der Ungewißheit. Beispielsweise können sich Investitionen im nachhinein als "Flop" erweisen und die Existenz des ganzen Unternehmens bedrohen. Von einer "Sicherung des Einkommens" kann keine Rede sein. Dennoch führen selbstverständlich auch solche Investitionen im Weg der AfA zu Aufwendungen. Weiterhin sind auch Ausgaben denkbar, die von vornherein nicht auf eine Sicherung des Einkommens gerichtet sind. Veräußert z.B. ein Unternehmer sein Unternehmen, mindern Veräußerungskosten zweifellos das steuerpflichtige Veräußerungsentgelt, obwohl eine Sicherung des Einkommens gerade nicht vorliegt.

---

437 Eigene Übersetzung; Original: "Le bénéfice ou revenu imposable est constitué par l´excédent du produit brut, y compris la valeur des profits et avantages en nature, sur les dépenses effectuées en vue de l´acquisition et de la conservation du revenu."

438 Vgl. Tipke, K. (1979), S. 199f.

Bleibt festzuhalten: Die Abgrenzung der Erwerbs- von den Privatausgaben ähnelt in Frankreich vom Wortlaut her dem deutschen Werbungskostenbegriff. Eine wortgetreue Anwendung dieser Definition ist aber nicht möglich. Deshalb ist das Veranlassungsprinzip der sachgerechtere Abgrenzungsmaßstab. Die praktischen Auswirkungen der unterschiedlichen Begriffsbestimmungen in Deutschland und Frankreich sind aber gering.

Zur Konkretisierung der Abgrenzung zwischen Erwerbs- und Privatausgaben wurden in der französischen Rechtsprechung und Literatur aus Art. 13 1. CGI für den Bereich der bilanziellen Gewinnermittlung folgende drei Bedingungen entwickelt, die simultan erfüllt sein müssen, damit eine Betriebsausgabe vorliegt:[439]

1. Die Ausgabe muß sich in einer Minderung des Nettovermögens (Aktiva minus Passiva) niederschlagen.
2. Die Ausgabe muß im Interesse der unternehmerischen Tätigkeit (dans l'intérêt de l'exploitation) liegen.
3. Die Ausgabe muß buchhalterisch erfaßt und hinreichend nachgewiesen werden.

Da die drei angeführten Bedingungen aus dem für alle Einkunftsarten gleichermaßen geltenden Art. 13 1. CGI entwickelt wurden, müssen sie sinngemäß auch für die nichtbilanzielle Einkünfteermittlung gelten.

Punkt 1 bezieht sich vor allem auf die Unterscheidung zwischen aktivierbaren und sofort als Aufwand verbuchbaren Wirtschaftsgütern. Im Fall der Aktivierung tritt keine Reduzierung des Nettovermögens ein, da kein Erfolgskonto in die Buchung involviert ist. Punkt 3 fordert den belegmäßigen Nachweis in der Buchhaltung erfaßter Aufwendungen. Besondere Bedeutung kommt Punkt 2 zu.

Zur Klärung der Frage, wann Ausgaben im Interesse des Unternehmens liegen, hat der französische Staatsrat (Conseil d'État) "die Theorie anormaler Geschäftsführung"[440] entwickelt. Ausgaben, die Folge "anormaler Geschäftsführung" sind, dürfen den Gewinn nicht mindern.[441] COZIAN unterscheidet drei Ausgabekategorien anormaler Geschäftsführung:[442]

---

[439] Vgl. Mémento fiscal (1996), Tz. 680ff., S. 136ff.; Cozian, M. (1995), Tz. 271, S. 58.
[440] Eigene Übersetzung; Original: "La théorie de l'acte anormal de gestion"; Cozian, M. (1995), Tz. 753ff., S. 172f.
[441] Vgl. Cozian, M. (1996), S. 91ff.
[442] Vgl. Cozian, M. (1995), Tz. 754ff., S. 172.

1. Ausgaben, die ihrer Wesensart nach unberechtigt sind;
2. Ausgaben, die ihrer Höhe nach unberechtigt sind;
3. Ausgaben, denen die Gewinnerzielungsabsicht fehlt.

Zu Punkt 1 rechnen Ausgaben, die ihrer Natur nach nichts mit der unternehmerischen Tätigkeit zu tun haben. Als typische Beispiele können Ausgaben für Jagdpachten, Yachten oder Geschenke für nahestehende Personen genannt werden. Sie haben i.d.R. ihre Ursache in privaten Motiven. Ein inhaltlicher Zusammenhang mit der unternehmerischen Tätigkeit besteht nicht. Folglich muß, ebenso wie in Deutschland, zwischen Ausgabe und erwerbswirtschaftlicher Tätigkeit ein objektiver Zusammenhang bestehen, damit eine Abzugsfähigkeit gegeben ist. Die Ausgabe muß objektiv zu Erwerb und Sicherung des Einkommens dienen. Einer willkürlichen Zuordnung von Ausgaben zum beruflichen Bereich wird damit vorgebeugt. Umgekehrt hat die Finanzverwaltung bei ausschließlich erwerbswirtschaftlich bedingten Ausgaben kein Recht, sich über deren Höhe zu mokieren und in die Handlungsfreiheit des Steuerpflichtigen einzugreifen. Sie kann ihm den Abzug solcher Ausgaben nicht mit dem Argument verwehren, daß das angestrebte Ziel bei geschickterem Ressourcenmanagement mit weniger Aufwand und damit einem höheren Gewinn hätte erreicht werden können. Dies entspricht dem in Kap. 5.1.3 erläuterten subjektiven Moment von Erwerbsaufwendungen.

Unter Punkt 2 subsummiert COZIAN Aufwendungen, die zwar mit dem Unternehmenszweck in Zusammenhang stehen, ihrer Höhe nach jedoch nicht gerechtfertigt sind, da Privatinteressen mit einfließen. Als typisches Beispiel läßt sich das überhöhte Gehalt eines Geschäftsführers anführen, der zugleich Alleingesellschafter ist. Aber auch der im vorangegangenen Kapitel geschilderte Fall der überhöht entlohnten Ehefrau für Sekretariatsarbeit im Unternehmen des Ehemannes, ist hier zu nennen. Der Teil der Aufwendungen, der auf Privatinteressen des Steuerpflichtigen beruht, darf den Gewinn nicht mindern. Diese Vorgehensweise entspricht dem deutschen Angemessenheitsprinzip. Ausgaben dürfen nur in einer Höhe angesetzt werden, wie sie sich ohne Einfluß privater Interessen, d.h. bei "normaler Geschäftsführung", eingestellt hätten.

Abschließend ist auf Geschäftsvorfälle ohne Gewinnerzielungsabsicht einzugehen. "Die Gewinnerzielungsabsicht fehlt, wenn ein Unternehmen ohne Gegenleistung und ohne Begründung auf Gewinn verzichtet, den es hätte erzielen können."[443] Als Beispiele lassen sich zinsfreie bzw. zinsgünstige Kredite an Gesellschafter anführen. Auch bei solcher Sachlage gilt wiederum das Angemessenheitsprinzip, d.h., in Ermangelung der Gewinnerzielungsabsicht fällt der

443 Eigene Übersetzung, Original: "Il y a manque à gagner lorsqu´une entreprise renonce sans contrepartie et sans justification à un profit qu´elle pourrait réaliser"; Cozian, M. (1995), Tz. 755, S. 172.

Gewinn niedriger aus, als wenn der Geschäftsvorfall zu marktüblichen Konditionen abgewickelt worden wäre. Daraus resultierende Folgen sollen anhand eines zinsfrei gewährten Kredits verdeutlicht werden. Das Unternehmen hat in Höhe des marktüblichen Zinses seinen steuerpflichtigen Gewinn zu erhöhen. Vom Begünstigten muß der Zinsvorteil versteuert werden.[444]

Aufgrund erfahrungsgemäß erheblicher Abgrenzungsprobleme untersagt der französische Gesetzgeber in Art. 39 4. CGI von vornherein den Abzug von Ausgaben für Luxusgüter wie Yachten und mondäne Immobilien. Nur bei Widerlegung der gesetzlichen Vermutung einer privaten Nutzung durch den Steuerpflichtigen werden solche Ausgaben zu Erwerbsausgaben.

Fazit: In Deutschland erfolgt die Abgrenzung der Erwerbsausgaben von den Privatausgaben nach dem Veranlassungsprinzip. Im Gegensatz dazu wird in Frankreich auf das Ergebnis der Mittelverwendung, nämlich auf den Erwerb und die Sicherung des Einkommens, abgestellt. Die praktischen Auswirkungen der unterschiedlichen Anknüpfungspunkte sind gering. Erwerbswirtschaftlich bedingte Aufwendungen mindern in Deutschland und Frankreich, unabhängig von ihrer Höhe (effizientes vs. ineffizientes Ressourcenmanagement), insgesamt den Gewinn. Fließen private Motive in die Aufwendungen mit ein, kommt das Angemessenheitsprinzip zum Tragen. Nur der wirtschaftlich angemessene Teil ist als Erwerbsaufwand berücksichtigbar. Bei bestimmten Ausgaben vermutet der französische Gesetzgeber von vornherein private Motive und verbietet deshalb ihren Abzug. Eine Abzugsfähigkeit kann nur erreicht werden, wenn der Steuerpflichtige die angestellte Vermutung widerlegt.

5.2 Die Abgrenzung der Gewinneinkunftsarten

5.2.1 Die Einkünfte aus Gewerbebetrieb

Das deutsche EStG nennt in § 2 Abs. 1 Nr. 1-3 drei Gewinneinkunftsarten, nämlich Einkünfte aus Land- und Forstwirtschaft, Gewerbebetrieb und selbständiger Arbeit. Der Gesetzgeber hat aber nur für Einkünfte aus Gewerbebetrieb eine abstrakte Definition verfaßt. Einkünfte aus Land- und Forstwirtschaft sowie selbständiger Arbeit werden lediglich durch beispielhafte Nennung verschiedener Tätigkeiten näher bestimmt.

§ 15 Abs. 2 S. 1 EStG definiert den Gewerbebetrieb folgendermaßen:

---

[444] Vgl. Cozian, M. (1995), Tz. 756f., S. 172f.

"Eine selbständige nachhaltige Betätigung, die mit der Absicht, Gewinn zu erzielen, unternommen wird und sich als Beteiligung am allgemeinen wirtschaftlichen Verkehr darstellt, ist Gewerbebetrieb, wenn die Betätigung weder als Ausübung von Land- und Forstwirtschaft noch als Ausübung eines freien Berufs noch als eine andere selbständige Arbeit anzusehen ist."

Folgende Merkmale gewerblicher Tätigkeit lassen sich aus der angeführten Begriffsbestimmung herauslösen:

- Selbständigkeit,
- Nachhaltigkeit,
- Gewinnerzielungsabsicht,
- Beteiligung am allgemeinen wirtschaftlichen Verkehr,
- keine land- und forstwirtschaftliche oder selbständige Tätigkeit.

Wesentliche Kriterien der Selbständigkeit sind Unternehmerinitiative und Unternehmerrisiko.[445] Die Unternehmerinitiative konkretisiert sich in der Entscheidungsfreiheit des Unternehmers. Er ist nicht gegenüber einem Vorgesetzten weisungsgebunden. Dem Unternehmerrisiko wird durch eigenverantwortliches Wirtschaften Geltung verschafft. Der Unternehmer trägt das Erfolgsrisiko seiner ökonomischen Bemühungen. Unternehmerinitiative und Unternehmerrisiko sind aber nur Richtschnur für die Abgrenzung selbständiger von nichtselbständiger Tätigkeiten. Hinsichtlich der Beurteilung konkreter Betätigungen können einige Sachverhalte für, andere gegen die Selbständigkeit sprechen.[446] Um zu einem abschließenden Urteil zu kommen, müssen "die für und gegen die Selbständigkeit sprechenden Umstände gegeneinander abgewogen werden".[447] Beispielsweise ist ein auf Provisionsbasis arbeitender, weisungsungebundener Handelsvertreter mit einem mäßigen festen Gehalt selbständig.[448] Die vorhandene Unternehmerinitiative in Form von Weisungsungebundenheit überlagert in diesem Fall das durch Zusage eines mäßigen festen Gehalts eingeschränkte Unternehmerrisiko.

Nachhaltigkeit unterstellt die Absicht, eine Betätigung zu wiederholen, um aus ihr eine eigenständige Einkommensquelle zu machen. "Auch eine nur auf wenige Wochen angelegte Tätigkeit kann nachhaltig sein."[449] Mit dem Merkmal der Nachhaltigkeit soll eine Abgrenzung zu den sonstigen Einkünften i.S.v. § 22 Nr. 3 EStG erreicht werden. Ihnen fehlt die Eigenschaft, eine eigenständige

---

445 Vgl. Schulze zur Wiesche, D. (1997), S. 244ff.
446 Vgl. Bitz, H. (1993), Bd. 2, Tz. 118, S. 2029.
447 R 134 Abs.1 EStR.
448 Vgl. Zenthöfer, W./Schulze zur Wiesche, D. (1997), S. 439; R 134 Abs. 3 EStR.
449 Schmidt, L. (1996), Tz. 17, S. 1076.

Einkunftsquelle zu sein. Z.B. sind Vergütungen für gelegentliche Pkw-Mitnahmen sonstige Einkünfte.[450]

Bei der Beurteilung der Gewinnerzielungsabsicht ist nicht das Wirtschaftsjahr, sondern die Gesamtdauer der gewerblichen Tätigkeit, die sogenannte Totalperiode, zugrunde zu legen. Ob die Gewinnerzielungsabsicht Haupt- oder Nebenzweck ist, ist unerheblich.[451] Kostendeckung reicht jedenfalls nicht aus. Aus der Gewinnerzielungsabsicht folgt zum einen eine Abgrenzung zur Liebhaberei und gemeinnützigen Tätigkeit, zum anderen kann "eine durch die Betätigung verursachte Minderung der Steuern vom Einkommen .. kein Gewinn"[452] darstellen. Dadurch sollen Steuervorteile aus sogenannten Verlustzuweisungsgesellschaften eingeschränkt werden.[453] Auf eine Verlustzuweisungsabsicht wird geschlossen, wenn z.B. der Bestand einer Gesellschaft oder einer Gesellschaftsbeteiligung auf den Zeitraum der Inanspruchnahme von Sonderabschreibungen und daraus resultierenden Verlusten beschränkt ist.[454] In diesen Fällen geht es nicht darum, einen Gewinn zu erzielen, sondern Verluste zur Steuerminderung zugewiesen zu bekommen.

Die Teilnahme am allgemeinen wirtschaftlichen Verkehr (Teilnahme am Marktgeschehen) impliziert das Verlassen der Produktion für den Eigenbedarf. Die Produkte werden für Dritte erstellt.[455]

Der explizite Ausschluß land- und forstwirtschaftlicher sowie selbständiger Tätigkeiten macht deutlich, daß auch sie den für gewerbliche Betätigungen genannten Kriterien genügen. Folglich bedarf es zusätzlicher Merkmale, um sie von den gewerblichen Aktivitäten abzugrenzen.

Den Einkünften aus Gewerbebetrieb nach § 15 EStG stehen in Frankreich die Gewinne aus Gewerbebetrieb (bénéfices industriels et commerciaux) nahe. Allerdings hat der französische Gesetzgeber auf eine abstrakte Definition gewerblicher Gewinne verzichtet. Statt dessen werden in den Art. 34 und 35 CGI sowie 632 und 633 CDC Tätigkeiten aufgelistet, deren wirtschaftliche Ergebnisse als Gewinne aus Gewerbebetrieb gewertet werden. Anstelle des Gesetzgebers hat die französische Rechtsprechung Merkmale zur Eingrenzung gewerblicher Tätigkeiten entwickelt. Sie stimmen mit den in § 15 Abs. 2 EStG angeführten Kriterien überein (Selbständigkeit, Nachhaltigkeit, Gewinner-

---

450 Vgl. Zenthöfer, W./Schulze zur Wiesche, D. (1997), S. 1008.
451 Vgl. Tipke, K./Lang, J. (1996), Tz. 488, S. 368.
452 § 15 Abs. 2 S. 2 EStG.
453 Vgl. Schmidt-Liebig, A. (1984), S. 3.
454 Vgl. Zenthöfer, W./Schulze zur Wiesche, D. (1997), S. 442f.
455 Vgl. Zenthöfer, W./Schulze zur Wiesche, D. (1997), S. 442f.

zielungsabsicht).[456] Auf die Beteiligung am wirtschaftlichen Verkehr wird nicht explizit hingewiesen. Da der französischen ESt die Markteinkommenstheorie zugrunde liegt, sind aber ohnehin nur Einkünfte steuerbar, die aus Markttransaktionen herrühren.

Auf eine Besonderheit der französischen Gewinnermittlung ist noch hinzuweisen: Unter bestimmten Bedingungen sind Gewinneinkünfte, die ihrer Natur nach eigentlich einer der beiden anderen Gewinneinkunftsarten angehören, nach den Regeln der betrachteten Gewinneinkunftsart zu ermitteln. Für die Einkünfte aus Gewerbebetrieb bedeutet dies, daß Einkünfte, die ihrer Wesensart nach den Gewinnen aus selbständiger Arbeit oder Land- und Forstwirtschaft zuzuordnen sind, nach den Bestimmungen für gewerbliche Gewinne festgestellt werden müssen (Art. 155 CGI).[457] Folgende Anforderungen sind zu beachten:

1. Die eigentlich einer der beiden anderen Gewinneinkunftsarten zuzuordnende Tätigkeit muß in einem inneren Zusammenhang mit der gewerblichen Tätigkeit stehen.
2. Die Umsätze aus gewerblicher Tätigkeit müssen dominieren.[458]

Ein Beispiel aus der Rechtsprechung des CONSEIL d'ÉTAT soll die Zusammenhänge verdeutlichen:[459] Ein Steuerpflichtiger betreibt eine Metzgerei und unterhält gleichzeitig eine Viehzucht. Die Einkünfte aus der Metzgerei sind solche aus Gewerbebetrieb. Da die Viehzucht nach französischem Verständnis eine landwirtschaftliche Tätigkeit darstellt, müßte sie zu Einkünften aus Land- und Forstwirtschaft führen. Zwischen dem Gewerbebetrieb (Metzgerei) und der landwirtschaftlichen Tätigkeit (Viehzucht) besteht aber ein inhaltlicher Zusammenhang (Fleischverkauf – Fleischproduktion). Punkt 1 wird entsprochen. Im konkreten Entscheidungsfall dominierten die Umsätze aus der Metzgerei. Sie machten über 70 % des Gesamtumsatzes aus (Punkt 2). Als Folge muß der Steuerpflichtige die Einkünfte aus Viehzucht nach den Vorschriften für gewerbliche Gewinne ermitteln. Er kommt nicht in den Genuß der subventionierten landwirtschaftlichen Gewinnermittlung.

Kritisch ist anzumerken, daß der Steuerpflichtige selbst entscheiden sollte, ob er eine vereinfachte Einkünfteermittlung (nur eine anstatt zwei Gewinneinkunftsarten) um den Preis steuerlicher Nachteile erkaufen will oder nicht. Deshalb

---

456 Vgl. Colin, P./Gervaise, G./Rossetti, M. (1994), Tz. 1007, S. 64.

457 Diese Vorgehensweise darf nicht mit der in § 15 Abs. 3 Nr. 1 EStG verankerten Abfärbetheorie gleichgesetzt werden. Zur Abfärbetheorie vgl. Herzig, N./Kessler, W. (1986), S. 451ff.

458 Vgl. Cozian, M. (1995), Tz. 145, S. 29.

459 Vgl. Lamy fiscal (1995), Tz. 1433, S. 561.

wäre es besser, wenn der Gesetzgeber bezüglich der Inanspruchnahme dieser Sonderregelung ein Wahlrecht gewähren würde.

5.2.2 Die Einkünfte aus Land- und Forstwirtschaft

Auch land- und forstwirtschaftliche Tätigkeiten weisen die Merkmale gewerblicher Tätigkeiten auf (Selbständigkeit, Nachhaltigkeit, Gewinnerzielungsabsicht, Beteiligung am allgemeinen wirtschaftlichen Verkehr). Deshalb bedarf es zusätzlicher Abgrenzungskriterien. Im deutschen EStG finden sich solche aber nicht. In § 13 Abs. 1 EStG sind lediglich beispielhaft typische land- und forstwirtschaftliche Tätigkeiten genannt.[460] Aushilfe leistet R 135 Abs. 1 S. 1 EStR. Dort heißt es: "Land- und Forstwirtschaft ist die planmäßige Nutzung der natürlichen Kräfte des Bodens und die Verwertung der dadurch gewonnenen Erzeugnisse."[461] Im Zentrum dieser Begriffsbestimmung steht das Prinzip von Saat und Ernte. Danach müssen sich Einkünfte aus Land- und Forstwirtschaft auf Bodenbewirtschaftung zurückführen lassen. Damit sind aber Einkünfte aus Tierhaltung nicht von vornherein ausgeschlossen. Voraussetzung für ihre Zuordnung zu den landwirtschaftlichen Einkünften ist, daß die Futterversorgung der Tiere potentiell durch den eigenen Anbau gewährleistet werden kann (§ 13 Abs. 1 Nr. 1 S. 2 EStG).[462] Sonst liegt gewerbliche Tierhaltung vor, da die Einkünfte aus der Tierhaltung nicht auf den "Früchten" eigener Bodenbewirtschaftung beruhen.

Den Einkünften aus Land- und Forstwirtschaft ist eine Besonderheit zu eigen. Unter bestimmten Bedingungen (§ 13 Abs. 2 Nr. 1 EStG, R 135 EStR) werden Einkünfte, die ihrem Wesen nach solche aus Gewerbebetrieb sind, nach land- und forstwirtschaftlichen Bestimmungen ermittelt. Da in die land- und forstwirtschaftliche Gewinnermittlung Subventionen eingebaut sind, ist das für den Steuerpflichtigen besonders vorteilhaft.

Die Bedingungen sind zum einen an den Zukauf fremder Erzeugnisse und zum anderen an das Vorliegen eines Nebenbetriebs geknüpft. In R 135 Abs. 1, 2 EStR ist der Zukauf fremder Erzeugnisse geregelt. Da zugekaufte Erzeugnisse nicht aus eigener Bodenbewirtschaftung hervorgegangen sind, liegen eigentlich Einkünfte aus Gewerbebetrieb vor. Macht ihr Einkaufswert aber höchstens 30 % des Umsatzes aus, nimmt der Gesetzgeber Einkünfte aus Land- und Forstwirtschaft an.

In § 13 Abs. 2 Nr. 1 EStG werden Nebenbetriebe näher bestimmt. "Als Nebenbetrieb gilt ein Betrieb, der dem land- und forstwirtschaftlichen Hauptbetrieb zu

---

460 Vgl. Mitterpleininger, J. (1996), Bd. 2, Tz. 4, S. 1788/1f.
461 R 135 Abs. 1 EStR.
462 Vgl. Seeger, S. F. (1996), Tz. 1, S. 976.

dienen bestimmt ist." Entscheidende Bedeutung kommt dem Wort "dienen" zu. Dem Hauptbetrieb müssen aus der Nebentätigkeit Vorteile erwachsen. Davon wird ausgegangen, wenn die Nebentätigkeit in einem inneren Zusammenhang mit der Haupttätigkeit steht. Der Ausdruck "Nebentätigkeit" impliziert bereits eine Dominanz der land- und forstwirtschaftlichen Haupttätigkeit. Sie wird an Umsatzwerten festgemacht.

Nebenbetriebe können unterschiedliche Formen annehmen. Betreibt der Land- und Forstwirt ein Handelsgeschäft, liegt kein eigenständiger Gewerbebetrieb vor, wenn selbsterstellte Erzeugnisse zu mindestens 40 % im Handelsgeschäft abgesetzt werden und der Umsatz mit diesen Produkten mindestens 30 % am Gesamtumsatz des Handelsgeschäfts ausmacht (R 135 Abs. 3 EStR). Ein Nebenbetrieb kann auch vorliegen, falls land- und forstwirtschaftliche Erzeugnisse im eigenen Gewerbebetrieb weiterverarbeitet werden. Voraussetzung ist, daß die verarbeiteten Rohstoffe zu mindestens 50 % aus der eigenen Land- und Forstwirtschaft stammen. Als Beispiel läßt sich ein Sägewerk anführen, das einer Forstwirtschaft angeschlossen ist.[463]

Auch das französische EStG enthält keine allgemeine Definition der Einkünfte aus Land- und Forstwirtschaft (bénéfices de l´exploitation agricole). Art. 63 CGI nennt nur Tätigkeiten, die zu land- und forstwirtschaftlichen Einkünften führen. Diese Tätigkeiten lassen sich in drei Gruppen einteilen, nämlich Bodenbewirtschaftung, Viehzucht und Forstwirtschaft.[464] Im Rahmen der Viehzucht wird in Frankreich nicht auf die potentielle Selbstversorgung mit Nahrungsmitteln aus eigenem Anbau als Abgrenzungsmerkmal zum Gewerbebetrieb abgestellt. Vielmehr wird in der Viehzucht als solcher eine landwirtschaftliche Tätigkeit gesehen.[465] Auf das Prinzip von Saat und Ernte wird nicht abgehoben. Insofern sind in Frankreich die land- und forstwirtschaftlichen Einkünfte weiter gefaßt als in Deutschland.

Einkünfte, die ihrem Wesen nach solche aus Gewerbebetrieb oder selbständiger Arbeit sind, können (Wahlrecht!) in Frankreich unter zwei Voraussetzungen nach den Regeln für landwirtschaftliche Einkünfte ermittelt werden. Erstens dürfen sie nicht mehr als 30 % am Gesamtumsatz ausmachen. Zweitens dürfen sie, unabhängig von der 30 %-Grenze, höchstens 200.000 FF betragen (Art. 75 CGI).[466] Vergleichbar sind diese Regelungen von ihrer Konzeption her mit denjenigen nach R 135 EStR. Allerdings wird dort eine Beschränkung auf gewerbliche Einkünfte vorgenommen.

---

463 Vgl. Loritz, K.-G. (1988), S. 112.
464 Vgl. Mercier, J.-Y./Plagnet, B. (1995), S. 69.
465 Vgl. Précis de fiscalité (1995), Bd. 1, Tz. 302, S. 2f.
466 Vgl. Mémento fiscal (1996), Tz. 1414, S. 229.

5.2.3 Die Einkünfte aus selbständiger Arbeit

Die Einkünfte aus selbständiger Arbeit genügen auch den vier Merkmalen gewerblicher Tätigkeiten (Selbständigkeit, Nachhaltigkeit, Gewinnerzielungsabsicht, Beteiligung am allgemeinen wirtschaftlichen Verkehr). Eine darüber hinaus gehende abstrakte Definition dieser Einkünfte findet sich im deutschen EStG nicht. Vielmehr muß diesbezüglich auf Ansätze in der Literatur zurückgegriffen werden. BIERGANS nennt als wesentliche Kriterien zur Abgrenzung gegenüber den beiden anderen Gewinneinkunftsarten, daß

> "(1) der Einsatz von Kapital gegenüber der geistigen und körperlichen Arbeit in den Hintergrund tritt und
> (2) die Tätigkeit in starkem Maße auf der Ausbildung und dem Können des Steuerpflichtigen beruht."[467]

Der deutsche Gesetzgeber hat die Einkünfte aus selbständiger Arbeit in drei Kategorien unterteilt, nämlich in Einkünfte aus freiberuflicher Tätigkeit, in Einkünfte der Einnehmer einer staatlichen Lotterie und in Einkünfte aus sonstiger selbständiger Arbeit (§ 18 Abs. 1 EStG). Am bedeutendsten sind die Einkünfte aus freiberuflicher Tätigkeit.

Einkünfte aus freiberuflicher Tätigkeit werden durch Tätigkeitsmerkmale, Katalogberufe und dem Katalog ähnliche Berufe abzugrenzen versucht (§ 18 Abs. 1 Nr. 1 EStG). Als Tätigkeitsmerkmale nennt das EStG "wissenschaftliche, künstlerische, schriftstellerische, unterrichtende oder erzieherische Tätigkeit".[468] Der Berufskatalog umfaßt Heilberufe, rechts- und wirtschaftsberatende Berufe, technisch-naturwissenschaftlich orientierte Berufe und Medienberufe.[469] Den Katalogberufen ähnliche Berufe sind solche, die in wesentlichen Punkten mit ihnen vergleichbar sind. Als besonders wichtiger Punkt für die Vergleichbarkeit wird die Ausbildung des Steuerpflichtigen genannt.[470]

Die Abgrenzungsversuche in der Literatur und des Gesetzgebers haben sich in der praktischen Anwendung nicht bewährt. Nach TIPKE/LANG sind zu den freiberuflichen Tätigkeiten bisher etwa 700 BFH-Entscheidungen veröffentlicht worden. "Der enorme Rechtsprechungsaufwand dient nicht der Steuergerechtigkeit; das Gesetz zwingt vielmehr den Richter dazu, seine intellektuelle Kapazität für Steuerungleichheit zu verschwenden."[471]

---

[467] Biergans, E. (1992), S. 68.
[468] § 18 Abs. 1 Nr. 1. S. 2 EStG. Konkretisiert werden diese Begriffe in H 136 EStH.
[469] Vgl. Jakob, W. (1996), Tz. 19, S. 163.
[470] Vgl. H 136 EStH.
[471] Tipke, K./Lang J. (1994), Tz. 495, S. 350.

Der steuerliche Anreiz, als Freiberufler eingestuft zu werden, liegt zum einen in der vereinfachten Gewinnermittlung nach § 4 Abs. 3 EStG (Einnahmen/ Ausgaben-Rechnung) und zum anderen in der GewSt-Befreiung.[472] Das einfachste Mittel zur Vermeidung rechtlicher Auseinandersetzungen bestünde in der Aufhebung der GewSt-Befreiung. Das Postulat einer gleichmäßigen Besteuerung fordert dies ohnehin. Im Unterschied zu Deutschland sind in Frankreich selbständig Tätige gewst-pflichtig.

Die genannten Berufe und Merkmale sind aber nicht die einzigen Voraussetzungen für eine freiberufliche Tätigkeit. Zusätzlich muß der Freiberufler leitend tätig sein. Bedient er sich der Mithilfe fachlich vorgebildeter Arbeitskräfte, liegt nur dann kein Gewerbebetrieb vor, wenn die "Tätigkeit der Mitarbeiter noch den 'Stempel' seiner Eigenpersönlichkeit trägt".[473] Als typisches Beispiel für einen Freiberufler kann ein Facharzt angeführt werden, der bei Untersuchungen zwar fachlich vorgebildete Kräfte einsetzt, die Diagnose aber selbst erstellt.[474]

Einkünfte aus sonstiger selbständiger Arbeit sind Vergütungen für die Vollstreckung von Testamenten, für die Vermögensverwaltung und für die Tätigkeit als Aufsichtsratsmitglied (§ 18 Abs. 1 Nr. 3 EStG). Damit ist eine relativ enge Umgrenzung sonstiger selbständiger Arbeit gegeben, so daß der freiberuflichen Tätigkeit als Haupteinfallstor in die Nichtgewerblichkeit besonderes Gewicht zukommt. Darauf deuten auch die Vielzahl der erwähnten Rechtsstreitigkeiten hin. Auf Einkünfte der Einnehmer einer staatlichen Lotterie wird an dieser Stelle nicht weiter eingegangen.[475]

Im französischen Recht findet sich ebenfalls keine abstrakte Definition der Einkünfte aus selbständiger Arbeit (bénéfices non commerciaux). In Art. 92 1. CGI werden lediglich drei Personenkreise unterschieden, die Einkünfte aus selbständiger Arbeit erwirtschaften, nämlich:[476]

1. Freiberufler,
2. Inhaber bestimmter Ämter (titulaires des charges et offices),
3. Bezieher von Einkünften, die in den übrigen Einkunftsarten nicht erfaßt werden.

---

472 Vgl. Steinhauff, D. (1995), Bd. 2, Tz. 7, S. 2376.
473 Jakob, W. (1991), Tz. 9, S. 132.
474 Vgl. Zenthöfer, W./Schulze zur Wiesche, D. (1997), S. 669f.
475 Vgl. Seeger, S. F. (1996), Tz. 135ff., S. 1482.
476 Beltrame, P. (1993), S. 46.

Freiberufliche Tätigkeiten unterteilt COZIAN in rechtsberatende, wirtschaftsberatende, medizinische und technische Berufe.[477] Damit werden in Frankreich im wesentlichen die gleichen Personenkreise abgedeckt wie mit den Katalogberufen in Deutschland. Zu den Inhabern von bestimmten Ämtern rechnen beispielsweise Notare.[478] Besondere Bedeutung kommt Punkt 3 zu, wonach all jene Einkünfte, die keiner anderen Einkunftsart unterliegen, Einkünfte aus selbständiger Arbeit sind.[479] Dadurch sollen Steuerschlupflöcher geschlossen werden. Insofern ist das Spektrum der Einkünfte aus selbständiger Arbeit breiter angelegt als in Deutschland. In Deutschland sind die sonstigen Einkünfte (§ 2 Abs. 1 Nr. 7 EStG) eine Art Auffangeinkunftsart all der Einkünfte, die von keiner anderen Einkunftsart erfaßt werden, aber dennoch besteuert werden sollen.[480]

Einkünfte die ihrer Natur nach gewerblicher Art sind, werden in Frankreich unter denselben Voraussetzungen, wie sie bereits in Kap. 5.2.1 genannt wurden, im Rahmen der nichtgewerblichen Gewinne erfaßt (inhaltliche Verknüpfung von selbständiger und gewerblicher Tätigkeit, umsatzmäßige Dominanz der selbständigen Tätigkeit).[481] Als Beispiele können Zahnärzte angeführt werden, die neben ihrer Zahnarzttätigkeit (freier Beruf) Zahnprothesen herstellen (gewerbliche Tätigkeit) oder Orthopäden, die Schuheinlagen produzieren.

5.3 Der Betriebsvermögensvergleich

5.3.1 Gewinnermittlung und Leistungsfähigkeitsprinzip

Das Leistungsfähigkeitsprinzip fordert, den Steuerpflichtigen nach seinen wirtschaftlichen Verhältnissen zu besteuern. Als Indikator wirtschaftlicher Verhältnisse wird das Einkommen herangezogen. Einkommen aus unternehmerischer Tätigkeit ist der Gewinn. Was unter Gewinn zu verstehen und wie er zu ermitteln ist, läßt sich aber keineswegs eindeutig sagen. Zum einen existieren ganz unterschiedliche Methoden der Gewinnermittlung, z.B. die Bilanzierung (Betriebsvermögensvergleich) und die Einnahmen/Ausgaben-Rechnung. Zum anderen muß der Gewinnbegriff einer Gewinnermittlungsmethode in Ländern, die sich dem Leistungsfähigkeitsprinzip verschrieben haben, keineswegs identisch sein. Als besonders drastisches Beispiel dieser Zusammenhänge kann der Gang der Daimler Benz AG an die New York Stock Exchange im Oktober 1993 angeführt werden. Nach deutschem Recht wurde für 1993 ein bilanzieller Gewinn von 615 Mio. DM ausgewiesen. Nach US-amerikanischem Recht

---

477 Vgl. Cozian, M. (1995), Tz. 801, S. 180.

478 Pratique lamy fiscal (1995), S. 873.

479 Eine umfangreiche Liste der verschiedensten unter Punkt 3 zu subsummierenden Tätigkeiten findet sich in: Précis de fiscalité (1995), Bd. 1, Tz. 501ff., S. 2ff.

480 Vgl. Biergans, E. (1992), S. 891ff.

481 Vgl. Pratique lamy fiscal (1995), Tz. 1795, S. 879.

(GAAP = Generally Accepted Accounting Principles) ergab sich ein Verlust von 1,84 Mrd. DM.[482]

Die Ausführungen verdeutlichen, daß je nach Kulturkreis und historischer Entwicklung die wirtschaftlichen Verhältnisse eines Unternehmens unterschiedlich interpretiert werden und damit auch das Leistungsfähigkeitsprinzip anders gedeutet wird.[483] Vor allem unter dem Einfluß der US-amerikanischen Rechnungslegungsvorschriften wird gegenwärtig in der deutschen Literatur um die "richtige" bilanzielle Gewinnermittlung gestritten.[484] Dabei steht insbesondere das Vorsichtsprinzip deutscher Prägung zur Debatte. Nach Ansicht seiner Kritiker kann es "zur Verschleierung der wahren Vermögenslage"[485] eines Unternehmens beitragen. Die tatsächlichen wirtschaftlichen Verhältnisse bleiben dadurch im Verborgenen.

Folgerung: Das Leistungsfähigkeitsprinzip determiniert nicht ein ganz bestimmtes Gewinn-Verständnis, sondern überläßt dem Gesetzgeber einen Spielraum bei der Ausgestaltung der Gewinnermittlungsvorschriften. Entscheidend ist, daß sich die Gewinnermittlung in die Gesamtkonzeption der ESt einfügt, damit eine gleichmäßige Besteuerung gewährleistet ist. Im globalen Wettbewerb der Rechtsordnungen um Investoren wird letztlich die Güte der nationalen Gesetzgebung auf die Probe gestellt.

Auf europäischer Ebene werden seit Beginn der 60er Jahre Anstrengungen unternommen, die Harmonisierung der bilanziellen Gewinnermittlung voranzutreiben. Allerdings beziehen sich die Harmonisierungsbemühungen ausschließlich auf die Rechnungslegung der Kapitalgesellschaften. Von besonderer Bedeutung sind bisher die Jahre 1978 und 1983. Vom Ministerrat wurde nach 15jährigen Verhandlungen am 25.7.1978 die 4. EG-Richtlinie und nach 12jährigen Verhandlungen am 13.6.1983 die 7. EG-Richtlinie verabschiedet.[486]

Während die 4. EGR eine Harmonisierung der Rechnungslegungsvorschriften für den Einzelabschluß von Kapitalgesellschaften vorsieht, bezieht sich die 7. EGR auf die Vereinheitlichung der Konzernrechnungslegung. Da die Konzernrechnungslegung nicht Gegenstand dieser Arbeit ist, steht im Folgenden nur die 4. EGR im Blickpunkt. Sie wurde in Deutschland mit BiRiLiG vom

---

482 Vgl. Weber-Grellet, H. (1997), S. 388.

483 Zur historischen Entwicklung der Rechnungslegungsvorschriften in den USA vgl. KPMG (1997), S. 3ff.

484 Vgl. Weber-Grellet, H. (1996a), S. 2089ff.; Kessler, H. (1997), S. 1ff.

485 Weber-Grellet, H. (1996a), S. 2090.

486 Vgl. Rost, P. (1991), S. 125f.

19.12.1985 und in Frankreich mit Gesetz-Nr. 83-353 vom 30.04.1983 und Décret 83-1020 vom 29.11.1983 in nationales Recht transformiert.[487]

Durch die Harmonisierungsbestrebungen sollten in Europa die Jahresabschlüsse von Kapitalgesellschaften vergleichbarer werden.[488] Tatsächlich wurde das gesteckte Ziel aber nicht erreicht. Die europäischen Staaten waren nicht bereit, auf gewachsenes nationales Recht zugunsten einer einheitlichen europäischen Rechnungslegung zu verzichten. Als Folge davon sind in den 62 Artikeln der 4. EGR 76 Wahlrechte auszumachen.[489] Sie ermöglichten letztlich die Beibehaltung traditioneller Rechnungslegungsvorschriften.

Sowohl in Deutschland als auch Frankreich wurde die 4. EGR zum Anlaß genommen, bisher ungeschriebenes Recht zu kodifizieren, wobei die kodifizierten Rechnungslegungsprinzipien zum Großteil nicht nur für Kapitalgesellschaften, sondern für alle Rechtsformen verbindlich wurden. Insoweit hat die 4. EGR auch auf die Bilanzierung der Personengesellschaften Einfluß genommen. Deshalb wird in den weiteren Kapiteln auch auf den Inhalt der 4. EGR Bezug genommen.

5.3.2 Der Betriebsvermögensvergleich nach deutschem Recht

Das EStG sieht für die Gewinneinkunftsarten (Einkünfte aus Land- und Forstwirtschaft, Gewerbebetrieb und selbständiger Arbeit) mehrere Gewinnermittlungsmethoden vor, nämlich

- den allgemeinen Betriebsvermögensvergleich (§ 4 Abs. 1 EStG),
- den speziellen Betriebsvermögensvergleich für Gewerbetreibende (§ 5 EStG),
- die Einnahmen/Ausgaben-Rechnung (§ 4 Abs. 3 EStG),
- die Gewinnermittlung nach Durchschnittssätzen (§ 13a EStG).[490][491]

Nachfolgende Tabelle gibt einen Überblick über die Gewinnermittlungsarten und die betroffenen Personen:[492]

---

487 Vgl. Weber-Braun, E. (1995), S. 4.

488 Vgl. Rat der Europäischen Gemeinschaften (1978), Nr. L 222/11; Rat der Europäischen Gemeinschaften (1983), Nr. L 193/1.

489 Vgl. Küting, K. (1993), S. 31.

490 Allgemeiner und spezieller Betriebsvermögensvergleich stimmen überwiegend überein. Der wesentliche Unterschied zwischen beiden besteht darin, daß das sogenannte Maßgeblichkeitsprinzip nur beim speziellen Betriebsvermögensvergleich gilt.

491 Vgl. Bauch, G./Oestreicher, A. (1993), S. 200ff.

492 Vgl. Tipke, K./Lang, J. (1996), Tz. 203, S. 272f.

Gewinnermittlungsart	**Personenkreis**
Allgemeiner Betriebsvermögensvergleich nach § 4 Abs. 1 EStG	Gesetzlich buchführungspflichtige oder freiwillig buchführende Land- und Forstwirte Freiwillig buchführende Freiberufler
Betriebsvermögensvergleich für Gewerbetreibende nach § 5 EStG	Gesetzlich buchführungspflichtige oder freiwillig buchführende Gewerbetreibende
Einnahmen/Ausgaben-Rechnung nach § 4 Abs. 3 EStG	Nicht buchführende Freiberufler Weder gesetzlich buchführungspflichtige noch freiwillig buchführende Gewerbetreibende Land- und Forstwirte, die weder freiwillig Bücher führen noch hierzu gesetzlich verpflichtet sind und auch nicht die Gewinnermittlung nach § 13a Abs. 2 S. 1 Nr. 2 EStG beantragt haben
Gewinnermittlung nach Durchschnittssätzen gemäß § 13a EStG	Land- und Forstwirte, die die Voraussetzungen des § 13a Abs. 1 EStG erfüllen und nach § 13a Abs. 2 EStG keine andere Gewinnermittlungsart wählen

Beim allgemeinen und speziellen Betriebsvermögensvergleich wird der Gewinn mit Hilfe zweier zeitlich aufeinanderfolgender Bilanzen ermittelt, in dem das Betriebsvermögen am Ende des betrachteten Wirtschaftsjahres dem Betriebsvermögen am Ende des vorangegangenen Wirtschaftsjahres gegenübergestellt wird. Unter Betriebsvermögen wird das Eigenkapital eines Unternehmens verstanden. Da das Eigenkapital aus dem Saldo von Aktiva und Passiva resultiert, wird in der Literatur vorgeschlagen, den Begriff Betriebsvermögen durch Betriebsreinvermögen zu ersetzen.[493] [494] Das nachfolgende Beispiel veranschaulicht die Konzeption des Betriebsvermögensvergleichs.

[493] Vgl. Tipke, K./Lang, J. (1996), Tz. 300ff., S. 310ff.

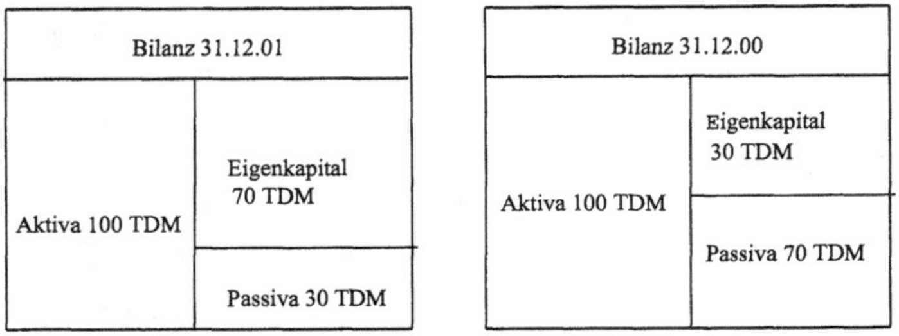

Aus den beiden Bilanzen ist eine Eigenkapitaländerung von 40 TDM ersichtlich. Sie ist um Geschäftsvorfälle zu korrigieren, die der Privatsphäre des Unternehmers zuzuordnen sind. Es wäre z.B. denkbar, daß der Unternehmer unterjährig 5 TDM von einem Geschäftskonto abgehoben hat, um seinen jährlichen Urlaub zu finanzieren. Da der Urlaub aber auf privaten Motiven beruht und nicht betrieblich veranlaßt ist, liegt eine sogenannte Privatentnahme vor. Privatentnahmen können die vielfältigsten Formen annehmen (Geldentnahmen, Warenentnahmen, Nutzungsentnahmen, Leistungsentnahmen). Ihnen allen ist gemeinsam, daß ein Wirtschaftsgut der betrieblichen Sphäre entnommen und der Privatsphäre zugeführt wird. Privatentnahmen sind dem Gewinn hinzuzurechnen. Umgekehrt könnte sich ein Unternehmer entscheiden, einen Lottogewinn auf das Geschäftskonto einzuzahlen, um die Eigenkapitalquote aufzubessern. Da die Einnahme nicht durch die betriebliche Tätigkeit veranlaßt ist, darf sie den Periodengewinn nicht erhöhen. Privateinlagen jeglicher Art mindern den steuerpflichtigen Gewinn.

Neben der Bilanz muß der Kaufmann eine Gewinn-und-Verlust-Rechnung erstellen (§ 242 Abs. 2 HGB). Sie ist nichts anderes als ein Instrument, den Gewinn transparenter zu machen, d.h. Eigenkapitaländerungen übersichtlich und nachvollziehbar darzustellen. Bilanz und GuV bilden zusammen den Jahresabschluß (§ 242 Abs. 3 HGB). Kapitalgesellschaften haben den Jahresabschluß, um einen Anhang zu erweitern, der mit Bilanz und GuV eine Einheit bilden muß (§ 264 Abs. 1 HGB). Ebenfalls nur von Kapitalgesellschaften zu erstellen ist der Lagebericht (§ 264 Abs. 1 HGB). Er steht eigenständig neben dem Jahresabschluß.

Sowohl der Bilanz als auch der GuV liegt die Buchführung zugrunde. In ihr werden sämtliche wirtschaftlichen Vorfälle einer Periode wertmäßig erfaßt.

---

494 Übersteigen die passiven die aktiven Wirtschaftsgüter wertmäßig, liegt eine Überschuldung vor (Unterbilanz). Auf der Aktivseite müssen Kapitalgesellschaften in solchen Fällen einen Bilanzposten mit der Bezeichnung "Nicht durch Eigenkapital gedeckter Fehlbetrag" bilden (§ 268 Abs. 3 HGB).

Buchführung und Bilanzierung müssen sich nach ganz bestimmten Regeln vollziehen. Angesprochen sind die Grundsätze ordnungsmäßiger Buchführung. Sie gehen auf kaufmännische Übung, Gesetzgebung, Rechtsprechung und wissenschaftliche Forschung zurück.[495] Obwohl das EStG die Beachtung der GoB nur für Gewerbetreibende explizit fordert (§ 5 Abs. 1 S. 1), gelten sie auch für den allgemeinen Betriebsvermögensvergleich, da sinnvoll nur verglichen werden kann, was auf gleichen Berechnungsregeln beruht.[496]

Nicht jeder Unternehmer ist aber zum allgemeinen oder speziellen Betriebsvermögensvergleich verpflichtet und somit buchführungspflichtig. Vielmehr knüpft § 141 Abs. 1 AO die Buchführungspflicht an bestimmte monetäre Voraussetzungen, nämlich den Umsatz, das Betriebsvermögen, den Wirtschaftswert selbstbewirtschafteter land- und forstwirtschaftlicher Flächen sowie den Gewinn (originäre Buchführungspflicht). Erfüllt der Steuerpflichtige nicht eine der Voraussetzungen, kann er nach § 140 AO zur Buchführung verpflichtet werden.[497] Dort heißt es:

> "Wer nach anderen Gesetzen als den Steuergesetzen Bücher und Aufzeichnungen zu führen hat, die für die Besteuerung von Bedeutung sind, hat die Verpflichtungen, die ihm nach den anderen Gesetzen obliegen, auch für die Besteuerung zu erfüllen."

Da § 140 AO die Buchführungspflicht aus anderen Gesetzen ableitet, ist auch von derivativer Buchführungspflicht die Rede.[498] Zu den relevanten anderen Gesetzen rechnen insbesondere das HGB, das AktG, das GmbH-Gesetz, das GenG und das BGB.[499] Von herausragender Bedeutung ist das HGB. Nach § 238 Abs. 1 S. 1 HGB ist jeder Kaufmann verpflichtet, Bücher zu führen. Der Kaufmannsbegriff ist in den §§ 1-7 HGB geregelt.[500]

Fazit: Allgemeiner und spezieller Betriebsvermögensvergleich basieren auf dem Vergleich zweier zeitlich aufeinanderfolgender, bilanziell ausgewiesener Eigenkapitalgrößen. Der Bilanz liegt die Buchführung zugrunde, die bei der Gewinnermittlung nach § 4 Abs. 1 und § 5 EStG an die GoB gebunden ist. Die Buchführungspflicht ist an bestimmte Voraussetzungen gekoppelt (§§ 140, 141 AO).

---

495 Vgl. Leffson, U. (1987), S. 112ff.

496 Vgl. Pickert, G., (1989), S. 374; Wichmann, G. (1990), S. 1448.

497 Unbeschadet dieser Vorschriften kann der Steuerpflichtige freiwillig Bücher führen und den Gewinn nach § 4 Abs. 1 bzw. § 5 EStG ermitteln.

498 Vgl. Bornhofen, M./Busch, E. (1995), S. 148ff.

499 Vgl. Ax, R./Große, T./ Cämmerer, J. (1995), S. 210ff.

500 Vgl. Bornhofen, M./Busch, E. (1995), S. 5ff.

5.3.3 Zu den Grundsätzen ordnungsmäßiger Buchführung nach deutschem Recht

Eine Buchführungspflicht gemäß §§ 140, 141 AO zieht den allgemeinen oder speziellen Betriebsvermögensvergleich (§§ 4 Abs. 1 S. 1, 5 EStG) nach sich, der den GoB entsprechen muß. Bei den GoB handelt es sich um Regeln der Buchführung und der Erstellung des Jahresabschlusses (Rechenschaftslegung).[501] Bis zur Umsetzung der 4. EGR in deutsches Recht mit dem BiRiLiG vom 19.12.1985 waren die GoB überwiegend ungeschriebenes Recht. Mit dem BiRiLiG hat sich das geändert. Fortan sind die bedeutendsten GoB vor allem im HGB kodifiziert.[502]

Bezüglich der Systematisierung der GoB gibt es mehrere Vorschläge.[503] In diesem Kapitel sollen zunächst, in Anlehnung an einen Systematisierungsvorschlag von BIERGANS, die wichtigsten kodifizierten GoB genannt werden.[504] Im Zusammenhang mit der Erörterung der Bilanzierung, dem Grund und der Höhe nach, wird dann auf besonders bedeutende GoB detaillierter eingegangen.

BIERGANS nennt vier übergeordnete GoB, die durch weitere GoB präzisiert werden, nämlich

(1) den Grundsatz der Wahrheit,
- Vollständigkeitsprinzip (§§ 239 Abs. 2, 246 Abs. 1 HGB),
  > Abgrenzungsprinzip (§ 252 Abs. 1 Nr. 5 HGB),
- Einzelbewertungsprinzip (§ 252 Abs. 1 Nr. 3 HGB),

(2) den Grundsatz der Klarheit (§§ 238 Abs. 1, 243 Abs. 2 HGB),
- Bruttoprinzip (§ 246 Abs. 2 HGB),

(3) den Grundsatz der Vorsicht inkl. Wertaufhellungstheorie (§ 252 Abs. 1 Nr. 4HGB),
- Realisationsprinzip (§ 252 Abs. 1 Nr. 4 HGB),
  > Ak/Hk-Prinzip (§ 253 Abs. 1 HGB),
- Imparitätsprinzip,
  > Niederstwertprinzip (§ 253 Abs. 2 S. 3, Abs. 3 S. 1 HGB),
  > Höchstwertprinzip (§ 253 Abs. 2 S. 3, Abs. 3 S. 1 HGB gilt analog für die Passivseite),

---

[501] Vgl. Coenenberg, A. G. (1994), S. 26f.
[502] Vgl. Weber-Grellet, H. (1996), Tz. 66, S. 313.
[503] Vgl. Heinen, E. (1986), S. 156ff.; Leffson, U. (1987), S. 179ff.
[504] Vgl. Biergans, E. (1992), S. 172ff.

(4) den Grundsatz der Bilanzverknüpfung,
- Prinzip der Bilanzidentität (§ 252 Abs. 1 Nr. 1),
- Going-Concern-Prinzip (§ 252 Abs. 1 Nr. 2 HGB),
- Prinzip der formellen Bilanzkontinuität (§ 265 Abs. 1 HGB),
- Prinzip der materiellen Bilanzkontinuität (§ 252 Abs. 1 Nr. 6 HGB).[505]

5.3.4 Betriebsvermögensvergleich und GoB nach französischem Recht

Der französische Gesetzgeber unterscheidet drei Gewinnermittlungsarten, nämlich den Betriebsvermögensvergleich, die Einnahmen/Ausgaben-Rechnung und die pauschalierte Gewinnermittlung. Die pauschalierte Gewinnermittlung ist kein für alle Gewinneinkunftsarten einheitliches Gewinnermittlungsverfahren. Jede Gewinneinkunftsart hält hierfür spezielle Regelungen bereit. Der deutsche Gesetzgeber sieht eine ähnliche Vorgehensweise nur für Land- und Forstwirte vor (Gewinnermittlung nach Durchschnittssätzen). Nachfolgende Tabelle zeigt die verschiedenen Gewinnermittlungsarten im Überblick.

Gewinnermittlungsart	**Personenkreis**
Betriebsvermögensvergleich	Gesetzlich buchführungspflichtige Gewerbetreibende Gesetzlich buchführungspflichtige Land- und Forstwirte Freiwillig Buchführende
Einnahmen/Ausgaben-Rechnung	Selbständig Tätige, die nicht freiwillig Bücher führen
Pauschalierte Gewinnermittlung	Gewerbetreibende, Land- und Forstwirte und selbständig Tätige, wenn keine andere Gewinnermittlungsmethode zur Anwendung gelangt

Art. 38 CGI hält zwei Gewinndefinitionen bereit. Im ersten Fall wird der Gewinn mit der Differenz zweier zeitlich aufeinanderfolgender Betriebsvermögenswerte gleichgesetzt, die um Privatentnahmen und Privateinlagen zu korrigieren sind. Das Betriebsvermögen entspricht dabei dem Eigenkapital des Unternehmens.[506] Dieses Verfahren deckt sich mit dem deutschen Betriebsver-

[505] Obgleich der Grundsatz der formellen Bilanzkontinuität im HGB unter den ergänzenden Vorschriften für Kapitalgesellschaften steht, hat er für alle Kaufleute Gültigkeit. Vgl. Biergans, E. (1992), S. 176f.

[506] "Le bénéfice net est constitué par la différence entre les valeurs de l'actif net à la clôture et à l'ouverture de la période dont les résultats doivent servir de base à l'impôt diminuée

mögensvergleich (Kap. 5.3.2). Im zweiten Fall wird der Gewinn aus sämtlichen in der Buchführung dokumentierten Geschäftsvorfällen einer Rechnungsperiode hergeleitet.[507] Beide Methoden bilden zusammen eine Einheit, da die Entwicklung des Eigenkapitals durch die einzelnen Geschäftsvorfälle determiniert wird.[508] Anhand der aufgezeichneten Geschäftsvorfälle in der Buchführung wird die Eigenkapitalentwicklung erst nachvollziehbar.

Die Buchführungspflicht ist in Frankreich an die Umsatzhöhe gekoppelt. Dienstleistungsunternehmen, deren Jahresumsatz 1,5 Mio. FF übersteigt, sowie alle übrigen Unternehmen, deren Periodenumsatz oberhalb 5,0 Mio. FF liegt, sind buchführungspflichtig und müssen den Gewinn durch Betriebsvermögensvergleich ermitteln (Art. 53 A, 54, 302 *septies* A *bis* CGI).[509] Bei Umsätzen ab 150 TFF (Dienstleister) bzw. 500 TFF (übrige) ist ein vereinfachter Betriebsvermögensvergleich durchzuführen. Liegen die Umsätze unterhalb, ist der Gewinn durch Pauschalierung festzustellen (Kap. 5.4.1). Die pauschalierte Gewinnermittlung hat im deutschen Recht kein Pendant.

Werden die Umsatzgrenzen von 1,5 bzw. 5 Mio. FF überschritten, sind Unternehmen, unabhängig von ihrer Rechtsform, verpflichtet, eine Bilanz, eine GuV und einen Anhang zu erstellen. Alle drei Komponenten müssen zusammen eine Einheit bilden (Art. 8 CDC). Das Postulat der "Einheit" fordert konsistente Aussagen. Beispielsweise darf der Anhang nicht zu anderen Schlußfolgerungen Anlaß geben als die Bilanz oder GuV. Handelsgesellschaften müssen den Jahresabschluß um einen Lagebericht ergänzen.[510] Nach deutschem Handelsrecht muß ein Anhang nur von Kapitalgesellschaften erstellt werden.

Buchführung und Jahresabschluß (Bilanz, GuV, Anhang) haben den GoB zu genügen. Sie gehen, wie in Deutschland, auf kaufmännische Bräuche, Gesetzgebung, Rechtsprechung und Wissenschaft zurück.[511] In der französischen Literatur finden sich bezüglich der GoB unterschiedliche Systematisierungsvorschläge.[512] Hier wird auf den Vorschlag von FEUILLET eingegangen.[513] Er

---

des suppléments d'apport et augmentée des prélèvements effectués au cours de cette période par l'exploitant ou par les associés."; Art. 38 2. CGI.

507 "Le bénéfice imposable est le bénéfice net, déterminé d'après les résultats d'ensemble des opérations de toute nature effectuées par les entreprises, y compris notamment les cessions d'éléments quelconques de l'actif, soit en cours, soit en fin d'exploitation."; Art. 38 1. CGI.

508 Vgl. Cozian, M. (1995), Tz. 170, S. 32.

509 Vgl. Mémento fiscal (1996), Tz. 1080, S. 203.

510 Vgl. Altmeier, D. u.a. (1994), S. 155f.

511 Vgl. Viandier, A./Lauzainghein, C. d. (1993), S. 14-22.

512 Vgl. z.B. Viandier, A./Lauzainghein, C. d. (1993), S. 249-285.

513 Vgl. Feuillet, P. (1984), S. 463ff.

unterscheidet sieben herausragende Bilanzierungsgrundsätze, denen weitere Grundsätze konkretisierend zugeordnet sein können.

Kodifizierte Grundsätze ordnungsmäßiger Buchführung	**CDC Art.**	**4. EGR Art.**
(1) Prinzip der Klarheit	9 Abs. 1	4
	10 Abs. 1	
– Bruttoprinzip	13 Abs. 2	7
– Prinzip der Bilanzidentität	13 Abs. 3	31 Abs. 1f
(2) Going-Concern-Prinzip	14 Abs. 1	31 Abs. 1a
(3) Prinzip der Methodenstetigkeit		
– Prinzip der formellen Bilanzkontinuität	11	3
– Prinzip der materiellen Bilanzkontinuität	11	31 Abs. 1b
(4) Vorsichtsprinzip inkl. Wertaufhellungstheorie	14	31 Abs. 1c
– Realisationsprinzip	15	dito
– Imparitätsprinzip		
> Niederstwertprinzip	12 Abs. 2	dito
> Höchstwertprinzip	12 Abs. 2	dito
(5) Abgrenzungsprinzip	9 Abs. 2	31 Abs. 1d
(6) Prinzip der historischen Kosten	12 Abs. 1	32
(7) Prinzip der Wahrheit (principe de fidélité)	9 Abs. 5-7	2 Abs. 3 und 4
– Prinzip der Einzelbewertung	13 Abs. 1	31 Abs. 1e

Fazit: Art. 2 Abs. 1 4. EGR bestimmt: "Der Jahresabschluß besteht aus der Bilanz, der Gewinn-und-Verlust-Rechnung und dem Anhang zum Jahresabschluß. Diese Unterlagen bilden eine Einheit." In Deutschland müssen im Unterschied zu Frankreich lediglich Kapitalgesellschaften einen Anhang erstellen. Auffallend ist, daß der französische Gesetzgeber den Vollständigkeitsgrundsatz (§§ 239 Abs. 2, 246 Abs. 1 HGB) nicht kodifiziert hat.[514] Auch in der 4. EGR findet er sich nicht.

514 Vgl. Bolin, M. (1991), S. 245.

5.3.5 Das Maßgeblichkeitsprinzip nach deutschem Recht

In den vorangegangenen Kapiteln wurde deutlich, daß der Betriebsvermögensvergleich den GoB genügen muß. Sie sind in Deutschland hauptsächlich im Handelsrecht kodifiziert, d.h., Ausgangspunkt der steuerlichen Gewinnermittlung sind handelsrechtliche Vorschriften. Es wird vom Maßgeblichkeitsprinzip der Handelsbilanz für die Steuerbilanz gesprochen. Das Maßgeblichkeitsprinzip ist in § 5 Abs. 1 S. 1 EStG verankert. Dort heißt es:

> "Bei Gewerbetreibenden, die auf Grund gesetzlicher Vorschriften verpflichtet sind, Bücher zu führen und regelmäßig Abschlüsse zu machen, oder die ohne eine solche Verpflichtung Bücher führen und regelmäßig Abschlüsse machen, ist für den Schluß des Wirtschaftsjahres das Betriebsvermögen anzusetzen (§ 4 Abs. 1 Satz 1), das nach den handelsrechtlichen Grundsätzen ordnungsmäßiger Büchführung auszuweisen ist."

Durch das Maßgeblichkeitsprinzip ist der Unternehmer "nicht verpflichtet, eine gesonderte Steuerbilanz aufzustellen; vielmehr genügt es, wenn er dem Finanzamt seine Handelsbilanz einreicht, die unter Beachtung der steuerrechtlichen Vorschriften korrigiert worden ist".[515] Eine solche Handelsbilanz wird auch als Einheitsbilanz bezeichnet.[516]

Das Maßgeblichkeitsprinzip kann aber höchstens als ein Grundsatz aufgefaßt werden. Es wird häufig durchbrochen und sogar umgekehrt. Zu einer Durchbrechung kann es kommen, wenn steuerliche Vorschriften von handelsrechtlichen Bestimmungen abweichen. Die Umkehrung des Maßgeblichkeitsprinzips liegt in § 5 Abs. 1 S. 2 EStG begründet. Danach sind "steuerrechtliche Wahlrechte bei der Gewinnermittlung .. in Übereinstimmung mit der handelsrechtlichen Jahresbilanz auszuüben".[517] Als Folge davon weicht die Handelsbilanz zwar nicht von der Steuerbilanz ab, de facto wird aber die Steuerbilanz für die Handelsbilanz maßgeblich, da das handelsrechtliche Wahlrecht in gleicher Weise ausgeübt werden muß wie das steuerliche Wahlrecht.[518]

Folgende Anwendungsfälle des Maßgeblichkeitsprinzips lassen sich unterscheiden:[519]

---

515 Wöhe, G. (1992), S. 172f.

516 Alternativ zur Einheitsbilanz kann der Steuerpflichtige zwei Bilanzen erstellen. Eine Handelsbilanz und eine daraus abgeleitete Steuerbilanz. In der Praxis wird i.d.R. nur eine Einheitsbilanz erstellt. Vgl. Tipke, K./Lang, J. (1996), Tz. 309, S. 313.

517 § 5 Abs. 1 S. 2 EStG.

518 Vgl. Wöhe, G. (1992), S. 174ff.

519 Vgl. Biergans, E. (1992), S. 178.

Anwendungsfälle	Handelsrecht	Steuerrecht
(1)	Muß-Vorschrift	Muß-Vorschrift
(2)	Wahlrecht	Muß-Vorschrift
(3)	Wahlrecht	Wahlrecht
(4)	Wahlrecht	keine Vorschrift
(5)	Muß-Vorschrift	Wahlrecht

In Fall (1) wird sowohl handels- als auch steuerrechtlich eine Muß-Vorschrift angenommen. Unterscheidet sich die handelsrechtliche von der steuerrechtlichen Muß-Vorschrift, kommt es zu einer Abweichung zwischen handels- und steuerrechtlichem Ergebnis. Es liegt eine Durchbrechung des Maßgeblichkeitsprinzips vor.

Wird handelsrechtlich ein Wahlrecht gewährt, dem steuerrechtlich eine Muß-Vorschrift gegenübersteht (Fall 2), folgt daraus eine Durchbrechung des Maßgeblichkeitsprinzips, wenn das handelsrechtliche Wahlrecht nicht i.S.d. steuerlichen Muß-Vorschrift wahrgenommen wird.

Ein sowohl handels- als auch steuerrechtlich gewährtes Wahlrecht (Fall 3) muß übereinstimmend ausgeübt werden. Dies folgt unmittelbar aus dem umgekehrten Maßgeblichkeitsprinzip. Das umgekehrte Maßgeblichkeitsprinzip wurde auf deutsches Betreiben hin als Wahlrecht in die 4. EGR aufgenommen (Art. 35 Abs. 1 Buchst. d, Art. 39 Abs. 1 Buchst. e).[520]

Umstritten sind Fälle, in denen einem handelsrechtlichen Wahlrecht keine steuerrechtlichen Vorschriften gegenüberstehen (Fall 4). TIPKE/LANG führen dazu aus: "Gewährt das Handelsrecht ein **Wahlrecht**, so gebietet u.E. § 5 I 1 EStG, daß ein in der Handelsbilanz ausgeübtes Wahlrecht auch für die Steuerbilanz maßgeblich ist, sofern steuerrechtliche Vorschriften nicht entgegenstehen."[521] Demgegenüber hat der BFH in seiner Rechtsprechung in solchen

---

[520] Vgl. Schulze-Osterloh, J. (1991), S. 293f.
[521] Tipke, K./Lang, J. (1996), Tz. 327, S. 317f.

Fällen die Maßgeblichkeit verneint.[522] Aus handelsrechtlichen Aktivierungswahlrechten wird steuerrechtlich eine Aktivierungspflicht. Handelsrechtliche Passivierungswahlrechte ziehen steuerrechtlich ein Passivierungsverbot nach sich.[523] Ebenso führen handelsrechtliche Bewertungswahlrechte zu steuerlichen Aktivierungsgeboten.[524] Den angeführten Durchbrechungen des Maßgeblichkeitsprinzips liegen letztlich fiskalische Staatsinteressen zugrunde.

In Fall 5 ist entscheidend, ob der spezielle Betriebsvermögensvergleich oder der allgemeine Betriebsvermögensvergleich vorliegt. Beim allgemeinen Betriebsvermögensvergleich gilt nämlich das Maßgeblichkeitsprinzip nicht. Die Steuerpflichtigen sind bei der Erstellung der Steuerbilanz nur an steuerliche Bilanzierungsvorschriften gebunden. Vom Steuerrecht abweichende handelsrechtliche Bestimmungen müssen nicht berücksichtigt werden.[525] Da das Maßgeblichkeitsprinzip nur beim speziellen Betriebsvermögensvergleich gilt, müssen auch nur dort steuerliche Wahlrechte in Übereinstimmung mit handelsrechtlichen Muß-Vorschriften ausgeübt werden (Fall 5). Gewinnermittler nach § 4 Abs. 1 S. 1 EStG können die Wahlrechte unabhängig von den handelsrechtlichen Bestimmungen wahrnehmen.

Die Abweichungen zwischen Handels- und Steuerrecht liegen in den divergierenden Zielsetzungen beider Rechtsgebiete begründet. Im Mittelpunkt der handelsrechtlichen Zielsetzung steht der Gläubigerschutz. Um die Haftungssubstanz zu erhalten, soll sich der Unternehmer eher zu arm als zu reich rechnen. Unter Zugrundelegung einer vorsichtigen Bewertung hat die Handelsbilanz Aufschluß über den ökonomischen Erfolg unternehmerischer Tätigkeit zu geben. Vorrangiges Ziel der Steuerbilanz muß es sein, eine gleichmäßige, dem Leistungsfähigkeitsprinzip entsprechende Besteuerung zu gewährleisten.[526] Daneben möchte der Gesetzgeber die Wirtschaftssubjekte durch Steuervergünstigungen zu bestimmten Verhaltensweisen motivieren, die er gesamtwirtschaftlich positiv bewertet. Z.B. werden Investitionen in den Umweltschutz mit besonders hohen Abschreibungssätzen prämiert (§ 7d EStG).

Unter Berücksichtigung der unterschiedlichen handels- und steuerrechtlichen Zielsetzungen ist das umgekehrte Maßgeblichkeitsprinzip besonders kritisch zu würdigen. Im Zusammenhang mit der umgekehrten Maßgeblichkeit ist § 254 HGB hervorzuheben. Dort heißt es:

---

522 Vgl. Herzig, N. (1995), S. 116f.
523 Vgl. Hilke, W. (1995), S. 83.
524 Vgl. Tipke, K./Lang, J. (1996), Tz. 376, S. 333f.
525 Vgl. Biergans, E. (1992), S. 170.
526 Vgl. Weber-Grellet, H. (1994), S. 289.

"Abschreibungen können auch vorgenommen werden, um Vermögensgegenstände des Anlage- oder Umlaufvermögens mit dem niedrigeren Wert anzusetzen, der auf einer nur steuerrechtlich zulässigen Abschreibung beruht."

§ 254 HGB transportiert nur im Steuerrecht genannte Abschreibungswahlrechte ins Handelsrecht.[527] Aus steuerrechtlichen Wahlrechten werden dadurch auch handelsrechtliche Entscheidungsalternativen. Nach § 5 Abs. 1 S. 2 EStG müssen aber steuerliche Wahlrechte in Übereinstimmung mit handelsrechtlichen Wahlrechten ausgeübt werden. Nimmt der Steuerpflichtige eine Steuervergünstigung in Form einer erhöhten Abschreibung in Anspruch, muß er dies auch bei der handelsrechtlichen Gewinnermittlung tun.

Die umgekehrte Maßgeblichkeit wird mit der Substanzerhaltung des Unternehmens zu begründen versucht.[528] Minderungen der Steuerbemessungsgrundlage dürfen handelsrechtlich nicht Gegenstand der Gewinnausschüttung sein. Obschon von Substanzerhaltung die Rede ist, kann die angeführte Begründung nicht mit der handelsrechtlichen Zielsetzung in Einklang gebracht werden. Der handelsrechtliche Gewinn soll im Zuge einer vorsichtigen Bewertung der Wirtschaftsgüter errechnet werden. Vorsichtig zu bewerten heißt aber nicht, Wirtschaftsgütern Werte zuzumessen, die fernab ihrer tatsächlichen Werte liegen. Die umgekehrte Maßgeblichkeit vereitelt letztlich das handelsrechtliche Bestreben, durch vorsichtige Bewertung Aufschluß über die wirtschaftlichen Verhältnisse des Unternehmens zu geben.[529]

5.3.6 Das Maßgeblichkeitsprinzip nach französischem Recht

Das Maßgeblichkeitsprinzip wird in Frankreich in Art. 38 *quater* Ann. III CGI definiert. Dort heißt es: "Die Unternehmen müssen die Vorschriften des Allgemeinen Kontenplans beachten, sofern diese nicht von den Bestimmungen für die Steuerbemessungsgrundlage abweichen."[530] COZIAN spricht vom "Primat des handelsrechtlichen Ergebnisses."[531] Die handelsrechtlichen Vorschriften gelten so lange, wie ihnen steuerrechtliche Bestimmungen nicht entgegenstehen.[532]

Im Unterschied zu Deutschland gibt es in Frankreich keine Steuerbilanz. Vielmehr wird der steuerliche Gewinn durch eine Mehr/Weniger-Rechnung aus dem

527 Vgl. Stobbe, T. (1991), S. 24f.

528 Vgl. Pöllath, R./Rodin, A. (1993), S. 216.

529 Vgl. Schmidt, P. J. (1991), S. 605ff.; Woerner, L. (1976), S. 1569f.

530 Eigene Übersetzung; Original: "Les entreprises doivent respecter les définitions édictées par le plan comptable général, sous réserve que celles-ci ne soient pas incompatibles avec les règles applicables pour l'assiette de l'impôt."

531 Eigene Übersetzung; Original: "Primauté du résultat comptable"; vgl. Cozian, M. (1995), Tz. 116, S. 23.

532 Vgl. Gail, W./Greth, M./Schumann, R. (1991), S. 1390.

handelsrechtlichen Ergebnis abgeleitet. Die Ermittlung des steuerpflichtigen Gewinns vollzieht sich in der Praxis folgendermaßen: Der Steuerpflichtige erstellt zunächst die Handelsbilanz unter Beachtung handelsrechtlicher Vorschriften. Danach wird der handelsrechtliche Gewinn um spezielle steuerrechtliche Regelungen modifiziert.[533] Von der Finanzbehörde wird dafür ein Vordruck bereitgehalten (n° 2058-A Détermination du résultat fiscal), auf dem Hinzurechnungen und Abzüge vom handelsrechtlichen Ergebnis dokumentiert werden müssen. Sie werden als außerbilanzielle Berichtigungen (rectifications extra-comptables) bezeichnet.[534]

Die vorzunehmenden Änderungen haben ihre Ursache in den unterschiedlichen Zielsetzungen von Handels- und Steuerrecht. Vorrangiges Ziel des Handelsrechts ist, wie in Deutschland, der Gläubigerschutz.[535] Unter Zugrundelegung einer vorsichtigen Bewertung der Güter soll der Jahresabschluß Aufschluß über die wirtschaftliche Situation des Unternehmens geben. Im Gegensatz dazu hat das Steuerrecht vorrangig eine gleichmäßige Besteuerung zu gewährleisten. Daneben spielen aber auch wirtschaftspolitische Zielsetzungen eine Rolle. Mit Steuervergünstigungen möchte der Gesetzgeber zu Verhaltensweisen motivieren, die er gesamtwirtschaftlich positiv beurteilt.[536]

In Anlehnung an die Ausführungen im vorangegangenen Kapitel sind folgende Anwendungsfälle des Maßgeblichkeitsprinzips zu unterscheiden (Kap. 5.3.5):

Anwendungsfälle	**Handelsrecht**	**Steuerrecht**
(1)	Muß-Vorschrift	Muß-Vorschrift
(2)	Wahlrecht	Muß-Vorschrift
(3)	Wahlrecht	Wahlrecht
(4)	Wahlrecht	keine Vorschrift
(5)	Muß-Vorschrift	Wahlrecht

533 Vgl. Cozian, M. (1995), S. 23.
534 Vgl. Précis de fiscalité (1995), Bd. 1, Tz. 1012, S. 17f.
535 Vgl. Bolin, M. (1991), S. 74.
536 Vgl. Disle, E./Saraf, J. (1995), S. 23f.; Danjou, P. (1984), S. 406.

In Fall (1) wird das Maßgeblichkeitsprinzip durchbrochen, wenn die beiden Muß-Vorschriften voneinander abweichen. Wird in Fall (2) das handelsrechtliche Wahlrecht anders ausgeübt als die steuerliche Muß-Vorschrift, kommt es ebenfalls zu einer Durchbrechung des Maßgeblichkeitsprinzips.

In Fall (3) gilt das umgekehrte Maßgeblichkeitsprinzip. Wahlrechte, die sowohl das Steuerrecht als auch das Handelsrecht gewähren, müssen in der gleichen Weise ausgeübt werden. Die umgekehrte Maßgeblichkeit wiegt aber in Frankreich nicht so schwer wie in Deutschland. Eine allgemeine Öffnungsklausel, wie sie § 254 HGB vorsieht, existiert nicht. Es gibt lediglich einzelne Fälle, in denen nur steuerlich gewährte Wahlrechte auch bei der handelsrechtlichen Gewinnermittlung berücksichtigt werden müssen. Meist handelt es sich dabei um erhöhte Abschreibungen. I.d.R. nehmen aber steuerliche Sondervorschriften keinen Einfluß auf die handelsrechtliche Gewinnermittlung.[537] Dadurch ist die Verbindung von Handels- und Steuerrecht in Frankreich insgesamt lockerer als in Deutschland.[538]

Obgleich die umgekehrte Maßgeblichkeit i.Vgl. zu Deutschland nicht so umfassend ist, wird sie auch in Frankreich kritisiert. PLAS hat schon frühzeitig die Verfälschung handelsrechtlicher Ergebnisse durch steuerliche Sondervorschriften bemängelt.[539] VIANDIER/LAUZAINGHEIN fordern deshalb, "die Existenz von zwei Bilanzen zuzulassen; die eine verkörpert die handelsrechtliche Sichtweise und die andere die steuerrechtliche Sichtweise".[540]

Wird handelsrechtlich ein Wahlrecht gewährt, dem explizit keine steuerliche Vorschrift gegenübersteht (Fall 4), ist die handelsrechtliche Ausübung des Wahlrechts für die steuerliche Gewinnermittlung maßgebend. Im Unterschied dazu gilt in Deutschland das Maßgeblichkeitsprinzip in solchen Fällen nicht.

Auch Fall (5) wird in Frankreich anders behandelt als in Deutschland. Eine Unterscheidung zwischen allgemeinem und speziellem Betriebsvermögensvergleich nach deutschem Muster gibt es nicht. Im Rahmen des Betriebsvermögensvergleichs hat das Maßgeblichkeitsprinzip in Frankreich immer Gültigkeit. Gewährt der Gesetzgeber steuerlich ein Wahlrecht, dem handelsrechtlich eine Muß-Vorschrift gegenübersteht, kommt es zu einer Durchbrechung des Maßgeblichkeitsprinzips, wenn das Wahlrecht anders wahrgenommen wird als die

---

537 Vgl. Laupenmühlen, M./Voß, C. (1994), S. 400.

538 Vgl. Mehl, L./Beltrame, P. (1984), S. 239ff.

539 Vgl. Plas, A. (1977), S. 47f.

540 Eigene Übersetzung; Original: "D´admettre l´existence de deux bilans, l´un présentant l´optique comptable et l´autre l´optique fiscal"; Viandier, A./Lauzainghein, C. d. (1993), S. 7.

steuerliche Muß-Vorschrift. Müßte das Wahlrecht wie die Muß-Vorschrift ausgeübt werden, hätte es der Gesetzgeber erst gar nicht zu gewähren brauchen.

Die vorgenommene Systematisierung des Maßgeblichkeitsprinzips in fünf Anwendungsfälle hat für die praktische Gewinnermittlung in Frankreich eher theoretischen Charakter. "Probleme der Maßgeblichkeit bzw. der 'umgekehrten Maßgeblichkeit', die in Deutschland Gegenstand umfangreicher dogmatischer Erörterungen bilden, sind in Frankreich unbekannt."[541] In der französischen Literatur wird das Maßgeblichkeitsprinzip auch weit weniger diskutiert als in Deutschland. Die "Problemlosigkeit" des Maßgeblichkeitsprinzips in der französischen Bilanzierungspraxis liegt zum einen in der geringeren Bedeutung der umgekehrten Maßgeblichkeit begründet; zum anderen wird auch in den Fällen (4) und (5) der Grundsatz beachtet, daß es zu einer Abweichung von handels- und steuerrechtlichem Ergebnis nur kommen kann, wenn im Steuerrecht explizit abweichende Regelungen vorgesehen sind.

5.3.7 Bilanzierung dem Grund nach

5.3.7.1 Die Abgrenzung des Betriebs- vom Privatvermögen in Deutschland

Bislang wurde der Inhalt der Bilanz noch nicht thematisiert. In diesem Kapitel ist zu klären, was in der Bilanz auszuweisen ist und wer den Ausweis vorzunehmen hat. Die Frage, was zu bilanzieren ist, wird für Aktiva und Passiva getrennt beantwortet.

Für die nähere Bestimmung der Aktiva verwenden Handels- und Steuerrecht keine einheitliche Terminologie. Während das Handelsrecht von Vermögensgegenständen spricht (§§ 240, 241, 246, 252, 253 HGB), ist im Steuerrechtvon Wirtschaftsgütern die Rede (§§ 4, 5, 6 EStG).[542] Handels- und Steuerrecht enthalten aber keine Definitionen ihrer verwendeten Bezeichnungen. Deshalb muß auf die Rechtsprechung des BFH zurückgegriffen werden. Aufgrund des Maßgeblichkeitsprinzips entspricht der vom BFH entwickelte Wirtschaftsgutbegriff dem handelsrechtlichen Vermögensgegenstandsbegriff.[543]

Aus der BFH-Rechtsprechung lassen sich drei Voraussetzungen für das Vorliegen eines Wirtschaftsgutes herausarbeiten:[544]

---

541 Vgl. Tillmanns, W. (1995), S. 574.

542 In Kap. 5.3.2 wurde bereits darauf hingewiesen, daß der Saldo aller aktiven und passiven Wirtschaftsgüter das Betriebsvermögen (Eigenkapital) eines Unternehmens konstituiert.

543 Vgl. Weber-Grellet, H. (1996), Tz. 93ff., S. 318ff.; Schulze-Osterloh, J. (1991), S. 286.

544 Biergans, E. (1992), S. 196.

1. Der wirtschaftliche Vorteil muß über die betrachtete Rechnungsperiode hinausreichen;
2. der wirtschaftliche Vorteil muß übertragbar und selbständig bewertbar sein;
3. der wirtschaftliche Vorteil muß konkretisiert sein.

Punkt 1 stellt sicher, daß nur Vermögenswerte in der Bilanz aufgenommen werden, die der Steuerpflichtige über den Bilanzstichtag hinaus nutzen kann. Hinter der 2. Bedingung steht das handelsrechtliche Ziel, die Gläubiger vor einer überhöhten Gewinnausschüttung zu schützen. Nur was im Konkursfall zur Gläubigerbefriedigung veräußerbar ist, soll bilanziert werden. Auf die Einzelveräußerbarkeit kommt es dabei nicht an. Ein entgeltlich erworbener Geschäftswert, der naturgemäß untrennbar mit einem Betrieb verbunden ist, stellt ein aktivierungsfähiges Wirtschaftsgut dar (§ 255 Abs. 4 HGB, § 7 Abs. 1 S. 3 EStG). Materielle Vermögenswerte und Zahlungsmittel sind durch ihr Vorhandensein konkretisiert (Punkt 3). Immaterielle Vermögenswerte sind mit der Entstehung des Rechts bzw. Anspruchs konkretisiert.[545]

Nachdem festgestellt wurde, daß ein Wirtschaftsgut vorliegt, muß im nächsten Schritt geprüft werden, ob es Betriebsvermögenseigenschaft hat. In Anlehnung an das Veranlassungsprinzip zur Abgrenzung der Betriebsausgaben/Werbungskosten von den Privatausgaben könnte die Betriebsvermögenseigenschaft folgendermaßen definiert werden: "Ein Wirtschaftsgut hat Betriebsvermögenseigenschaft, wenn es im wirtschaftlichen Eigentum des Steuerpflichtigen steht und aus betrieblicher Veranlassung angeschafft, erstellt oder eingelegt wurde."[546]

Im Handels- und Steuerrecht finden sich keine Regelungen für die Abgrenzung des Betriebs- vom Privatvermögen. Deshalb muß auf Rechtsprechung und amtliche Verwaltungsrichtlinien (R 13 EStR) zurückgegriffen werden.[547] Rechtsprechung und Verwaltung nehmen aber nicht auf das Veranlassungsprinzip Bezug, sondern differenzieren zwischen notwendigem Betriebsvermögen, gewillkürtem Betriebsvermögen und notwendigem Privatvermögen. Dabei hängen die Bilanzierungsmodalitäten davon ab, ob ein Wirtschaftsgut einheitlich oder gemischt genutzt wird.

Einheitlich genutzte Wirtschaftsgüter werden entweder ausschließlich betrieblich oder ausschließlich privat verwendet. Ein nur privat genutztes Wirtschaftsgut gehört dem notwendigen Privatvermögen an. Es darf bilanziell nicht erfaßt werden. Zum notwendigen Betriebsvermögen rechnen Wirtschaftsgüter, die "objektiv erkennbar zum direkten Einsatz im Betrieb selbst bestimmt sind",[548]

---

545 Vgl. Meyer, D. (1984), S. 38ff.
546 Ähnlich Jakob, W. (1996), Tz. 103ff., S. 211f.
547 Vgl. Tipke, K. (1979), S. 206.
548 Tiedtke, K. (1983), S. 239f.

wie z.B. Maschinen oder Rohstoffe. Die alleinige Behauptung des Steuerpflichtigen, ein Vermögensgegenstand werde ausschließlich betrieblich genutzt, reicht nicht aus. Wie bei der Abgrenzung der Betriebsausgaben/Werbungskosten von den Privatausgaben muß das subjektive durch ein objektives Moment ergänzt werden.

Besondere Abgrenzungsschwierigkeiten bereitet das gewillkürte Betriebsvermögen. Dabei handelt es sich um "Wirtschaftsgüter, die in einem gewissen objektiven Zusammenhang mit dem Betrieb stehen und ihn zu fördern bestimmt und geeignet sind".[549] Es obliegt der Entscheidung des Steuerpflichtigen, ein solches Wirtschaftsgut in die Bilanz aufzunehmen oder nicht. Typische Beispiele sind Grundstücke. Angenommen, der Steuerpflichtige hat ein unbebautes Grundstück, das an sein Firmengebäude angrenzt, dem Betriebsvermögen durch Widmungsakt (bilanzieller Ausweis) zugeordent und dies damit begründet, daß er es zu einem späteren Zeitpunkt zu Ausbauzwecken verwenden will (gewisser objektiver Zusammenhang mit dem Betrieb). Hat es sich der Unternehmer aber in der Zwischenzeit anders überlegt, weil er in Zukunft mit Wertsteigerungen des Grundstücks rechnet und diese gern realisieren würde, empfiehlt es sich, das Grundstück aus dem Betriebsvermögen zu entnehmen und ins Privatvermögen zu überführen. Wertsteigerungen in Relation zum Entnahmewert sind steuerfrei, wenn kein Spekulationsgeschäft i.S.d. §§ 22 Nr. 2, 23 EStG vorliegt.

Das gewählte Beispiel verdeutlicht zweierlei: Erstens führt das gewillkürte Betriebsvermögen zur Durchbrechung des Veranlassungsprinzips. Würde das Betriebsvermögen nach dem Veranlassungsprinzip interpretiert, könnte es kein gewillkürtes Betriebsvermögen geben. Entweder wäre die Anschaffung, Herstellung oder Einlage eines Wirtschaftsgutes betrieblich veranlaßt und damit zu bilanzieren oder nicht.[550] Zweitens verstößt das gewillkürte Betriebsvermögen gegen das Leistungsfähigkeitsprinzip. Der Steuerpflichtige kann über seine Steuerbelastung selbst entscheiden. Beläßt er das Grundstück im Betriebsvermögen, muß er auf einen Veräußerungsgewinn Steuer entrichten. Überführt er das Grundstück ins Privatvermögen, ist der Veräußerungsgewinn außerhalb der Spekulationsfrist steuerfrei.[551] Die tiefere Ursache hierfür liegt im Dualismus der Einkünfteermittlung (Kap. 5.1.1). Folglich sollte zum einen das gewillkürte Betriebsvermögen abgeschafft und die Abgrenzung nach dem Veranlassungsprinzip vorgenommen werden. Zum anderen sollte der Dualismus der Einkünfteermittlung zugunsten einer einheitlichen Einkünfteermittlung nach der Markteinkommenstheorie aufgegeben werden. Nur so läßt sich eine gleichmäßige Besteuerung verwirklichen.

---

[549] R 13 Abs. 1 S. 4 EStR; Hoffmann, W.-D. (1996), Bd. 1, Tz. 157ff. , S. 316ff.
[550] Vgl. Jakob, W. (1996), Tz. 103, S. 211f.
[551] Vgl. Merten, H. (1979), S. 368f.

Bei gemischt genutzten Wirtschaftsgütern ist zwischen Mobilien und Immobilien zu unterscheiden.[552] Werden Mobilien und Immobilien zu mehr als 50 % betrieblich genutzt, handelt es sich um notwendiges Betriebsvermögen. Liegt die betriebliche Nutzung unter 10 %, ist notwendiges Privatvermögen gegeben. Im übrigen besteht gewillkürtes Betriebsvermögen, d.h., der Unternehmer kann die Wirtschaftsgüter durch Widmungsakt entweder in die betriebliche Sphäre überführen oder als Privatvermögen behandeln.[553] Dem Widmungsakt wird durch den bilanziellen Ausweis des Wirtschaftsgutes Ausdruck verliehen.

Bei Immobilien darf nur der betrieblich genutzte Teil dem Betriebsvermögen zugeordnet werden. Die im Zusammenhang mit dem Wirtschaftsgut anfallenden Aufwendungen und Erträge sind anteilig dem betrieblichen Bereich zuzurechnen. Wird z.B. ein Gebäude mit einem Wert von 500.000 DM zu 80 % betrieblich und zu 20 % für eigene Wohnzwecke genutzt, handelt es sich um notwendiges Betriebsvermögen. Es ist im Anschaffungs- oder Herstellungsjahr mit 400.000 DM in der Bilanz anzusetzen. Aufwendungen und Erträge inkl. eines Veräußerungsgewinns werden zu 80 % in der betrieblichen Sphäre erfaßt.

Anders verhält es sich bei Mobilien. Erwirbt der Steuerpflichtige z.B. einen Pkw für 50.000 DM, der zu 60 % betrieblich genutzt wird, ist der Pkw zunächst mit seinen Anschaffungskosten zu bilanzieren (hier: 50.000 DM). Anfallende Aufwendungen inkl. AfA dürfen aber nur mit dem Anteil der betrieblichen Nutzung (hier: 60 %) gewinnmindernd verbucht werden. Da die Ak des Pkw aber zu 100 % bilanziell erfaßt wurden, soll auch ein später realisierter Veräußerungsgewinn zu 100 % der betrieblichen Sphäre zuzuordnen sein. Insofern dürfen Aufwendungen nur mit dem Anteil der betrieblichen Nutzung in Ansatz gebracht werden, während Veräußerungsgewinne zu 100 % der betrieblichen Sphäre zuzuordnen sind. Systematisch geboten wäre eine Vorgehensweise wie bei den unbeweglichen Wirtschaftsgütern. In Höhe des Anteils der betrieblichen Nutzung sollte ein eigenständiges Wirtschaftsgut gebildet werden.

Nachdem geklärt ist, ob ein bilanziell zu erfassendes Wirtschaftsgut vorliegt oder nicht, stellt sich die Frage, wer es in seiner Bilanz auszuweisen hat. Wie bereits in Kap. 2.4.3 angedeutet, ist das der wirtschaftliche und nicht der juristische Eigentümer.[554] Wirtschaftlicher und juristischer Eigentümer fallen auseinander, wenn "ein anderer als der [juristische] Eigentümer die tatsächliche Herrschaft über ein Wirtschaftsgut in der Weise .. [ausübt], daß er den [juristischen] Eigentümer im Regelfall für die gewöhnliche Nutzungsdauer von der Einwir-

---

552 Vgl. Tiedtke, K. (1983), S. 239ff.

553 Vgl. Horschitz, H./Groß, W./Weidner, W. (1996), S. 102.

554 Eine tiefergehende Darstellung des wirtschaftlichen Eigentums findet sich bei Biergans, E. (1992), S. 219-246.

kung auf das Wirtschaftsgut wirtschaftlich ausschließen kann".[555] Entscheidend für das wirtschaftliche Eigentum ist folglich die tatsächliche, sich über die gewöhnliche Nutzungsdauer erstreckende Verfügungsmacht über das Wirtschaftsgut. Die Unterscheidung zwischen juristischem und wirtschaftlichem Eigentümer ist wichtig, um in der Bilanz über die "wahre" Vermögenslage Aufschluß zu geben (Vollständigkeitsprinzip, §§ 239 Abs. 2, 246 Abs. 1 HGB).

Die bisherigen Ausführungen bezogen sich auf den Inhalt der Aktivseite der Bilanz. Hinsichtlich der Passiva wird von negativen Wirtschaftsgütern oder von Wirtschaftslasten gesprochen.[556] Die Wirtschaftslasten werden sowohl handels- als auch steuerrechtlich in Verbindlichkeiten und Rückstellungen unterteilt. Die Begriffe Verbindlichkeiten und Rückstellungen werden im Handels- und Steuerrecht inhaltsgleich verwendet. Eine unterschiedliche Terminologie wie bei den Aktiva gibt es nicht. Unter drei Voraussetzungen sind Verbindlichkeiten zu passivieren:

"(1) Die Verbindlichkeit muß eine wirtschaftliche Belastung des Unternehmens darstellen.
(2) Das Kreditverhältnis muß rechtlich anerkannt werden.
(3) Die Verbindlichkeit muß mit der betrieblichen Tätigkeit in wirtschaftlichem Zusammenhang stehen."[557]

Eine wirtschaftliche Belastung (Punkt 1) liegt vor, wenn mit einer Inanspruchnahme der Verbindlichkeit durch den Gläubiger zu rechnen ist. Damit ist nicht mehr zu rechnen, sobald die Verbindlichkeit verjährt ist. Die Leistungspflicht gegenüber dem Gläubiger muß am Bilanzstichtag dem Grund und der Höhe nach feststehen (Punkt 2).[558] Hinsichtlich des Zusammenhangs mit der betrieblichen Tätigkeit sind die Ausführungen über die Aktiva auf die Passiva zu übertragen (Punkt 3).

Verbindlichkeiten, die im Zusammenhang mit ausschließlich betrieblich genutzten Wirtschaftsgütern aufgenommen wurden, sind zu passivieren. Verbindlichkeiten für Güter, die nur privat genutzt werden, dürfen nicht passiviert werden. Wurden im Zusammenhang mit gewillkürtem Betriebsvermögen Verbindlichkeiten eingegangen, sind sie zu passivieren, wenn das zugehörige Wirtschaftsgut aktiviert wurde.

---

555 § 39 Abs. 2 Nr. 1 S. 1 AO.
556 Vgl. Wöhe, G. (1992), S. 241; Tipke, K./Lang, J. (1996), Tz. 339, S. 322.
557 Biergans, E. (1992), S. 285.
558 Vgl. Tiedtke, K. (1983), S. 259.

"Beim Erwerb gemischt genutzter Wirtschaftsgüter auf Kredit teilt die Schuld das Schicksal des Wirtschaftsguts."[559] Bezüglich dem oben angeführten Gebäudebeispiel müßten 80 % eines hierfür aufgenommenen Kredits passiviert werden. Gleichzeitig sind 80 % der Zinsen als Aufwand zu verbuchen. Würde der Pkw fremdfinanziert, wäre der Kredit zu 100 % zu passivieren. Nur 60 % der Zinsen könnten gewinnmindernd berücksichtigt werden.

Der wesentliche Unterschied der Rückstellungen zu den Verbindlichkeiten liegt in Punkt (2) begründet. Rückstellungen werden für Aufwendungen gebildet, die in der betrachteten Rechnungsperiode ihre wirtschaftliche Ursache haben, deren Höhe und/oder tatsächlicher Anfall aber noch ungewiß ist.[560] Aufgrund der Rückstellungen immanenten Unsicherheit werden sie auch als "Schulden minderen Grades"[561] bezeichnet. Um eine willkürliche Bildung von Rückstellungen zu verhindern, müssen tatsächlicher Anfall und Höhe der Rückstellung hinreichend genau begründbar sein.[562]

5.3.7.2 Die Abgrenzung des Betriebs- vom Privatvermögen in Frankreich

Das französische Handelsrecht benutzt für den Bilanzinhalt die Begriffe Gut (bien), Aktiva (éléments actifs) und Passiva (éléments passifs, Art. 9, 12, 13 CDC). Steuerrechtlich wird keine davon abweichende Terminologie verwandt.

Voraussetzung für eine Aktivierung ist, daß der Vermögenswert

- am Bilanzstichtag im juristischen Eigentum des Steuerpflichtigen steht und
- einen positiven wirtschaftlichen Wert für das Unternehmen hat.[563]

Ziel beider Voraussetzungen ist, wie in Deutschland, der Gläubigerschutz. Nur was im Zerschlagungsfall des Unternehmens zugunsten der Gläubiger veräußert werden kann, darf in der Bilanz ausgewiesen werden. Obgleich die Zielsetzung in Deutschland und Frankreich gleich ist, unterscheiden sich die gewählten Mittel zur Zielerreichung. Bereits die erste Aktivierungsvoraussetzung beinhaltet einen wichtigen Unterschied zum deutschen Bilanzrecht. In Frankreich wird nicht das wirtschaftliche, sondern das juristische Eigentum bilanziert.[564] Dadurch wird einerseits dem Gläubigerschutz eher genüge getan als in Deutschland, da wirtschaftliches Eigentum, an dem kein juristisches Eigentum besteht, im Liqui-

---

559 Biergans, E. (1994), S. 290.
560 Vgl. Baetge, J. (1994), S. 351.
561 Jakob, W. (1996), Tz. 89, S. 205.
562 Vgl. Glade, A. (1986), S. 495; Adler, H./Düring, W./Schmaltz, K. (1987/1992), Anm. 30 zu § 249 HGB, S. 14.
563 Vgl. Bolin, M. (1991), S. 246.
564 Vgl. Altmeier, D. u.a. (1994), S. 160f.

dationsfall nicht zugunsten der Gläubiger veräußert werden kann. Andererseits gibt das wirtschaftliche Eigentum besser Aufschluß über die Vermögenslage des Unternehmens und kommt daher dem Leistungsfähigkeitsprinzip näher.

Die unterschiedlichen Eigentumsbegriffe haben vor allem Auswirkungen auf den bilanziellen Ausweis von Leasinggütern. In Deutschland werden sie dem Leasingnehmer zugerechnet, wenn aus dem Leasingvertrag hervorgeht, daß er den Vermögenswert über die gewöhnliche Nutzungsdauer hinweg nutzen wird.[565] Damit wird § 39 Abs. 2 S. 1 AO nicht verletzt (wirtschaftliches Eigentum). Im Gegensatz dazu sind Leasinggüter in Frankreich immer vom Leasinggeber zu bilanzieren, weil er juristischer Eigentümer ist.[566]

Auch die zweite Voraussetzung verbirgt Unterschiede zu den deutschen Aktivierungsbestimmungen. Einen positiven wirtschaftlichen Wert haben Vermögenswerte, die das Unternehmen über den Bilanzstichtag hinaus nutzen kann. Dazu gehören auch selbstgeschaffene immaterielle Güter, wie z.B. Software, F&E (ohne Grundlagenforschung) und Lizenzen. Für sie hat der französische Gesetzgeber handels- und steuerrechtlich Aktivierungswahlrechte vorgesehen.[567] Dagegen besteht in Deutschland handels- und steuerrechtlich ein Aktivierungsverbot selbstgeschaffener immaterieller Wirtschaftsgüter (§ 248 Abs. 2 HGB, § 5 Abs. 2 EStG).[568]

Bei den Passiva wird in Frankreich zwischen Verbindlichkeiten und Rückstellungen unterschieden.[569] Beide Begriffe werden handels- und steuerrechtlich einheitlich verwendet und entsprechen deutscher Terminologie. Sie bezeichnen Wirtschaftslasten. Verbindlichkeiten (dettes) stehen am Bilanzstichtag dem Grund und der Höhe nach fest. Die wirtschaftliche Belastung besteht in der Zinszahlung und Schuldentilgung. Rückstellungen (provisions) werden für Aufwendungen gebildet, die in der betrachteten Periode ihre wirtschaftliche Ursache haben, deren tatsächlicher Anfall und/oder Höhe am Bilanzstichtag aber noch unsicher ist.

Nachdem die allgemeinen Merkmale der Aktiva und Passiva genannt wurden, ist auf die Abgrenzung des Betriebs- vom Privatvermögen einzugehen. Sie vollzieht sich in Frankreich in völlig anderen Bahnen als in Deutschland. Es wird nicht zwischen notwendigem Betriebsvermögen, gewillkürtem Betriebsvermögen und notwendigem Privatvermögen unterschieden; vielmehr gilt folgender Grundsatz: Es obliegt der Entscheidung des Unternehmers, welche Güter aktiviert bzw.

---

565 Vgl. Coenenberg, A. G. (1994), S. 58.
566 Vgl. Scholtissek, W. (1971), S. 212; Laupenmühlen, M./Voß, C. (1994), S. 408.
567 Vgl. Cozian, M. (1995), Tz. 362ff., S. 79f.; Laupenmühlen, M./Voß, C. (1994), S. 404.
568 Vgl. Vogt, S. (1991), S. 158.
569 Vgl. Jacobs, O. H./Spengel, C. (1996), S. 8f.

passiviert werden, und zwar unabhängig von ihrem betrieblichen Nutzungsgrad. Deshalb wird auch vom Grundsatz der Bilanzierungsfreiheit gesprochen (principe de liberté d'affectation comptable).[570] Die Folgen hiervon werden beispielhaft anhand eines Einfamilienhauses und eines Werksgebäudes verdeutlicht.

Angenommen, der Steuerpflichtige bewohnt mit seiner Familie ein eigenes Haus, das in keiner Form für die unternehmerische Tätigkeit genutzt wird (Hauptwohnsitz): Entschließt er sich, das Haus in die Bilanz aufzunehmen, hat das Auswirkungen auf die GuV. Einerseits mindern sämtliche Aufwendungen im Zusammenhang mit dem Haus den Gewinn (z.B. Abschreibungen, Fremdkapitalzinsen, Grundsteuer, Reparaturen); andererseits muß in Höhe des Naturalvorteils (avantage en nature) aus der Nutzung des Hauses ein Ertrag verbucht werden. Der Naturalvorteil entspricht der Höhe nach den Aufwendungen, die auf einer privaten Nutzung des Gutes beruhen. Folglich kann der Gewinn nicht durch Einlage außerbetrieblich verwendeter Güter gemindert werden. Dadurch wird Art. 13 1. CGI genügt, wonach nur Aufwendungen zur Erwerbung und Sicherung des Einkommens in Abzug gebracht werden dürfen.

Des weiteren hat die Bilanzierung des Hauptwohnsitzes einen ganz wesentlichen Nachteil: Veräußert der Steuerpflichtige zu einem späteren Zeitpunkt das Haus, ist ein anfallender Veräußerungsgewinn steuerpflichtig. Befindet sich das Haus dagegen im Privatvermögen, ist der Veräußerungsgewinn steuerfrei.[571] Der Steuerpflicht kann nicht dadurch entgangen werden, daß das Haus vor dem Verkauf ins Privatvermögen überführt wird. Bei Entnahmen ist die Differenz zwischen Buchwert und Verkehrswert steuerpflichtig.[572] Aufgrund der angeführten Nachteile empfiehlt COZIAN, den Hauptwohnsitz im Privatvermögen zu belassen.[573]

Der Steuerpflichtige könnte auch ein Haus ins Betriebsvermögen einlegen, das er vermietet. In diesem Fall würden mit dem Haus Einkünfte aus Gewerbebetrieb und nicht Einkünfte aus Grundvermögen (revenus fonciers) erwirtschaftet. Anstelle des obigen Naturalvorteils wären die Mieteinnahmen gewinnerhöhend zu berücksichtigen. Aber auch von dieser Option machen Steuerpflichtige i.d.R. keinen Gebrauch, weil im Rahmen der Gewinneinkünfte Veräußerungsgewinne häufig höher besteuert werden als bei den Überschußeinkünften.

---

570 Vgl. Précis de fiscalité (1995), Bd. 1, Tz. 1010-2, S. 16.

571 Der französische Gesetzgeber hat den Veräußerungsgewinn aus dem Verkauf des Hauptwohnsitzes steuerbefreit (Art. 150 C I. CGI). Es handelt sich um eine Ausnahme von der grundsätzlichen Besteuerung privater Veräußerungsgewinne.

572 Vgl. Mémento fiscal (1996), Tz. 614, S. 119f.

573 Vgl. Cozian, M. (1995), Tz. 234, S. 47f.

Als nächstes ist auf das Werksgebäude einzugehen. Wird das Werksgebäude bilanziert, sind alle mit ihm zusammenhängenden Aufwendungen gewinnmindernd berücksichtigbar. Überführt es der Steuerpflichtige ins Privatvermögen, dürfen nur Erhaltungsaufwendungen den Gewinn reduzieren. Abschreibungen, Fremdkapitalzinsen, Grundsteuer und Erweiterungsaufwendungen bleiben unberücksichtigt.[574] Dem steht der Vorteil einer reduzierten Besteuerung privater Veräußerungsgewinne gegenüber. I.d.R. ist es steuerlich günstiger, betrieblich genutzte Güter dem Betriebsvermögen zuzurechnen.

Vom Grundsatz der Bilanzierungsfreiheit gibt es aber gewichtige Ausnahmen. Gemeint sind Güter, die von Natur aus dem betrieblichen Bereich zugewiesen werden müssen, da sie untrennbar mit der unternehmerischen Tätigkeit verknüpft sind.[575] Es handelt sich um entgeltlich erworbene Firmenwerte (fonds de commerce), Lagerbestände (stocks) sowie Forderungen (créances) und Verbindlichkeiten (dettes), die aus der betrieblichen Tätigkeit hervorgegangen sind. Ein Aktivierungs- bzw. Passivierungswahlrecht besteht nicht.

Fazit: Die Konzeption der Abgrenzung des Betriebs- vom Privatvermögen ist in Deutschland und Frankreich unterschiedlich. In Deutschland hängt die Aufnahme eines Wirtschaftsgutes in die Bilanz vom betrieblichen Nutzungsgrad ab. Je intensiver die betriebliche Verwendung ist, um so eher muß das Wirtschaftsgut bilanziert werden. Kritisiert wurde dabei das gewillkürte Betriebsvermögen, weil es dem Leistungsfähigkeitsprinzip nicht entspricht. In Frankreich spielt die betriebliche Nutzungsintensität für die Frage der Bilanzierung keine Rolle. Es gilt der Grundsatz der Bilanzierungsfreiheit. Der Unternehmer entscheidet darüber, was in die Bilanz aufgenommen wird und was nicht. Von diesem Grundsatz gibt es bedeutende Ausnahmen.

Durch den Grundsatz der Bilanzierungsfreiheit hat der Unternehmer nicht die Möglichkeit, seinen Gewinn beliebig zu manipulieren. Dem würde der Staat schon aus fiskalischem Interesse ein Riegel vorschieben. Wird ein bilanziertes Gut privat genutzt, müssen dafür verbuchte Aufwendungen durch Berücksichtigung eines Naturalvorteils (avantage en nature) am Ende der Rechnungsperiode neutralisiert werden. Der steuerpflichtige Gewinn bleibt unbeeinflußt. Beispiel: Ein Pkw wird zu 70 % betrieblich genutzt. Entscheidet sich der Unternehmer, den Pkw zu bilanzieren, wird die 30 %ige Privatnutzung durch einen Naturalvorteil (avantage en nature) gewinnerhöhend berücksichtigt.[576] Nach deutschem Recht liegt notwendiges Betriebsvermögen vor. Die 30 %ige private

[574] Vgl. Cozian, M. (1995), Tz. 234, S. 47f.
[575] Vgl. Documentation pratique Francis Lefebvre (1996), Bd. II, Tz. 7205, S. 223.
[576] Vgl. Documentation pratique Francis Lefebvre (1996), Bd. II, Tz. 7600, S. 226f.

Nutzung wird als Nutzungsentnahme behandelt. Damit zusammenhängende Aufwendungen mindern nicht den Gewinn.[577]

Aktiva und Passiva werden in Frankreich insofern verzerrt ausgewiesen, als Güter bilanziert werden können, die mit der unternehmerischen Tätigkeit nichts zu tun haben. Allerdings unterliegt der Unternehmer in der Wahrnehmung seiner Bilanzierungsfreiheit faktischen Zwängen. Kapitalgeber verlangen Informationen über die tatsächliche Vermögens- und Finanzlage.[578] Möchte sich der Bilanzierende den Kapitalzufluß sichern, muß er sich an diesen Informationsbedürfnissen mit seiner Bilanz ausrichten.

Unter Leistungsfähigkeitsaspekten ist die deutsche der französischen Vorgehensweise vorzuziehen, weil ein Zusammenhang zwischen betrieblicher Nutzung und Bilanzierung eines Gutes besteht. Am nächsten käme dem Leistungsfähigkeitsprinzip, wenn ein Gut mit seinem betrieblich genutzten Anteil bilanziert würde. Aufwendungen und Erträge, die auf diesen Anteil entfallen, wären in der GuV zu berücksichtigen.

5.3.7.3 Anordnung der Güter in der Bilanz und relevante GoB

Die Anordnung der Güter in der Bilanz bleibt in Deutschland und Frankreich nicht dem Gutdünken des Steuerpflichtigen überlassen, sondern muß einer bestimmten Ordnung genügen. Wegen des Maßgeblichkeitsprinzips ist das handelsrechtliche Ordnungsschema steuerlich zu übernehmen.

Das deutsche Handelsrecht regelt den Inhalt der Bilanz für alle Kaufleute in § 247 Abs. 1 HGB.[579] Dort heißt es: "In der Bilanz sind das Anlage- und das Umlaufvermögen, das Eigenkapital, die Schulden sowie die Rechnungsabgrenzungsposten gesondert auszuweisen und hinreichend aufzugliedern." Lediglich für Kapitalgesellschaften gibt das Handelsrecht eine tiefergehende Gliederung vor (§ 266 HGB). § 266 HGB wird aber auch für Nichtkapitalgesellschaften verbindlich, wenn nur durch seine Beachtung eine hinreichende Aufgliederung der in § 247 Abs. 1 HGB vorgegebenen Bilanzposten sichergestellt werden kann.[580] Die handelsrechtlichen Vorgaben (§§ 247, 266 HGB) sind als Mindestgliederungen zu interpretieren.[581]

---

577 Vgl. Jakob, W. (1996), Tz. 103, S. 211f.
578 Vgl. Bulletin fiscal (1986), Tz. 50, S. 201.
579 Vgl. Coenenberg, A. G. (1994), S. 49.
580 Vgl. Adler, H./Düring, W./Schmaltz, K. (1987/1992), Anm. 10f. zu § 247 HGB, S. 6.
581 Vgl. Förschle, G./Kofahl, G. (1995), Anm. 1 zu § 247 HGB, S. 118, Anm. 5ff. zu § 266 HGB, S. 830f.

Das französische Handelsrecht unterscheidet zwischen Aktiva, Passiva und Eigenkapital (Art. 9 Abs. 1 CDC). Für eine tiefergehende Gliederung verweist der CDC in Art. 10 Abs. 2 auf das Décret 83-1020. Dort sind besonders die Art. 11-13 relevant. Sie definieren Minimalanforderungen der Bilanzgliederung. Der Steuerpflichtige hat die Möglichkeit, vorgegebene Bilanzposten weiter zu untergliedern. Im Unterschied zum deutschen Handelsrecht gelten in Frankreich die weitergehenden Gliederungsvorschriften nicht nur für Kapitalgesellschaften, sondern für alle Kaufleute.

Die Aufgliederung vorgegebener Bilanzposten durch den Steuerpflichtigen darf in Deutschland und Frankreich nicht willkürlich geschehen. Sie muß sich nach bestimmten Regeln vollziehen.[582] Angesprochen sind die GoB. Zu ihnen rechnen in Deutschland der Grundsatz der Klarheit und das Vollständigkeitsprinzip.[583] Der Grundsatz der Klarheit besagt:

Der Jahresabschluß "muß klar und übersichtlich sein".[584]

Dem Grundsatz der Klarheit hat BIERGANS das Bruttoprinzip zugerechnet (Kap. 5.3.3). Es fordert: "Posten der Aktivseite dürfen nicht mit Posten der Passivseite, Aufwendungen nicht mit Erträgen, Grundstücksrechte nicht mit Grundstückslasten verrechnet werden."[585] Das Vollständigkeitsprinzip hat der Gesetzgeber in § 246 Abs. 1 S. 1 HGB verankert. "Der Jahresabschluß hat sämtliche Vermögensgegenstände, Schulden, Rechnungsabgrenzungsposten, Aufwendungen und Erträge zu enthalten, soweit gesetzlich nichts anderes bestimmt ist."[586] Obwohl der Gesetzgeber das Eigenkapital nicht explizit erwähnt hat, gehört es auch zur Vollständigkeit der Bilanz.[587]

Auch in Frankreich ist für die Bilanzgliederung das Prinzip der Klarheit relevanter Grundsatz ordnungsmäßiger Buchführung. Art. 10 Abs. 1 CDC bestimmt: "Die Bilanz, die Gewinn-und-Verlust-Rechnung und der Anhang müssen so viele Rubriken und Positionen umfassen, wie nötig sind, um ein zuverlässiges Bild der Vermögens-, Finanz- und Ertragslage des Unternehmens zu geben."[588] Zum Prinzip der Klarheit rechnet FEUILLET das Bruttoprinzip und das Prinzip der Bilanzidentität (Kap. 5.3.4). "Zwischen Aktiva und Passiva der Bilanz oder

---

582 Vgl. Tipke, K./Lang, J. (1996), Tz. 334ff., S. 320ff.; Wöhe, G. (1992), S. 240.
583 Vgl. Förschle, G./Kofahl, G. (1995), Anm. 5 zu § 247 HGB, S. 119.
584 § 243 Abs. 2 HGB.
585 § 246 Abs. 2 HGB.
586 § 246 Abs. 1 S. 1 HGB.
587 Übersteigen die Passiva die Aktiva, ist auf der Aktivseite ein Posten mit der Bezeichnung "Nicht durch Eigenkapital gedeckter Fehlbetrag" auszuweisen (§ 268 Abs. 3 HGB).
588 Eigene Übersetzung; Original: "Le bilan, le compte de résultat et l´annexe doivent comprendre autant de rubriques et de postes qu´il est nécessaire pour donner une image fidèle du patrimoine, de la situation financière et du résultat de l´entreprise."

zwischen Aufwendungen und Erträgen der GuV darf keine Verrechnung vorgenommen werden [Bruttoprinzip]."[589] "Die Eröffnungsbilanz eines Geschäftsjahres muß mit der Schlußbilanz des vorangegangenen Geschäftsjahres übereinstimmen [Prinzip der Bilanzidentität]."[590] Der Vollständigkeitsgrundsatz wurde in Frankreich nicht kodifiziert (Kap. 5.3.4).[591]

Nachfolgende Tabellen vergleichen die Bilanzgliederung nach deutschem und französischem Recht (§ 266 Abs. 2 HGB, Art. 11-13 Décret 83-1020).[592] Gemeinsame Grundlage ist Art. 9 4. EGR.

---

[589] Eigene Übersetzung; Original: "Aucune compensation ne peut être opérée entre les postes d'actif et de passif du bilan ou entre les postes de charges et de produits du compte de résultat."; Art. 13 Abs. 2. CDC.

[590] Eigene Übersetzung; Original: "Le bilan d'ouverture d'un exercice doit correspondre au bilan de clôture de l'exercice précédent."; Art. 13 Abs. 3 CDC.

[591] Vgl. Bolin, M. (1991), S. 245.

[592] Vgl. Keun, F./Scherler, A./Strothotte, H.-W. (1993), S. 446ff.; Scholtissek, W. (1981), S. 714ff.

Aktiva	
Deutschland	**Frankreich**
A. Aufwendungen für Ingangsetzung und Erweiterung des Geschäftsbetriebs	
B. Anlagevermögen **I. Immaterielle Vermögensgegenstände** 1. Konzessionen, Patente und ähnliche Rechte 2. Geschäfts- oder Firmenwert 3. geleistete Anzahlungen	**Anlagevermögen** **Immaterielle Anlagewerte** - Aufwendungen für die Errichtung und Erweiterung des Unternehmens - F & E-Kosten - Konzessionen, Patente - Geschäfts- oder Firmenwert - sonstige immaterielle Anlagewerte - geleistete Anzahlungen
II. Sachanlagen 1. Grundstücke, grundstücksgleiche Rechte u. Bauten einschließlich Bauten auf fremden Grundstücken 2. Technische Anlagen und Maschinen 3. andere Anlagen, Betriebs- und Geschäftsausstattung 4. Geleistete Anzahlungen und Anlagen im Bau	**Sachanlagen** - Grundstücke - Bauten (einschließlich Bauten auf fremden Grundstücken) - Maschinen und maschinelle Anlagen - sonstige Sachanlagen - Anlagen im Bau - geleistete Anzahlungen
III. Finanzanlagen 1. Anteile an verbundenen Unternehmen 2. Ausleihungen an verbundene Unternehmen 3. Beteiligungen 4. Ausleihungen an Unternehmen, mit denen ein Beteiligungsverhältnis besteht 5. Wertpapiere des Anlagevermögens 6. Sonstige Ausleihungen	**Finanzanlagen** - Beteiligungen - Forderungen gegen Unternehmen, mit denen ein Beteiligungsverhältnis besteht - Wertpapiere des Anlagevermögens - Ausleihungen
C. Umlaufvermögen **I. Vorräte** 1. Roh-, Hilfs- und Betriebsstoffe 2. unfertige Erzeugnisse, unfertige Leistungen 3. fertige Erzeugnisse und Waren 4. geleistete Anzahlungen	**Umlaufvermögen** **Vorräte** - Roh-, Hilfs- und Betriebsstoffe - unfertige Erzeugnisse - unfertige Leistungen - Zwischenprodukte und fertige Produkte - Waren - geleistete Anzahlungen
II. Forderungen und sonstige Vermögensgegenstände 1. Forderungen aus Lieferungen und Leistungen 2. Forderungen gegen verbundene Unternehmen 3. Forderungen gegen Unternehmen, mit denen ein Beteiligungsverhältnis besteht 4. sonstige Vermögensgegenstände	**Forderungen** - Forderungen aus Lieferungen und Leistungen - sonstige Forderungen - eingeforderte, noch nicht eingezahlte Anteile
III. Wertpapiere 1. Anteile an verbundenen Unternehmen 2. Eigene Anteile 3. sonstige Wertpapiere	**Wertpapiere** (davon eigene Anteile)
IV. Schecks, Kassenbestand, Bundesbank- und Postgiroguthaben, Guthaben bei Kreditinstituten	**Flüssige Mittel**
D. Rechnungsabgrenzungsposten	**Rechnungsabgrenzungsposten** - im voraus gebuchte Aufwendungen - über mehrere Geschäftsjahre zu verteilende Aufwendungen - Disagio
	Positive Wechselkursdifferenzen

Passiva	
Deutschland	Frankreich
A. Eigenkapital I. Gezeichnetes Kapital II. Kapitalrücklage	**Eigenkapital** Gezeichnetes Kapital Agien Neubewertungsrücklage
III. Gewinnrücklagen 1. gesetzliche Rücklage 2. Rücklage für eigene Anteile 3. satzungsmäßige Rücklagen 4. andere Gewinnrücklagen	**Rücklagen** - gesetzliche Rücklage - satzungsmäßige Rücklage - gesetzlich geregelte Rücklagen - andere Rücklagen
IV. Gewinnvortrag/Verlustvortrag	Ergebnisvortrag
V. Jahresüberschuß/Jahresfehlbetrag	Ergebnis des Geschäftsjahres (Gewinn oder Verlust)
	Investitionszuschüsse
B. Sonderposten mit Rücklageanteil	Sonderposten mit Rücklageanteil
C. Rückstellungen 1. Rückstellungen für Pensionen und ähnliche Verpflichtungen 2. Steuerrückstellungen	**Rückstellungen** Risikorückstellungen
3. Sonstige Rückstellungen	Aufwandsrückstellungen
D. Verbindlichkeiten 1. Anleihen, davon konvertibel	**Verbindlichkeiten** Konvertible Anleihen andere Anleihen
2. Verbindlichkeiten gegenüber Kreditinstituten	Verbindlichkeiten gegenüber Kreditinstituten Sonstige Anleihen und Finanzverbindlichkeiten
3. Erhaltene Anzahlungen auf Bestellungen	erhaltene Anzahlungen auf Bestellungen
4. Verbindlichkeiten aus Lieferung und Leistung	Verbindlichkeiten aus Lieferung und Leistung
5. Verbindlichkeiten aus der Annahme gezogener Wechsel und der Ausstellung eigener Wechsel 6. Verbindlichkeiten gegenüber verbundenen Unternehmen 7. Verbindlichkeiten gegenüber Unternehmen, mit denen ein Beteiligungsverhältnis besteht	
8. sonstige Verbindlichkeiten, davon aus Steuern, davon im Rahmen der sozialen Sicherheit	Verbindlichkeiten für Steuern und soziale Abgaben sonstige Abgaben Verbindlichkeiten aus Anlageinvestitionen und ähnliche Verbindlichkeiten sonstige Verbindlichkeiten
E. Rechnungsabgrenzungsposten	**Rechnungsabgrenzungsposten** im voraus gebuchte Aufwendungen Negative Wechselkursdifferenzen

Die Gliederungsschemata nach deutschem und französischem Recht sind dem Liquiditätsgliederungsprinzip angenähert. Auf der Aktivseite erfolgt die Gliederung nach abnehmender Geldnähe der Güter. Die Geldnähe hängt ab von der Bindungsdauer eines Gutes an das Unternehmen. Weil z.B. Immobilien i.d.R. längerfristig im Betriebsvermögen verweilen, stehen sie relativ weit oben auf der Aktivseite. Demgegenüber finden sich die flüssigen Mittel im unteren Bereich wieder. Ihre betriebliche Verweildauer ist i.d.R. kurz.[593] Auf der Passivseite

[593] Vgl. Adler, H./Düring, W./Schmaltz, K. (1987/1992), Anm. 9 zu § 266 HGB, S. 10.

erfolgt die Anordnung der Verbindlichkeiten nach abnehmender Fristigkeit. Kapital, das dem Unternehmen besonders lange zur Verfügung steht, wird zuerst genannt.[594]

Der deutsche und französische Gesetzgeber haben größenabhängige Gliederungserleichterungen vorgesehen. Sie gehen auf Art. 11 4. EGR zurück. Wenn zwei der drei nachfolgend genannten Bedingungen erfüllt sind, muß nur eine verkürzte Bilanz erstellt werden (§§ 266 Abs. 1, 267 Abs. 1 HGB, Art. 10 Abs. 3 CDC, Art. 17, 18 Décret 83-1020).

	Deutschland in DM	**Frankreich in FF**
Bilanzsumme	≤ 5.310.000	≤ 1.750.000
Umsatz	≤ 10.620.000	≤ 3.500.000
durchschnittlich Beschäftigte	≤ 50	≤ 10

Fazit: Hinsichtlich der Anordnung der Güter in der Bilanz müssen die GoB beachtet werden. Im Unterschied zu französischen Bestimmungen gibt das deutsche Handelsrecht nur für Kapitalgesellschaften eine detaillierte Bilanzgliederung vor (§ 266 HGB).

5.3.8 Bilanzierung der Höhe nach
5.3.8.1 Die Ak/Hk als Bewertungsobergrenze

Nachdem der Bilanzinhalt bestimmt ist, müssen im nächsten Schritt die Wirtschaftsgüter einzeln bewertet werden (Einzelbewertungsgrundsatz, § 252 Abs. 1 Nr. 3 HGB, Art. 13 Abs. 1 CDC, Art. 31 Abs. 1 Buchst. e 4. EGR). Fundamentalprinzip der Bewertung ist in Deutschland und Frankreich das Vorsichtsprinzip. Als Folge des Vorsichtsprinzips dürfen Vermögenswerte höchstens mit ihren Ak/Hk angesetzt werden (Kap. 5.3.8.6f.). Allerdings macht das französische Recht hiervon eine Ausnahme. Unter bestimmten Voraussetzungen kann der Steuerpflichtige eine Neubewertung der Aktiva vornehmen (Kap. 5.3.8.2).

Ak sind Kosten im Zusammenhang mit der Anschaffung eines Gutes. Sie werden handels- und steuerrechtlich identisch definiert. Es gilt das Maßgeblichkeitsprinzip.[595] Dem Begriff "Anschaffung" kommt in Deutschland

594 Vgl. Coenenberg, A. G. (1994), S. 49f.
595 Vgl. Ellrott, H./Schmidt-Wendt, D. (1995), Anm. 10ff. zu § 255 HGB, S. 647f.

und Frankreich unterschiedlicher Inhalt zu. Dies folgt unmittelbar aus den divergierenden Eigentumsbegriffen. Nach deutschem Recht ist eine Anschaffung untrennbar mit dem Übergang wirtschaftlichen Eigentums verbunden (§ 39 AO).[596] Demgegenüber ist in Frankreich eine Anschaffung immer an die Übertragung juristischen Eigentums geknüpft.[597]

Im deutschen und französischen Recht werden Ak als Aufwendungen definiert, um ein Gut zu erwerben und in einen betriebsbereiten Zustand zu versetzen (Art. 255 Abs. 1 HGB, Art. 7 1° Décret 83-1020, Art. 38 *quinquies* Ann. III CGI). Die Ak lassen sich systematisieren in Anschaffungspreis, Anschaffungsnebenkosten und Anschaffungspreisminderungen. Typische Anschaffungsnebenkosten sind Transport- und Montagekosten.[598] Zu den Anschaffungspreisminderungen rechnen Rabatte, Boni und Skonti.

Deutschland und Frankreich Handelsrecht = Steuerrecht
Anschaffungspreis + Anschaffungsnebenkosten - Anschaffungspreisminderungen = Anschaffungskosten

Für den Fall, daß ein Gut selbst erstellt wird, ist für den Steuerpflichtigen der Umfang der zu aktivierenden Aufwendungen von besonderem Interesse. Je mehr Aufwand aktiviert werden muß, um so höher fallen Gewinn und Steuerbelastung aus. Nachfolgende Tabelle gibt einen Überblick über die Hk in Deutschland und Frankreich.[599] Gemeinsame Grundlage ist Art. 35 Abs. 3 4. EGR.

---

[596] Vgl. Adler, H./Düring, W./Schmaltz, K. (1995/1997), Anm. 7ff. zu § 255 HGB, S. 337f.
[597] Vgl. Altmeier, D. u.a. (1994), S. 160f.
[598] Vgl. Wöhe, G. (1992), S. 390; Mémento comptable (1994), Tz. 1524-2, S. 363.
[599] Vgl. Mémento comptable (1994), Tz. 1170ff., 1527ff., S. 310ff., 364ff.

Kostenart	Deutschland Handelsrecht	Deutschland Steuerrecht	Frankreich Handelsrecht = Steuerrecht	4. EGR Handelsrecht
Materialeinzelkosten	muß	muß	muß	muß
Fertigungseinzelkosten	muß	muß	muß	muß
Sondereinzelkosten	muß	muß	muß	muß
Materialgemeinkosten	darf	muß	muß	darf
Fertigungsgemeinkosten	darf	muß	muß	darf
Sondergemeinkosten	darf	muß	muß	darf
allg. Verwaltungskosten	darf	darf	Verbot	darf
Vertriebskosten	Verbot	Verbot	Verbot	Verbot

Die untere Wertgrenze der Hk entspricht den Herstellungseinzelkosten. Einzelkosten sind Kosten, die dem Erzeugnis unmittelbar zugeordnet werden können. Dazu gehören z.B. Roh- und Hilfsstoffe (Materialeinzelkosten) sowie Fertigungslöhne und -gehälter (Fertigungseinzelkosten).[600] Sondereinzelkosten sind Kosten, die speziell für einen Auftrag anfallen.[601] Beispielsweise sind F&E Aufwendungen, die der Bearbeitung eines ganz bestimmten Auftrags dienen, in Deutschland und Frankreich Sondereinzelkosten der Fertigung. Sie müssen handels- und steuerrechtlich aktiviert werden (Kap. 5.3.5, 5.3.6, Fall 1).[602] Für Aufwendungen der Grundlagenforschung besteht in beiden Ländern ein Aktivierungsverbot.

Hinsichtlich der Gemeinkosten sieht die 4. EGR Aktivierungswahlrechte vor. Sie sind Ausdruck ökonomisch rechtfertigbarer Ermessensspielräume und genügen dem Leistungsfähigkeitsprinzip.[603] Gemeinkosten sind dem Erzeugnis nur über eine Schlüsselung oder Umlage zurechenbar.[604] Angesprochen sind z.B. Lagerhaltungskosten und Materialprüfungskosten (Materialgemeinkosten), Raumkosten und Abschreibungen des Fertigungsanlagevermögens (Fertigungsgemeinkosten). Sondergemeinkosten sind z.B. Abschreibungen auf eine Maschine, die extra zur Bearbeitung eines speziellen Auftrags angeschafft wurde.

[600] Vgl. Adler, H./Düring, W./Schmaltz, K. (1995/1997), Anm. 137ff. zu § 255 HGB, S. 378ff.; Cozian, M. (1995), Tz. 210, S. 43.

[601] Vgl. Baetge, J. (1994), S. 220f.

[602] Vgl. Wöhe, G. (1992), S. 413f.; Mercier, J.-Y./Plagnet, B. (1995), Tz. 549, S. 181.

[603] Vgl. Tipke, K./Lang, J. (1996), Tz. 376, S. 333f.; Tipke, K. (1993), Bd. 1, S. 509f., Bauer, J. (1981), S. 766ff.

[604] Vgl. Adler, H./Düring, W./Schmaltz, K. (1995/1997), Anm. 139ff. zu § 255 HGB, S. 379f.

Zu den allgemeinen Verwaltungskosten gehören u.a. Gehälter der Geschäftsführung, des Rechnungswesens, Büromaterial, Abschreibungen des Verwaltungsgebäudes und Kosten des Personalwesens.[605] Vertriebskosten sind u.a. Kosten der Vertriebsläger, Vertriebsabteilung, Werbung und Marktforschung.[606] Kalkulatorische Kosten bleiben unberücksichtigt (pagatorischer Kostenbegriff).

Der deutsche Gesetzgeber hat die Vorgaben der 4. EGR handelsrechtlich übernommen (§ 255 Abs. 2 HGB). Das Steuerrecht äußert sich nicht zu den Hk. In Fällen, in denen handelsrechtlich Wahlrechte vorgesehen sind und steuerrechtlich keine expliziten Bestimmungen bestehen, gilt das Maßgeblichkeitsprinzip nicht (Kap. 5.3.5, Fall 4). Aus den handelsrechtlichen Bewertungswahlrechten werden nach ständiger Rechtsprechung steuerlich Aktivierungsgebote (R 33 EStR).[607] Das widerspricht der Systematik des Maßgeblichkeitsprinzips. Es sollte eigentlich immer Bestand haben, wenn das Steuerrecht nicht ausdrücklich etwas anderes fordert als das Handelsrecht.

In Frankreich stimmen Handels- und Steuerrecht hinsichtlich der Hk überein (Art. 7 2° Décret 83-1020, Art. 38 *quinquies*, *nonies* Ann. III CGI).[608] Der französische Gesetzgeber räumt dem Steuerpflichtigen bei den Gemeinkosten keine Bewertungsspielräume ein.[609] Der einzige Unterschied zum deutschen Steuerrecht liegt in den allgemeinen Verwaltungskosten begründet. Sie sind grundsätzlich nicht aktivierbar.[610] Ausnahmsweise besteht ein Aktivierungswahlrecht, wenn allgemeine Verwaltungskosten einem Produkt oder Auftrag direkt zugeordnet werden können. Zu denken ist beispielsweise an Kosten der Rechtsabteilung oder des EDV-Bereichs.[611]

Abschließend wird noch auf die Behandlung der Fremdkapitalzinsen eingegangen. Sie haben mit der Herstellung eines Gutes an sich nichts zu tun. Deshalb wird auch nicht von einem Bewertungswahlrecht, sondern von einer Bewertungshilfe gesprochen.[612] "Zinsen für Fremdkapital, das zur Finanzierung der Herstellung von Gegenständen des Anlagevermögens gebraucht wird, dürfen in die Herstellungskosten einbezogen werden, sofern sie auf den Zeitraum der Herstellung entfallen."[613] Der deutsche Gesetzgeber hat das Bewertungs-

605 Vgl. Wöhe, G. (1992), S. 412f.
606 Vgl. Coenenberg, A. G. (1994), S. 293.
607 Vgl. Tipke, K./Lang, J. (1996), Tz. 376, S. 333f.
608 Vgl. Wietek, S. M./Chomiac de Sas, P. (1990), Tz. 821, S. 300.
609 Vgl. Keun, F./Scherler, A./Strothotte, H.-W. (1993), S. 131.
610 Vgl. Cozian, M. (1995), Tz. 210, S. 43.
611 Vgl. Wietek, S. M./Chomiac de Sas, P. (1990), Tz. 821, S. 300f.; Altmeier, D. u.a. (1994), S. 156f.
612 Vgl. Ellrott, H./Schmidt-Wendt, D. (1995), Anm. 501 zu § 255 HGB, S. 747f.
613 Art. 35 Abs. 4 S. 1 4. EGR.

wahlrecht der 4. EGR handels- und steuerrechtlich übernommen (§ 255 Abs. 3 HGB, R 33 Abs. 7 EStR). Mithin gilt das umgekehrte Maßgeblichkeitsprinzip (Kap. 5.3.5, Fall 3).[614] Der französische Gesetzgeber hat das Bewertungswahlrecht handelsrechtlich ebenfalls übernommen (Art. 7 2° Décret 83-1020).[615] Steuerlich gilt für Fremdkapitalzinsen aber ein striktes Aktivierungsverbot (Art. 38 *quinquies*, *nonies* Ann. III CGI).[616] Entscheidet sich der Steuerpflichtige, handelsrechtlich die Fremdkapitalzinsen zu aktivieren, wird das Maßgeblichkeitsprinzip durchbrochen (Kap. 5.3.6, Fall 2).

5.3.8.2 Neubewertung der Aktiva nach französischem Recht

In Frankreich stellen im Unterschied zu Deutschland die Ak/Hk nicht die absolute Bewertungsobergrenze dar. Auf Grundlage von Art. 33 4. EGR darf der Kaufmann handels- und steuerrechtlich zu jedem Bilanzstichtag eine Neubewertung (réévaluation libre) des Sachanlagevermögens und der Finanzanlagen vornehmen (Art. 12 Abs. 4 CDC). Dabei muß sich die Neubewertung auf alle Positionen der angesprochenen Vermögenswerte erstrecken. Nur einzelne ausgesuchte Sach- und Finanzanlagen neu zu bewerten ist untersagt. Umlaufvermögen und immaterielles Anlagevermögen sind von der Neubewertung ausgeschlossen.[617]

Die Neubewertung bezieht sich auf den Unterschiedsbetrag zwischen den fortgeführten Ak/Hk und dem "valeur actuelle". Beim "valeur actuelle" handelt es sich um einen Wertmaßstab, der die Nützlichkeit des Gutes für das Unternehmen zum Zeitpunkt der Neubewertung berücksichtigt. Er ähnelt seiner Konzeption nach dem deutschen Teilwert und kann beträchtlich über den ursprünglichen Ak/Hk liegen (Kap. 5.3.8.7).

Um die fortgeführten Ak/Hk eines Vermögenswertes zu bestimmen, dürfen Abschreibungen nur in Höhe des Werteverzehrs (amortissements pour dépréciations) berücksichtigt werden. Abschreibungen aufgrund steuerlicher Förderzwecke (amortissements dérogatoires) bleiben außen vor. Sie repräsentieren nicht die Wertminderung eines Gutes.[618]

Begründet wird die Neubewertung mit im Zeitablauf voranschreitender Inflation.[619] Ein Unternehmer, der auf Grundlage seiner historischen Ak/Hk Abschreibungsbeträge berechnet, wird einen höheren Gewinn ausweisen und

614 Vgl. Ellrott, H./Schmidt-Wendt, D. (1995), Anm. 500ff. zu § 255 HGB, S. 747ff.
615 Vgl. Mémento comptable (1994), Tz. 1528ff., S. 365ff.
616 Vgl. Cozian, M. (1995), Tz. 210, S. 43.
617 Vgl. Cozian, M. (1995), Tz. 660, S. 148f.
618 Vgl. Mémento comptable (1993), Tz. 3358, S. 870f.
619 Vgl. Mémento sociétés (1992), Tz. 3240, S. 957.

damit auch höher besteuert als sein Kollege, der das gleiche Wirtschaftsgut zu einem späteren Zeitpunkt anschafft oder herstellt, aber inflationsbedingt höhere Ak/Hk hat und deshalb auch über ein größeres Abschreibungspotential verfügt. Des weiteren wird bei Veräußerungsgewinnen eine inflationsbedingte Scheingewinnbesteuerung unterbunden.

Die handelsrechtliche Neubewertung gestaltet sich ergebnisneutral.[620] Sie kann nicht zum Verlustausgleich herangezogen werden. In Höhe der Neubewertung entsteht eine Ausschüttungssperre.[621] Dadurch ist der handelsrechtlich angestrebte Gläubigerschutz gewahrt. Im Umfang der Differenz zwischen den niedrigeren fortgeführten Ak/Hk und dem höheren "valeur actuelle" wird auf der Aktivseite der jeweilige Bilanzposten erhöht. Die Gegenbuchung erfolgt auf der Passivseite innerhalb des Eigenkapitals. Dort ist der Differenzbetrag im Jahr seiner Entstehung in den Posten "Écart de réévaluation" (Neubewertungsdifferenz) einzustellen. Dadurch wird die Neubewertung für den Bilanzleser nachvollziehbar. In den folgenden Jahresabschlüssen kann der Steuerpflichtige entweder den Posten Neubewertungsdifferenz beibehalten oder ihn in Grundkapital umwandeln.[622] Abschreibungen und Veräußerungsgewinne/-verluste neubewerteter Aktiva berechnen sich auf Grundlage der geänderten Buchwerte.[623]

Nach obigen Ausführungen scheint die handelsrechtliche Neubewertung für den Steuerpflichtigen durchaus reizvoll zu sein. Verbergen sich in größerem Umfang stille Reserven in den neubewertungsfähigen Aktiva, kann der bilanzpolitische Spielraum genutzt werden, um einerseits die Eigenkapitalquote aufzubessern und andererseits Abschreibungspotentiale aufzubauen.

Den Preis für die Neubewertung bestimmt das Steuerrecht. Da der steuerliche Gewinn durch Betriebsvermögensvergleich ermittelt wird (Art. 38 2. CGI) und sich das Betriebsvermögen (Eigenkapital) durch die Neubewertung erhöht, schließt der Gesetzgeber daraus auf die Steuerpflichtigkeit der Neubewertungsdifferenz.[624] Sie muß im Rahmen der Überleitungsrechnung (Mehr/Weniger-Rechnung) vom handelsrechtlichen zum steuerrechtlichen Gewinn als außerbilanzielle Berichtigung (rectification extra-comptable) zum handelsrechtlichen Ergebnis addiert werden. Das Ziel inflationsbedingte Scheingewinne unbesteuert zu lassen bleibt dadurch freilich unerreicht. Die Neubewertungsdifferenz ist steuerlich mit Verlustvorträgen verrechenbar. Da die Neubewertung den steuer-

---

620 Vgl. Viandier, A./Lauzainghein, C. d. (1993), Tz. 323, S. 260.
621 Vgl Martens, H. J. (1983), S. 7.
622 Vgl. Mémento comptable (1993), Tz. 3357-1ff., S. 869ff.
623 Vgl. Mémento fiscal (1996), Tz. 7803, S. 1143.
624 Vgl. Cozian, M. (1995), Tz. 661, S. 149.

pflichtigen Gewinn erhöht, wird gegen die Markteinkommenstheorie verstoßen. Die stillen Reserven werden nicht durch eine Markttransaktion aufgedeckt.

Eine Neubewertung ist aus steuerlicher Sicht nur sinnvoll, um eine Verknappung des Eigenkapitals und den Verfall eines Verlustvortrags zu vermeiden.[625] Anders als in Deutschland dürfen in Frankreich Verluste nicht zurückgetragen und maximal 5 Jahre vorgetragen werden (Art. 156 I. CGI). Aufgrund der steuerlichen Auswirkungen wird in der Praxis von der Neubewertungsmöglichkeit kaum Gebrauch gemacht.[626]

Beispiel:[627] Ein Gebäude wird für 1 Mio. FF erworben und auf 25 Jahre linear abgeschrieben. Am Ende des 10. Jahres nimmt der Steuerpflichtige eine Neubewertung vor. Der "valeur actuelle" beläuft sich auf 1,5 Mio. FF.

	Ak/Hk	**Abschreibung**	**fort. Ak/Hk**	**Jahresabschreibung**
Vor Neubewertung	1.000.000	400.000	600.000	40.000
Nach Neubewertung	1.500.000	400.000	1.100.000	73.334
Δ =	500.000	0	500.000	33.334

In der Handelsbilanz erhöht sich auf der Aktivseite der Gebäudewert um 500.000 FF. Auf der Passivseite werden 500.000 FF in den Posten Neubewertungsdifferenz (Écart de réévaluation) eingestellt. Der Gewinn bleibt unverändert. Steuerlich müssen zum handelsrechtlichen Gewinn 500.000 FF addiert werden. In den Folgeperioden erhöht sich die Abschreibung handels- und steuerrechtlich um 33.334 FF auf 73.334 FF.

5.3.8.3 Ausgewählte Verfahren zur vereinfachten Ermittlung der Ak/Hk

Der Grundsatz der Einzelbewertung fordert für jedes Gut, die Ak/Hk getrennt zu ermitteln (§ 252 Abs. 1 Nr. 3 HGB, Art. 13 Abs. 1 CDC, Art. 31 Abs. 1 Buchst. e 4. EGR). Eine Durchbrechung dieses Grundsatzes liegt nahe, wenn eine Einzelbewertung nur mit unverhältnismäßig hohem Aufwand oder gar nicht durchgeführt werden kann. Angesprochen sind beispielsweise Güter, die sich bei ihrer Lagerung vermischen (Flüssigkeiten, Gase, Schüttgüter). Am Bilanzstichtag können den vorhandenen Mengen nicht eindeutig Ak/Hk zugeordnet werden. Um diesen Sachverhalten Rechnung zu tragen, sehen Handels- und Steuerrecht

---

625 Vgl. Cozian, M. (1995), Tz. 661, S. 149.

626 Vgl. Scheid, J.-C./Walton, P. (1992), S. 166, 179.

627 Vgl. Mémento comptable (1994), Tz. 3358, S. 870f.

in Deutschland und Frankreich für gleichartige Gegenstände des Vorratsvermögens Bewertungsverfahren vor, die den Einzelbewertungsgrundsatz verletzen. Grundlage hierfür ist Art. 40 4. EG-Richtlinie. Dort festgehaltene Bewertungsvereinfachungsverfahren lassen sich unterteilen in

- Bewertungen mit einem Durchschnittswert und
- Bewertungen, die eine bestimmte zeitliche Verbrauchsfolge der Vorräte annehmen.

Der deutsche Gesetzgeber hat die Durchschnittsbewertung bei den Vorschriften bezüglich Büchführung und Inventar kodifiziert (§ 240 Abs. 4 HGB). Durch § 256 S. 2 HGB ist die Durchschnittsbewertung auch auf den Jahresabschluß anwendbar (Bewertungswahlrecht).[628] Steuerrechtlich ist sie ebenfalls zulässig (R 36 Abs. 4 EStR).[629] Das Maßgeblichkeitsprinzip hat Bestand. Wird die Durchschnittsbewertung handelsrechtlich verwendet, muß dies auch steuerrechtlich geschehen. Der französische Gesetzgeber sieht handelsrechtlich die Durchschnittsbewertung ebenfalls als Bewertungswahlrecht vor (Art. 12 Abs. 3 CDC). Im Steuerrecht finden sich hierfür keine Bestimmungen. Es gilt das Maßgeblichkeitsprinzip.[630]

Das Prinzip der Durchschnittsbewertung besteht darin, Vorräte nicht mit ihren tatsächlichen Ak/Hk zu bewerten, sondern mit einem Durchschnittswert, dessen Berechnung sich unterschiedlich komplex gestalten kann. Vornehmlich wird zwischen dem gewogenen arithmetischen und dem gleitenden Durchschnittspreis unterschieden. Der gewogene arithmetische Durchschnittspreis wird nur am Periodenende ermittelt. Rechnerisch etwas aufwendiger ist der gleitende Durchschnittspreis. Nicht erst am Ende der Periode, sondern nach jedem Zugang wird der Durchschnittspreis neu festgestellt und der nächste Abgang mit dem errechneten Wert bewertet. Dadurch werden Abgänge und Endbestand i.Vgl. zum gewogenen arithmetischen Durchschnittspreis exakter bewertet. Der Endbestand ist mit den zuletzt ermittelten Ak/Hk zu bewerten.

Gewogener arithmetischer und gleitender Durchschnittspreis gelten aber nur unter Berücksichtigung des Niederstwertprinzips. Der Durchschnittspreis darf nicht zur Bewertung herangezogen werden, wenn der Tagespreis der Vorräte am Bilanzstichtag geringer ist. Nachfolgende Beispiele verdeutlichen beide Verfahren.[631]

---

628 Vgl. Adler, H./Düring, W./Schmaltz, K. (1995/1997), Anm. 80ff. zu § 256 HGB, S. 457.
629 Vgl. Ellrott, H./Fitzner, G. (1995), Anm. 208 zu § 255 HGB, S. 692.
630 Vgl. Mémento fiscal (1996), Tz. 654, S. 125f.
631 Vgl. Mémento comptable, Tz. 1156ff., S. 304ff; Adler, H./Düring, W./Schmaltz, K. (1995/1997), Anm. 111ff. zu § 255 HGB, S. 368ff.

Beispiel eines gewogenen arithmetischen Durchschnittspreises:

Anfangsbestand	200 kg	zu je DM 8,00 =	1.600 DM
Zugang	50 kg	zu je DM 8,10 =	405 DM
Zugang	100 kg	zu je DM 7,90 =	790 DM
	Σ = 350 kg		Σ = 2.795 DM

Gewogener arithmetischer Durchschnittspreis = $\frac{2.795\ DM}{350\ kg}$ = 7,99 DM/kg.

Endbestand und unterjährige Abgänge sind mit 7,99 DM/kg zu bewerten.[632]

Beispiel eines gleitenden Durchschnittspreises:

Anfangsbestand	200 kg	zu je 8,00 =	1.600 DM
Abgang	100 kg	zu je 8,00 =	800 DM
	100 kg	zu je 8,00 =	800 DM
Zugang	50 kg	zu je 8,10 =	405 DM
	150 kg	zu je 8,03 =	1.205 DM[633]
Abgang	100 kg	zu je 8,03 =	803 DM
	50 kg	zu je 8,03 =	402 DM
Zugang	100 kg	zu je 7,90 =	790 DM
	150 kg	zu je 7,95 =	1.192 DM[634]
Abgang	50 kg	zu je 7,95 =	397 DM
Endbestand	100 kg	zu je 7,95 =	795 DM

632 Vgl. Coenenberg, A. G. (1994), S. 125f.
633 (100/150 * 8,00 + 50/150 * 8,10) = 8,03; 8,03 * 150 = 1.205.
634 (50/150 * 8,03 + 100/150 * 7,90) = 7,95; 7,95 * 150 = 1.192.

Die bekanntesten Bewertungsvereinfachungsverfahren, bei denen eine bestimmte zeitliche Verbrauchsfolge der Vorräte angenommen wird, sind das

- Lifo-Verfahren: Es wird unterstellt, daß die zuletzt angeschafften oder hergestellten Vorräte (**l**ast **in**) zuerst verbraucht oder veräußert werden (**f**irst **o**ut);
- Fifo-Verfahren: Es wird unterstellt, daß die zuerst angeschafften oder hergestellten Vorräte (**f**irst **in**) zuerst verbraucht oder veräußert werden (**f**irst **o**ut);
- Hifo-Verfahren: Es wird unterstellt, daß die zum höchsten Preis angeschafften oder hergestellten Vorräte (**h**ighest **in**) zuerst verbraucht oder veräußert werden (**f**irst **o**ut);
- Lofo-Verfahren: Es wird unterstellt, daß die zum niedrigsten Preis angeschafften oder hergestellten Vorräte (**lo**west **in**) zuerst verbraucht oder veräußert werden (**f**irst **o**ut).

Nach deutschem Handelsrecht sind das Lifo- und Fifo-Verfahren zulässig (§ 256 HGB). Die Rechtmäßigkeit der übrigen Verfahren ist strittig.[635] Ob die tatsächliche Verbrauchsfolge der Vorräte mit der unterstellten Verbrauchsfolge des verwendeten Verfahrens übereinstimmt, ist unerheblich.[636] Anders liegt der Sachverhalt im Steuerrecht. Steuerrechtlich darf nur das Lifo-Verfahren unabhängig von der tatsächlichen Verbrauchsfolge der Vorräte angewandt werden (§ 6 Abs. 1 Nr. 2a EStG).[637] Da handels- und steuerrechtlich das Lifo-Verfahren als Bewertungswahlrecht vorgesehen ist, gilt das umgekehrte Maßgeblichkeitsprinzip (Kap. 5.3.5, Fall 3). Die steuerliche Inanspruchnahme der Lifo-Bewertung erzwingt auch die handelsrechtliche Verwendung.[638]

Die übrigen Verbrauchsfolgeverfahren dürfen steuerlich nur beansprucht werden, wenn der Steuerpflichtige die Übereinstimmung von unterstellter und tatsächlicher Verbrauchsfolge nachweisen kann.[639] Wiederum gilt das umgekehrte Maßgeblichkeitsprinzip. Ist der Steuerpflichtige nicht in der Lage, den Nachweis über die Übereinstimmung von unterstellter und tatsächlicher Verbrauchsfolge zu erbringen, wird er aufgrund der umgekehrten Maßgeblichkeit praktisch gezwungen, handelsrechtlich auf das Lifo-Verfahren zurückzugreifen, um steuerlich ein Verbrauchsfolgeverfahren zur Bewertung überhaupt verwenden zu können. Deshalb dominiert in der Praxis auch das Lifo-Verfahren.[640] Verwendet der Steuerpflichtige handelsrechtlich ein anderes als das Lifo-Verfahren, und kann er den Nachweis über die Übereinstimmung von unterstellter und tatsächlicher Verbrauchsfolge nicht führen, muß steuerrechtlich die

---

635 Vgl. Adler, H./Düring, W./Schmaltz, K. (1995/1997), Anm. 6 zu § 256 HGB, S. 431f.
636 Vgl. Biergans, E. (1992), S. 378.
637 Vgl. Herzig, N. (1995), Tz. 214f., S. 121f.
638 Vgl. WP-Handbuch (1996), Bd. 1, Tz. 329. S. 258.
639 Vgl. Vogt, S. (1991), S. 189.
640 Vgl. Sarx, M. (1990), Anm. 34 zu § 256 HGB, S. 773.

Durchschnittsbewertung angewendet werden.[641] Das Maßgeblichkeitsprinzip wird durchbrochen.

Nach französischem Recht gestaltet sich die Anwendung der Verbrauchsfolgeverfahren sehr viel einfacher als in Deutschland. Entscheidet sich der Steuerpflichtige handelsrechtlich für ein Verbrauchsfolgeverfahren zur Bewertung gleichartiger Vorräte, muß er auf das Fifo-Verfahren zurückgreifen (Art. 12 Abs. 3 CDC).[642] Andere Verfahren sind unzulässig. Steuerrechtlich kann in Ausnahmefällen auch das Lifo-Verfahren zur Anwendung kommen.[643] Dazu muß der Steuerpflichtige nachweisen, daß die tatsächliche Verbrauchsfolge der Lifo-Fiktion entspricht. In diesen Fällen besteht steuerrechtlich ein Wahlrecht zwischen dem Fifo- und Lifo-Verfahren. Wird das steuerrechtliche Wahlrecht nicht i.S.d. Fifo-Verfahrens ausgeübt, folgt daraus eine Durchbrechung des Maßgeblichkeitsprinzips (Kap. 5.3.6, Fall 5). Das handelsrechtliche Ergebnis muß zur steuerlichen Gewinnermittlung durch eine außerbilanzielle Berichtigung (rectification extra-comptable) korrigiert werden. Nachfolgende Tabelle verdeutlicht das Lifo- und Fifo-Verfahren.[644]

Anfangsbestand	100 kg à 10 DM
Zugang	30 kg à 9,80 DM
Zugang	50 kg à 10,50 DM
Zugang	150 kg à 11 DM
	330 kg
Verbrauch	170 kg
Endbestand	160 kg

	Lifo-Verfahren	**Fifo-Verfahren**
Endbestand	100 kg à 10 DM = 1.000 DM	
	30 kg à 9,80 DM = 294 DM	150 kg à 11 DM = 1.650 DM
	30 kg à 10,50 DM = 315 DM	10 kg à 10,50 DM = 105 DM
	1.609 DM	1.755 DM
Verbrauch	150 kg à 11 DM = 1.650 DM	100 kg à 10 DM = 1.000 DM
	20 kg à 10,50 DM = 210 DM	30 kg à 9,80 DM = 294 DM
	1.860 DM	40 kg à 10,50 DM = 420 DM
		1.714 DM

641 Vgl. Glanegger, P. (1996), Tz. 260, S. 494.
642 Vgl. Mémento comptable (1994), Tz. 1155ff., S. 304ff.
643 Vgl. Mémento fiscal (1996), Tz. 654, S. 126.
644 Vgl. Coenenberg, A. G. (1994), S. 125ff.; Mémento comptable (1994), Tz. 1158ff., S. 306f.

Nach Annahme werden im Rahmen des Lifo-Verfahrens die zuletzt angeschafften oder hergestellten Vorräte zuerst verbraucht oder veräußert. Folglich ist der Periodenverbrauch mit den Ak/Hk der letzten Zugänge zu bewerten. Wird mengenmäßig mehr verbraucht, als bei der letzten Anschaffung bzw. Herstellung zugegangen ist, müssen für die verbleibenden Mengen die Ak/Hk der vorletzten Zugänge zur Bewertung herangezogen werden. Reichen die Zugänge wiederum nicht aus, ist eine Stufe weiter zurückzugehen, gegebenenfalls so lange, bis der Anfangsbestand der Periode erreicht wird. Zur Bewertung der Endbestände wird der umgekehrte Weg eingeschlagen. Ergibt sich über die Rechnungsperiode gesehen eine Bestandsminderung, ist der Endbestand zu den Preisen des Anfangsbestandes zu bewerten, da annahmegemäß sämtliche Periodenzugänge bereits abgegangen sind. Für den Fall einer Bestandserhöhung sind neben den Ak/Hk zur Bewertung des Anfangsbestandes die Preise der ersten Zugänge der betrachteten Periode zur Bewertung heranzuziehen, da alle nachfolgenden Zugänge bereits verbraucht bzw. veräußert wurden.

Beim Fifo-Verfahren werden die zuerst angeschafften oder hergestellten Vermögenswerte als erstes verbraucht oder verkauft. Deshalb sind die Ak/Hk des Anfangsbestands Ausgangspunkt für die Bewertung der Abgänge. Zur Bewertung der Endbestände ist wiederum umgekehrt vorzugehen. Der Endbestand muß mit den Ak/Hk der letzten Zugänge bewertet werden. Übersteigt der Endbestand die letzten Zugänge, ist die verbleibende Menge mit den Ak/Hk der vorletzten Zugänge zu bewerten.

Bei der Bewertung mit Verbrauchsfolgeverfahren ist als Nebenbedingung das Niederstwertprinzip zu beachten. Zur Bewertung muß der Tagespreis herangezogen werden, wenn er unterhalb der durch Verbrauchsfolgeverfahren ermittelten Ak/Hk liegt.

5.3.8.4 Abschreibungen nach deutschem Recht

In den vorangegangenen Kapiteln wurde ausgeführt, daß Wirtschaftsgüter beim Zugang zum Betriebsvermögen mit ihren Ak/Hk anzusetzen sind. Aufgrund ganz unterschiedlicher Ursachen können im Zeitablauf Wertminderungen eintreten. Wird beispielsweise eine Maschine zu Produktionszwecken eingesetzt, ist Verschleiß unvermeidbar. Ihr Wert kann sich aber auch durch technischen Fortschritt reduzieren, indem sie wegen Einführung eines Nachfolgemodells als veraltet gilt oder z.B. aufgrund eines Brandes vollständig vernichtet wird. Um solchen Wertverlusten Rechnung zu tragen, sind handelsrechtlich planmäßige und außerplanmäßige Abschreibungen vorzunehmen (§ 253 HGB). Folglich besteht der grundlegende Zweck von Abschreibungen in der Erfassung des einer

Abrechnungsperiode zuzuordnenden Werteverzehrs, um dadurch den periodengerechten Gewinn zu ermitteln.[645]

Handelsrechtlich planmäßigen Abschreibungen entsprechen im Steuerrecht terminologisch Absetzungen für Abnutzung (AfA) und Substanzverringerung (AfS).[646] Dem handelsrechtlichen Begriff der außerplanmäßigen Abschreibungen stehen im Steuerrecht die Absetzungen für außergewöhnliche technische oder wirtschaftliche Abnutzung (AfaA), die Teilwertabschreibung und die Sonderabschreibungen gegenüber (§§ 6, 7ff. EStG).[647]

Planmäßige Abschreibungen erstrecken sich auf abnutzbare Wirtschaftsgüter des Anlagevermögens. Durch sie sollen die Ak/Hk unter Berücksichtigung des realen Werteverzehrs auf die Nutzungsdauer des Wirtschaftsgutes verteilt werden. Beim Umlaufvermögen kann es keine planmäßigen Abschreibungen geben, da es innerhalb von 12 Monaten umgeschlagen oder verbraucht wird.[648] Handelsrechtlich ist der Steuerpflichtige in der Wahl der Abschreibungsmethode frei, da der Gesetzgeber lediglich planmäßige Abschreibungen fordert, ohne bestimmte Methoden vorzugeben.[649] Die verwendete Abschreibungsmethode muß aber den GoB genügen (§ 253 HGB).[650] Planmäßige Abschreibungen sind GoB-gemäß, wenn sich der Abschreibungsbetrag an der Wertminderung des betrachteten Gutes orientiert.[651] Von praktischer Bedeutung sind die lineare, degressive, progressive und Leistungs-/Substanzabschreibung. Auch Kombinationen von Abschreibungsmethoden sind zulässig.[652]

Im Unterschied zum Handelsrecht sind steuerrechtlich nur die in § 7 EStG erwähnten Abschreibungsmethoden erlaubt. Für alle abnutzbaren Wirtschaftsgüter des Anlagevermögens ist die lineare AfA zulässig. Zusätzlich sind für bewegliche Wirtschaftsgüter die geometrisch-degressive AfA und die Leistungs-AfA vorgesehen. "Bei Bergbauunternehmen, Steinbrüchen und anderen Betrieben, die einen Verbrauch der Substanz mit sich bringen",[653] ist die AfS gestattet. Die geometrisch-degressive AfA darf mit der linearen AfA kombiniert werden. Da die steuerrechtlich gewährten Wahlrechte auch handelsrechtlich Bestand haben, gilt das umgekehrte Maßgeblichkeitsprinzip (Kap. 5.3.5, Fall 3).[654] [655]

---

645 Vgl. Brümmerhoff, D. (1996), S. 304.
646 Vgl. Wöhe, G. (1992), S. 445.
647 Vgl. Biergans, E. (1992), S. 479.
648 Vgl. Hilke, W. (1995), S. 6.
649 Art. 35 Abs. 1 Buchst. b 4. EGR fordert auch nur die Vornahme planmäßiger Abschreibungen, ohne bestimmte Abschreibungsmethoden zu nennen.
650 Vgl. Baetge, J. (1994), S. 234.
651 Vgl. Federmann, R. (1994), S. 318.
652 Vgl. Adler, H./Düring, W./Schmaltz, K. (1995/1997), Anm. 386 zu § 253 HGB, S. 218f.
653 § 7 Abs. 6 EStG.
654 Vgl. Tipke, K./Lang, J. (1996), Tz. 390ff. S. 339ff.

Verwendet der Steuerpflichtige handelsrechtlich eine Abschreibungsmethode, die steuerrechtlich verboten ist, z.B. die progressive Abschreibung, muß zur steuerlichen Gewinnermittlung die lineare AfA herangezogen werden.[656] Nachfolgende Tabelle faßt den Zusammenhang zwischen Handels- und Steuerrecht zusammen.

Handelsrecht	**Steuerrecht**
lineare Abschreibung	lineare AfA
geometrisch-degressive Abschreibung	geometrisch-degressive AfA
arithmetisch-degressive Abschreibung	lineare AfA
progressive Abschreibung	lineare AfA
Leistungs-/Substanzabschreibung	Leistungs-AfA, AfS

Die bisherigen Ausführungen bezogen sich auf planmäßige Abschreibungen bzw. AfA und AfS. Den Abschreibungen liegt ein Abschreibungsplan zugrunde, der zukünftigen Werteverzehr antizipiert und die Ak/Hk eines Wirtschaftsgutes auf seine Nutzungsdauer verteilt. Im Zeitablauf können aber Umstände eintreten, die Wertverluste oberhalb der planmäßigen Abschreibungen bedingen. Solche Umstände sind z.B. die Anfang dieses Kapitels angeführten Wertminderungen aufgrund der Einführung eines Nachfolgemodells oder der Vernichtung durch Brand. Sie führen handelsrechtlich zu außerplanmäßigen Abschreibungen. Das Steuerrecht spricht von AfaA, Teilwertabschreibung und Sonderabschreibungen.[657] AfaA und Teilwertabschreibung möchten den tatsächlichen Werteverzehr eines Wirtschaftsgutes erfassen. Sie tragen Umständen Rechnung, die im Abschreibungsplan unberücksichtigt blieben. Nachfolgende Tabelle zeigt Unterschiede zwischen der AfaA und Teilwertabschreibung auf.[658]

655 Die steuerrechtliche Begrenzung des geometrisch-degressiven AfA-Satzes auf das 3fache des linearen Satzes bzw. auf höchstens 30 % der Ak/Hk durchbricht das Maßgeblichkeitsprinzip. Vgl. Eigenstetter, H. (1993), S. 581.

656 Vgl. Herzig, N. (1995), Tz. 211, S. 119.

657 Vgl. Biergans, E. (1992), S. 479.

658 Vgl. Wöhe, G. (1992), S. 477f.; Biergans, E. (1992), S. 486f.

AfaA	Teilwertabschreibung
> Ursachen: – außergewöhnliche technische Abnutzung (z.B. Explosion, Brand), – außergewöhnliche wirtschaftliche Abnutzung (z.B. technischer Fortschritt).	> Ursache: Wertminderungen aller Art, z.B. Sinken der Wiederbeschaffungskosten.
> Ist nur bei abnutzbaren Gütern des AV zulässig.	> Ist bei allen Gütern zulässig.
> Die planmäßige Abschreibung muß linear sein.	> Ist an keine bestimmte planmäßige Abschreibungsmethode gebunden.
> Ist bei allen Gewinnermittlungsmethoden zulässig.	> Ist nur für buchführende Gewerbetreibende zulässig (§§ 4 Abs. 1, 5 EStG).
> Kommt in Betracht bei einer Verkürzung der Nutzungsdauer.	> Kommt nicht in Betracht bei einer Verkürzung der Nutzungsdauer.
> Kann (theoretisch) unter dem Teilwert liegen.	> Praktisch werden Gründe für eine AfaA i.d.R. auch einen niedrigeren Teilwert zulassen.

Während sich AfaA und Teilwertabschreibungen zur periodengerechten Gewinnermittlung am tatsächlichen Werteverzehr orientieren, verfolgt der Gesetzgeber mit den Sonderabschreibungen (§§ 7a-k EStG) andere Zwecke. Durch Abschreibungssätze oberhalb realer Wertminderungen sollen Steuerpflichtige zu Investitionen veranlaßt werden, die der Gesetzgeber als wünschenswert erachtet.[659] Beispielsweise dürfen nach § 7f EStG die Ak/Hk abnutzbarer beweglicher Wirtschaftsgüter des Anlagevermögens privater Krankenhäuser in den ersten 5 Jahren bis zu 50 % abgeschrieben werden. Sonderabschreibungen sind nur steuerrechtlich gewährte Bewertungswahlrechte. Über § 254 HGB finden sie aber auch ins Handelsrecht Eingang. Deshalb gilt das umgekehrte Maßgeblichkeitsprinzip (Kap. 5.3.5, Fall 3).[660]

Zu erwähnen ist noch, daß für sog. geringwertige Wirtschaftsgüter (abnutzbare, bewegliche, selbständig nutzbare Wirtschaftsgüter des Anlagevermögens mit Ak/Hk ≤ 800 DM) keine Aktivierungspflicht besteht. Aus Vereinfachungsgründen dürfen sie handels- und steuerrechtlich im Zugangsjahr vollständig abgeschrieben werden (§ 6 Abs. 2 EStG).[661]

---

659 Vgl. Biergans, E. (1992), S. 487ff.; Adler, H./Düring, W./Schmaltz, K. (1995/1997), Anm. 18 zu § 254 HGB, S. 306ff.

660 Vgl. Baetge, J. (1994), S. 274ff.

661 Vgl. Schnicke, C./Schramm, M./Bail, U. (1995), Anm. 372ff. zu § 253 HGB, S. 554ff.

5.3.8.5 Abschreibungen nach französischem Recht

Wertminderungen bilanzierter Vermögenswerte werden in Frankreich durch planmäßige und außerplanmäßige Abschreibungen erfaßt. Handels- und steuerrechtliche Terminologie sind im Unterschied zum deutschen Recht identisch. Handelsrechtlich sind wie in Deutschland alle Abschreibungsmethoden zulässig, die den Werteverzehr der Güter wiedergeben. Praktische Bedeutung haben die lineare, degressive, progressive und Leistungs-/Substanzabschreibung. Kombinationen von Abschreibungsmethoden sind möglich.[662] Steuerrechtlich ist die lineare und geometrisch-degressive Abschreibung gestattet. Die Leistungs-/Substanzabschreibung ist nur eingeschränkt anwendbar.[663] Die lineare Abschreibung ist für alle abnutzbaren Güter des Anlagevermögens erlaubt.[664] Geometrisch-degressiv abschreibbare Güter sind in Art. 22 Ann. II CGI abschließend aufgelistet.[665] Insgesamt ist der Anwendungsbereich der geometrisch-degressiven Abschreibung in Frankreich kleiner als in Deutschland. Auch die Berechnungsmodalitäten sind anders. Die geometrisch-degressive Abschreibung darf mit der linearen Abschreibung kombiniert werden.[666]

Nach deutschem Steuerrecht berechnet sich der geometrisch-degressive AfA-Satz als das 3fache des linearen Satzes. Er darf aber höchstens 30 % betragen (§ 7 Abs. 2 S. 2 EStG). Handelsrechtlich kann bei höherem Werteverzehr die 30 %-Grenze überschritten werden. Das französische Steuerrecht legt keinen einheitlichen Multiplikator für den linearen Abschreibungssatz fest. Vielmehr bemißt sich seine Höhe nach der Nutzungsdauer des betrachteten Gutes. Mit zunehmender Nutzungsdauer steigt der Multiplikator.[667]

Multiplikator	**Nutzungsdauer des Gutes**	**Abschreibungssatz**
1,5	3-4 Jahre	50 und 37,5%
2	5-6 Jahre	40 und 33,3%
2,5	>6 Jahre	35,7% und weniger

Aus obiger Tabelle folgt: Die Mindestnutzungsdauer, um degressiv abschreiben zu können, beträgt 3 Jahre. Bei Wirtschaftsgütern mit einer Nutzungsdauer bis

662 Vgl. Mémento comptable (1994), Tz. 1586, S. 395.
663 Vgl. Mémento comptable (1994), Tz. 1588, S. 396.
664 Vgl. Trotabas, L./Cotteret, J.-M. (1992), Tz. 127, S. 171.
665 Vgl. Cozian, M. (1995), Tz. 412f., S. 91f.; Kühn, K. J. (1977), S. 50ff.
666 Vgl. Colin, P./Gervaise, G./Rossetti, M. (1994), Tz. 1182ff., S. 113ff.
667 Vgl. Mémento comptable (1994), Tz. 1589, S. 396.

8 Jahre liegt der Abschreibungssatz oberhalb der deutschen Höchstgrenze von 30 %, danach unterhalb wegen des niedrigeren Multiplikators von 2,5 i.Vgl. zu 3.

Handelsrechtlich sind die oben vorgegebenen Multiplikatoren nicht verbindlich. Der Steuerpflichtige kann einen höheren Multiplikator verwenden, wenn die steuerlichen Vorgaben den Werteverzehr nicht wiedergeben. In Höhe der Differenz zwischen handels- und steuerrechtlicher Abschreibung ist im Rahmen der steuerlichen Gewinnermittlung eine außerbilanzielle Berichtigung vorzunehmen (rectification extra-comptable).[668] Der handelsrechtliche Gewinn muß um den Differenzbetrag erhöht werden.

Aber auch der umgekehrte Fall kann eintreten, d.h., steuerlich darf mehr als der tatsächliche Werteverzehr abgeschrieben werden. Dies ist regelmäßig der Fall, wenn der Staat die Wirtschaftssubjekte zu "wünschenswerten" Verhaltensweisen motivieren möchte.[669] Von der Idee her ist eine Parallele zu den Sonderabschreibungen nach deutschem Recht erkennbar. I.d.R. werden derartige Abschreibungen nur im Steuerrecht gewährt. Nimmt sie der Steuerpflichtige in Anspruch, muß er dies auch handelsrechtlich tun. Es gilt das umgekehrte Maßgeblichkeitsprinzip (Kap. 5.3.6, Fall 3).[670]

Steuerliche Abschreibungen oberhalb des realen Werteverzehrs werden als Abweichabschreibungen (amortissements dérogatoires) bezeichnet.[671] Buchungstechnisch sind sie wie folgt zu behandeln: In Höhe des tatsächlichen Werteverzehrs ist Abschreibungsaufwand zu verbuchen. Um denselben Betrag ist der Buchwert des betreffenden Vermögenswertes zu reduzieren.[672] Der Restbetrag wird in den Posten reglementierte Rücklagen (provisions réglementées) eingestellt.[673]

Beispiel:[674] Ein Unternehmen erwirbt am 10. Mai 1996 ein Softwareprodukt für 120.000 FF. Gemäß Art. 236 II. CGI darf entgeltlich erworbene Software steuerrechtlich innerhalb von 12 Monaten vollständig abgeschrieben werden. Zur Erfassung des tatsächlichen Werteverzehrs wird handelsrechtlich von einer linearen Abschreibung über 5 Jahre ausgegangen.

---

668 Vgl. Mémento comptable (1994), Tz. 1589, S. 397.
669 Vgl. Mercier, J.-Y./Plagnet, B. (1995), Tz. 708, S. 230f.
670 Vgl. Laupenmühlen, M./Voß, C. (1994), S. 404.
671 Vgl. Wietek, S. M./Chomiac de Sas, P. (1990), Tz. 741, S, 267.
672 Buchungssatz: Abschreibung an Anlagevermögen.
673 Buchungssatz: Außerordentlicher Aufwand (charge exceptionnelle) an reglementierte Rücklage.
674 Vgl. Cozian, M. (1995), Tz. 425, S. 95.

Jahr	steuerrechtlicher Abschreibungsbetrag in FF	handelsrechtlicher Abschreibungsbetrag in FF	abweichender Abschreibungsbetrag in FF	Bilanzausweis in FF
1996	80.000	16.000	64.000	104.000
1997	40.000	24.000	16.000	80.000
1998	0	24.000	- 24.000	56.000
1999	0	24.000	- 24.000	32.000
2000	0	24.000	- 24.000	8.000
2001	0	8.000	- 8.000	0

Aus Vereinfachungsgründen wird handels- und steuerrechtlich für den Zugangsmonat der volle Abschreibungsbetrag berechnet. Ob das Gut am ersten oder letzten Tag des Monats zugeht, spielt abschreibungstechnisch keine Rolle. Steuerlich dürfen die Ak von 120.000 FF in 12 Monaten abgeschrieben werden. Für 1996 ergibt sich ein Abschreibungsbetrag von 80.000 FF (8/12 * 120.000 FF) für 1997 von 40.000 FF (4/12 * 120.000 FF). Handelsrechtlich beläuft sich die Nutzungsdauer von Mai 1996 bis April 2001. Die Jahresabschreibung beträgt 24.000 FF (120.000 FF/5). Für 1996 sind 8 Monate (Mai bis Dezember) abzuschreiben. Dafür werden in der GuV 16.000 FF (8/12 * 24.000 FF) als Abschreibungsaufwand gebucht. Der Bilanzausweis der Software beträgt 104.000 FF.

Der Differenzbetrag zur steuerlichen Abschreibung von 64.000 FF wird als außerordentlicher Aufwand berücksichtigt und in die reglementierte Rücklage eingestellt. Folglich ist das handels- und steuerrechtliche Ergebnis in 1996 mit insgesamt 80.000 FF (16.000 FF + 64.000 FF) belastet. Für 1997 ist genauso zu verfahren. Ende 1997 ist die Software steuerlich vollständig abgeschrieben. Der gesamte Differenzbetrag (80.000 FF) zwischen handels- und steuerrechtlicher Abschreibung befindet sich in der reglementierten Rücklage. Da die Ak/Hk insgesamt aber nur einmal abgeschrieben werden können, ist ab 1998 in Höhe der linearen Abschreibung die Rücklage ergebniswirksam aufzulösen.[675] Dem Abschreibungsaufwand steht in gleicher Höhe ein außerordentlicher Ertrag gegenüber. Die beschriebene Vorgehensweise ist immer anzuwenden, wenn der handelsrechtliche Abschreibungsbetrag unter dem steuerrechtlichen Wert liegt.[676]

Der Vorteil dieses Verfahrens besteht darin, daß die Vermögenslage nicht verzerrt dargestellt wird. Der Bilanzausweis des Anlagevermögens wird nur durch Abschreibungen beeinflußt, die den Werteverzehr wiedergeben. Die

---

675 Buchungssatz: Reglementierte Rücklage an außerordentlicher Ertrag (produit exceptionnel).

676 Vgl. Mémento comptable (1994), Tz. 1589, S. 397.

Ertragslage wird durch Abweichabschreibungen zwar ergebnismäßig verfälscht, der Posten Abschreibungen beinhaltet aber nur Aufwendungen für tatsächliche Wertminderungen. Darüber hinaus gehende Aufwendungen fließen in den Posten außerordentlicher Aufwand. Nach deutschem Recht hat der Steuerpflichtige ein Wahlrecht, Sonderabschreibungen direkt bei den Wirtschaftsgütern abzusetzen oder den Differenzbetrag zur handelsrechtlichen Abschreibung in einen Sonderposten mit Rücklageanteil einzustellen (§ 281 HGB). Der Sonderposten wird nach demselben Schema wie die vorbesprochenen reglementierten Rücklagen gebildet und aufgelöst. In der Bilanzierungspraxis hat er sich aber noch nicht durchgesetzt.[677]

Folgerung: Handelsrechtlich dürfen Abschreibungen nur für Wertminderungen vorgenommen werden. Im Steuerrecht sind aber aus wirtschafts- und sozialpolitischen Gründen Abschreibungen oberhalb der Wertminderung vorgesehen. Steuerliche Abschreibungen, die den Werteverzehr übersteigen, werden als Abweichabschreibungen bezeichnet. Es gilt das umgekehrte Maßgeblichkeitsprinzip.[678] Nur der Teil solcher Abschreibungen darf als Abschreibungsaufwand behandelt werden, der die tatsächliche Wertminderung verkörpert. Der Restbetrag ist als außerordentlicher Aufwand in eine reglementierte Rücklage einzustellen.

Den geringwertigen Wirtschaftsgütern nach deutschem Recht entsprechen in Frankreich die "petits matériels et outillages de faible valeur". Es handelt sich um Vermögenswerte, deren Ak/Hk 2.500 FF nicht übersteigen. Da sie dem Betrieb dauerhaft, d.h. länger als 12 Monate, zu dienen bestimmt sind, müßten sie eigentlich aktiviert werden. Aus Vereinfachungsgründen dürfen sie sofort vollständig abgeschrieben werden.[679]

Mit außerplanmäßigen Abschreibungen wird Umständen Rechnung getragen, die im Abschreibungsplan nicht berücksichtigt sind. Im Rahmen der Besprechung des Vorsichtsprinzips wird hierauf näher eingegangen.

Fazit: Handelsrechtlich sind in Deutschland und Frankreich alle Abschreibungsmethoden zulässig, die den Werteverzehr eines Gutes widerspiegeln. Steuerrechtlich sind nur die lineare, geometrisch-degressive und Leistungs-/Substanzabschreibung erlaubt. Der Anwendungsbereich der geometrisch-degressiven und Leistungs-/Substanzabschreibung ist in Frankreich kleiner als in Deutschland. Sonderabschreibungen sind in beiden Ländern vorgesehen. Es gilt das umgekehrte Maßgeblichkeitsprinzip. Die buchtechnische Behandlung von Abschreibungen oberhalb des tatsächlichen Werteverzehrs nach französischem

---

677 Vgl. Laupenmühlen, M./Voß, C. (1994), S. 403f.

678 Zur Bedeutung des umgekehrten Maßgeblichkeitsprinzips vgl. Kap. 5.3.8.2.

679 Vgl. Précis de fiscalité (1995), Bd. 1, Tz. 1055, S. 41f.

Recht vereinfacht den externen Jahresabschlußadressaten den Einblick in die wirtschaftlichen Verhältnisse des Unternehmens. Nach deutschem Recht ist der Sonderposten mit Rücklageanteil nur als Bilanzierungswahlrecht vorgesehen (§ 281 HGB).

5.3.8.6 Das Vorsichtsprinzip nach deutschem Recht

Die Bewertung der Wirtschaftsgüter mit den fortgeführten Ak/Hk ist in einen umfassenderen Bilanzierungsgrundsatz eingebettet, der bislang noch nicht thematisiert wurde. Angesprochen ist das sogenannte Vorsichtsprinzip als konstitutiver Grundsatz deutscher Rechnungslegung. In § 252 Abs. 1 Nr. 4 HGB heißt es:

> "Es ist vorsichtig zu bewerten, namentlich sind alle vorhersehbaren Risiken und Verluste, die bis zum Abschlußstichtag entstanden sind, zu berücksichtigen, selbst wenn sie erst zwischen dem Abschlußstichtag und dem Tag der Aufstellung des Jahresabschlusses bekanntgeworden sind; Gewinne sind nur zu berücksichtigen, wenn sie am Abschlußstichtag realisiert sind."

Das Vorsichtsprinzip hat seine Grundlage in Art. 31, 35 und 39 4. EGR. Es ist unmittelbarer Ausdruck der handelsrechtlichen Zielsetzung, die Gläubiger zu schützen. Der Bilanzierende soll sich eher zu arm als zu reich rechnen, um die Unternehmenssubstanz zu erhalten und zu hohe Steuerzahlungen, Gewinnausschüttungen und Investitionen zu verhindern.[680] Als Konsequenz bewirkt das Vorsichtsprinzip tendenziell Unterbewertungen der Aktiva und Überbewertungen der Passiva. Es entstehen stille Reserven.

Gegenwärtig wird das Vorsichtsprinzip in der Literatur kontrovers diskutiert. Die Bildung und spätere Auflösung stiller Reserven könne dazu verwendet werden, die "wahre" Vermögenslage zu verschleiern. Dadurch blieben für den Bilanzleser die tatsächlichen wirtschaftlichen Verhältnisse im Verborgenen.[681] Die Befürworter des Vorsichtsprinzips weisen darauf hin, daß stille Reserven hauptsächlich durch steuerrechtliche Sonderabschreibungen gelegt werden. Aufgrund des umgekehrten Maßgeblichkeitsprinzips müssen sie nämlich auch handelsrechtlich berücksichtigt werden. Deshalb gelte es nicht, das Vorsichtsprinzip zu beseitigen, sondern das umgekehrte Maßgeblichkeitsprinzip.[682]

Das Vorsichtsprinzip wird durch das Realisations- und Imparitätsprinzip näher bestimmt (Kap. 5.3.3). Gemäß dem Realisationsprinzip sind handelsrechtlich "Gewinne .. nur zu berücksichtigen, wenn sie am Abschlußstichtag realisiert

[680] Vgl. Knobbe-Keuk, B. (1993), S. 47.
[681] Vgl. Weber-Grellet, H. (1996a), S. 2090f.
[682] Vgl. Kessler, H. (1997), S. 2ff.

sind".[683] Aus dem Realisationsprinzip folgt, daß Wirtschaftsgüter höchstens mit ihren Ak/Hk bewertet werden dürfen und Fremdwährungsverbindlichkeiten mindestens mit ihrem Anschaffungskurs umzurechnen sind. Übersteigt bei Wirtschaftsgütern der Verkehrswert am Bilanzstichtag die fortgeführten Ak/Hk, liegt kein steuerpflichtiges Einkommen vor. Stille Reserven sind erst dann steuerbar, wenn ein Wirtschaftsgut aus dem Betriebsvermögen ausscheidet und das erhaltene Entgelt höher als der Buchwert ist (Markteinkommenstheorie).[684]

Vom Gesetzgeber werden allerdings aufgedeckte stille Reserven in vielfältiger Form steuerlich begünstigt (Freibeträge, Freigrenzen, Sonderposten mit Rücklageanteil; §§ 6b, 14, 14a, 16 Abs. 4, 34 EStG). Dadurch sollen notwendige ökonomische Umstrukturierungen durch eine übermäßige Steuerbelastung nicht behindert werden. Aufgrund des progressiven Steuertarifs wäre die Steuerbelastung nämlich geringer, wenn am Ende jeder Rechnungsperiode der Anstieg der stillen Reserven besteuert würde. Das Realisationsprinzip schließt dies aber aus. Da das Übermaßverbot aus dem Leistungsfähigkeitsprinzip abgeleitet ist (Kap. 1.2.3), sind die steuerlichen Ermäßigungen gerechtfertigt.

Während Gewinne erst im Realisationsfall verbucht werden dürfen, müssen bis zum Bilanzstichtag entstandene unrealisierte Verluste gewinnmindernd berücksichtigt werden (§ 252 Abs. 1 Nr. 4 1. HS HGB). Die Ungleichbehandlung unrealisierter Gewinne und Verluste wird als Imparitätsprinzip bezeichnet.[685] Dem Imparitätsprinzip sind das Niederst- und Höchstwertprinzip zugeordnet. Das Niederstwertprinzip bezieht sich auf die Aktivseite der Bilanz. Es fordert von zwei möglichen Wertansätzen für ein Wirtschaftsgut den niedrigeren zu wählen.

Handelsrechtlich kommen als mögliche Wertansätze die fortgeführten Ak/Hk oder der beizulegende Wert in Betracht.[686] Der Ausdruck "beizulegender Wert" wurde inhaltlich vom Gesetzgeber nicht definiert. Vielmehr ist er vom Steuerpflichtigen so auszulegen, daß der Zielsetzung des Niederstwertprinzips (Vermeidung eines zu hohen Bilanzansatzes) entsprochen wird.[687] Bezugspunkte zur Bestimmung des beizulegenden Wertes sind der Beschaffungs- und Absatzmarkt. Bei Gütern, deren Verkauf in nächster Zeit nicht beabsichtigt ist, bestimmt sich der beizulegende Wert vom Beschaffungsmarkt her. Angesprochen sind z.B. Anlagevermögen, RHB-Stoffe und unfertige Erzeugnisse. Für

683 § 252 Abs. 1 Nr. 4 2. HS HGB.
684 Vgl. Tipke, K./Lang, J. (1996), Tz. 402ff., S. 343f.
685 Vgl. Baetge, J. (1994), S. 197ff.
686 Der Gesetzgeber nennt noch Börsen- und Marktpreise (§ 253 Abs. 3 S. 1 HGB). Sie sind letztlich nichts anderes als eine Spezifizierung des beizulegenden Wertes.
687 Vgl. Adler, H./Düring, W./Schmaltz, K. (1995/1997), Anm. 455 zu § 253 HGB, S. 241.

Güter, die veräußert werden sollen, wie z.B. Handelswaren und fertige Erzeugnisse, ist der Absatzmarkt relevant.[688]

Beispiele: Anlagevermögen ist dazu bestimmt, dem Unternehmen dauerhaft zu dienen. Beabsichtigt der Steuerpflichtige nicht in nächster Zeit, Anlagevermögen zu verkaufen, stellen gesunkene Verkaufspreise (Absatzmarktpreise) kein Risiko für das Unternehmen dar. Anders gestaltet sich der Sachverhalt bei gesunkenen Beschaffungsmarktpreisen. Konkurrenzunternehmen können das betreffende Anlagevermögen zu niedrigeren Preisen einkaufen und aufgrund geringerer Abschreibungen Kostenvorteile erzielen, die in Form günstigerer Preise an die Konsumenten weitergebbar sind. Folglich nehmen gesunkene Beschaffungsmarktpreise potentiell Einfluß auf den Gewinn des Unternehmens. Deshalb sind sie zum Vergleich it den fortgeführten Ak/Hk heranzuziehen.[689]

Bei fertigen Erzeugnissen führen sinkende Beschaffungsmarktpreise zu geringeren Produktionskosten. Risiken für das Unternehmen entstehen nicht. Sinkende Absatzmarktpreise können dagegen den Gewinn negativ beeinflussen. Für den Vergleich mit den Ak/Hk sind deshalb Absatzmarktpreise relevant.

Unterschreitet beim Anlagevermögen am Bilanzstichtag der beizulegende Wert die fortgeführten Ak/Hk, muß eine außerplanmäßige Abschreibung vorgenommen werden, sofern die Wertminderung voraussichtlich dauerhaft ist. Bei einer nur vorübergehenden Wertminderung hat der Steuerpflichtige ein Abschreibungswahlrecht (gemildertes Niederstwertprinzip, § 253 Abs. 2 S. 3 HGB). Eine dauernde Wertminderung liegt vor, wenn der beizulegende Wert die fortgeführten Ak/HK voraussichtlich über einen erheblichen Teil der Restnutzungsdauer unterschreitet.[690] Im Gegensatz zum Anlagevermögen muß Umlaufvermögen immer außerplanmäßig abgeschrieben werden, falls der beizulegende Wert geringer als die Ak/Hk ist (strenges Niederstwertprinzip, § 253 Abs. 3 S. 1 u. 2 HGB).[691]

Steuerrechtlich müssen die fortgeführten Ak/Hk nicht mit dem beizulegenden Wert verglichen werden, sondern mit dem Teilwert. Außerplanmäßige Abschreibungen auf den Teilwert werden als Teilwertabschreibungen bezeichnet. Der Teilwert ist ein rein steuerlicher Bewertungsmaßstab. Er hat im Handelsrecht keine Entsprechung.[692] Im Unterschied zum beizulegenden Wert hat der Gesetzgeber den Teilwert näher definiert. "Teilwert ist der Betrag, den ein Erwerber des ganzen Betriebs im Rahmen des Gesamtkaufpreises für das ein-

---

688 Vgl. Euler, R. (1991), S. 202f.
689 Vgl. Baetge, J./Brockmeyer, K. (1986), S. 381.
690 Vgl. Adler, H./Düring, W./Schmaltz, K. (1995/1997), Anm. 477 zu § 253 HGB, S. 248f.
691 Vgl. Federmann, R. (1994), S. 150ff.
692 Vgl. Herzig, N. (1995), Tz. 212, S. 119f.

zelne Wirtschaftsgut ansetzen würde; dabei ist davon auszugehen, daß der Erwerber den Betrieb fortführt."[693] Hinter der Teilwertkonzeption steht die Vorstellung der Wertabhängigkeit eines Wirtschaftsgutes von der Ertragskraft und Einsetzbarkeit in einem Betrieb.[694] Beispielsweise kann sich eine Maschine in einem Unternehmen als Fehlinvestition erweisen, während sie einem anderen Betrieb zu Produktivitätssteigerungen verhilft.

Allerdings bereitet die praktische Umsetzung der Teilwertkonzeption Schwierigkeiten. Woher soll der Steuerpflichtige wissen, was ein fiktiver Erwerber im Rahmen eines fiktiven Gesamtkaufpreises für das zu bewertende Wirtschaftsgut ansetzen würde unter der Voraussetzung, daß der Betrieb fortgeführt wird. Wegen der angeführten Probleme behilft man sich in der Praxis mit sogenannten Teilwertvermutungen. Beim nicht abnutzbaren Anlagevermögen ist der Teilwert gleich den Ak/Hk, beim abnutzbaren Anlagevermögen gleich den fortgeführten Ak/Hk und beim Umlaufvermögen gleich den Wiederbeschaffungskosten.[695] Die angestellten Vermutungen ebnen in der Praxis die konzeptionellen Unterschiede zwischen Teilwert und beizulegendem Wert weitgehend ein. Vom Steuerpflichtigen kann die Teilwertvermutung aber widerlegt werden.

Neben der Teilwertabschreibung kennt das Steuerrecht als weitere außerplanmäßige Abschreibung noch die AfaA. Wie beim Teilwert handelt es sich um einen eigenständigen steuerlichen Bewertungsmaßstab, der im Handelsrecht kein Pendant hat.[696] Im Unterschied zum Teilwert hat der Gesetzgeber die AfaA nicht näher definiert. Obgleich Unterschiede zwischen AfaA und Teilwertabschreibung bestehen (Kap. 5.3.8.4), lassen in der Praxis Gründe für eine AfaA i.d.R. auch eine Teilwertabschreibung zu. Wie bereits erwähnt, liegt dies an den angestellten Teilwertvermutungen, die der Teilwertkonzeption an sich widersprechen, da sie auf Marktpreise (Ak/Hk, fortgeführte Ak/Hk, Wiederbeschaffungskosten) Bezug nehmen.[697]

Steuerrechtlich gilt für das Anlage- und Umlaufvermögen das gemilderte Niederstwertprinzip. Ein unter den fortgeführten Ak/Hk liegender Wert darf im Weg einer AfaA oder Teilwertabschreibung angesetzt werden (§§ 6 Abs. 1 Nr. 1 S. 2, Abs. 1 Nr. 2 S. 2, 7 Abs. 1 S. 5 EStG). Wegen des Maßgeblichkeitsprinzips unterliegen die Bewertungswahlrechte aber Einschränkungen. Nachfolgende Tabelle verdeutlicht die Zusammenhänge zwischen Handels- und Steuerrecht.

---

693 § 6 Abs. 1 Nr. 1 S. 3 EStG.
694 Vgl. Federmann, R. (1994), S. 302f.
695 Vgl. Coenenberg, A. G. (1994), S. 71; Vogt, S. (1991), S. 182.
696 Vgl. Herzig, N. (1995), Tz. 212, S. 119f.
697 Vgl. Wöhe, G. (1992), S. 478f.; WP-Handbuch (1996), Bd. 1, Tz. 281, S. 236f.

Strenges Niederstwertprinzip (S. N.) und gemildertes Niederstwertprinzip (G. N.)	
Handelsrecht	**Steuerrecht**
Anlagevermögen a) dauernde Wertminderung → Abschreibungspflicht (S. N.) b) vorübergehende Wertminderung → Abschreibungswahlrecht (G. N.) Umlaufvermögen c) dauernde oder vorübergehende Wertminderung → Abschreibungspflicht (S. N.)	Anlagevermögen a) dauernde Wertminderung → Abschreibungswahlrecht (G. N.) b) vorübergehende Wertminderung → Abschreibungswahlrecht (G. N.) Umlaufvermögen c) dauernde oder vorübergehende Wertminderung → Abschreibungswahlrecht (G. N.)

In den Fällen a) und c) steht der handelsrechtlichen Abschreibungspflicht steuerrechtlich ein Abschreibungswahlrecht gegenüber (Kap. 5.3.5, Fall 5). Aufgrund des Maßgeblichkeitsprinzips kann das Wahlrecht faktisch nicht in Anspruch genommen werden.[698] Eine außerplanmäßige Abschreibung auf den beizulegenden Wert zieht steuerrechtlich zwangsläufig eine AfaA oder Teilwertabschreibung nach sich.[699] Die Abschreibungsbeträge können wegen der verschiedenen Konzeptionen divergieren.

In Fall b) wird handels- und steuerrechtlich ein Wahlrecht gewährt (Kap. 5.3.5, Fall 3). Es gilt das umgekehrte Maßgeblichkeitsprinzip. Da es sich bei der Teilwertabschreibung und der AfaA um nur steuerlich gewährte Abschreibungen handelt, greift § 254 HGB.[700] Übersteigen Teilwertabschreibung oder AfaA die Abschreibung auf den beizulegenden Wert, finden sie trotzdem Eingang in das Handelsrecht. Handels- und steuerrechtlicher Wertansatz entsprechen einander.[701]

---

698 Gewinnermittler nach § 4 Abs. 1 EStG sind nicht an das Maßgeblichkeitsprinzip gebunden.

699 Beim Umlaufvermögen ist steuerrechtlich die AfaA nicht erlaubt.

700 Vgl. Herzig, N. (1995), Tz. 212f., S. 119f.

701 Vgl. Adler, H./Düring, W./Schmaltz, K. (1995/1997), Anm. 35ff. zu § 254 HGB, S. 321ff.

Gegenpart zum Niederstwertprinzip für die Bewertung der Vermögensgegenstände ist das Höchstwertprinzip für die Bewertung der Verbindlichkeiten.[702] Bei alternativen Wertansätzen für eine Verbindlichkeit (Rückzahlungsbetrag oder Wert am Bilanzstichtag) ist der höhere zu wählen. Für langfristige Verbindlichkeiten gilt bei einer nur vorübergehenden Wertsteigerung handelsrechtlich das gemilderte Höchstwertprinzip. Für kurzfristige Verbindlichkeiten ist immer das strenge Höchstwertprinzip relevant.[703] Kurzfristig sind Verbindlichkeiten mit einer Laufzeit von bis zu einem Jahr.[704] Das Steuerrecht fordert, Verbindlichkeiten unter sinngemäßer Anwendung der Vorschriften für Vermögensgegenstände zu bewerten (§ 6 Abs. 1 Nr. 3 EStG). Demzufolge gilt steuerlich für sämtliche Verbindlichkeiten das gemilderte Höchstwertprinzip. Aufgrund des Maßgeblichkeitsprinzips hat aber das handelsrechtliche strenge und gemilderte Höchstwertprinzip auch steuerrechtlich Bestand. Die Ausführungen zum Niederstwertprinzip gelten analog.

Bewertungsmaßstab für Verbindlichkeiten ist im Steuerrecht der Teilwert. "**Teilwert** einer Verbindlichkeit ist der Betrag, den der Erwerber des gesamten Betriebs mehr bezahlen würde, wenn die Verbindlichkeit nicht bestünde oder wenn er sie vom Verkäufer nicht zu übernehmen brauchte."[705]

Beispiel: Am 06.05.1996 hat der Steuerpflichtige eine kurzfristige Dollar-Verbindlichkeit aufgenommen. Der Wechselkurs –DM:$– betrug 1:1,45. Am 31.12.1996 ist der Wechselkurs auf 1:1,65 gestiegen. Da es sich um eine kurzfristige Verbindlichkeit handelt, muß der Steuerpflichtige am Bilanzstichtag handels- und steuerrechtlich den höheren Wechselkurs der Bewertung zugrunde legen.[706]

Neben außerplanmäßigen Abschreibungen sieht das Handelsrecht auch Zuschreibungen vor. Bestehen die Gründe für eine vormalige außerplanmäßige Abschreibung am Abschlußstichtag nicht mehr, darf eine Zuschreibung bis zu den fortgeführten Ak/Hk vorgenommen werden (§§ 253 Abs. 5 HGB, 254 S. 2 HGB). Steuerrechtlich ist eine Zuschreibung bis zum höheren Teilwert zulässig (§ 6 Abs. 1 Nr. 1 S. 4, Nr. 2 S. 3 EStG). Die fortgeführten Ak/Hk dürfen ebenfalls nicht überschritten werden. Da handels- und steuerrechtlich ein Zuschreibungswahlrecht besteht, gilt das umgekehrte Maßgeblichkeitsprinzip (Kap. 5.3.5, Fall 3).[707]

---

702 Vgl. Wöhe, G. (1992), S. 357.
703 Vgl. Biergans, E. (1992), S. 506ff.
704 Vgl. Adler, H./Düring, W./Schmaltz, K. (1995/1997), Anm. 92 zu § 253 HGB, S. 123.
705 Clemm, H./Nonnenmacher, R. (1995), Anm. 52 zu § 253 HGB, S. 480.
706 Vgl. Biergans, E. (1992), S. 506ff.
707 Vgl. Tipke, K./Lang, J. (1996), Tz. 401, S. 342.

Abschließend ist noch die sogenannte Wertaufhellungstheorie anzusprechen. Sämtliche Risiken und Verluste sind "zu berücksichtigen, selbst wenn diese erst zwischen dem Abschlußstichtag und dem Tag der Aufstellung des Jahresabschlusses bekanntgeworden sind".[708] Erhält der Steuerpflichtige Informationen nach dem Bilanzstichtag, aber noch vor dem Aufstellungszeitpunkt der Bilanz, über verlustbringende Ereignisse vor dem Bilanzstichtag, muß er handelsrechtlich eine Wertkorrektur vornehmen.[709] Die Wertaufhellungstheorie gilt auch steuerrechtlich.[710]

5.3.8.7 Das Vorsichtsprinzip nach französischem Recht

Im französischen Handelsrecht ist das Vorsichtsprinzip der fundamentale Bilanzierungsgrundsatz.

> "Bei der jährlichen Rechnungslegung muß das Vorsichtsprinzip beachtet werden ... Risiken und Verluste, die im laufenden oder einem vorangegangenen Geschäftsjahr eingetreten sind, müssen berücksichtigt werden, selbst wenn sie erst zwischen dem Bilanzstichtag und dem Aufstellungszeitpunkt des Jahresabschlusses bekanntgeworden sind."[711]

> "Nur am Bilanzstichtag realisierte Gewinne können in die jährliche Rechnungslegung eingehen."[712]

Das Vorsichtsprinzip französischer Prägung deckt sich mit § 252 Abs. 1 Nr. 4 HBG. Es wird durch das Realisations- und Imparitätsprinzip (Niederstwert-, Höchstwertprinzip) näher bestimmt (Kap. 5.3.4).

Nach dem Realisationsprinzip dürfen Gewinne erst erfolgswirksam berücksichtigt werden, wenn sie realisiert sind. Unmittelbare Folge des Realisationsprinzips sind die Ak/Hk als Bewertungsobergrenze für Aktiva bzw. Bewertungsuntergrenze für Passiva (Ausnahme: Kap. 5.3.8.2). Stille Reserven entstehen, sofern Veräußerungswerte bei Aktiva oberhalb und Rückzahlungsbeträge bei Passiva unterhalb der Buchwerte liegen. Sie werden realisiert, sobald das Gut "aus der

---

708 § 252 Abs. 1 Nr. 4 1. HS HGB.

709 Vgl. WP-Handbuch (1996), Bd. 1, Tz. 207, S. 215.

710 Vgl. Glanegger, P. (1996), Tz. 47, S. 437.

711 Eigene Übersetzung; Original: "Les comptes annuels doivent respecter le principe de prudence ... Il doit être tenu compte des risques et des pertes intervenus au cours de l´exercice ou d´un exercice antérieur, même s´ils sont connus entre la date de la clôture de l´exercice et celle de l´établissement des comptes."; Art. 14 Abs. 1 S. 1, Abs. 3 CDC.

712 Eigene Übersetzung; Original: "Seuls les bénéfices réalisés à la date de clôture d´un exercice peuvent être inscrits dans les comptes annuels."; Art. 15 S. 1 CDC.

Bilanz verschwindet, aus welchem Grund auch immer".[713] Angesprochen sind beispielsweise Entnahmen, Umsatzvorgänge, Enteignungen und katastrophenbedingte Vernichtungen.

Handelsrechtlich wird dem Realisationsprinzip stets entsprochen (Art. 15 S. 1 CDC).[714] Das Steuerrecht weist bei Forderungen und Verbindlichkeiten in fremder Währung eine Besonderheit auf. Latente Währungsgewinne am Bilanzstichtag müssen steuerrechtlich berücksichtigt werden (Art. 38 4. CGI). Sie erhöhen den steuerpflichtigen Gewinn. Da handelsrechtlich das Realisationsprinzip gilt, muß der besonderen steuerlichen Regelung durch eine außerbilanzielle Berichtigung (rectification extra-comptable) nachgekommen werden. Das Maßgeblichkeitsprinzip wird durchbrochen (Kap. 5.3.6, Fall 1). Im Rahmen der Überleitungsrechnung ist der handelsrechtliche Gewinn um latente Währungsgewinne zu erhöhen.[715] Durch die Besteuerung unrealisierter Währungsgewinne wird gegen die Markteinkommenstheorie verstoßen.

Zur handelsrechtlichen Gewinnermittlung werden realisierte Veräußerungsgewinne/Verluste jeglicher Art in voller Höhe erfaßt. Das Steuerrecht sieht zur Steuererleichterung teilweise abweichende Regelungen vor (Kap. 5.3.6, Fall 1). Deshalb können im Rahmen der Überleitungsrechnung vom handelsrechtlichen zum steuerrechtlichen Gewinn außerbilanzielle Berichtigungen (rectifications extra-comptables) erforderlich werden.[716]

Im Gegensatz zum Handelsrecht unterscheidet das Steuerrecht zwischen kurzfristigen und langfristigen Veräußerungsgewinnen/Verlusten (Art. 39*duodecies* CGI). Notwendige Voraussetzung für langfristige Veräußerungsgewinne/Verluste ist, daß zwischen Erwerb und Veräußerung mehr als zwei Jahre liegen.[717] Da Umlaufvermögen innerhalb von 12 Monaten verbraucht oder veräußert wird, können keine langfristigen Wertsteigerungen/Wertminderungen auftreten. Anders liegt der Sachverhalt beim Anlagevermögen. Beim nicht abnutzbaren Anlagevermögen sind Veräußerungsgewinne/Verluste immer langfristig, wenn die Zweijahresbedingung eingehalten wird.

Dagegen ist beim abnutzbaren Anlagevermögen nur der die bisherigen Abschreibungen übersteigende Teil des Veräußerungsgewinns langfristig. Veräußerungsgewinne bis zur Höhe der Abschreibungen unterliegen dem

---

713 Eigene Übersetzung; Original: "disparaît du bilan pour quelque cause que ce soit."; Cozian, M. (1995), Tz. 595, S. 132.

714 Die Neubewertung der Aktiva ist mit dem Realisationsprinzip vereinbar, da sie handelsrechtlich ergebnisneutral ausgestaltet ist.

715 Vgl. Cozian, M. (1995), Tz. 200, S. 39f.

716 Vgl. Cozian, M. (1995), Tz. 606, S. 134.

717 Vgl. Bailly, L./Rosenbaum, J. (1991), S. 49f.; Mémento fiscal (1996), Tz. 2755, S. 413f.

progressiven ESt-Tarif (kurzfristige Veräußerungsgewinne). Begründet wird dies damit, daß Abschreibungen in vollem Umfang den Gewinn gemindert haben und infolgedessen Wertaufholungen den Gewinn erhöhen müssen. Umgekehrt treten beim abnutzbaren Anlagevermögen keine langfristigen Veräußerungsverluste auf. Veräußerungsverluste werden immer als kurzfristig eingestuft, da die bisherigen planmäßigen Abschreibungen dem Werteverzehr nicht entsprochen haben.[718]

Beispiel: Eine Maschine wurde für 60.000 FF angeschafft und soll über 5 Jahre linear abgeschrieben werden. Am Ende des dritten Nutzungsjahres wird sie für 65.000 FF verkauft.[719]

Ursprüngliche Ak	60.000 FF
Abschreibungen	36.000 FF
Buchwert	24.000 FF
Verkaufspreis	65.000 FF
Veräußerungsgewinn	41.000 FF

Der Veräußerungsgewinn von 41.000 FF ist in Höhe von 36.000 FF kurzfristig. Die restlichen 5.000 FF sind langfristiger Veräußerungsgewinn.

Langfristige Veräußerungsgewinne/Verluste müssen zur steuerlichen Gewinnermittlung aus dem handelsrechtlichen Ergebnis herausgerechnet werden. Übersteigen die langfristigen Veräußerungsgewinne im Geschäftsjahr die langfristigen Veräußerungsverluste, wird der positive Saldo mit 19,4 % besteuert. Ein negativer Saldo darf nur mit langfristigen Veräußerungsgewinnen der nächsten 10 Jahre verrechnet werden.[720] Aufgrund im Zeitablauf voranschreitender Inflation und des progressiven Steuertarifs erscheint eine ermäßigte Besteuerung langfristiger Veräußerungsgewinne gerechtfertigt.[721]

Kurzfristige Veräußerungsgewinne/Verluste werden nicht mit einem ermäßigten Tarif besteuert. Stellt sich über die Abrechnungsperiode hinweg ein positiver Saldo ein, hat der Steuerpflichtige nur die Möglichkeit, den Veräußerungsgewinn zu gleichen Teilen auf das laufende und die zwei Folgejahre zu verteilen (Art. 39 *quaterdecies* CGI).[722] Dadurch läßt sich immerhin eine Steuerstundung erreichen.

---

718 Vgl. Cozian, M. (1995), Tz. 610, S. 135.
719 Vgl. Mémento fiscal (1996), Tz. 2759, S. 415.
720 Vgl. Colin, P./Gervaise, G./Rossetti, M. (1994), Tz. 1274f., S. 137.
721 Vgl. Mercier, J.-Y./Plagnet, B. (1995),Tz. 787, S. 254.
722 Vgl. Cozian, M. (1995), Tz. 613f., S. 136.

Folgende Übersicht faßt die Ausführungen über lang- und kurzfristige Veräußerungsgewinne zusammen:[723]

	Veräußerungsgewinn		Veräußerungsverlust	
Besitzdauer	< 2 Jahre	≥ 2 Jahre	< 2 Jahre	≥ 2 Jahre
nicht abnutzbare Güter	kurzfristig	langfristig	kurzfristig	langfristig
abnutzbare Güter	kurzfristig	kurzfristig in Höhe der Abschreibungen; oberhalb langfristig	kurzfristig	kurzfristig

Die Überleitungsrechnung vom handels- zum steuerrechtlichen Gewinn soll das nachfolgende Beispiel verdeutlichen.[724]

[723] Vgl. Pinguet, J.-D. (1996), S. 52.
[724] Vgl. Cozian, M. (1995), Tz. 620, S. 138.

Ausgangssituation	**in FF**
Handelsrechtlicher Gewinn 1996	500.000
Darin:	
- Langfristige Veräußerungsgewinne	100.000
- Langfristige Veräußerungsverluste	30.000
- Kurzfristige Veräußerungsgewinne	50.000
- Kurzfristige Veräußerungsverluste	10.000
Kurzfristiger Veräußerungsgewinn aus 1995	10.000
Langfristiger Veräußerungsverlust aus 1995	20.000
Lösung	
Langfristiger Nettoveräußerungsgewinn 1996	70.000
Langfristiger Veräußerungsverlust aus 1995	-20.000
Langfristiger Veräußerungsgewinn 1996	50.000 (Steuerbelastung 19,4%)
Kurzfristiger Nettoveräußerungsgewinn 1996	13.333 (= 40.000 * 1/3)
Kurzfristiger Veräußerungsgewinn aus 1995	10.000
Kurzfristiger Veräußerungsgewinn 1996	23.333
Überleitungsrechnung: 500.000 FF - 70.000 FF - 26.667 FF + 10.000 FF =	413.333 (steuerlicher Gewinn)

Obiges Beispiel macht folgende Vorgehensweise im Rahmen der Überleitungsrechnung deutlich. Zunächst ist der langfristige Nettoveräußerungsgewinn für die betrachtete Periode zu berechnen (hier: 70.000 FF). Um diesen Betrag vermindert sich der handelsrechtliche Gewinn. Anschließend sind etwaige langfristige Veräußerungsverluste aus Vorperioden zu berücksichtigen. Im betrachteten Beispiel ergibt sich eine Steuerbelastung langfristiger Veräußerungsgewinne in 1996 von 9.700 FF (50.000 * 0,194). Als nächstes ist der kurzfristige Nettoveräußerungsgewinn des laufenden Geschäftsjahres festzustellen (hier: 40.000 FF). Davon ist nur 1/3 in 1996 steuerpflichtig (hier: 13.333 FF). Das handelsrechtliche Ergebnis ist um den Restbetrag zu vermindern (hier: 26.667 FF). Gleichzeitig muß der handelsrechtliche Gewinn um kurzfristige Veräußerungsgewinne aus Vorjahren erhöht werden (hier: 10.000 FF).

Während Gewinne erst im Realisationsfall erfolgswirksam verbucht werden dürfen, müssen bis zum Bilanzstichtag entstandene unrealisierte Verluste handels- und steuerrechtlich gewinnmindernd berücksichtigt werden (Imparitätsprinzip). Dem Imparitätsprinzip ist für die Aktiva das Niederst- und für die Passiva das

Höchstwertprinzip zugeordnet. Das Niederstwertprinzip fordert, von zwei möglichen Wertansätzen für die Vermögensbewertung den niedrigeren zu wählen.

Handelsrechtlich sind für die Bewertung die fortgeführten Ak/Hk und der "valeur actuelle" miteinander zu vergleichen. "Der 'valeur actuelle' ist ein Schätzwert, der in Abhängigkeit vom Geschäft und der Nützlichkeit des Gutes für das Unternehmen geschätzt wird."[725] Es handelt sich um den "angenommenen Preis, den ein möglicher Erwerber des Unternehmens dem Gut zumessen würde unter Berücksichtigung seines Zustandes und Einsatzortes."[726] Aus den angeführten Begriffsbestimmungen lassen sich drei Merkmale des "valeur actuelle" herausarbeiten:[727]

1. Es wird vom Fortbestand des Unternehmens ausgegangen. Der "valeur actuelle" ist kein Liquidationswert.
2. Es wird der Erwerb des ganzen Unternehmens unterstellt.
3. Das einzelne Gut wird nicht isoliert betrachtet, sondern im Zusammenhang mit dem Unternehmen gesehen. Die Nützlichkeit des Gutes für die Unternehmung ist von entscheidender Bedeutung.

Ähnlichkeiten mit der Teilwertkonzeption im deutschen Steuerrecht sind unverkennbar. Damit sieht sich der Steuerpflichtige aber denselben Problemen gegenüber, die bereits im vorangegangenen Kapitel angesprochen wurden. Der Wert eines Gutes aus der Sicht eines potentiellen Unternehmenskäufers ist nämlich kaum feststellbar. Deshalb werden Hilfsgrößen, wie z.B. Börsen- oder Marktpreise, zur Bestimmung des "valeur actuelle" herangezogen (Teilwertvermutungen).[728]

Vermögenswerte müssen mit dem "valeur actuelle" bewertet werden, wenn er am Bilanzstichtag die fortgeführten Ak/Hk unterschreitet. Im Unterschied zum deutschen Handelsrecht gilt für das Anlage- und Umlaufvermögen, unabhängig von der Dauer der Wertminderung, das strenge Niederstwertprinzip. Das gemilderte Niederstwertprinzip hat der französische Gesetzgeber nicht vorgesehen.[729]

---

725 Eigene Übersetzung; Original: "La valeur actuelle est un valeur d´estimation qui s´apprécie en fonction du marché et de l´utilité du bien pour l´entreprise"; Art. 7 4° Décret 83-1020.

726 Eigene Übersetzung; Original: "Prix présumé qu´accepterait d´en donner un acquéreur de l´entreprise dans l´état et le lieu où se trouve le bien."; Mémento comptable, Tz. 1574, S. 389.

727 Vgl. Mémento comptable (1994), Tz. 1574, S. 389.

728 Vgl. Viandier, A./Lauzainghein, C. d. (1993), Tz. 314f., S. 253f.; Mémento comptable (1994), Tz. 1574, S. 389.

729 Vgl. Keun, F./Scherler, A./Strothotte, H.-W. (1993), S. 133f.; Laupenmühlen M./Voß, C. (1994), S. 403.

Grundsätzlich ist der "valeur actuelle" auch steuerrechtlich Vergleichsmaßstab für die fortgeführten Ak/Hk. Lediglich für Lagerbestände (stocks) ist der Tagespreis (cours du jour) zum Vergleich heranzuziehen (Art. 38 3. CGI, Art. 38 *decies* Ann. III CGI).[730] Aufgrund der Teilwertvermutungen ist die Bewertung der Vorräte zum Tagespreis auch handelsrechtlich zulässig. Bei fertigen Erzeugnissen und Handelswaren entspricht der Tagespreis dem Verkaufspreis, bei RHB-Stoffen dem Wiederbeschaffungspreis.[731] Auch für die steuerliche Gewinnermittlung gilt das strenge Niederstwertprinzip.

Wertminderungen, die nicht im Abschreibungsplan antizipiert sind, werden in Frankreich buchungstechnisch anders behandelt als in Deutschland. Während in Deutschland außerplanmäßige Abschreibungen vorzunehmen sind, differenziert der französische Gesetzgeber zwischen vorübergehenden und endgültigen Wertminderungen. Für vorübergehende Wertminderungen, z.B. Kursverluste bei Aktien, muß der Steuerpflichtige Rückstellungen bilden. Der Bilanzausweis der Vermögenswerte bleibt unberührt. Entfällt später der Grund, für den die Rückstellung gebildet wurde, ist sie erfolgswirksam aufzulösen. Wird sie in Anspruch genommen, reduziert sich um denselben Betrag der Bilanzwert des betreffenden Gutes. Nur bei endgültigen Wertminderungen kommen außerplanmäßige Abschreibungen (amortissements exceptionnelles) in Betracht (z.B. Brand, technischer Fortschritt).[732] Vom Steuerpflichtigen ist eine Zuschreibung vorzunehmen, wenn zu einem späteren Zeitpunkt der Grund, der zur außerplanmäßigen Wertminderung geführt hat, nicht mehr besteht. Ein Wahlrecht für die Wertaufholung nach deutschem Muster wird nicht gewährt.[733]

Das Pendant zum Niederstwertprinzip für Vermögenswerte ist das Höchstwertprinzip für Verbindlichkeiten. Von zwei möglichen Wertansätzen muß, unabhängig von der Fristigkeit der Verbindlichkeit, der höhere verwendet werden (strenges Höchstwertprinzip). Vergleichswert für den Buchwert der Verbindlichkeiten ist wiederum der "valeur actuelle".[734] Das Wertaufholungsgebot hat auch für Verbindlichkeiten Bestand. Die Regelungen gelten handels- und steuerrechtlich.

Fazit: Das Vorsichtsprinzip ist im deutschen und französischen Handelsrecht verankert. Gemeinsame Grundlagen sind Art. 31, 35 und 39 4. EGR. Über das Maßgeblichkeitsprinzip hat das Vorsichtsprinzip auch steuerrechtlich Bestand.

---

730 Vgl. Cozian, M. (1995), Tz. 211, S. 43f.; Scholtissek, W. (1975), S. 606.

731 Vgl. Mémento comptable (1994), Tz. 1202ff., S. 322ff.

732 Vgl. Wietek, S. M./Chomiac de Sas, P. (1990), Tz. 724, S. 259; Cozian, M. (1995), Tz. 520ff., S. 116ff.

733 Vgl. Keun, F./Scherler, A./Strothotte, H.-W. (1993), S. 133f.; Laupenmühlen M./Voß, C. (1994), S. 403.

734 Vgl. Viandier, A./Lauzainghein, C. d. (1993), Tz. 315, S. 253f.

Realisations- und Imparitätsprinzip (Niederst-, Höchstwertprinzip) konkretisieren das Vorsichtsprinzip. Das französische Steuerrecht macht bei Forderungen und Verbindlichkeiten in fremder Währung eine Ausnahme vom Realisationsprinzip. Latente Währungsgewinne sind steuerpflichtig. Im deutschen Steuerrecht ist eine solche Ausnahme nicht vorgesehen. Aufgedeckte stille Reserven werden in Deutschland und Frankreich ermäßigt besteuert, damit Umstrukturierungen der Unternehmen nicht durch eine übermäßige Steuerbelastung (Progression) behindert werden und der Inflation Rechnung getragen wird.

Der deutsche Gesetzgeber hat das Niederstwertprinzip handels- und steuerrechtlich unterschiedlich ausgestaltet. Aufgrund des Maßgeblichkeitsprinzips ist der Steuerpflichtige aber an die handelsrechtlichen Vorgaben gebunden. Vom französischen Gesetzgeber wurde das Niederstwertprinzip handels- und steuerrechtlich einheitlich geregelt. Es gilt immer das strenge Niederstwertprinzip. Das gemilderte Niederstwertprinzip deutscher Prägung beim Anlagevermögen hat im französischen Recht keine Entsprechung. Für die Passivseite gilt als Pendant zum Niederstwertprinzip das Höchstwertprinzip. Fällt zu einem späteren Zeitpunkt der Grund für vormalige außerplanmäßige Abschreibungen weg, besteht nach deutschem Recht ein Zuschreibungswahlrecht und nach französischem Recht eine Zuschreibungspflicht. In beiden Ländern gilt die sogenannte Wertaufhellungstheorie.

5.4 Weitere Gewinnermittlungsmethoden

5.4.1 Vereinfachte Gewinnermittlungsmethoden für Gewerbetreibende

Der Betriebsvermögensvergleich ist nicht die einzige mögliche Gewinnermittlungsmethode. Gewerbetreibende i.S.v. § 15 EStG, die weder verpflichtet sind, Bücher zu führen (§§ 140, 141 AO), noch dies freiwillig tun, müssen den Gewinn durch eine Einnahmen/Ausgaben-Rechnung ermitteln (Kap. 5.4.2).

Auch in Frankreich ist der Betriebsvermögensvergleich nur ein mögliches Gewinnermittlungsverfahren. In der französischen Literatur wird diese Form der Gewinnermittlung als "réel normal" bezeichnet.[735] Mit dem Wort "réel" wird das Bestreben, den "wirklichen" Gewinn zu erfassen, ausgedrückt. Der Begriff "normal" erhebt den Betriebsvermögensvergleich zur grundsätzlichen Gewinnermittlungsweise. Neben dem Betriebsvermögensvergleich sieht der französische Gesetzgeber, in Abhängigkeit von Umsatzhöhe und ausgeübter Tätigkeit, vereinfachte Gewinnermittlungsmethoden vor. Jeder Steuerpflichtige kann sich freiwillig für Verfahren übergeordneter Umsatzkategorien entscheiden.[736]

[735] Vgl. Beltrame, P. (1993), S. 42.
[736] Vgl. Pinguet, J.-D. (1996), S. 93.

Gewinnermittlungs-methode	Dienstleister	Übrige Unternehmen
Réel normal	Umsatz ≥ 1.500 TFF	Umsatz ≥ 5.000 TFF
Réel simplifié	150 TFF ≤ Umsatz < 1.500 TFF	500 TFF ≤ Umsatz < 5.000 TFF
Forfait	100 TFF ≤ Umsatz < 150 TFF	100 TFF ≤ Umsatz < 500 TFF
Régime des micro-entreprises	Umsatz < 100 TFF	Umsatz < 100 TFF

Mit der Formulierung "réel simplifié" wird zum Ausdruck gebracht, daß der tatsächliche Gewinn (réel) auf vereinfachte Art (simplifié) zu ermitteln ist (Art. 302 *septies* A CGI). Um den tatsächlichen Gewinn festzustellen, gelten bei der Gewinnermittlung grundsätzlich dieselben handels- und steuerrechtlichen Vorschriften wie beim System "réel normal". Folglich ist der Gewinn durch Betriebsvermögensvergleich festzustellen. Als Vereinfachung muß der Steuerpflichtige weniger Informationen an die Finanzbehörde liefern. Beispielsweise ist nur eine verkürzte Bilanz und GuV aufzustellen.[737]

Der pauschalierten Gewinnermittlung (forfait) liegt eine andere Konzeption zugrunde als den bisher erwähnten Verfahren (Art. 302*ter* CGI). Während beim Betriebsvermögensvergleich vom Steuerpflichtigen Aufwendungen und Erträge, bei der Kassenrechnung Einnahmen und Ausgaben einander gegenüber zu stellen sind, wird im Rahmen der Pauschalierung das Periodenergebnis geschätzt. COZIAN begründet die Pauschalierung folgendermaßen:

> "Die Vorschriften für Gewinne aus Gewerbebetrieb implizieren, daß der Unternehmer von einer zuverlässigen Buchhaltungs- und Steuermannschaft umgeben ist. Der kleine Schuster, der alleine in seinem Laden arbeitet, hat hierfür weder die Zeit noch das Geld; er kann nicht zugleich Schuhe besohlen und seine Tage damit verbringen, dem buchhalterischen und steuerlichen Papierkrieg nachzukommen. Deshalb sind kleine Unternehmen, die nur einen bescheidenen Umsatz erzielen, von einer wirklichen Buchführung befreit".[738]

---

[737] Vgl. Cozian, M. (1995), Tz. 719f., S. 163f.

[738] Eigene Übersetzung; Original: "Les règles applicables aux bénéfices industriels et commerciaux impliquent que le chef d'entreprise soit entouré d'une solide équipe de

Der Steuerpflichtige liefert der Finanzbehörde kein Ergebnis seiner unternehmerischen Tätigkeit in Form eines bilanziellen Gewinns oder eines kassenmäßigen Überschusses, sondern nur Indizien über seine wirtschaftliche Situation. Dazu gehören u.a. Informationen über Einkäufe, Umsatzerlöse, Lagerbestände, Abschreibungen, Mietzahlungen und Beschäftigtenzahl.[739] Zur Beurteilung des eingereichten Materials werden von der Finanzbehörde Steuermonographien (monographies fiscales) herangezogen. Dabei handelt es sich um wirtschaftliche Studien verschiedener Unternehmen unterschiedlicher Branchen. Die eingereichten Daten des zu besteuernden Unternehmens werden denen vergleichbarer Unternehmen gegenübergestellt, um ihre Plausibilität zu prüfen.[740]

Mit Hilfe der Steuermonographien und der eingereichten Informationen wird der Gewinn ermittelt, den das Unternehmen normalerweise erwirtschaften kann. Der Begriff "normalerweise" impliziert zum einen, daß außerordentliche Gewinne, wie z.B. Veräußerungsgewinne, nicht in die finanzbehördliche Schätzung eingehen. Zum anderen dürfen Eigenheiten des betrachteten Unternehmens, z.B. Unternehmerqualifikation, Kundenstamm und Marktstellung, nicht außer acht gelassen werden, da nicht der branchenübliche Gewinn, sondern der individuelle Gewinn des betrachteten Unternehmens besteuert werden soll.[741] Deshalb können Steuermonographien auch nur als Anhaltspunkte dienen, um die Stimmigkeit des eingereichten Materials zu prüfen.

Da der Steuerpflichtige nur Indizien liefern muß, bleiben seine tatsächlichen wirtschaftlichen Verhältnisse im Verborgenen. Die Einkommensfeststellung wird zur Verhandlungssache mit der Finanzbehörde. Deshalb spricht BELTRAME auch von einer Verhandlungspauschale (forfait conventionnel).[742] Eine gleichmäßige Besteuerung findet dadurch nicht mehr statt. Folge der Verhandlungen ist i.d.R. eine geringere Steuerbelastung i.Vgl. zur Offenlegung der wirtschaftlichen Verhältnisse.

Schließlich ist noch auf das "régime des micro-entreprises" einzugehen (Art. 50-0 CGI). Die Wortwahl deutet schon an, daß sich diese Gewinnermittlungsmethode auf umsatzmäßig kleine Unternehmen bezieht (Umsatz < 100 TFF). Der steuerpflichtige Gewinn ergibt sich, indem der Umsatz um 50 % reduziert

---

comptables et de fiscalistes. Le petit cordonnier travaillant seul dans son échoppe n'en a ni le temps, ni l'argent; il ne peut à la fois ressemeler les chaussures et passer ses journées à remplir de la paperasserie comptable et fiscale. C'est pourquoi les toutes petites entreprises ne réalisant qu'un chiffre d'affaires modeste sont dispensées de tenir une véritable comptabilité"; Cozian, M. (1995), Tz. 722, S. 164f.

739 Vgl. Guide pratique du contribuable (1995), Tz. 4310, S. 84.

740 Vgl. Beltrame, P. (1993), S. 40f.

741 Vgl. Lamy fiscal (1995), Tz. 1530, S. 594.

742 Vgl. Beltrame, P. (1993), S. 41.

wird, d.h., die Ausgaben werden pauschal in Höhe der Hälfte des Umsatzes veranschlagt.[743]

Über sogenannte "centres de gestion agréés" versucht der französische Gesetzgeber Steuerpflichtige, die ihren Gewinn pauschaliert ermitteln, zu einer Gewinnermittlung mittels Betriebsvermögensvergleich zu bewegen (réel normal, réel simplifié). Die "centres de gestion agréés" sind auf Grundlage des Finanzgesetzes von 1974 durch Wirtschaftsprüfer und berufsständische Organisationen, wie z.B. Handelskammern, eingerichtet worden.[744] Jedem Zentrum wird von der Finanzbehörde ein Finanzbeamter zur Seite gestellt, der die Einhaltung der Auflagen des Finanzgesetzes überprüft.[745] Bei Verstößen verliert das Zentrum seine amtliche Anerkennung.

Die Mitgliedschaft zu einem Zentrum kann jeder Steuerpflichtige beantragen, der den Gewinn durch Betriebsvermögensvergleich (réel normal, réel simplifié) ermittelt und seine Rechnungslegung durch einen Wirtschaftsprüfer oder vereidigten Buchprüfer prüfen läßt.[746] Da die pauschalierte Gewinnermittlung dem Steuerpflichtigen einerseits weniger Arbeit bereitet und andererseits i.d.R. günstiger ist als der Betriebsvermögensvergleich, mußte der Gesetzgeber Anreize für den Beitritt zu einem Zentrum schaffen. Zum einen bieten die Zentren ihren Mitgliedern kostengünstig vielfältige Dienstleistungen an, wie z.B. die Übernahme der Buchführung, zum anderen erhält der Steuerpflichtige einen Freibetrag in Höhe von 20 % seines Gewinns. Die Bemessungsobergrenze hat der Gesetzgeber für 1996 auf 693.000 FF fixiert (Art. 158 5. a. CGI). Der Freibetrag für Gewinne aus Gewerbebetrieb beträgt also maximal 138.600 FF. KSt-pflichtigen Unternehmen wird der Freibetrag nicht gewährt. Dies führt dazu, daß praktisch nur Einzelunternehmer und Personengesellschaften den Zentren angehören.[747]

Fazit: Das deutsche Steuerrecht hält für Gewerbetreibende neben dem Betriebsvermögensvergleich als zweite Gewinnermittlungsmethode die Kassenrechnung bereit. Die Besonderheit des französischen Steuerrechts besteht in der pauschalierten Gewinnermittlung (forfait, régime des micro-entreprises). Der Gesetzgeber gewährt für die Mitgliedschaft bei einem "centre de gestion agréé" Anreize, um Steuerpflichtige von der pauschalen Gewinnermittlung abzubringen. Systematisch besteht das Problem jeder Pauschalierung in der Ignoranz individueller wirtschaftlicher Verhältnisse. Eine gleichmäßige Besteuerung bleibt aus. Das Leistungsfähigkeitsprinzip wird fundamental verletzt. Dieser Negativaspekt ist

743 Vgl. Pinguet, J.-D. (1996), S. 93.
744 Vgl. Louit, C. (1984), S. 9.
745 Vgl. Colin, P./Gervaise, G./ Rossetti, M. (1994), Tz. 1356, S. 165f.
746 Vgl. Cozian, M. (1995), Tz. 699, S. 160.
747 Vgl. Cozian, M. (1995), Tz. 696, 699, S. 159f.

abzuwägen mit dem Nutzen der Vereinfachung für den Steuerpflichtigen und die Finanzbehörde (z.B. Arbeitserleichterung). M.E. ist die Durchführung einer Kassenrechnung auch für Steuerpflichtige mit geringen Umsätzen zumutbar und einer Pauschalierung vorzuziehen. Auch die Arbeitserleichterung für die Finanzverwaltung dürfte wegen der Streitigkeiten mit den Steuerpflichtigen über ihren Gewinn gering sein.

5.4.2 Die Einnahme/Ausgaben-Rechnung

Der Einnahmen/Ausgaben-Rechnung (§ 4 Abs. 3 EStG) unterliegen in Deutschland

- Gewerbetreibende, die keine Bücher führen müssen und dies auch freiwillig nicht tun;
- selbständig Tätige i.S.v. § 18 EStG sowie
- Land- und Forstwirte, die weder freiwillig Bücher führen noch hierzu verpflichtet sind und den Gewinn auch nicht nach Durchschnittssätzen (§ 13a EStG) ermitteln.

In Frankreich ist die Einnahmen/Ausgaben-Rechnung nur für selbständig Tätige vorgesehen (Art. 93 1. CGI). Gewerbetreibende sowie Land- und Forstwirte haben hierzu nicht die Möglichkeit.

Die Konzeption der EAR ist in Deutschland und Frankreich identisch. Der Gewinn einer Rechnungsperiode ergibt sich als Differenz zwischen Einnahmen und Ausgaben.[748] Unter Einnahme ist der Zufluß, unter Ausgabe der Abfluß liquider Mittel zu verstehen. Deshalb wird auch von einer Geldrechnung gesprochen.[749] Wichtig ist die begriffliche Abgrenzung zu den Aufwendungen und Erträgen. Sie werden zur Gewinnermittlung beim Betriebsvermögensvergleich verwendet. Bei Aufwendungen bzw. Erträgen handelt es sich um den Werteverzehr bzw. Wertezuwachs einer Rechnungsperiode, unabhängig vom Zahlungsvorgang (Geldfluß). Da aber im Zeitablauf jeder Aufwand und Ertrag von einem Geldfluß begleitet ist, stimmt der Gewinn über die Totalperiode bei der EAR und dem Betriebsvermögensvergleich überein (Grundsatz der Gesamtgewinngleichheit).[750] Lediglich Gewinne für ein Geschäftsjahr können, je nach Gewinnermittlungsmethode, differieren. Aufgrund des progressiven Tarifs ist auch die Steuerbelastung über die Totalperiode unterschiedlich. Insbesondere starke Einnahmen- und Ausgabenschwankungen bewirken Gewinnverzerrungen und eine steuerliche Mehrbelastung in Relation zum Betriebsvermögensvergleich. Dieser Sachverhalt wäre nur durch einen proportionalen Steuertarif auszuschalten.

---

748 Vgl. Beltrame, P. (1993), S. 46f.
749 Vgl. Biergans, E. (1992), S. 675.
750 Vgl. Tipke, K./Lang, J. (1996), Tz. 453, S. 355.

Zur Vermeidung extremer Gewinnschwankungen finden Vorschriften aus dem Bilanzierungsbereich Eingang in die EAR. Dies erfolgt freilich um den Preis einer erheblichen Verkomplizierung der EAR. Ausgaben für abnutzbares Anlagevermögen dürfen nicht in der Periode ihres Entstehens gänzlich erfolgswirksam angesetzt werden. Vielmehr sind sie nach handels- und steuerrechtlichen Abschreibungsbestimmungen auf die Nutzungsdauer der Wirtschaftsgüter zu verteilen.[751]

Ak/Hk nicht abnutzbarer Wirtschaftsgüter des Anlagevermögens, wie z.B. Wertpapiere und Grundstücke, dürfen nicht zum Zeitpunkt ihres Anfalls als Ausgabe berücksichtigt werden. Erst wenn sie das Betriebsvermögen verlassen, wird der Veräußerungspreis den Anschaffungskosten gegenübergestellt und der Veräußerungsgewinn bzw. -verlust erfolgswirksam berücksichtigt. Dies entspricht im Ergebnis der bilanziellen Vorgehensweise.[752] Würden die Ak/Hk bereits im Jahr ihres Anfalls gewinnmindernd berücksichtigt, reduzierte sich zwar die Steuerlast, bei einer späteren Veräußerung des Wirtschaftsgutes zu Ak/Hk würde sich aber der Gewinn erhöhen. Gleichzeitig überstiege, wegen des progressiven Tarifs, die zusätzliche Steuerlast die in der Anschaffungs- bzw. Herstellungsperiode realisierte Steuerersparnis. Durch einen Veräußerungsgewinn würde dieser Effekt noch forciert.

Das französische Steuerrecht sieht in Abhängigkeit von der Umsatzhöhe zwei vereinfachte Gewinnermittlungsverfahren vor. Selbständige, deren Einnahmen 175.000 FF nicht übersteigen, können den Gewinn pauschaliert ermitteln (Art. 96 I. CGI). Sie müssen der Finanzbehörde nicht das Periodenergebnis mitteilen, sondern nur Anhaltspunkte über ihre wirtschaftliche Situation liefern, z.B. über erzielte Einnahmen.[753] Auf Grundlage eingereichter Informationen wird der zu versteuernde Gewinn behördlich festgesetzt. Die Tatsache, daß der Steuerpflichtige seine wirtschaftlichen Verhältnisse nicht offenlegen muß, schafft, wie bei den gewerblichen Gewinnen bereits angesprochen (Kap. 5.4.1), Anreize, mit der Finanzbehörde in Verhandlungen über die eigene ökonomische Situation einzutreten, um mit einem möglichst geringen Gewinn veranlagt zu werden.[754]

Eine weitergehende Vereinfachung ist für Selbständige vorgesehen, deren jährliche Einnahmen 100.000 FF nicht übersteigen (Art. 102*ter* 1. CGI). Sie haben lediglich ihre erzielten Einnahmen anzugeben, von denen zur Gewinnermittlung pauschal 25 % als Ausgaben abgezogen werden.[755]

---

751 Vgl. Schoor, H. W. (1982), S. 506f.; Précis de fiscalité (1995), Bd. 1, Tz. 528, S. 15.
752 Vgl. Heinicke, W. (1996), Tz. 398, S. 189f.
753 Vgl. Précis de fiscalité (1995), Bd. 1, Tz. 545ff., S. 22ff.
754 Vgl. Beltrame, P. (1993), S. 47.
755 Vgl. Mercier, J.-Y./Plagnet, B. (1995), Tz. 220, S. 83.

Steuerpflichtigen, die ihren Gewinn pauschaliert ermitteln, wird die Möglichkeit eingeräumt, sogenannten "associations agréés" beizutreten. Sie entsprechen konzeptionell den "centres de gestion agréés". Vorbedingung für die Mitgliedschaft in einem Zentrum ist, daß der Steuerpflichtige seinen Gewinn nicht pauschal, sondern durch Gegenüberstellung von Einnahmen und Ausgaben berechnet. Als Gegenleistung gewährt der Gesetzgeber den bereits im vorangegangenen Kapitel angesprochenen Freibetrag in Höhe von 20 % des steuerpflichtigen Gewinns, höchstens aber 138.600 FF (Kap. 5.4.1).[756]

Fazit: "Die Gewinnermittlung durch Überschußrechnung [muß] in der Totalperiode zu demselben steuerlichen Gewinn führen wie die Gewinnermittlung durch Bestandsvergleich; sie unterscheidet sich nur durch die Realisationszeitpunkte."[757] Die anderen Realisationszeitpunkte bei der EAR (Ausgaben/Einnahmen) als beim Betriebsvermögensvergleich (Aufwendungen/Erträge) vereinfachen die Gewinnermittlung. Der Steuerpflichtige muß sich weniger Gedanken über die Aufteilung der Ein- und Auszahlungen auf die Perioden des Wertezuwachses und Werteverzehrs machen. Allerdings geht die Vereinfachung zu Lasten der periodengerechten Gewinnermittlung. Dem Leistungsfähigkeitsprinzip wird aber noch entsprochen, da der Steuerpflichtige seine wirtschaftlichen Verhältnisse offenlegen muß. Aus ökonomischer Sicht ist lediglich die Aufteilung des Totalgewinns auf die einzelnen Rechnungsabschnitte ungenauer. Im Gegensatz zur EAR ist unter Leistungsfähigkeitsaspekten die pauschalierte Gewinnermittlung nach französischem Muster abzulehnen. Die Steuerschuld wird zur Verhandlungssache mit der Finanzbehörde. Eine gleichmäßige Besteuerung ist nicht gewährleistet.

5.4.3 Gewinnermittlung nach Durchschnittssätzen (§ 13a EStG)

Die Gewinnermittlung nach Durchschnittssätzen kann nur von Land- und Forstwirten in Anspruch genommen werden. Sie müssen hierfür den Voraussetzungen des § 13a Abs. 1 EStG genügen. Etwa 75 % aller land- und forstwirtschaftlich Tätigen ermitteln ihren Gewinn nach Durchschnittssätzen.[758] Im Unterschied zur Bilanzierung und EAR muß der Steuerpflichtige seine wirtschaftlichen Verhältnisse nicht offenlegen. Der Gewinn wird in einem vergleichenden Verfahren festgestellt und ist lediglich eine Schätzgröße.

Ziel des Gesetzgebers war es, über § 13a EStG Land- und Forstwirte zu subventionieren.[759] Dieses Ziel wurde aber äußerst unvollkommen erreicht, da "der

756 Vgl. Mémento fiscal (1996), Tz. 7764ff., S. 1136ff.
757 Groh, M. (1986), S. 396f.
758 Vgl. Tipke, K./Lang, J. (1996), Tz. 486, S. 367.
759 Vgl. Loritz, K.-G. (1988), Tz. 951, S. 357f.

Steuervorteil .. bei weit überdurchschnittlichen tatsächlichen Gewinnen bis in die Größenordnung von 60.000 DM am größten [ist]; bei unterdurchschnittlichen Gewinnen kann sich eine Überbesteuerung ergeben".[760] Von Subventionsgerechtigkeit im Sinne einer Orientierung am Bedarfsprinzip kann keine Rede sein. Verschärfend kommt die Wettbewerbsverzerrung gegenüber buchführungspflichtigen Landwirten hinzu. Sie kommen nicht in den Genuß der Subventionen.

Der Gewinn errechnet sich nach folgendem Schema:[761]

	Grundbetrag
+	Wert der Arbeitsleistung des Betriebsinhabers und seiner unentgeltlich im Betrieb beschäftigten Angehörigen
+	Vereinnahmte Pachtzinsen
+	Gesondert zu ermittelnde Gewinne nach § 13a Abs. 8 Nr. 1-3 EStG
+	Veräußerungsgewinne aus dem Verkauf von Anlagegütern nach § 13a Abs. 8 Nr. 4 EStG
+	Nutzungswert der Wohnung des Betriebsinhabers
–	Verausgabte Pachtzinsen
–	Schuldzinsen, soweit Betriebsausgaben
–	Dauernde Lasten, soweit Betriebsausgaben
–	Sonderabschreibungen
=	Gewinn aus Land- und Forstwirtschaft

Der Grundbetrag hat seine Wurzeln in den Ertragswerten zur Einheitsbewertung land- und forstwirtschaftlicher Betriebe (§ 40 Abs. 2 BewG). Als Ertragswert wird der Barwert sämtlicher zukünftiger Reinerträge bezeichnet. Die Abdiskontierung auf den Gegenwartswert erfolgt bei einer ewigen Rente nach folgender Formel:[762]

Ertragswert = Reinertrag pro Wirtschaftsjahr * Kapitalisierungsfaktor,
Kapitalisierungsfaktor = 100/Verzinsung des eingesetzten Kapitals.

Die Ertragswerte in § 40 Abs. 2 BewG wurden folgendermaßen ermittelt: Zum 1.1.1964 fand eine Untersuchung ausgewählter buchführungspflichtiger landwirtschaftlicher Betriebe bezüglich ihrer Reinerträge je Wirtschaftsjahr aus landwirtschaftlicher, weinbaulicher und gärtnerischer Nutzung statt. Die festgestellten Reinerträge wurden zur Ermittlung der Ertragswerte in etwa halbiert

760 Thiel, J. (1990), S. 77f.
761 Vgl. Biergans, E. (1992), S. 157.
762 Vgl. Gabler (1997), Bd. 2, S. 2087.

(Einbau von Subventionen in die Gewinnermittlungsmethode).[763] Ausgehend vom halbierten Reinertrag pro Wirtschaftsjahr, bedarf es zur Ertragswertberechnung noch der Kenntnis des Kapitalisierungsfaktors. Vom Gesetzgeber wurde eine Verzinsung des eingesetzten Kapitals von 5,5 % angenommen. Daraus resultiert ein Kapitalisierungsfaktor von abgerundet 18 (100/5,5; § 36 Abs. 2 BewG). Bei Kenntnis von Reinertrag und Kapitalisierungsfaktor lassen sich die Ertragswerte für die verschiedenen Nutzungen bestimmen.

Die Ertragswerte beziehen sich auf die spezifischen natürlichen und wirtschaftlichen Verhältnisse der ausgewählten buchführungspflichtigen landwirtschaftlichen Betriebe und können deshalb nicht ohne weiteres auf die übrigen Betriebe übertragen werden. Deren natürliche und wirtschaftliche Bedingungen sind möglicherweise anders gelagert. Um eine Vergleichbarkeit herzustellen, werden sogenannte Vergleichszahlen (VZ) ermittelt, die dem Verhältnis der Reinerträge entsprechen. Für die ausgewählten Betriebe wurde die VZ 100 festgesetzt. Eine VZ von 50 bedeutet beispielsweise, daß die Reinerträge der betrachteten Nutzung halb so hoch sind wie die der ausgesuchten buchführungspflichtigen landwirtschaftlichen Betriebe.

Um Anhaltspunkte für die Ermittlung der VZ zu haben, wurden zunächst VZ für sogenannte Hauptbewertungsstützpunkte ermittelt. Bei den Hauptbewertungsstützpunkten handelt es sich um landwirtschaftliche Betriebe mit gegendüblichen Ertragsbedingungen. Zur Feststellung der VZ für einen speziellen Betrieb ist zunächst auf diejenige des zugehörigen Hauptbewertungsstützpunktes zu rekurieren. Unterscheiden sich die natürlichen und wirtschaftlichen Ertragsbedingungen von denjenigen des Hauptbewertungsstützpunktes, ist die VZ zu korrigieren, um auf die individuellen Verhältnisse des betreffenden Betriebes einzugehen. Nur so kann annähernd eine gleichmäßige Bewertung stattfinden.[764] Nachfolgendes Beispiel verdeutlicht die Zusammenhänge.

Für die Bestimmung des Ertragswertes landwirtschaftlicher Nutzung (ohne Hopfen und Spargel) wurden zum 1.1.1964 1089 buchführende Betriebe untersucht. Als Ergebnis ergab sich ein Reinertrag von 420 DM/ha, der auf 207 DM/ha reduziert wurde (Subventionsvorgang). Aus der Multiplikation mit dem Kapitalisierungsfaktor 18 resultiert ein Ertragswert von 3.726 DM/ha.[765] Um den Ertragswert vergleichbar zu machen, wird er in VZ/ha ausgedrückt. Der 100 VZ/ha entsprechende Ertragswert beträgt 37,26 DM (100/ha * 37,26 DM = 3.726 DM/ha). Dieser Wert findet sich in § 40 Abs. 2 BewG wieder. Das Produkt aus VZ/ha, Ertragswert und Fläche in ha wird als Vergleichswert bezeichnet. Der Vergleichswert gibt den Ertragswert an, mit dem die

763 Vgl. Horschitz, H./Groß, W./Schnur, P. (1995), S. 202.
764 Vgl. Horschitz, H./Groß, W./Schnur, P. (1995), S. 198.
765 Vgl. Horschitz, H./Groß, W./Schnur, P. (1995), S. 202.

landwirtschaftliche Nutzung zu bewerten ist. Aus einer VZ/ha von 60 und einer Fläche von 20 Hektar resultiert ein Vergleichswert von 44.712 DM (60/ha * 37,26 DM * 20 ha). Der Vergleichswert ist folgendermaßen zu interpretieren: Da die VZ/ha 60 % derjenigen der 1089 ausgewählten Betriebe beträgt, entspricht der Vergleichswert/ha 60 % von 3.726 DM (2.235,60 DM).

Bisher wurde auf die Ermittlung einer Bewertungsgröße eingegangen (Vergleichswert). Der Übergang zum Gewinn steht noch aus. Theoretisch müßte man hierfür den Vergleichswert durch den Kapitalisierungsfaktor dividieren. Das EStG geht aber anders vor.

In § 13a Abs. 4 EStG wird der Vergleichswert des BewG als Ausgangswert bezeichnet. Anstatt den Ausgangswert durch den Kapitalisierungsfaktor zu dividieren, wird bis zu einem Ausgangswert von 25.000 DM lediglich eine Division durch 6, bei einem Ausgangswert oberhalb 25.000 DM nur eine Division durch 5 zugelassen. "Damit sollen einerseits die einkommensteuerlich als Betriebseinnahmen zu erfassenden landwirtschaftlichen Direktsubventionen pauschal abgegolten [werden] und andererseits die .. seit der Hauptfeststellung 1.1.64 eingetretenen Veränderungen der tatsächlichen Ertragsverhältnisse berücksichtigt werden."[766] Das Ergebnis der Division ist der Grundbetrag.[767]

Der Grundbetrag ist um den Wert der Arbeitsleistung des Betriebsinhabers und seiner unentgeltlich im Betrieb beschäftigten Angehörigen zu erhöhen, da bei der Ermittlung der Ertragswerte von einer "Bewirtschaftung mit entlohnten fremden Arbeitskräften"[768] ausgegangen wurde. Ab dem Veranlagungszeitraum 1987 wurde die Nutzungswertbesteuerung der selbstgenutzten Wohnung abgeschafft. Bis zum 31.12.1998 kann sie aber noch beibehalten werden.[769] Mit den verbleibenden Hinzurechnungen soll die Erfassung von Erträgen sichergestellt werden, die nicht in die bewertungsrechtliche Ermittlung der Ertragswerte eingegangen sind. Umgekehrt werden über die Abzüge Aufwendungen gewinnmindernd berücksichtigt, die bei den Ertragswertbestimmungen keine Berücksichtigung fanden.[770]

Fazit: Durch die Gewinnermittlung nach Durchschnittssätzen wird nicht ein Ist-Gewinn, sondern ein Soll-Gewinn festgestellt. Der Steuerpflichtige muß seine wirtschaftlichen Verhältnisse nicht offenlegen. Dieser Verstoß gegen das Leistungsfähigkeitsprinzip läßt sich nicht rechtfertigen, zumal § 13a EStG eine der längsten und kompliziertesten Regelungen ist und deshalb Vereinfachungs-

---

766 Josten, J. (1983), Anm. 9 zu § 13a EStG, E 19.
767 Vgl. Freund, K. L. (1990), S. 505f.
768 § 36 Abs. 2 S. 2 BewG.
769 Vgl. Seeger, S. F. (1996), Tz. 176, 32, S. 1024, 1045.
770 Vgl. Biergans, E. (1992), S. 159ff.

gründe zur Legitimation ausscheiden.[771] Erschwerend kommt hinzu, daß der Gesetzgeber in die Gewinnermittlung Subventionen eingebaut hat. Bezieher anderer Einkünfte sowie buchführungspflichtige Land- und Forstwirte werden dadurch diskriminiert und eine gleichmäßige Besteuerung vereitelt. Deshalb zielen Reformvorschläge auf eine Abschaffung der Durchschnittssatzgewinnermittlung.[772] An ihre Stelle soll für nicht buchführungspflichtige Land- und Forstwirte die EAR treten, um systemkonform den Ist-Gewinn zu ermitteln.

5.4.4 Einkünfte aus Land- und Forstwirtschaft nach französischem Recht

Der französische Gesetzgeber hält für Land- und Forstwirte, in Abhängigkeit von der Umsatzhöhe, drei Gewinnermittlungsmethoden bereit.[773]

Gewinnermittlungsmethode	**in FF**
Réel normal (Art. 69 CGI)	Umsatz > 1.800.000
Réel simplifié (Art. 69 CGI)	500.000 < Umsatz ≤ 1.800.000
Forfait (Art. 64 CGI)	Umsatz ≤ 500.000

Zur pauschalen Gewinnermittlung (forfait) sind Land- und Forstwirte zugelassen, deren Durchschnittsumsatz in zwei aufeinanderfolgenden Rechnungsperioden 500.000 FF nicht übersteigt.[774] Etwa 80 % der Land- und Forstwirte ermitteln einen pauschalierten Gewinn.[775] I.Vgl. dazu errechnen in Deutschland 75 % ihren Gewinn nach Durchschnittssätzen (§ 13a EStG). Landwirte, die der Pauschalgewinnermittlung unterliegen, haben die Möglichkeit, einem "centre de gestion agréé" beizutreten. Dazu müssen sie von der Pauschalierung Abstand nehmen und zum Betriebsvermögensvergleich übergehen (réel normal, réel simplifié). Im Gegenzug gewährt der Gesetzgeber einen Freibetrag in Höhe von 20 % des Gewinns, höchstens aber 138.600 FF. Land- und Forstwirte, deren Durchschnittsumsatz 500.000 FF übersteigt, sind buchführungspflichtig und müssen den Gewinn durch Betriebsvermögensvergleich ermitteln (réel normal, réel simplifié).

---

[771] Vgl. Tipke, K./Lang, J. (1996), Tz. 486, S. 367.
[772] Steuerreformkommission (1971), Tz. 122ff., S. 91f.
[773] Vgl. Mémento fiscal (1996), Tz. 1436, S. 231f.
[774] Vgl. Cozian, M. (1995), Tz. 784, S. 178.
[775] Vgl. Plagnet, B. (1992), S. 173.

Die pauschale Gewinnermittlung vollzieht sich jährlich nach folgender Vorgehensweise:[776] Zunächst nimmt die Finanzverwaltung eine Unterteilung der Départements in einzelne Regionen vor. Dabei sollen sich die Regionen durch Homogenität ihrer land- und forstwirtschaftlichen Bewirtschaftungsmöglichkeiten auszeichnen. Im Anschluß daran werden für jede Region von der Finanzverwaltung Vorschläge über die Hektargewinne landwirtschaftlicher Nutzungen in den Regionen erarbeitet.[777] Um unterschiedlichen Bodenbeschaffenheiten in einer Region Rechnung zu tragen werden für jede Nutzung mehrere Gewinnkategorien unterschieden. Dadurch kann später differenzierter auf individuelle Verhältnisse eingegangen werden.

Für spezielle Kulturen (cultures spécialisées) sind Ausnahmen von dieser Vorgehensweise vorgesehen. Dazu gehören beispielsweise der Gemüseanbau, Obstanbau, Blumenanbau, Weinanbau und die Bienenzucht. Der Gewinn bestimmt sich nicht nach der Anzahl bewirtschafteter Hektar, sondern nach anderen Maßeinheiten. Für die Weinproduktion wird z.B. der Gewinn pro Hektoliter, für die Bienenzucht der Gewinn pro Bienenkorb festgelegt.[778]

Bei der Festsetzung der Gewinne wird von einem typisierten Betrieb ausgegangen.

> "Der **typisierte Betrieb** ist eine **«statistische» Einheit**, die konkret nicht existiert, deren Charakteristika aber die Eigentümlichkeiten der tatsächlichen Betriebe in der Region widerspiegeln (Größe, Beständigkeit, Ergiebigkeit, Erzeugung...)."[779]

Am Ende dieser Prozedur stehen für sämtliche landwirtschaftlichen Nutzungen in einer Region die Gewinne pro Maßeinheit fest. Sie stellen Durchschnittsgrößen dar und berücksichtigen individuelle Bewirtschaftungsbedingungen der Region. Anschließend werden die Gewinne der Départementkommission für direkte Steuern und Umsatzsteuern mitgeteilt (commission départementale des impôts directs et des taxes sur le chiffre d'affaires). Sie setzt sich aus vier Vertretern der Landwirtschaft, drei Vertretern der Steuerbehörde und einem Vorsitzenden, dem Präsidenten des Verwaltungsgerichts (président du tribunal administratif) oder seinem Stellvertreter zusammen.

---

[776] Vgl. Annicchiarico, E./Helmholtz, C. v./Mareuil, J.-B. (1995), S. 102ff.

[777] Vgl. Trotabas, L./Cotteret, J.-M. (1992), Tz. 130, S. 174.

[778] Vgl. Précis de fiscalité (1995), Bd. 1, Tz. 337-2, S. 23.

[779] Eigene Übersetzung; Original: "L'**exploitation type** est une **unité « statistique »**, qui n'a pas d'existence concrète, mais dont les caractéristiques reflètent les particularités des exploitations réelles de la région (taille, consistance, rendements, productions...)."; Précis de fiscalité (1995), Bd. 1, Tz. 338-1, S. 23.

Innerhalb der Kommission wird auf Grundlage der eingereichten Vorschläge über die festzusetzenden Gewinne beraten und anschließend abgestimmt. Bei Stimmengleichheit ist das Votum des Vorsitzenden entscheidend. Die Zusammensetzung der Départementkommission – vier Vertreter der Landwirtschaft und nur drei der Finanzbehörde – legt bereits die Vermutung einer Subventionierung über zu gering veranschlagte Gewinne nahe. MACARD hat die Gewinnfeststellung so beschrieben: Festgesetzt wird "der geringste Gewinn, den der ungeschickteste Landwirt aus dem dürftigsten Land im Verlauf des unheilvollsten Jahres erwirtschaften kann".[780]

Die Macht der landwirtschaftlichen Interessenvertreter ist aber nicht unbegrenzt. Sowohl Repräsentanten der Finanzbehörde als auch der Landwirte können auf übergeordneter Ebene (commission centrale des impôts directs) gegen die Festlegungen der Départementkommission Einspruch einlegen. Als oberste Instanz hat im Streitfall der Staatsrat (Conseil d'État) eine endgültige Entscheidung zu treffen.[781] Mit dem beschriebenen Verfahren müssen jährlich in jeder Region für alle landwirtschaftlichen Nutzungen die Gewinne pro Maßeinheit festgelegt werden.

Erst nachdem auf administrativem Weg die (Pauschal-)Gewinne errechnet wurden, kann auf einzelwirtschaftlicher Ebene die Gewinnfeststellung erfolgen. Das Periodenergebnis ist das Produkt aus (Pauschal)Gewinn pro Maßeinheit und Anzahl der Einheiten, summiert über sämtliche landwirtschaftlichen Nutzungen.[782] Der Pauschalgewinn ist um den Pachtwert zu erhöhen, wenn die bewirtschafteten Güter im Eigentum des Steuerpflichtigen stehen, da bei Festsetzung der Gewinnpauschalen Pachtaufwand gewinnmindernd berücksichtigt wurde (Art. 65 CGI).

Fazit: Ebenso wie die in den vorangegangenen Kapiteln angesprochenen Gewinnpauschalen ist auch die Pauschalierung land- und forstwirtschaftlicher Einkünfte nicht mit dem Leistungsfähigkeitsprinzip vereinbar. Wieder werden nur Vermutungen über individuelle wirtschaftliche Verhältnisse angestellt. Eine gleichmäßige Besteuerung ist dadurch unmöglich. Deshalb wäre es angebracht, die Pauschalierung durch eine EAR zu ersetzen. Sie ist relativ einfach zu handhaben und von daher auch Steuerpflichtigen mit geringen Umsätzen zumutbar.

---

780 Eigene Übersetzung; Original: "le bénéfice le plus faible que le cultivateur le plus maladroit peut tirer de la terre la plus maigre au cours de l'année la plus calamiteuse"; zit. nach Cozian, M. (1995), Tz. 785, S. 178.

781 Vgl. Précis de fiscalité (1995), Bd. 1, Tz. 338-2ff., S. 23f.

782 Vgl. Trotabas, L./Cotteret, J.-M. (1992), Tz. 130, S. 174.

6. Überschußeinkünfte, private Abzüge und Steuertarif
6.1 Die Abgrenzung der Überschußeinkunftsarten

Das EStG unterscheidet in § 2 Abs. 2 zwischen Gewinn- und Überschußeinkünften. Die terminologische Differenzierung deutet schon auf divergierende Konzeptionen der unterschiedenen Einkunftsarten hin (Markteinkommens- vs. Quellentheorie, Kap. 5.1.1). Im Gegensatz dazu hat der französische Gesetzgeber die Einkunftsarten nicht zweigeteilt. Ihnen liegt eine einheitliche Konzeption zugrunde (Markteinkommenstheorie, Kap. 5.1.2).

Zu den Überschußeinkünften gehören in Deutschland (§ 2 Abs. 1 S. 1 EStG)

1. Einkünfte aus nichtselbständiger Arbeit,
2. Einkünfte aus Kapitalvermögen,
3. Einkünfte aus Vermietung und Verpachtung und
4. sonstige Einkünfte i.S.d. § 22 EStG.

Das französische Steuerrecht nennt neben den Gewinneinkünften noch (Art. 1 CGI)

1. Einkünfte aus nichtselbständiger Arbeit (Gehälter, Löhne, Abfindungen, Bezüge, Pensionen und Leibrenten),
2. Einkünfte aus Kapitalvermögen,
3. Einkünfte aus Grundvermögen,
4. Veräußerungsgewinne und
5. Einkünfte bestimmter leitender Angestellter, d.h. Einkünfte von Mehrheitsgeschäftsführern einer GmbH, die steuerlich nicht als Personengesellschaft behandelt wird, Geschäftsführer einer Kommanditgesellschaft auf Aktien, Mitunternehmer und stille Gesellschafter von Personengesellschaften, die der KSt unterliegen.

Einkünfte aus nichtselbständiger Arbeit beziehen Arbeitnehmer. Der Begriff des Arbeitnehmers wird anhand verschiedener Merkmale näher bestimmt.[783] Als wesentliches Merkmal wird in Deutschland und Frankreich das Unterordnungsverhältnis zwischen Arbeitgeber und Arbeitnehmer hervorgehoben. Der Arbeitnehmer ist gegenüber dem Arbeitgeber weisungsgebunden.[784]

Im Rahmen der Einkünfte aus Kapitalvermögen, Vermietung und Verpachtung sowie Grundvermögen werden Einkünfte aus der Nutzungsüberlassung von Vermögen erfaßt. Veräußerungsgewinne und -verluste liegen im Stammvermö-

---

[783] Vgl. Tipke, K./Lang, J. (1996), Tz. 552, S. 391.

[784] Vgl. § 1 Abs. 2 S. 2 LStDV; Schoenauer, C./Lopez, J. (1995), S. 77; Précis de fiscalité, Bd. 1, Tz. 401ff., S. 1f.

gen begründet.[785] Sie haben mit der Nutzungsüberlassung nichts zu tun und werden deshalb bei den sonstigen Einkünften bzw. den Veräußerungsgewinnen erfaßt. Einkünfte aus Kapitalvermögen resultieren aus der Nutzungsüberlassung von Geldvermögen. Einkünfte aus Vermietung und Verpachtung unterteilt der deutsche Gesetzgeber in Einkünfte aus der Nutzungsüberlassung von unbeweglichem Vermögen (z.B. Grundstücke, Gebäude, Gebäudeteile), Sachinbegriffen und der Vergabe von Rechten (z.B. Urheberrechte; § 21 Abs. 1 EStG). Sachinbegriffe werden durch mehrere bewegliche Güter konstituiert, die wirtschaftlich eine Einheit bilden.[786] Angesprochen sind z.B. "die Wohnungseinrichtung eines möblierten Zimmers oder das bewegl[iche] Betriebsvermögen im Fall der Verpachtung eines aufgegebenen Gewerbebetriebes".[787] Einkünfte aus der Überlassung von unbeweglichem Vermögen und Sachinbegriffen werden in Frankreich durch die Einkünfte aus Grundvermögen abgedeckt. Einkünfte aus der Vergabe von Rechten werden bei den Gewinnen aus selbständiger Arbeit (bénéfices non commerciaux) erfaßt.[788]

Privaten Veräußerungsgewinnen und -verlusten hat der französische Gesetzgeber eine eigene Einkunftsart zugedacht (Nr. 3). "Steuerpflichtig sind Wertsteigerungen aus der entgeltlichen Abtretung von Gütern und Rechten jeglicher Art."[789] Dadurch wird der Markteinkommenstheorie zwar konzeptionell entsprochen, vielfältige Ausnahmen vereiteln aber eine vollständige Erfassung aller Veräußerungsgewinne.[790] Während die Besteuerung privater Veräußerungsgewinne in Frankreich die Regel ist, bleibt sie in Deutschland die Ausnahme. Als Indiz dafür kann schon ihre Zuordnung zu den sonstigen Einkünften (§ 22 EStG) gewertet werden. Steuerpflichtig sind nur Veräußerungsgewinne aus wesentlichen Beteiligungen an Kapitalgesellschaften (§ 17 EStG) und Spekulationsgewinne (§§ 22 Nr. 2, 23 EStG).

Eine Besonderheit des französischen Einkommensteuerrechts ist die Einkunftsart Nr. 5. Nach deutschem Recht beziehen leitende Angestellte Einkünfte aus nichtselbständiger Arbeit (Nr. 1) und unterliegen denselben Besteuerungsmodalitäten wie andere Arbeitnehmer auch. Begründet wird die Sonderbehandlung in Frankreich damit, daß die Stellung eines leitenden Angestellten der eines Unternehmers ähnelt und sie von daher nach denselben Grundsätzen zu besteuern sind. So wie Unternehmer nur tatsächliche Betriebsausgaben (keine Pauschale) von den Betriebseinnahmen abziehen dürfen, dürfen auch bestimmte leitende Angestellte

785 Vgl. Heinicke, W. (1996), Tz. 3ff., S. 1590f.

786 Vgl. Kantenwein, T./Melcher, C. (1985), S. 234.

787 Vgl. Drenseck, W. (1996), Tz. 53, S. 1653.

788 Vgl. Mémento fiscal (1996), Tz. 1814, S. 287.

789 Eigene Übersetzung; Original: "Les plus-values imposables sont celles qui proviennent de la **cession à titre onéreux de biens ou de droits de toute nature**"; Précis de fiscalité, Bd. 2, Tz. 3222, S. 42.

790 Vgl. Trotabas, L./Cotteret, J.-M. (1992), Tz. 135, S. 180.

nur tatsächliche Werbungskosten ansetzen.[791] Die besonders günstige 10 %ige Werbungskostenpauschale für Arbeitnehmer wird ihnen nicht gewährt (Kap. 6.4.1).[792] Die steuerliche Begünstigung der Arbeitnehmer durch einen Pauschalbetrag, der i.d.R. oberhalb der tatsächlichen Werbungskosten liegt, widerspricht dem Grundsatz gleichmäßiger Besteuerung.

Fazit: In Frankreich werden, im Gegensatz zu Deutschland, private Veräußerungsgewinne in einer eigenen Einkunftsart erfaßt. Dies läßt bereits auf eine umfassendere und gleichmäßigere Besteuerung als in Deutschland schließen. Bestimmte leitende Angestellte unterliegen in Frankreich einer separaten Einkunftsart (Nr. 5) und werden strenger als die übrigen Arbeitnehmer besteuert (keine 10 %ige Werbungskostenpauschale). In Deutschland sind leitende Angestellte den übrigen Arbeitnehmern gleichgestellt. Die unterschiedliche Besteuerung abhängig Beschäftigter und Selbständiger widerspricht dem Postulat einer gleichmäßigen Besteuerung.

6.2 Einführung in die Überschußermittlung

Wie bereits mehrfach angedeutet, unterscheidet § 2 Abs. 2 EStG zwischen Gewinn- und Überschußeinkünften. Bei den Überschußeinkünften wird nicht der Gewinn ermittelt, sondern "der Überschuß der Einnahmen über die Werbungskosten (§§ 8 bis 9a)".[793] Für die Überschußermittlung gilt das Zu- und Abflußprinzip der Einnahmen/Ausgaben-Rechnung (§ 4 Abs. 3 EStG). "Einnahmen sind innerhalb des Kalenderjahres bezogen, in dem sie dem Steuerpflichtigen zugeflossen sind."[794][795] "Ausgaben sind für das Kalenderjahr abzusetzen, in dem sie geleistet worden sind."[796] Trotz dieser Gemeinsamkeit besteht zwischen der Überschußrechnung und der Einnahmen/Ausgaben-Rechnung ein ganz entscheidender konzeptioneller Unterschied. Während Überschußeinkünfte der Quellentheorie angenähert sind, ist für Gewinneinkünfte die Markteinkommenstheorie maßgebend. Der französische Gesetzgeber hat nicht zwischen Gewinn- und Überschußeinkünften unterschieden. Für alle Einkunftsarten gilt die Markteinkommenstheorie. Überschußeinkünfte sind, wie in Deutschland, nach dem Zu- und Abflußprinzip zu ermitteln.

Die quellentheoretische Ausrichtung der Überschußeinkünfte im deutschen Steuerrecht hat für die Klassifizierung dessen, was i.Vgl. zur Einnahmen/Ausgaben-Rechnung als Einnahme oder Ausgabe zu werten ist, weitrei-

791 Vgl. Précis de fiscalité, Bd. 1, Tz. 260, S. 1.
792 Vgl. Beltrame, P. (1993), S. 55
793 § 2 Nr. 2 EStG.
794 § 11 Abs. 1 S. 1 EStG.
795 Vgl. Seibold, F. (1990), S. 166ff.
796 § 11 Abs. 2 S. 1 EStG.

chende Konsequenzen. Der Quellentheorie zufolge indiziert das Stammvermögen keine Leistungsfähigkeit. Ak/Hk und Wertänderungen von Wirtschaftsgütern dürfen deshalb die Steuerlast nicht beeinflussen. Sie haben ihre Ursache im Stammvermögen selbst. Dieser Grundsatz erfährt zwei Durchbrechungen:

1. In § 9 Abs. 1 S. 3 Nr. 7 EStG heißt es:[797] "Werbungskosten sind auch Absetzungen für Abnutzung und für Substanzverringerung und erhöhte Absetzungen. § 6 Abs. 2 Satz 1 bis 3 ist in Fällen der Anschaffung oder Herstellung von Wirtschaftsgütern entsprechend anzuwenden."
2. Die §§ 17, 22 Nr. 2 und 23 EStG erfassen bestimmte Veräußerungsgewinne und -verluste.

Da AfA, AfS und erhöhte Absetzungen nichts anderes als Aufteilungen der Ak/Hk auf die Nutzungsdauer der Wirtschaftsgüter sind, wird gegen den quellentheoretischen Grundsatz verstoßen, daß Ak/Hk die Steuerbelastung nicht beeinflussen dürfen.[798] Der Werteverzehr beruflich eingesetzten Vermögens mindert also auch bei den Überschußeinkünften das steuerpflichtige Einkommen. Dadurch entsteht ein Steuerprivileg.[799] Einerseits werden Ak/Hk gewinnmindernd berücksichtigt, andererseits bleiben Veräußerungsgewinne grundsätzlich steuerfrei (Ausnahmen: §§ 17, 22 Nr. 2 und 23 EStG). Die Bezieher von Überschußeinkünften werden im Verhältnis zu den Gewinnempfängern bevorteilt. Im Gegensatz dazu steht in Frankreich der erfolgswirksamen Verteilung der Ak/Hk auf die Perioden des Werteverzehrs die Berücksichtigung von Veräußerungsgewinnen und -verlusten gegenüber (Markteinkommenstheorie). Eine konzeptionelle Begünstigung der Überschußeinkünfte liegt nicht vor.

Der deutsche Gesetzgeber definiert Einnahmen und Werbungskosten folgendermaßen: "Einnahmen sind alle Güter, die in Geld oder Geldeswert bestehen und dem Steuerpflichtigen im Rahmen einer der Einkunftsarten des § 2 Abs. 1 Nr. 4 bis 7 zufließen."[800] [801] "Werbungskosten sind Aufwendungen zur Erwerbung, Sicherung und Erhaltung der Einnahmen."[802] Um dem Gleichheitssatz zu genügen (Art. 3 Abs. 1 GG), sind Einnahmen und Werbungskosten aber nach dem Veranlassungsprinzip zu interpretieren (Kap. 5.1.3). In Frankreich hat das Veranlassungsprinzip keinen Bestand. Art. 13 1. CGI regelt die Abgrenzung erwerbs- und privatbedingter Ausgaben für alle Einkunftsarten einheitlich. Werbungskosten dienen dem Erwerb und der Erhaltung des Einkommens. Analog hierzu sind Einnahmen Geld oder geldwerte Vorteile aus dem Bestreben,

---

797 Vgl. Hirsch, E. R. (1988), S. 197ff.
798 Vgl. Drenseck, W. (1996), Tz. 176f., S. 755f.
799 Vgl. Tipke, K./Lang, J. (1996), Tz. 474, S. 362f.
800 § 8 Abs. 1 EStG.
801 Vgl. Crezelius, G. (1992), Bd. 4, § 8 Rdnr. A1ff.
802 § 9 Abs. 1 S. 1 EStG.

Einkommen zu erwerben und zu erhalten. Ähnlichkeiten mit dem Wortlaut des § 9 Abs. 1 S. 1 EStG sind offenkundig. Die Folgen der unterschiedlichen Abgrenzung der Erwerbsausgaben von den Privatausgaben in Deutschland und Frankreich haben nur untergeordnete praktische Auswirkungen.

6.3 Einkünfteermittlung der Überschußeinkunftsarten

6.3.1 Einkünfte aus nichtselbständiger Arbeit

Zu den Einnahmen aus nichtselbständiger Arbeit rechnen in Deutschland und Frankreich vor allem Löhne, Gehälter, Tantiemen, Gratifikationen und geldwerte Vorteile wie z.B. Personalrabatte (§§ 19, 19a EStG, Art. 79 CGI).[803] Die Werbungskostenermittlung gestaltet sich nach deutschem und französischem Recht unterschiedlich.

Der deutsche Gesetzgeber gewährt eine Werbungskostenpauschale von 2.000 DM (§ 9a S. 1 Nr. 1a EStG). Pauschalierungen sind zur Vereinfachung der Einkünfteermittlung rechtfertigbar. Der Steuerpflichtige darf nicht mit unverhältnismäßig hohem Aufwand belastet werden, um seine Ausgaben einzeln nachzuweisen. Auch muß für die Finanzbehörde das Gesetz praktikabel anwendbar sein. Pauschalen dürfen aber nicht in willkürlicher Höhe gewährt werden. Sie müssen die Durchschnittsnormalität wiedergeben und sind deshalb in Höhe der durchschnittlichen Ausgaben anzusetzen.[804] Unter diesen Aspekten wirft die Werbungskostenpauschale Probleme auf. "Die große Mehrheit der Arbeitnehmer hat keine Werbungskosten von 2000 DM. Die durchschnittlichen Arbeitnehmer-Werbungskosten liegen erheblich niedriger."[805] Insofern wird der Vereinfachungsgedanke systemwidrig mit Vergünstigungsabsichten kombiniert. Erschwerend kommt hinzu, daß bei den Gewinneinkünften keine Betriebsausgabenpauschale vorgesehen ist. Jede Mark, die der Unternehmer als Betriebsausgabe ansetzt, muß er belegmäßig nachweisen können. Trotz der angeführten Hinweise auf eine ungleichmäßige Besteuerung hat das BVerfG in seinem Urteil vom 10.4.1997 die Werbungskostenpauschale für verfassungskonform erklärt.[806]

Die Werbungskostenpauschale ist nicht zwingend in Anspruch zu nehmen. Dem Steuerpflichtigen steht es frei, auf den Pauschbetrag zu verzichten und einen Einzelnachweis seiner Werbungskosten zu führen. Typische Werbungskosten sind Ausgaben für Arbeitsmittel, Fahrten zum Arbeitsplatz, Fortbildung, beruflich veranlaßte Umzüge und Beiträge zu Berufsverbänden.[807]

---

803 Vgl. Offerhaus, K. (1982), S. 1061ff.; Drenseck, W. (1996), Tz. 50, S. 1532ff.; Schoenauer, C./Lopez, J. (1995), S. 77f.

804 Vgl. Tipke, K./Lang, J. (1996), Tz. 130ff., 284, S. 99f., 308f.

805 Tipke, K. (1993), Bd. 2, S. 643.

806 Vgl. FAZ (1997a), S. 17.

807 Vgl. Zenthöfer, W./Schulze zur Wiesche, D. (1997), S. 691f.

Der französische Gesetzgeber geht mit der Werbungskostenpauschale noch großzügiger um. Sie entspricht 10 % des um Sozialversicherungsbeiträge verminderten Bruttoentgeltes, mindestens aber 2.270 FF und höchstens 76.010 FF (Art. 83 3° CGI). Die Höhe der Werbungskostenpauschale macht deutlich, daß sie mit den tatsächlichen Ausgaben wenig zu tun hat. Vielmehr begünstigt sie massiv Arbeitnehmer gegenüber Gewinneinkünftebezieher. "Tatsächlich halten sich 97 % der Steuerpflichtigen an die Pauschalierung, was ... bescheinigt, daß dieser Prozentsatz [10 %] bei weitem den Betrag der Werbungskosten übersteigt".[808] Im Unterschied zu Arbeitnehmern müssen Selbständige ihre Betriebsausgaben einzeln nachweisen. Eine Pauschale ist, wie in Deutschland, nicht vorgesehen. Des weiteren ist bei steigendem Bruttoentgelt kein proportionaler, sondern eher ein unterproportionaler Anstieg der Werbungskosten realistisch. Dadurch werden Bezieher hoher Einkünfte stärker begünstigt als Bezieher geringer Einkünfte. Das Bedarfsprinzip wird verletzt.

Bestimmten Berufsgruppen, bei denen der Gesetzgeber besonders hohe Werbungskosten vermutet, wird ein zusätzlicher Pauschbetrag zwischen 5 % und 40 % gewährt, höchstens aber 50.000 FF (Art. 83 3° CGI, Art. 5, 5 A Ann. IV CGI). Die Prozentsätze beziehen sich auf den Entgeltbetrag nach Abzug der 10 %-Pauschale. Beispielsweise beträgt die zusätzliche Pauschale bei Handelsvertretern 30 %, bei Schauspielern, Autoren und Komponisten 25 % und bei Fernfahrern 20 %.[809] Anstelle der Werbungskostenpauschale kann der Steuerpflichtige auch einen Einzelnachweis führen.[810]

Von dem um Werbungskosten verminderten Bruttoentgelt ist noch ein Freibetrag von 20 % abzusetzen, höchstens aber 138.600 FF (Art. 158 5a CGI). Begründet wird der 20 %ige Freibetrag einerseits mit der Fundustheorie. Danach bergen Einkünfte aus abhängiger Beschäftigung besonders hohe Unsicherheit im Zufluß in sich. Für den Fall der Berufsaufgabe oder Entlassung verfügen Arbeitnehmer über kein Betriebsvermögen, das sie finanziell absichert.[811] Durch die heutigen Sozialversicherungssysteme gilt die Fundustheorie als überholt (Kap. 2.4.3). Darüber hinaus kann wegen des Konkursrisikos auch Betriebsvermögen verlorengehen.

Andererseits wird angeführt, daß abhängig Beschäftigte keine Steuerhinterziehungsmöglichkeit haben, während Schätzungen zufolge Einkünfte anderer

---

808 Eigene Übersetzung; Original: "En fait, 97 % des contribuables s'en tiennent au forfait, ce qui ... attesterait que ce taux excède largement le montant des frais professionnels"; Trotabas, L./Cotteret, J.-M. (1992), Tz. 131, S. 177.

809 Vgl. Guide pratique du contribuable (1995), Tz. 715, S. 27.

810 Vgl. Schoenauer, C./Lopez, J. (1995), S. 78.

811 Vgl. Cozian, M. (1995), Tz. 847, S. 188f.

Einkunftsarten zwischen 15 % und 25 % zu gering angesetzt werden.[812] Der Arbeitgeber muß der Finanzverwaltung zu Beginn eines Jahres die Vergütungen jedes Arbeitnehmers für das abgelaufene Kalenderjahr mitteilen. Dadurch beugt der Gesetzgeber Falschangaben abhängig Beschäftigter in ihren ESt-Erklärungen vor.

Bis zum 1. März eines Jahres muß der Steuerpflichtige seine ESt-Erklärung abgegeben haben. Am 15. Februar und am 15. Mai sind Vorauszahlungen in Höhe von jeweils 1/3 der Steuerschuld des vorangegangenen Jahres zu leisten. Wahlweise kann auch von Januar bis Oktober monatlich 1/10 der Vorjahressteuerschuld entrichtet werden. Zwischen September und Dezember erhält der Steuerpflichtige i.d.R. seinen Steuerbescheid. Dann ist die Differenz zu den Vorauszahlungen zu begleichen. Eine Lohnsteuer nach deutschem Muster ist in Frankreich unbekannt.[813]

Der 20 %ige Freibetrag wird auch bei den Gewinneinkünften gewährt, wenn Selbständige einem "centre de gestion agréé" oder einer "association agréée" beitreten (Kap. 5.4.1, 5.4.2). In diesen Fällen muß der Steuerpflichtige seine Rechnungslegung durch einen Wirtschaftsprüfer oder vereidigten Buchprüfer prüfen lassen, um Steuerhinterziehung mit derselben Wahrscheinlichkeit wie bei den abhängig Beschäftigten ausschließen zu können.[814] Dadurch wird eine Gleichbehandlung der Einkünfte aus selbständiger und nichtselbständiger Arbeit erreicht. Die Ungleichbehandlung gegenüber den übrigen Einkunftsarten besteht aber fort.

Beispiel: Ein Handelsvertreter erzielte ein Bruttoentgelt nach Abzug der Sozialversicherungsbeiträge von 200.000 FF.[815]

---

[812] Vgl. Brachet, B. (1995), S. 74f.
[813] Vgl. Tillmanns, W. (1996), Tz. 175ff., S. 47f.
[814] Vgl. Cozian, M. (1995), Tz. 691, S. 158.
[815] Vgl. KPMG (1995), S. 158f.; Cozian, M. (1995), Tz. 848, S. 189.

Bruttoentgelt	**200.000 FF**	
10 %ige Werbungskostenpauschale 200.000 FF * 0,1 = 20.000 FF	-20.000 FF	Obergrenze von 76.010 FF ist nicht erreicht.
30 %ige zusätzliche Werbungskostenpauschale für Handelsvertreter (200.000 FF - 20.000 FF) * 0,3 = 54.000 FF	-50.000 FF	50.000 FF ist die Obergrenze für zusätzliche Werbungskosten-pauschbeträge.
Nettoentgelt	130.000 FF	
Freibetrag in Höhe von 20 % 130.000 FF * 0,2 = 26.000 FF	-26.000 FF	Obergrenze von 138.600 FF ist nicht erreicht.
Steuerpflichtiges Entgelt	**104.000 FF**	

Nach deutschem Recht käme dem Handelsvertreter lediglich die Werbungskostenpauschale von 2.000 DM zu (§ 9a S. 1 Nr. 1a EStG).

Leitende Angestellte i.S.v. Nr. 5 Kap. 6.1 dürfen nur Werbungskosten ansetzen, die sie einzeln nachweisen können. Sie profitieren nicht von der 10 %igen Werbungskostenpauschale. Der 20 %ige Freibetrag hat auch für leitende Angestellte Bestand.[816]

Fazit: Die Werbungskostenpauschalen nach deutschem und französischem Recht werfen zwei Probleme auf: Erstens ist für Gewinneinkünftebezieher keine Betriebsausgabenpauschale vorgesehen. Sie werden i.Vgl. zu den abhängig Beschäftigten strenger besteuert. Zweitens liegt die Werbungskostenpauschale oberhalb der durchschnittlichen Werbungskosten. Dadurch werden insbesondere in Frankreich abhängig Beschäftigte massiv subventioniert. Werbungskostenpauschale und Freibetrag führen in Kombination mit dem Familiensplitting dazu, daß in Frankreich nur die Hälfte der Haushalte ESt zahlen (Kap. 2.1).

---

[816] Vgl. Pinguet, J.-D. (1996), S. 126f.

6.3.2 Einkünfte aus Kapitalvermögen

Der deutsche Gesetzgeber nennt enumerativ Einnahmen aus Kapitalvermögen (§ 20 Abs. 1 EStG). Sie lassen sich unterteilen in

- Einnahmen aus der Beteiligung an Kapitalgesellschaften und stille Beteiligungen (§ 20 Abs. 1 Nr. 1-4 EStG) sowie
- Zinsen und Diskonterträge (§ 20 Abs. 1 Nr. 5-8 EStG).

PINGUET systematisiert die Einnahmen aus Kapitalvermögen nach französischem Recht in ähnlicher Weise (Art. 108ff. CGI).[817] Er unterscheidet danach, ob Einnahmen ihrer Höhe nach im wesentlichen determiniert oder variabel sind. Zinseinkünfte und Diskonterträge stehen i.d.R. im Betrag von vornherein fest. Dividenden und Erträge aus stillen Beteiligungen variieren mit dem Unternehmensgewinn.

Zu den Werbungskosten rechnen beispielsweise Reisekosten zur Hauptversammlung, Depotkosten und Kreditzinsen für den Erwerb der Kapitalanlage. Das französische Recht schließt den Abzug von Fremdkapitalzinsen aus.[818] Ausgaben, die mit dem Stammvermögen korrespondieren, z.B. Maklerprovisionen, sind im Rahmen der Spekulationsgeschäfte bzw. bei den Veräußerungsgewinnen zu erfassen.[819]

Einkünfte aus Kapitalvermögen unterliegen in Deutschland, je nach Kapitalvermögensart, unterschiedlichen Besteuerungsmodalitäten. Dividenden werden zunächst mit dem KSt-Satz für ausgeschüttete Gewinne belastet (30 %). Auf den Restbetrag wird eine 25 %ige Kapitalertragsteuer erhoben. Insgesamt sind Dividenden mit 47,5 % steuerlich vorbelastet. Der verbleibende Betrag wird dem Anteilseigner gutgeschrieben.

Beispiel: Der Steuerpflichtige erwirtschaftet eine Bruttodividende von 100.000 DM.

---

[817] Vgl. Pinguet, J.-D. (1996), S. 110.

[818] Vgl. Mémento fiscal (1996), Tz. 2004, S. 304f; Précis de fiscalité (1995), Bd. 1, Tz. 630, S. 23.

[819] Vgl. Jakob, W. (1996), Tz. 79ff., S. 124f.

Bruttodividende	100.000 DM
-30 % KSt	-30.000 DM
Nettodividende	70.000 DM
-25 % KapESt	17.500 DM
Bardividende	52.500 DM

Am Jahresende muß der Steuerpflichtige die Bruttodividende seinem zu versteuernden Einkommen hinzurechnen. Gleichzeitig ist die vorausgezahlte KSt und KapESt auf die Steuerschuld anrechenbar. So unterliegt die Bruttodividende im Endeffekt dem individuellen Grenzsteuersatz.[820] Liegt der Grenzsteuersatz oberhalb 47,5 %, könnte der Steuerpflichtige in Versuchung geraten, die Bruttodividende in der ESt-Erklärung zu verschweigen und damit Steuern zu hinterziehen. Bei Kapitalerträgen, die nicht mit 30 % KSt vorbelastet sind (vor allem Zinserträge), entsteht dieser Anreiz schon bei einem Grenzsteuersatz von 25 %. Da der Eingangssteuersatz momentan bei 25,9 % liegt, ist dies immer der Fall. Systematisch wäre eine Vorbelastung der Kapitalerträge mit dem ESt-Höchstsatz von 53 % geboten. Eine Nichtdeklarierung von Einkünften aus Kapitalvermögen könnte steuerlich keine Vorteile mehr bringen. Aus Sorge vor Kapitalflucht wird darauf aber verzichtet und darüber hinaus ein relativ hoher Freibetrag gewährt. Für Ledige beläuft er sich auf 6.000 DM, für Verheiratete auf 12.000 DM (§ 20 Abs. 4 S. 1 EStG). Nach Tipke/Lang sind die Freibeträge verfassungswidrig. Sie führen zu einer ungleichmäßigen Besteuerung. Bezieher anderer Einkunftsarten sind benachteiligt, da vergleichbare Freibeträge nicht bestehen.[821]

In Frankreich vollzieht sich die Besteuerung von Dividenden nach dem gleichen Schema wie in Deutschland.[822] Sie werden letztlich mit dem individuellen Grenzsteuersatz belastet. Einbehaltene und ausgeschüttete Körperschaftsgewinne werden mit einem Steuersatz von 33 1/3 % belegt.[823] Ein gespaltener KSt-Satz wie in Deutschland existiert nicht.

Beispiel: Der Steuerpflichtige erzielt eine Bruttodividende von 90.000 FF.

Bruttodividende	90.000 FF
-33 1/3 % KSt	-30.000 FF (avoir fiscal = Steuergutschrift)
Nettodividende	60.000 FF

---

820 Vgl. Brümmerhoff, D. (1996), S. 334f.; Schierenbeck, H. (1995), S. 459f.
821 Vgl. Tipke, K./Lang, J. (1996), Tz. 563, S. 395f.
822 Vgl. Haddou, G. (1993), S. 74; Tillmanns, W. (1995), S. 570; Bailly, L. (1990), S. 30ff.
823 Vgl. Cozian, M./Chadefaux, M. (1996), S. 4ff.

Die Bruttodividende ist dem Einkommen hinzuzurechnen und die Steuergutschrift (avoir fiscal) auf die Steuerschuld anrechenbar.[824] Eine KapESt nach deutschem Muster ist in Frankreich unbekannt.

Obwohl Zinserträge zur Gewährleistung einer gleichmäßigen Besteuerung wie Dividenden dem individuellen Grenzsteuersatz unterworfen werden müßten, sind sie in Frankreich in den allermeisten Fällen steuerlich begünstigt (Art. 125 A CGI). Sie unterliegen i.d.R. einem Steuersatz von nur 19,9 %.[825] Für bestimmte Kapitalerträge, wie z.B. Dividenden, ist ein Freibetrag von 8.000 FF (Ledige) bzw. 16.000 FF (Verheiratete) vorgesehen (Art. 158 3. CGI).[826]

Die Belastung der Bruttodividenden mit 33 1/3 % bei einem ESt-Höchstsatz von 54 % könnte Anlaß zur Vermutung erheblicher Steuerhinterziehung geben. Die Vermutung wäre berechtigt, wenn auch in Frankreich ein Bankgeheimnis nach deutschem Vorbild bestehen würde. In § 30a Abs. 1 AO heißt es: "Bei der Ermittlung des Sachverhalts (§ 88) haben die Finanzbehörden auf das Vertrauensverhältnis zwischen den Kreditinstituten und deren Kunden besonders Rücksicht zu nehmen."[827] Tatsächlich sind die Kontrollen in Frankreich sehr viel intensiver als in Deutschland. Von einem Bankgeheimnis kann keine Rede sein. Der französischen Finanzbehörde kommt "ein nahezu unbeschränktes Kontrollrecht"[828] zu.

COZIAN schlüsselt die Kontrollen in 4 Komponenten auf:[829]

1. Auf Anfrage der Finanzbehörde ist von den Banken Auskunft über unterhaltene Konten zu erteilen, insbesondere über die Löschung und Neueröffnung von Konten.
2. Die Banken teilen der Finanzbehörde die Höhe in einem Veranlagungszeitraum aufgelaufener Zinsen und Dividenden mit.
3. Privat vergebene Darlehen über 5.000 FF sind der Finanzbehörde mitzuteilen, entweder vom Schuldner oder gegebenenfalls von einem Notar.

---

824 Vgl. Pinguet, J.-D. (1996), S. 110f.

825 Vgl. Cozian, M. (1995), Tz. 889ff., S. 200f.

826 Vgl. Delesalle, E. (1991), S. 33.

827 § 88 AO lautet: „(1) Die Finanzbehörde ermittelt den Sachverhalt von Amts wegen. Sie bestimmt Art und Umfang der Ermittlungen; an das Vorbringen und an die Beweisanträge der Beteiligten ist sie nicht gebunden. Der Umfang dieser Pflichten richtet sich nach den Umständen des Einzelfalles.
(2) Die Finanzbehörde hat alle für den Einzelfall bedeutsamen, auch die für die Beteiligten günstigen Umstände zu berücksichtigen."

828 Carl, D./Klos, J. (1994), S. 30.

829 Vgl. Cozian, M. (1995), Tz. 897, S. 202f.

4. Kapitaltransfers ins Ausland sind vom Steuerpflichtigen anzugeben. Bei Verstoß drohen drastische Strafen. Nicht deklarierte Transfers werden konfisziert. Zusätzlich ist eine Strafe in Höhe von 25 % des transferierten Betrags fällig.

Fazit: Kapitalerträge unterliegen in Deutschland und Frankreich, aufgrund des Anrechnungsverfahrens, dem individuellen Grenzsteuersatz. Durch einen ermäßigten Steuersatz von nur 19,9 % begünstigt der französische Gesetzgeber bestimmte Zinserträge. In Deutschland existiert kein vergleichbar niedriger Steuersatz. Allerdings ist davon auszugehen, daß, aufgrund der geringen steuerlichen Vorbelastung von 25 % sowie dem Bankgeheimnis, Zinserträge tatsächlich in der Steuererklärung überwiegend verschwiegen und massiv Steuern hinterzogen werden. Ein Bankgeheimnis deutscher Prägung gibt es in Frankreich nicht. Die französische Finanzbehörde verfügt über umfassende Kontrollrechte. Deshalb darf mit dem KSt-Tarif von 33 1/3 % nicht automatisch Steuerhinterziehung assoziiert werden.

Das Paradigma der ESt fordert Kapitalerträge genauso zu besteuern, wie alle anderen Einkünfte auch. Insbesondere in Deutschland ist das aber nicht der Fall (ungleichmäßige Besteuerung). Der Vorwurf, die Besteuerung von Kapitalerträgen führe zu einer Doppelbesteuerung der Ersparnisse, ist nur gerechtfertigt, wenn gleichzeitig der Übergang zu einem konsumorientierten Steuersystem gefordert wird. Im ESt-Paradigma sind Kapitalerträge "neues" Einkommen, weshalb es keinen Grund gibt, solche Einkünfte anders zu behandeln wie z.B. Einkünfte aus abhängiger Beschäftigung.

6.3.3 Einkünfte aus Vermietung und Verpachtung, Einkünfte aus Grundvermögen

Aufgrund ihrer besonderen Bedeutung werden in diesem Kapitel nur Einnahmen und Ausgaben aus der entgeltlichen Überlassung von Immobilien thematisiert. Zu den Einnahmen aus Immobilien rechnen insbesondere Mietzahlungen.[830] Aber auch Nebenleistungen des Mieters können zu Einnahmen führen. Nebenleistungen sind Instandhaltungs- und Anschaffungs-/Herstellungsmaßnahmen, die der Mieter wirtschaftlich trägt. Bei den Instandhaltungsmaßnahmen sind zwei Fälle zu unterscheiden:[831]

1. Der Vermieter unternimmt die Instandhaltung und belastet angefallene Ausgaben dem Mieter weiter. Es entstehen beim Vermieter Einnahmen und Werbungskosten in gleicher Höhe.
2. Der Mieter unternimmt die Instandhaltung. Um eine Gleichbehandlung des Vermieters i.Vgl. zu Fall 1 zu gewährleisten und dem Bruttoprinzip zu

[830] Vgl. Biergans, E. (1992), S. 885f.
[831] Vgl. Jakob, W. (1996), Tz. 102, S. 131.

genügen, müßte er wiederum Einnahmen und Werbungskosten in Höhe der Instandhaltungsausgaben des Mieters ansetzen. Aus Vereinfachungsgründen kann der Steuerpflichtige auf den gleich hohen Ausweis von Einnahmen und Werbungskosten verzichten (R 163 Abs. 3 Nr. 5 EStR).

Bei Anschaffungs-/Herstellungsmaßnahmen gestaltet sich die Sachlage etwas komplexer. Angenommen, der Vermieter erweitert ein Einfamilienhaus um eine Garage und erhebt hierfür ein zusätzliches Mietentgelt: Die Ak/Hk für die Garage müssen dem Einfamilienhaus zuaktiviert und ein neuer Abschreibungsbetrag berechnet werden. Die zusätzlichen Mieteinnahmen sind in den Zuflußperioden erfolgswirksam zu berücksichtigen. Im umgekehrten Fall baut der Mieter die Garage selbst und trägt hierfür auch die Kosten. Der Vermieter muß einerseits die Garagenkosten des Mieters den Ak/Hk des vermieteten Hauses zuaktivieren und einen neuen AfA-Betrag berechnen, andererseits sind die Garagenkosten als Einnahme auf die Laufzeit des Mietvertrags zu verteilen.[832]

Wie bereits angedeutet, können Werbungskosten aus Instandhaltungs- und Anschaffungs-/Herstellungsmaßnahmen resultieren. Für Instandhaltungsmaßnahmen an Immobilien, die Wohnzwecken dienen, sieht der Gesetzgeber eine Werbungskostenpauschale von 42 DM/qm vor. Neben der Pauschale dürfen nur Schuldzinsen, AfA, AfaA und Sonderabschreibungen angesetzt werden (§ 9a Nr. 2 EStG). Bedenkt man, daß bereits die umlagefähigen Betriebskosten wie z.B. Abwasser und Heizung jährlich in etwa mit 36 DM/qm zu veranschlagen sind, erscheint die Pauschale gering bemessen.[833] Da sie erst für den Veranlagungszeitraum 1996 eingeführt wurde, liegen noch keine Erfahrungen über ihre Praktikabilität vor.

Regelungen bezüglich der AfA, AfaA und Sonderabschreibungen finden sich in den §§ 7 bis 7k EStG. Bei Gebäuden wird grundsätzlich eine Nutzungsdauer von 50 Jahren unterstellt. Daraus resultiert ein linearer AfA-Satz von 2 % (§ 7 Abs. 4 S. 1 Nr. 2a EStG). Nachträgliche Ak/Hk müssen der ursprünglichen AfA-Bemessungsgrundlage zuaktiviert werden, um anschließend von diesem Wert den 2 % igen Abschreibungsbetrag zu berechnen. Der neue Abschreibungswert ist fortan über die Restnutzungsdauer von dem um die nachträglichen Ak/Hk erhöhten Restbuchwert abzusetzen.

Beispiel: Ein Zweifamilienhaus wurde vor 30 Jahren zu Hk von 500.000 DM fertiggestellt und seither vermietet. Nachträglich errichtet der Vermieter Garagen zu Hk von 200.000 DM.[834] Nach § 7 Abs. 4 S. 1 Nr. 2a EStG beträgt der AfA-

---

[832] Vgl. Jakob, W. (1996), Tz. 112, S. 137.
[833] Vgl. Risthaus, A. (1997), S. 505.
[834] Vgl. Jakob, W. (1996), Tz. 155ff., S. 233f.

Satz 2 % (10.000 DM). Der über 30 Jahre kumulierte AfA-Betrag beläuft sich auf 300.000 DM.

Anschaffungskosten	500.000 DM
kumulierter Abschreibungsbetrag (500.000 * 0,02) * 30 = 300.000	-300.000 DM
Restwert	200.000 DM
Zuaktivierung 200.000	200.000 DM
Neue AfA-Bemessungsgrundlage	400.000 DM
Abschreibung auf neue Bemessungsgrundlage (500.000 + 200.000) * 0,02 =	14.000 DM

Durch die Zuaktivierung verlängert sich im angeführten Beispiel die Nutzungsdauer von 50 auf 58,6 Jahre (400.000 DM/14.000 DM + 30 Jahre). Es gilt: Die Nutzungsdauer wird sich um so mehr verlängern, je größer die Zuaktivierung in Relation zum Restwert ausfällt. Wird von der Finanzbehörde eine kürzere Nutzungsdauer akzeptiert, ist die neue AfA-Bemessungsgrundlage auf die reduzierte Nutzungsdauer zu verteilen (§ 7 Abs. 4 S. 2 EStG).

Der französische Gesetzgeber erfaßt Werbungskosten pauschal und durch Einzelnachweis. Einzelnachweise sind zu erbringen für Instandhaltungsaufwendungen, Zinsen, Verwaltungskosten, Versicherungsprämien für Mietausfälle und Grundsteuerzahlungen.[835] Alle übrigen Werbungskosten werden pauschal in Höhe von 14 % der Bruttoeinkünfte berücksichtigt. Die Pauschale umfaßt insbesondere Abschreibungen, Prozeßkosten und Versicherungsprämien (nicht die für Mietausfälle). Unter bestimmten Voraussetzungen erhöht sie sich in den ersten 10 Jahren auf 25 % bzw. 35 % (Art. 31 I. 1° e. CGI).[836] Von der Intention her ist eine Parallele zu den Sonderabschreibungen nach § 7aff. EStG feststellbar. Beabsichtigt sind Anreize zur Schaffung von Wohnraum und damit zur Sicherung von Arbeitsplätzen in der Bauwirtschaft.

Aus den bisherigen Ausführungen folgt, daß die Ak/Hk für die Werbungskostenberechnung keine unmittelbare Bedeutung haben. Die Abschreibungen werden zusammen mit anderen Werbungskosten in einer Pauschalen erfaßt, die sich aus den Bruttoeinkünften errechnet. Nachträgliche Herstellungsaufwendun-

[835] Vgl. Cozian, M. (1995), Tz. 869, S. 195f.

[836] Vgl. Pinguet, J.-D. (1996), S. 117; Mémento fiscal (1996), Tz. 1270ff., S. 222.

gen führen deshalb nicht zwingend zu höheren Werbungskosten. Läßt die Wohnungsmarktsituation keine Mieterhöhung zu, bleibt die Werbungskostenpauschale unverändert.

Beispiel:[837] Wie hoch sind die Einkünfte aus Grundvermögen, wenn sich der Sachverhalt wie folgt gestaltet?

Einnahmen/Ausgaben	**in FF**
– Bruttomiete	50.000
– Instandhaltung durch den Mieter	3.000
– Versicherungsprämien (nicht Mietausfall)	1.000
– Zinszahlungen	15.000
– Instandhaltungsaufwand	5.000
– Nachträglicher Herstellungsaufwand	40.000
Berechnung der Einkünfte aus Grundvermögen	
Bruttomiete	50.000
Instandhaltung durch den Mieter	+ 3.000
Bruttoeinkünfte	53.000
Werbungskostenpauschale 53.000 * 0,14 =	- 7.420
Instandhaltung durch den Mieter	- 3.000
Zinszahlungen	- 15.000
Instandhaltungsaufwand	- 5.000
Einkünfte aus Grundvermögen	**22.580**

Die Versicherungsprämien sind durch die 14 %ige Werbungskostenpauschale abgedeckt. Vom Mieter übernommene Instandhaltungsaufwendungen werden wie in Deutschland behandelt. Einnahmen und Werbungskosten steigen um den gleichen Betrag. Aus Vereinfachungsgründen läßt die französische Finanzverwaltung eine Saldierung zu. Der Steuerpflichtige wird von dieser Möglichkeit aber keinen Gebrauch machen, da sich der Werbungskostenpauschalsatz auf die Bruttoeinkünfte bezieht, die sich durch Mieterinstandhaltungen erhöhen. Die Saldierung hätte eine geringere Pauschale zur Folge.[838]

---

837 Vgl. Schoenauer, C./Lopez, J. (1995), S. 90f.
838 Vgl. Mémento fiscal (1996), Tz. 1245, S. 217f.

Anders als in Deutschland verhält es sich bei Herstellungsaufwendungen des Mieters.[839] Vom Mieter freiwillig durchgeführte Herstellungen finden beim Vermieter keine ergebniswirksame Berücksichtigung. Sind vom Mieter zu erbringende Herstellungen vertraglich fixiert, müssen sie am Ende des Mietverhältnisses beim Vermieter als Einnahmen berücksichtigt werden. Ein gleichzeitiger Ansatz als Ausgabe kommt nicht in Betracht.[840] Sie können nur mittelbar durch zukünftige Werbungskostenpauschalen Berücksichtigung finden.

Fazit: Die Einnahmen aus Vermietung und Verpachtung bzw. aus Grundvermögen bestehen in Deutschland und Frankreich aus Mieteinnahmen und Nebenleistungen des Mieters. Als wesentlicher Unterschied bei den Werbungskosten ist die Behandlung der Abschreibungen hervorzuheben. Nach französischem Recht ist kein Abschreibungsplan aufzustellen. Abschreibungen werden zusammen mit anderen Werbungskosten pauschal als Prozentsatz der Bruttoeinkünfte ermittelt. Da Abschreibungen i.d.R. einen bedeutenden Anteil an den Werbungskosten ausmachen und ein Abschreibungsplan einfach zu ermitteln wäre, sollte auf die Pauschalierung verzichtet werden. Dadurch würden individuelle wirtschaftliche Verhältnisse besser erfaßt und einer gleichmäßigen Besteuerung eher entsprochen.

6.3.4 Veräußerungsgewinne i.S.d. §§ 17, 22 Nr. 2 und 23 EStG

Wie bereits mehrfach erwähnt, sind Veräußerungsgewinne aus Privatvermögen grundsätzlich steuerbefreit. Ausnahmeregelungen finden sich in den §§ 17, 22 Nr. 2 und 23 EStG. § 17 EStG befaßt sich mit Gewinnen aus der Veräußerung wesentlicher Beteiligungen an Kapitalgesellschaften. Die §§ 22 Nr. 2 und 23 EStG regeln Einkünfte aus Spekulationsgeschäften.

Beteiligungen an Kapitalgesellschaften sind wesentlich, wenn der Veräußerer mit mehr als 25 % an der Gesellschaft beteiligt ist (§ 17 Abs. 1 S. 4 EStG). Hat in den fünf Jahren vor Realisierung des Veräußerungsgewinns zu irgendeinem Zeitpunkt eine wesentliche Beteiligung bestanden, ist der Veräußerungsgewinn steuerpflichtig. Durch die Fünfjahresfrist soll die Umgehung der Besteuerung durch Teilveräußerungen vermieden werden.[841]

Beispiel: Ein Steuerpflichtiger hält in seinem Privatvermögen zu Beginn des Jahres 1995 eine Beteiligung von 30 % an einer Kapitalgesellschaft. Aus finanziellen Gründen möchte er sie veräußern. Dazu verkauft er unterjährig 5 %. Da in 1995 eine wesentliche Beteiligung vorlag, ist der auf die 5 % entfallende Veräußerungsgewinn steuerpflichtig. Zu Beginn des Jahres 1996 ist die

---

839 Vgl. Guide pratique du contribuable (1995), Tz. 5230, S. 98.

840 Vgl. Mémento fiscal (1996), Tz. 1245, S. 217f.

841 Vgl. Zenthöfer, W./Schulze zur Wiesche, D. (1997), S. 641ff.

Beteiligung nicht mehr wesentlich. Sie beträgt nur noch 25 %. Daraus resultierende Veräußerungsgewinne würden ohne die Fünfjahresfrist steuerfrei bleiben. De facto wirkt der Fünfjahreszeitraum als Besteuerungsfrist.

§ 17 EStG erfaßt nur Beteiligungen, die dem Privatvermögen angehören. Gegebenenfalls werden mit ihnen Einkünfte aus Kapitalvermögen erwirtschaftet (§ 20 EStG). Einem Betriebsvermögen zuzuordnende Beteiligungen bleiben außen vor.[842] Insofern gehören Veräußerungsgewinne aus wesentlichen Beteiligungen systematisch zu den Überschußeinkünften. Tatsächlich sind sie aber den Einkünften aus Gewerbebetrieb zuzurechnen (§ 17 Abs. 1 S. 1 EStG). Die Zuordnung zu den Gewinneinkünften wird folgendermaßen begründet:

> "Wegen der wirtschaftlichen Nähe von Kapitalgesellschaften, bei denen sich die gesamten Anteile oder ein großer Teil aller Anteile in einer Hand oder in wenigen Händen befinden, zu Einzelbetrieben und Personengesellschaften, hat man die Veräußerung von solchen Anteilen der Veräußerung von Anteilen an Personengesellschaften gleichgestellt und also insoweit Einkünfte aus Gewerbebetrieb fingiert." [843]

> "Die ... Steuerbarkeit privater Vermögensmehrungen bei § 17 EStG [ist] darin zu sehen, daß bestimmte Gesellschafter einer Kapitalgesellschaft wirtschaftlich einem Mitunternehmer einer Personengesellschaft vergleichbar sind."[844]

Die Festlegung einer bestimmten Grenze, ab der eine Beteiligung wesentlich ist, wirkt sich negativ auf die Kapitalallokation aus. Bei Gewinnerwartung wird der Steuerpflichtige seine Beteiligung möglicherweise auf 25 % begrenzen, bei Verlusterwartung darüber hinaus erhöhen. Um dies zu verhindern und eine gleichmäßige Besteuerung zu gewährleisten, sollten Veräußerungsgewinne unabhängig von der Beteiligungshöhe im Rahmen der Überschußeinkünfte besteuert werden.[845]

§ 17 Abs. 3 EStG gewährt für Veräußerungsgewinne den Teil von 20.000 DM als Freibetrag, der dem veräußerten Anteil an der Kapitalgesellschaft entspricht. Übersteigt der Veräußerungsgewinn den Teil von 80.000 DM, der dem veräußerten Anteil an der Kapitalgesellschaft gleichkommt, reduziert sich der Freibetrag um diesen Wert.

---

842 Vgl. Tipke, K./Lang, J. (1996), Tz. 592, S. 406.
843 Knobbe-Keuk, B. (1993), S. 916.
844 Crezelius, G. (1997), S. 198.
845 Vgl. Tipke, K. (1993), Bd. 2, S. 647f.

Beispiel:[846] Der Veräußerungsgewinn aus der Abtretung eines 30 %igen GmbH-Anteils beträgt 50.000 DM.

- 30 % von 20.000 DM = 6.000 DM Freibetrag.
- 30 % von 80.000 DM = 24.000 DM anrechnungsfreier Veräußerungsgewinn.

Der Freibetrag reduziert sich um 26.000 DM (anrechnungspflichtiger Veräußerungsgewinn, 50.000 DM – 24.000 DM). Da er tatsächlich nur 6.000 DM beträgt, ist der gesamte Veräußerungsgewinn (50.000 DM) steuerpflichtig.

Zu den sonstigen Einkünften rechnet § 22 Nr. 2 EStG "Einkünfte aus Spekulationsgeschäften im Sinne des § 23". § 23 Abs. 1 EStG führt aus:

> "Spekulationsgeschäfte (§ 22 Nr. 2) sind
> 1. Veräußerungsgeschäfte, bei denen der Zeitraum zwischen Anschaffung und Veräußerung beträgt:
> a) bei Grundstücken und Rechten, die den Vorschriften des bürgerlichen Rechts über Grundstücke unterliegen (zum Beispiel Erbbaurecht, Mineralgewinnungsrecht), nicht mehr als zwei Jahre,
> b) bei anderen Wirtschaftsgütern, insbesondere bei Wertpapieren, nicht mehr als sechs Monate;
> 2. Veräußerungsgeschäfte, bei denen die Veräußerung der Wirtschaftsgüter früher erfolgt als der Erwerb."

Durch Nr. 1a werden z.B. Gebäude und Eigentumswohnungen erfaßt. Zu den anderen Wirtschaftsgütern (Nr. 1b) rechnen beispielsweise Kunstgegenstände und Schmuck. Nr. 2 unterliegen vorwiegend Fix- und Termingeschäfte.[847]

Maßgebend für die Berechnung der Spekulationsfristen sind obligatorische Geschäfte, z.B. der Abschluß von Kaufverträgen. Dingliche Übertragungsakte wie der Übergang des wirtschaftlichen Eigentums (§ 39 AO) oder die Zeitpunkte des Geldflusses sind irrelevant.[848] "Gewinn oder Verlust aus Spekulationsgeschäften ist der Unterschied zwischen dem Veräußerungspreis einerseits und den Anschaffungs- oder Herstellungskosten und den Werbungskosten andererseits."[849] Angesprochen sind die ursprünglichen Ak/Hk. Abschreibungen finden bei der Überschußermittlung keine Berücksichtigung (R 169 Abs. 2 S. 1 EStR).[850] Demgegenüber ist bei Gewinneinkünften der Unterschiedsbetrag

---

846 Vgl. Zenthöfer, W./Schulze zur Wiesche, D. (1997), S. 655ff.; Schmidt, L. (1996), Tz. 191ff., S. 1451f.
847 Vgl. Biergans, E. (1992), S. 893f.
848 Vgl. Jakob, W. (1996), Tz. 135, S. 150f.
849 § 23 Abs. 3 S. 1 EStG.
850 Vgl. Fitsch, J. (1991), Bd. 5, Tz. 56, S. 30.

zwischen fortgeführten Ak/Hk und Veräußerungspreis als Veräußerungsgewinn/Verlust definiert. Insofern werden steuerpflichtige Veräußerungsgewinne im Privatbereich günstiger behandelt als im gewerblichen Bereich. Werbungskosten sind durch die Veräußerung veranlaßte Ausgaben (z.B. Maklergebühren, Notarkosten). Sie stehen mit dem Stammvermögen in Zusammenhang.[851]

Spekulationsgewinne sind nach dem Prinzip der Geldrechnung in der Periode ihres Zuflusses steuerpflichtig.[852] § 23 Abs. 3 S. 3 EStG räumt eine Freigrenze von 999 DM ein. Erreichen die Spekulationsgewinne eine Höhe von mindestens 1.000 DM, sind sie insgesamt steuerpflichtig.

Beispiel: Veräußert der Steuerpflichtige mit Kaufvertrag vom 01.12.1995 eine in 1994 erworbene Eigentumswohnung mit einem Gewinn von 100.000 DM und erhält den Kaufpreis erst im Februar 1996, ist der Veräußerungsgewinn dem Veranlagungszeitraum 1996 zuzurechnen.

6.3.5 Die Besteuerung privater Veräußerungsgewinne in Frankreich

6.3.5.1 Veräußerungsgewinne aus Immobilien

In Frankreich werden private Veräußerungsgewinne grundsätzlich besteuert (Markteinkommenstheorie). Eine Fülle von Ausnahmen relativiert aber diesen Grundsatz.[853] Nach deutschem Recht sind private Veräußerungsgewinne nur ausnahmsweise steuerpflichtig (§§ 17, 22 Nr. 2 und 23 EStG). Insofern ist die Konzeption der Überschußeinkünfte in Deutschland und Frankreich grundlegend verschieden.

Die Besteuerungsmodalitäten privater Veräußerungsgewinne sind in Frankreich nicht einheitlich. Der Gesetzgeber differenziert zwischen Veräußerungsgewinnen aus Immobilien und Mobilien. Zu den Immobilien rechnen nicht nur Grundstücke und aufstehende Gebäude, sondern auch Gesellschaftsanteile an Unternehmen, deren Aktiva zu mehr als 50 % aus vermieteten Immobilien bestehen (Art. 150 A *bis* CGI, Art. 74 A *bis* Ann. II CGI).[854]

Bei der Immobilienveräußerung stellt sich ein Gewinn ein, wenn der Verkaufspreis die Ak/Hk übersteigt. Der Verkaufspreis umfaßt einerseits sämtliche Entgelte, die der Käufer für das Gut entrichtet hat. Andererseits mindern durch den Verkauf bedingte Ausgaben den Verkaufspreis, z.B. Maklerprovisionen und Kosten für die Löschung der Hypothek. In Analogie zum Verkaufspreis

---

851 Vgl. Heinicke, W. (1996), Tz. 45, S. 1737.
852 Vgl. Zenthöfer, W./Schulze zur Wiesche, D. (1997), S. 1004.
853 Vgl. Trotabas, L./Cotteret, J.-M. (1992), Tz. 135, S. 180.
854 Vgl. Fernandez-Maublanc, L.-V./Maublanc, J.-P. (1996), S. 47ff.

umfassen die Ak sämtliche dem Veräußerer gezahlten Entgelte. Anschaffungsnebenkosten können entweder pauschal mit 10 % der Ak berücksichtigt oder einzeln nachgewiesen werden (Art. 150 H CGI). Bei Eigenerstellung sind alle durch die Immobilie veranlaßten Ausgaben in die Hk einzubeziehen.

Nachträgliche Herstellungsaufwendungen sind den ursprünglichen Ak/Hk zuzurechnen. Bei Eigenarbeit sind sie mit dem Faktor drei zu multiplizieren. Damit ist die eingebrachte Arbeitsleistung pauschal abgegolten (Art. 150 H CGI). Ein höherer Multiplikator muß von der Finanzbehörde genehmigt werden. Ist der Steuerpflichtige nicht in der Lage, nachträgliche Herstellungsaufwendungen durch Rechnungen nachzuweisen, können pauschal 15 % der ursprünglichen Ak/Hk angesetzt werden. Allerdings sind die Herstellungsmaßnahmen nachzuweisen. Die Pauschale wird nur gewährt, wenn nachträglich tatsächlich etwas hergestellt wurde. Hält der Steuerpflichtige die 15 %-Pauschale für zu gering, kann er ein Gutachten einholen und die darin festgestellten höheren Herstellungsaufwendungen ansetzen.[855]

Steuerpflichtig werden Veräußerungsgewinne aus Immobilien erst, wenn der Immobilienumsatz eines Kalenderjahres 30.000 FF übersteigt (Art. 150 F CGI). Ist dies der Fall, sind sämtliche Veräußerungsgewinne, d.h. auch die auf den Umsatz bis 30.000 FF, steuerpflichtig.[856] Die Besteuerungsintensität nimmt mit abnehmender Besitzdauer der Immobilie zu. Dahinter steht die Assoziation einer kurzen Haltedauer mit Spekulationsabsichten. Aus sozialpolitischen Gründen lehnt der Gesetzgeber Spekulationen im Immobilienbereich ab.

Zur Berücksichtigung der Besitzdauer wird zwischen kurz- und langfristigen Veräußerungsgewinnen unterschieden. Veräußerungsgewinne sind kurzfristig, wenn zwischen Erwerb und Verkauf weniger als zwei Jahre liegen. Sie sind langfristig, sofern die Besitzdauer mindestens zwei Jahre betragen hat. Kurzfristige Veräußerungsgewinne sind "wie gewöhnliches Einkommen"[857] zu behandeln. Allerdings besteht ein System von Freibeträgen.[858] In Höhe von 6.000 FF wird ein allgemeiner Freibetrag gewährt. Kumulativ hierzu existiert bei erstmaliger Veräußerung des Zweitwohnsitzes für jeden Ehepartner ein Freibetrag von 20.000 FF. Witwen, Ledigen und Geschiedenen wird in solchen Fällen ein Freibetrag von 30.000 FF zugesprochen. Darüber hinaus kann von Verheirateten und Alleinstehenden für jedes Kind zusätzlich ein Freibetrag von 10.000 FF in Anspruch genommen werden. Veräußerungsgewinne aus Enteignungen sind bis 75.000 FF steuerfrei. Der allgemeine Freibetrag von 6.000 FF entfällt (Art. 150

---

855 Vgl. Mémento fiscal (1996), Tz. 2559, S. 387.

856 Vgl. Précis de fiscalité (1995), Bd. 2, Tz. 3241, S. 49f.

857 Eigene Übersetzung; Original: "comme un revenu ordinaire"; Cozian, M. (1995), Tz. 927, S. 206.

858 Vgl. Mémento fiscal (1996), Tz. 2569ff., S. 390f.

Q CGI). Die Behandlung der kurzfristigen Veräußerungsgewinne als gewöhnliches Einkommen entspricht den Regelungen für Immobilienspekulationsgewinne (§ 23 Abs. 1 S. 1 Nr. 1a EStG). Langfristige Veräußerungsgewinne bleiben in Deutschland steuerfrei.

Die Ermittlung langfristiger Immobilienveräußerungsgewinne vollzieht sich in mehreren Schritten.[859] Zunächst sind die ursprünglichen und nachträglichen Ak/Hk um die zwischenzeitlich eingetretene Inflation zu erhöhen. Dadurch werden sie dem Wertniveau des Veräußerungsjahres angenähert und lediglich der reale Wertzuwachs besteuert. Von staatlicher Seite wird dazu jedes Jahr eine Übersicht herausgegeben, aus der die Ak/Hk-Multiplikatoren für verschiedene Anschaffungsjahre ersichtlich sind.[860] Durch Subtraktion der inflationsbereinigten Ak/Hk vom Verkaufspreis erhält man den Veräußerungsgewinn. Für jedes die Zweijahresfrist überschreitende Besitzjahr ist eine Reduktion des Veräußerungsgewinns um 5 % vorzunehmen. Ab dem 22. Besitzjahr tritt Steuerfreiheit ein. Schließlich sind auf den reduzierten Veräußerungsgewinn die Freibeträge anzuwenden. Vom verbleibenden Veräußerungsgewinn wird nur jeder 5. FF progressionswirksam.

Systematisch wäre es geboten, auch kurzfristige Veräußerungsgewinne inflationsmäßig zu bereinigen. Von praktischer Bedeutung wäre dies aber nur in Zeiten relativ hoher Inflation. Die Inflationsbereinigung ist keine Steuervergünstigung. Das Leistungsfähigkeitsprinzip fordert, den einzelnen nach seinen wirtschaftlichen Verhältnissen zu besteuern. Gerade hierauf nimmt die Inflation aber Einfluß. Sie führt bei Verbindlichkeiten zu realen Gewinnen bei Forderungen zu realen Verlusten. Die Besteuerung von Einkünften ohne realen Wert (inflationsbedingte Scheingewinne) ist die Folge. Deshalb dürfte unter systematischen Aspekten nur das reale Einkommen besteuert werden.

Tatsächlich liegt dem deutschen und französischen Steuersystem aber das Nominalwertprinzip zugrunde, demzufolge Geldwertschwankungen keinen Einfluß auf die Einkommensermittlung haben (Mark (Franc) = Mark-(Franc-)Prinzip). Die Inflationsbereinigung der Immobiliengewinne ist lediglich eine Ausnahme hiervon. TIPKE bezeichnet das Nominalwertprinzip als "wirtschaftliches Schönwetterprinzip".[861] Je höher die Geldwertschwankung, um so stärker wirkt das Nominalwertprinzip dem Leistungsfähigkeitsprinzip entgegen. Um Geldwertschwankungen praktisch handhabbar zu berücksichtigen, wird als Alternative zur bestehenden ESt die Cash-flow-Steuer vorgeschlagen.[862]

---

859 Vgl. Deruel, F. (1995), S. 93.
860 Vgl. Mémento fiscal (1996), Tz. 9075, S. 1249.
861 Vgl. Tipke, K. (1993), Bd. 2, S. 503.
862 Vgl. Tipke, K./Lang, J. (1996), Tz. 117, S. 96.

Beispiel Veräußerungsgewinn:[863] Herr TURGOT erzielte 1995 ein steuerpflichtiges Einkommen ohne Veräußerungsgewinne von 135.000 FF. Am 4. Mai 1995 hat er eine Eigentumswohnung zum Preis von 800.000 FF verkauft. Sie wurde am 2. Februar 1986 für 350.000 FF erworben. Die Anschaffungsnebenkosten haben sich auf 30.000 FF belaufen. Sämtliche durch Rechnungen nachgewiesenen Herstellungsaufwendungen in Höhe von 60.000 FF sind in 1990 angefallen. In Eigenleistung durchgeführte Herstellungen beliefen sich in 1993 auf 5.000 FF (durch Rechnungen nachgewiesene Materialkosten).

Nach deutschem Recht wäre der Veräußerungsgewinn steuerfrei, da zwischen Kauf und Verkauf mehr als zwei Jahre liegen.

Alle nachstehenden Werte in FF

Verkaufspreis			800.000	
Erwerbspreis	350.000			
Nebenkosten	35.000			10 % v. 350.000 > 30.000
	Summe 385.000			
Inflationsausgleich 385.000 * 1,26 =		485.100		
Herstellungsaufwand	60.000			15 % v. 350.000 < 82.050; die 15 % werden nicht inflationsbereinigt.
Inflationsausgleich 60.000 * 1,11 =		66.600		
Eigenarbeit 3 * 5000 =	15.000			
Inflationsausgleich 15.000 * 1,03 =		15.450		
		Summe 567.150	-567.150	
		Veräußerungsgewinn	232.850	
Freibetrag für die Besitzdauer > 2 Jahre 7 * 5 % = 35 % 0,35 * 232.850 =			-81.498	5 % Ermäßigung werden pro 12 Monate Besitzdauer gewährt. Demzufolge sind 7 und nicht 8 Jahre berücksichtigbar.
allgemeiner Freibetrag			- 6.000	Freibeträge für Enteignung oder Zweitwohnsitz können nicht in Anspruch genommen werden.
steuerpflichtiger Veräußerungsgewinn			145.352	

863 Vgl. Pinguet, J.-D. (1996), S. 124f.; Mémento fiscal (1996), Tz. 2573, S. 391.

Berechnung der Steuerlast auf den Veräußerungsgewinn:

145.352 * 1/5 = 29.070			nur jeder 5. Franc wird progressionswirksam, d.h. ist den 135.000 FF hinzuzuaddieren.
davon 8.580 FF zu 33 %		2.831	dies folgt unmittelbar aus dem Steuertarif (Kap. 6.5.2).
davon 20.490 FF zu 43 %		8.810	dito
Summe 29.070;	Summe	11.641	
Steuer auf Veräußerungsgewinn 11.641 * 5 =		58.205	

Steuerersparnis aufgrund der Progressionsreduktion:

8.580	* 0,33	=	2.831
90.040	* 0,43	=	38.717
46.732	* 0,48	=	22.431
Summen: 145.352			63.979

Die Steuerersparnis beläuft sich auf 63.979 - 58.205 = 5.774.

Fällt der Veräußerungsgewinn in eine Tarifstufe, ist der Steuervorteil Null.

Veräußerungsgewinne sind in der Periode des Vertragsabschlusses steuerpflichtig. Das Prinzip der Geldrechnung (Zuflußprinzip) hat keinen Bestand. Wird beispielsweise eine Immobilie mit Vertrag vom 11.10.1996 abgetreten und ein Veräußerungsgewinn von 100.000 FF aufgedeckt, das Entgelt aber erst in 1997 gezahlt, ist der Gewinn bereits in 1996 erfolgswirksam zu berücksichtigen.[864] Die auf den Veräußerungsgewinn entfallende Steuer kann auf 5 Jahre verteilt werden. Der Steuerpflichtige muß für die Steuerstundung ein Zinsentgelt entrichten.[865]

6.3.5.2 Veräußerungsgewinne aus Mobilien

Bei der Besteuerung von Veräußerungsgewinnen aus Mobilien ist zu unterscheiden zwischen materiellen und immateriellen Mobilien. Materielle Mobilien sind in Luxusgüter, wertvolle Objekte (objet précieux) und Metalle unterteilt. Luxusgüter sind beispielsweise Yachten und Rennpferde.[866] Veräußerungsgewinne aus Gütern des täglichen Bedarfs werden nicht besteuert (Art. 150 D CGI). Veräußerungsgewinne aus Luxusgütern sind nur steuerpflichtig, wenn die gesamten

[864] Vgl. Cozian, M. (1995), Tz. 924, S. 205f.
[865] Vgl. Cozian, M. (1995), Tz. 928, S. 207.
[866] Mémento fiscal (1996), Tz. 2630ff. S. 396f.

Veräußerungsentgelte der Periode oberhalb 20.000 FF liegen (Art. 150 V bis I CGI). Die Besteuerungsmodalitäten entsprechen denjenigen für Immobilien (Inflationsbereinigung). Der 5 %ige Abschlag vom Veräußerungsgewinn greift aber schon ab dem 2. Besitzjahr.

Zu den wertvollen Objekten rechnen beispielsweise Kunstsammlungen, Antiquitäten und Schmuck. Veräußerungsgewinne sind nur steuerpflichtig, wenn das Veräußerungsentgelt für das verkaufte Objekt mindestens 20.000 FF beträgt. Veräußert der Steuerpflichtige z.B. 5 Objekte à 19.000 FF tritt keine Steuerpflicht ein. Für den Fall der Steuerpflicht wird ein Wahlrecht eingeräumt. Zum einen kann sich der Steuerpflichtige für eine Besteuerung nach den Regeln für Luxusgüter entscheiden. Dies wird er auf jeden Fall bei einer Besitzdauer von mindestens 21 Jahren tun. Von da an führt die 5 %-Ermäßigung zur Steuerfreiheit. Zum anderen ist eine Pauschalbesteuerung möglich. Das Veräußerungsentgelt (nicht der Veräußerungsgewinn) wird mit 7 % besteuert.

Wertvolle Metalle sind beispielsweise Gold, Silber und Platin. Für die Besteuerung gilt wiederum die 20.000-FF-Grenze pro veräußertem Gut. Der Veräußerungsgewinn wird pauschal in Höhe von 7,5 % des Veräußerungsentgelts besteuert. Ein Wahlrecht wie bei den wertvollen Objekten besteht nicht.

Bedeutender als Veräußerungsgewinne aus materiellen Mobilien sind die aus immateriellen Mobilien. Sie unterliegen einheitlich einem Steuersatz von 19,9 %.[867] Unterschieden wird zwischen Gewinnen aus

1. börsennotierten oder diesen gleichgestellten Wertpapieren an Kapitalgesellschaften,
2. Gewinnbeteiligungen an Kapitalgesellschaften oberhalb 25 % und
3. Anteilen an Personengesellschaften.

Gewinne aus Wertpapierumsätzen (Nr. 1) waren 1995 bis zu einem Umsatzvolumen von 342.800 FF steuerfrei. Lagen die Umsätze oberhalb, wurden sämtliche Veräußerungsgewinne steuerpflichtig. Bis 1998 wird die Umsatzfreigrenze stufenweise auf Null reduziert (1996: 200.000 FF, 1997: 100.000 FF, 1998: 0 FF, Art. 92 B I. CGI).[868] Veräußert der Steuerpflichtige einen Anteil einer Kapitalgesellschaft, der ihm zu irgendeinem Zeitpunkt in den vergangenen 5 Jahren eine Gewinnbeteiligung von mehr als 25 % eingebracht hat (Nr. 2), gelten die für Nr. 1 dargelegten Umsatzfreigrenzen nicht (Art. 160 CGI).[869] Diese Sonderbehandlung ähnelt derjenigen für wesentliche Beteiligungen an

[867] Vgl. Pinguet, J.-D. (1996), S. 122.
[868] Vgl. Mémento fiscal (1996), Tz. 2647, S. 398f.
[869] Vgl. Eura-Audit International (1996), S. 61.

Kapitalgesellschaften i.S.d. § 17 EStG.[870] Ebenso sind Veräußerungsgewinne aus Anteilen an Personengesellschaften vom ersten Franc an steuerpflichtig (Art. 92 K CGI), wenn der Anteilseigner nicht für die Gesellschaft beruflich tätig ist.[871]

6.4 Das zu versteuernde Einkommen

6.4.1 Dualistisches Konzept der Einkommensteuerbemessungsgrundlage

Bisher wurde die Einkünfteermittlung der einzelnen Einkunftsarten thematisiert. Nachfolgend ist der weitere Weg zur Bestimmung der ESt-Bemessungsgrundlage und der ESt-Schuld aufzuzeigen. Die ESt-Bemessungsgrundlage unterliegt in Deutschland einem zweistufigen Aufbau. Deshalb wird auch von einem dualistischen Konzept der ESt-Bemessungsgrundlage gesprochen.[872] [873]

Auf der ersten Stufe geht es um die Ermittlung der objektiven Leistungsfähigkeit. Gemeint ist das erwirtschaftete Einkommen, das der deutsche Gesetzgeber als "die Summe der Einkünfte"[874] bezeichnet. Was unter erwirtschaftetem Einkommen zu verstehen ist, richtet sich nach den gesetzlichen Bestimmungen und dem zugrunde liegenden Einkommensbegriff. Daß die französische ESt der Markteinkommenstheorie näher steht als die Deutsche und damit auch der Einkommensbegriff umfassender ist, wurde vor allem im Rahmen der Überschußeinkünfte herausgearbeitet (Kap. 6.3.4f.). Aspekte persönlicher Lebensumstände des Steuerpflichtigen werden auf dieser Stufe noch nicht berücksichtigt. Sie finden erst auf der zweiten Stufe Eingang, wenn es um die Bestimmung der subjektiven Leistungsfähigkeit geht. Das erwirtschaftete Einkommen ist hierfür, um private indisponible Einkommensverwendungen zu korrigieren (z.B. Existenzminimum und Vorsorgeaufwendungen). Darüber hinaus werden meist aus sozial- und wirtschaftspolitischen Gründen weitere Abzugsmöglichkeiten eingeräumt, die der privaten disponiblen Einkommensverwendung angehören.

Das dualistische Konzept der ESt-Bemessungsgrundlage hat in Frankreich keine Entsprechung. Der Gesetzgeber trennt bei der Einkünfteermittlung nicht zwischen objektiver und subjektiver Leistungsfähigkeit. Elemente der privaten Einkommensverwendung halten Einzug in die Einkünfteermittlung verschiedener Einkunftsarten. Angesprochen sind Sozialversicherungsbeiträge, die bei den Gewinn- und Überschußeinkunftsarten berücksichtigt werden.

---

870 Vgl. Tillmanns, W. (1995), S. 1044.

871 Vgl. Cozian, M. (1995), Tz. 951, S. 214f.

872 Dieser Dualismus ist zu trennen von dem der Einkommensbegriffe (Markteinkommens- vs. Quellentheorie).

873 Vgl. Tipke, K./Lang, J. (1996), Tz. 40ff., S. 222ff.

874 § 2 Abs. 3 EStG.

6.4.2 Periodizität der Einkommensteuererhebung und Verlustausgleich

Bemessungsgrundlage für die ESt müßte unter Leistungsfähigkeitsaspekten das Lebenseinkommen sein. Einkommensermittlungen über einen kürzeren Zeitraum können aufgrund von Einkommensschwankungen und progressivem Tarif zu unterschiedlichen Steuerbelastungen bei identischem Lebenseinkommen führen. Nur durch einen proportionalen Tarif wäre der Ungleichbehandlung beizukommen.

Tatsächlich wird der Steuerpflichtige aber alle 12 Monate zur ESt herangezogen. Begründet wird die Periodizität mit fortlaufendem staatlichem Finanzbedarf.[875] Ermittlungszeitraum für das zu versteuernde Einkommen ist grundsätzlich das Kalenderjahr. Nur bei Gewinneinkünften kann der Gewinnermittlungszeitraum, das sogenannte Wirtschaftsjahr, vom Kalenderjahr abweichen (§ 4a EStG). Auch in Frankreich ist das Kalenderjahr der grundsätzliche Einkommensermittlungszeitraum. Bei den Gewinneinkünften werden unter bestimmten Bedingungen Ausnahmen gewährt.[876]

Aus der regelmäßig wiederkehrenden Besteuerung des Einkommens ergeben sich bedeutende Implikationen für die leistungsfähigkeitskonforme Berücksichtigung von Verlusten. Verlustausgleiche finden auf drei Ebenen statt:

1. Horizontaler Verlustausgleich: Verrechnung positiver und negativer Einkünfte in einer Einkunftsart.
2. Vertikaler Verlustausgleich: Verrechnung positiver und negativer Einkünfte zwischen Einkunftsarten.
3. Intertemporaler Verlustausgleich: Verrechnung positiver und negativer Einkünfte zwischen Rechnungsperioden.

Beispiel: Ein Steuerpflichtiger erwirtschaftet Einkünfte aus Einzelunternehmerschaft (-70.000 DM), Mitunternehmerschaft (50.000 DM) sowie Vermietung und Verpachtung (50.000 DM). Der Verlust aus Vorperioden beträgt 40.000 DM.

---

[875] Vgl. Tipke, K./Lang, J. (1996), Tz. 44, S. 224.
[876] Mémento fiscal (1996), Tz. 365ff., S. 85f.

	in DM	
Einkünfte aus Einzelunternehmerschaft	-70.000	
Einkünfte aus Mitunternehmerschaft	50.000	
Einkünfte aus Gewerbebetrieb	-20.000	horizontaler Verlustausgleich
Einkünfte aus Vermietung und Verpachtung	50.000	
Summe der Einkünfte	30.000	vertikaler Verlustausgleich
Verlust aus Vorperiode	-30.000	
Zu versteuerndes Einkommen	0	intertemporaler Verlustausgleich
Weiter vortragbarer Verlust 10.000		

Um dem Leistungsfähigkeitsprinzip zu genügen, müssen Verluste mit vergangenen oder zukünftigen Gewinnen verrechnet werden können (intertemporaler Verlustausgleich).[877] Zeitliche Verrechnungslimits wären unsystematisch. Nach Ablauf der Frist würde der Verlust verfallen. Ein die Leistungsfähigkeit mindernder Sachverhalt bliebe unberücksichtigt. Verluste bis 10 Mio. DM sind auf die zwei vorangegangenen Veranlagungszeiträume zurückzutragen. Der Restbetrag kann seit 1990 zeitlich unbegrenzt vorgetragen werden (§ 10d EStG). Die Änderung erfolgte 1990 nicht aus der Einsicht einer zuvor unsystematischen Regelung heraus, sondern wurde der Öffentlichkeit als Steuervergünstigung angepriesen. Es galt, "die Liquidität kleiner und mittlerer Unternehmen nach Verlustjahren zu verbessern".[878]

Der französische Gesetzgeber konnte sich bislang nicht zu einem zeitlich unbegrenzten Verlustvortrag durchringen. Maximal fünf Jahre dürfen Verluste vorgetragen werden (Art. 156 I. CGI). Ein Verlustrücktrag ist nicht erlaubt. Nach Ablauf der Fünfjahresfrist unausgeglichene Verluste verfallen steuerlich. Aus den angeführten Gründen ist eine Abschaffung dieser Regelung angezeigt. Der Steuerpflichtige kann aber durch Neubewertung der Aktiva dem Verfall eines Verlustvortrags zuvorkommen (Kap. 5.3.8.2).

Sowohl das deutsche als auch das französische ESt-Recht enthalten Ausnahmen vom Verlustausgleich.

---

877 Vgl. Schulze-Osterloh, J. (1984/85), S. 267ff.

878 BT-Drucksache 11/2536, S. 78.

Deutschland:[879]

- § 2a Abs. 1 S. 1-3 EStG: "Negative [ausländische] Einkünfte ... dürfen nur mit positiven Einkünften der jeweils selben Art aus demselben Staat ... ausgeglichen werden; sie dürfen auch nicht nach § 10d abgezogen werden ... Soweit die negativen Einkünfte nicht ... ausgeglichen werden können, mindern sie die positiven Einkünfte der jeweils selben Art, die der Steuerpflichtige in den folgenden Veranlagungszeiträumen aus demselben Staat ... erzielt."
- § 15 Abs. 4 EStG: "Verluste aus gewerblicher Tierzucht oder gewerblicher Tierhaltung dürfen weder mit anderen Einkünften aus Gewerbebetrieb noch mit Einkünften aus anderen Einkunftsarten ausgeglichen werden; sie dürfen auch nicht nach § 10d abgezogen werden. Die Verluste mindern jedoch nach Maßgabe des § 10d die Gewinne, die der Steuerpflichtige in vorangegangenen und in späteren Wirtschaftsjahren aus gewerblicher Tierzucht oder gewerblicher Tierhaltung erzielt hat oder erzielt."
- § 15a EStG: Beschränkt haftende Mitunternehmer dürfen nur bis zur Höhe ihres Kapitalkontos einen horizontalen, vertikalen und intertemporalen Verlustausgleich vornehmen. Damit sollten Verlustzuweisungsgesellschaften unterbunden werden. Durch die §§ 13 Abs. 5, 18 Abs. 4, 20 Abs. 1 Nr. 4 S. 2 und 21 Abs. 1 S. 2 EStG werden die Bestimmungen des § 15a EStG auf Einkünfte aus Land- und Forstwirtschaft, selbständiger Arbeit, Kapitalvermögen (stille Gesellschaften) sowie Vermietung und Verpachtung ausgedehnt.
- § 22 Nr. 3 S. 3 EStG (sonstige Einkünfte): "Übersteigen die Werbungskosten die Einnahmen, so darf der übersteigende Betrag bei Ermittlung des Einkommens nicht ausgeglichen werden; er darf auch nicht nach § 10d abgezogen werden." Nur ein horizontaler Verlustausgleich ist erlaubt.
- § 23 Abs. 3 S. 4 EStG: "Verluste aus Spekulationsgeschäften dürfen nur bis zur Höhe des Spekulationsgewinns, den der Steuerpflichtige im gleichen Kalenderjahr erzielt hat, ausgeglichen werden; sie dürfen nicht nach § 10d abgezogen werden."

Frankreich:[880]

- Verluste aus Grundvermögen (revenus fonciers) können bis zu 70.000 FF vertikal ausgeglichen werden. Darüber hinaus gehende Verluste dürfen nur mit positiven Einkünften aus Grund und Boden der zehn Folgejahre verrechnet werden (Art. 156 I. 3° CGI).
- Verluste aus land- und forstwirtschaftlicher Tätigkeit sind nur bis zu einem Gesamteinkommen aus den übrigen Einkunftsarten von 200.000 FF vertikal ausgleichbar. Bei höherem Gesamteinkommen dürfen Verluste nur mit Gewinnen aus landwirtschaftlicher Tätigkeit der fünf Folgejahre saldiert werden (Art. 156 I. 1° CGI).

---

[879] Vgl. Tipke, K./Lang, J. (1996), Tz. 66f., S. 233f.

[880] Vgl. Pinguet, J.-D. (1996), S. 132f.; Mémento fiscal (1996), Tz. 80ff., S. 25ff.

– Bestimmte Verluste aus nichtgewerblicher Tätigkeit und Veräußerungsverluste aus Mobilien können nur durch Gewinne derselben Einkunftsart in den fünf Folgejahren ausgeglichen werden (Art. 156 I. 2°, 150 N *bis* CGI).

Beschränkungen des Verlustausgleichs widersprechen dem Leistungsfähigkeitsprinzip. Die Leistungsfähigkeit desjenigen, der einen Verlust erlitten hat, diesen aber nicht in Abzug bringen darf, führt zu einer Steuerbelastung, die der eines Steuerpflichtigen mit gleich hohem verlustfreiem Einkommen entspricht. Rechtfertigen läßt sich ein Verlustausgleichsverbot, wenn es dazu bestimmt ist, volkswirtschaftlich nachteilige Allokationen zu verhindern.[881] Angesprochen sind Mittelverwendungen, um Verluste zur Steuerersparnis zugewiesen zu bekommen. Bis zur Einführung des § 15a EStG im Jahr 1980 waren Verlustzuweisungsgesellschaften für den Steuerpflichtigen lohnende Kapitalanlagen. Verlustabzugsverbote sind aber überwiegend sozialpolitisch motiviert. Beispielsweise wird § 15 Abs. 4 EStG mit dem Schutz herkömmlicher landwirtschaftlicher Betriebe gerechtfertigt.[882] Die Devise der begrenzten Berücksichtigung landwirtschaftlicher Defizite in Frankreich lautet: Wer mehr als 200.000 FF Einkommen aus anderen Einkunftsarten bezieht, soll zuvor bei der landwirtschaftlichen Einkommensermittlung in Anspruch genommene Vergünstigungen teilweise zurückgeben.

6.4.3 Berücksichtigung privater Ausgaben

6.4.3.1 Berücksichtigung von Existenzminima und Unterhaltsleistungen in Deutschland

Die bisherigen Ausführungen bezogen sich auf die Ermittlung der objektiven Leistungsfähigkeit (Summe der Einkünfte, Verlustausgleich). Zur subjektiven Leistungsfähigkeit gelangt man durch Berücksichtigung indisponibler privater Ausgaben. Demzufolge steht jetzt die steuerliche Erfassung persönlicher Lebensumstände im Blickpunkt des Interesses. Beispielsweise ist ein Familienvater, der eine nichterwerbstätige Frau und zwei Kinder zu versorgen hat, sicherlich weniger leistungsfähig als ein Alleinstehender mit gleich hohem Einkommen, aber ohne Unterhaltsverpflichtungen gegenüber Dritten. Deshalb ist die ESt-Bemessungsgrundlage, um indisponible Privatausgaben zu korrigieren. Dazu gehören Ausgaben für die eigene Existenzsicherung und die bereits angesprochenen Unterhaltsleistungen gegenüber Dritten.

Die steuerliche Freistellung des Existenzminimums garantiert das verfassungsrechtlich verankerte Sozialstaatsprinzip (Art. 20, 28 GG).[883] Maßgebend für die

---

881 Vgl. Tipke, K./Lang, J. (1996), Tz. 67, S. 233f.

882 Vgl. Schulze-Osterloh, J. (1984/85), S. 295.

883 Vgl. Schloßmacher, S. (1991), S. 122.

monetäre Bemessung des Existenzminimums ist das Sozialhilferecht.[884] "Der Steuergesetzgeber muß dem Einkommensbezieher von seinen Erwerbsbezügen mindestens das belassen, was er dem Bedürftigen zur Befriedigung seines existenznotwendigen Bedarfs aus öffentlichen Mitteln zur Verfügung stellt."[885] Konsequenterweise beurteilte das BVerfG 1992 den Grundfreibetrag von 5.616 DM als zu niedrig. In der Folge wurde er stufenweise angehoben und beträgt seit dem 1.1.1996 12.095 DM für Ledige und 24.190 DM für Verheiratete (§ 32a Abs. 1 EStG).

Komplexer als die Berücksichtigung des Existenzminimums gestalten sich die steuerlichen Unterhaltsregelungen. Zu unterscheiden ist zwischen einem allgemeinen und mehreren speziellen Unterhaltsabzügen. Der allgemeine Unterhaltsabzug (§ 33a EStG) greift nur Platz, wenn Unterhaltsleistungen nicht bereits im Rahmen spezieller Bestimmungen Berücksichtigung finden.[886] Leistungen bis 12.000 DM an gesetzlich unterhaltsberechtigte Personen können vom Gesamtbetrag der Einkünfte abgezogen werden. Als Voraussetzung hierfür darf die begünstigte Person aber nur geringes Vermögen und Einkommen haben. Gering sind Vermögen bis zu einem Verkehrswert von 30.000 DM (R 190 Abs. 2 S. 3 EStR) und jährliche Einkünfte bis 1.200 DM (§ 33a Abs. 1 S. 4 EStG). Übersteigen die jährlichen Einkünfte 1.200 DM, reduziert sich der Höchstbetrag von 12.000 DM um den übersteigenden Wert. Da die Leistungsfähigkeit des Leistenden nichts mit der des Begünstigten zu tun hat, sind beide Voraussetzungen abzulehnen. Sie verletzen den Grundsatz der Individualbesteuerung.[887] Unterhaltszahlungen müßten beim Geber in voller Höhe das Einkommen mindern. Seine Leistungsfähigkeit reduziert sich um diesen Betrag, unabhängig von der Vermögens- und Einkommenssituation des Empfängers.

Ein spezieller Unterhaltsabzug stellt der Kinderfreibetrag dar (§ 32 Abs. 6 EStG). Hat der Steuerpflichtige auf ihn Anspruch, können Unterhaltszahlungen nach § 33a Abs. 1 EStG nicht mehr angesetzt werden. Sie gelten wie erwähnt nur subsidiär. Die Höhe des Kinderfreibetrags beläuft sich auf 261 DM/Monat bzw. 522 DM/Monat bei Zusammenveranlagung der Ehegatten. Durch die Halbierung des Freibetrags (pro Steuerpflichtigen 261 DM/Monat) soll sichergestellt werden, daß er insgesamt nur einmal in Anspruch genommen wird. Kommt aber tatsächlich nur ein Steuerpflichtiger für den Unterhalt des Kindes auf, ist ihm der volle Freibetrag zuzurechnen. Beispiele hierfür sind der Tod eines Elternteils

---

[884] Vgl. Kirchhof, P. (1981), S. 221, 420.
[885] BVerfG (1993), S. 153f.
[886] Vgl. Tipke, K./Lang, J. (1996), Tz. 90, S. 242.
[887] Vgl. Tipke, K./Lang, J. (1996), Tz. 89f., S. 242.

oder die Nicht- bzw. unwesentliche Erfüllung der Unterhaltsverpflichtung des anderen Elternteils.[888]

Der Ehegattenunterhalt bei zusammenveranlagten Ehegatten (§ 26b EStG) findet durch das Ehegattensplitting Berücksichtigung. In der Ehe wird eine Erwerbs- und Verbrauchsgemeinschaft gesehen. Jeder Ehegatte ist annahmegemäß an der Einkünfteerzielung und -verwendung des anderen hälftig beteiligt. Deshalb wird auch von einem "Transfer steuerlicher Leistungsfähigkeit zwischen den [Ehe-]Partnern"[889] gesprochen (Kap. 4.3.2). Für den Fall der Scheidung oder des dauernden Getrenntlebens ist ein begrenztes Realsplitting vorgesehen. Unterhaltsleistungen an den geschiedenen oder dauernd getrennt lebenden unbeschränkt est-pflichtigen Ehegatten können bis 27.000 DM pro Kalenderjahr als Sonderausgaben angesetzt werden, wenn der Geber dies mit Zustimmung des Empfängers beantragt (§ 10 Abs. 1 Nr. 1 EStG). Die Zustimmung zieht die Steuerpflicht der Unterhaltszahlungen nach sich (§ 22 Nr. 1a EStG).[890] Durch die Abhängigkeit von der Zustimmung des Empfängers wird das Prinzip der Individualbesteuerung verletzt. TIPKE vergleicht anschaulich: "Man macht schließlich den Abzug von Betriebsausgaben auch nicht von der Zustimmung des Geschäftspartners abhängig."[891]

Abschließend ist noch § 22 Nr. 1 EStG (sonstige Einkünfte) zu erwähnen. Dort wird die Besteuerung wiederkehrender Bezüge verlangt, wenn der Geber nicht unbeschränkt est-pflichtig ist. Dazu gehören auch Unterhaltsleistungen. Erfaßt werden z.B. Zahlungen im Ausland ansässiger Eltern an im Inland studierende Kinder. Die Zuordnung zu den sonstigen Einkünften ist verfehlt, da Unterhaltszahlungen nicht die objektive, sondern die subjektive Leistungsfähigkeit tangieren. Sie sind außerhalb der sieben Einkunftsarten zu erfassen.

Fazit: Das am schwersten wiegende Versäumnis des gegenwärtigen Systems von Unterhaltsabzügen liegt in der Mißachtung des Leistungsfähigkeitsprinzips. Zivilrechtlich zu erbringende Unterhaltsleistungen (indisponibles Einkommen) mindern die Leistungsfähigkeit beim Geber und erhöhen sie beim Nehmer. Deshalb müßten sie in tatsächlich angefallener Höhe steuerliche Berücksichtigung finden, und zwar sowohl beim Leistenden als auch beim Begünstigten. Im Widerspruch dazu beschränkt § 33a EStG den Unterhaltsabzug auf 12.000 DM, § 32 Abs. 6 EStG auf den Kinderfreibetrag von 261 DM/Monat pro Steuerpflichtigen und § 10 Abs. 1 Nr. 1 EStG auf 27.000 DM. Schließlich sind Unterhaltsleistungen nach § 22 Nr. 1 EStG bei den sieben Einkunftsarten falsch

888 "Ein Elternteil kommt seiner Barunterhaltsverpflichtung gegenüber dem Kind im wesentlichen nach, wenn er sie mindestens zu 75 v.H. erfüllt."; R 181a Abs. 2 S. 1 EStR.
889 Vgl. BVerfG (1983), S. 346.
890 Vgl. Heinicke, W. (1996), Tz. 50ff, S. 782f.
891 Tipke, K. (1993), Bd. 2, S. 693.

eingeordnet. Hinzu kommt eine unsystematische und verwirrende Verteilung der Regelungen über das gesamte EStG (Sonderausgaben, Tarif, Veranlagung, Sonstige Einkünfte), anstatt sie insgesamt bei den Sonderausgaben zu erfassen.

Als Reformvorschlag wird das Familien-Realsplitting angeführt. Das Prinzip des Familien-Realsplittings besteht darin, Unterhaltszahlungen beim Leistenden einkommensmindernd, beim Empfänger einkommenserhöhend zu berücksichtigen und sozialkulturelle Existenzminima steuerfrei zu stellen.[892] Diese Sichtweise ist unmittelbar aus dem Leistungsfähigkeitsprinzip abgeleitet. Zur Praktikabilität des Familien-Realsplittings sei auf die Diskussion in der Literatur verwiesen.[893]

Schematische Darstellung des Familien-Realsplittings bei einer vierköpfigen Zweiverdienerfamilie ohne eigene Einkommen der beiden Kinder:[894]

	Ehegatte	Ehegatte	Kind	Kind
Erwirtschaftete Einkommen	+a1	+a2		
Staatliche Zuwendungen	+b1	+b2		
Unterhaltsleistungen	-c1	-c2	+c3	+c4
Sozialkulturelle Existenzminima	-d1	-d2	-d3	-d4
Zu versteuernde Einkommen (Leistungsfähigkeitsmaßstab)	jeder Ehegatte $\frac{a1+a2+b1+b2-(c1+c2+d1+d2)}{2}$		c3-d3	c4-d4

892 Vgl. Lang, J. (1993a), Tz. 620, S. 175.
893 Vgl. Borell/Stern (1983),S. 47ff.; Janssen, B. (1991), S. 21f.; Waterkamp, A. (1993), S. 259ff.
894 Vgl. Tipke, K./Lang, J. (1996), Tz. 80, S. 238.

6.4.3.2 Berücksichtigung von Existenzminima und Unterhaltsleistungen in Frankreich

In Deutschland ist die Freistellung des Existenzminimums verfassungsrechtlich durch das Sozialstaatsprinzip (Art. 20, 28 GG) garantiert. Die französische Verfassung kennt kein vergleichbares Prinzip. Der Gesetzgeber ist von Verfassungs wegen her nicht gehalten, Existenzminima steuerfrei zu belassen.[895]

Eine Befreiung von der ESt kann in Frankreich auf unterschiedliche Weise zustande kommen. Sie wird zunächst einmal eintreten, wenn der Familienquotient 1996 (steuerpflichtiges Einkommen pro Anteilezahl) 25.610 FF nicht übersteigt. Der Steuertarif (Art. 197 I. 1. CGI) sieht bis zu diesem Einkommen einen Steuersatz von 0 % vor. Wegen der Geringe des Betrags hat diese Regelung mit der Freistellung des sozialkulturellen Existenzminimums nichts zu tun. Diesbezügliche Hinweise finden sich in Art. 5 CGI. "Natürliche Personen, die hauptsächlich Löhne, Gehälter, Versorgungs- und Leibrenten beziehen und deren Gesamteinkommen den durch Art. L. 141-8 des Arbeitsgesetzbuches vorgesehenen Mindestlohn nicht überschreitet [Wert für 1996: 37.330 FF]",[896] sind von der ESt befreit. Der Begriff "hauptsächlich" bedeutet zu mehr als 50 % des Gesamteinkommens.[897] Die 50 %-Klausel verengt den Anwendungsbereich überwiegend auf abhängig Beschäftigte.

Die Voraussetzungen für eine ESt-Befreiung, die von allen Steuerpflichtigen unabhängig von der Art und Weise ihrer Einkommenserzielung in Anspruch genommen werden kann, enthält Art. 5 2° *bis* CGI. Steuerpflichtige, deren Einkommen 1996 44.900 FF nicht übersteigt, sind von der ESt befreit. Der Betrag ist deshalb höher als in Art. 5 2° CGI, da zur Prüfung der ESt-Befreiung weniger Ausgaben einkommensmindernd berücksichtigt werden dürfen (kein Verlustvortrag, keine Abzüge vom Gesamteinkommen).[898]

Die beiden angeführten Beträge, bis zu denen Einkommen steuerfrei bleiben (37.330 FF, 44.900 FF), beziehen sich auf das gesamte Haushaltseinkommen. Ob der Steuerpflichtige alleinstehend ist oder eine Familie zu versorgen hat, bleibt außen vor. Auch handelt es sich nicht um Freibeträge, die vom steuerpflichtigen Einkommen abziehbar sind. Unter Leistungsfähigkeitsgesichtspunkten sind diese Regelungen verfehlt. Systemgerecht müßte für jeden Erwachsenen

---

[895] Vgl. Schloßmacher, S. (1991), S. 133f.

[896] Eigene Übersetzung; Original: "Sont affranchis de l'impôt sur le revenu: ... Les personnes physiques qui bénéficient principalement de traitements, salaires, pensions et rentes viagères et dont le revenu global n'est pas supérieur au montant du minimum garanti prévu à l'article L. 141-8 du code du travail"; Art. 5 2° CGI.

[897] Vgl. Précis de fiscalité (1995), Bd. 1, Tz. 31, S. 29.

[898] Vgl. Précis de fiscalité (1995), Bd. 1, Tz. 29ff., S. 29.

und für jedes Kind, unabhängig von der Höhe des Haushaltseinkommens, das Existenzminimum steuerfrei sein. Im System der Familienbesteuerung könnte dies relativ einfach geschehen. Der Steuertarif bezieht sich auf die Anteilezahl 1. Sie wird für Erwachsene gewährt. Folglich müßte der Familienquotient bis zum Existenzminimum eines Erwachsenen steuerfrei bleiben. Die 25.610 FF der ersten Tarifstufe reichen hierfür nicht aus. Da für Kinder die Anteilezahl 0,5 vorgesehen ist, würde unterstellt, daß ihr Existenzminimum halb so hoch ist wie das eines Erwachsenen.

Das französische Recht unterscheidet zwischen Unterhaltszahlungen an Vorfahren und Nachkommen sowie Unterhaltszahlungen im Scheidungs- und Trennungsfall.[899] Unterhaltsverpflichtungen gegenüber Vorfahren und Nachkommen sind in den Art. 205-211 und 367 Code civil geregelt.[900] Grundsätzlich kann der Steuerpflichtige nur die nach dem Code civil zu erbringenden Unterhaltszahlungen steuerlich geltend machen. Nach Art. 208 Code civil hängt die Unterhaltsverpflichtung gegenüber Vorfahren und Nachkommen von deren Bedürftigkeit und dem Vermögen des Unterhaltserbringers ab.[901] Unterhaltszahlungen an Vorfahren mindern in voller Höhe ihrer zivilrechtlichen Verpflichtung (Art. 205-207 Code civil) das zu versteuernde Einkommen. Zahlungen oberhalb zivilrechtlicher Vorgaben bleiben unberücksichtigt. Werden die Leistungen in Form von Naturalien erbracht (Essen, Trinken, Wohnen im Haus des Steuerpflichtigen), sind pauschal 17.550 FF ansetzbar (Art. 156 II. 2° *ter* CGI). Alternativ zur Pauschale kann der Steuerpflichtige einen Einzelnachweis führen.

Eine Obergrenze für den Abzug von Unterhaltszahlungen sieht das französische Steuerrecht für die vorangehend beschriebenen Fälle nicht vor. Insofern sind diese Regelungen systemkonform. Indisponibles Einkommen mindert die ESt-Bemessungsgrundlage in voller Höhe. In Deutschland sind Zahlungen an Vorfahren nur bis zu 12.000 DM abzugsfähig (§ 33a Abs. 1 EStG).

Nachkommen sind steuerlich zu differenzieren in minderjährige und volljährige Kinder. Minderjährige Kinder begründen grundsätzlich keinen eigenen Haushalt und sind deshalb auch nicht eigenständig steuerpflichtig (Kap. 4.4.2). Für sie geleisteter Unterhalt wird über die Anteilezahl berücksichtigt. Beispiel: Ein Ehepaar mit einem Kind hat ein steuerpflichtiges Haushaltseinkommen von 200.000 FF. Die Anteilezahl beträgt 2,5 (Art. 194 CGI). Der Anteilezahl von 0,5 für das Kind kommt ein Unterhalt von 40.000 FF gleich (200.000/2,5 * 0,5).

Sind die Eltern geschieden oder leben sie getrennt, erhöht sich die Anteilezahl des die Sorgepflicht übernehmenden Elternteils um die des Kindes. Der andere

---

[899] Vgl. Mémento fiscal (1996), Tz. 106, S. 30.
[900] Vgl. Précis de fiscalité (1995), Bd. 1, Tz. 70, S. 46.
[901] Vgl. Précis de fiscalité (1995), Bd. 1, Tz. 70, S. 46.

Elternteil bringt die Unterhaltszahlungen in Abzug.[902] Sofern der Unterhalt von einem Gericht der Höhe nach festgelegt ist, darf er bis zu diesem Betrag in Ansatz gebracht werden. Fehlt eine Festlegung, weil die Ehe noch nicht rechtskräftig geschieden ist, hat sich der abzugsfähige Unterhalt an den Bedürfnissen des Kindes zu orientieren (Art. 208 Code civil). Vom Steuerpflichtigen des Haushalts, dem das Kind zugesprochen wurde, sind die Unterhaltszahlungen dem Haushaltseinkommen zuzuschlagen.[903] Da der verminderten Leistungsfähigkeit des Sorgerechtinhabers durch eine höhere Anteilezahl entsprochen wird, ist diese Regelung folgerichtig. In Deutschland steht dem zur Unterhaltszahlung verpflichteten Elternteil der halbe Kinderfreibetrag zu (261 DM/Monat). Darüber hinaus gehende Zahlungen bleiben steuerlich unberücksichtigt, obgleich es sich um indisponibles Einkommen handelt. Deshalb genügen die französischen Bestimmungen eher dem Leistungsfähigkeitsprinzip als die deutschen.

Mit Vollendung des 18. Lebensjahres werden Kinder grundsätzlich eigenständig steuerpflichtig. Sie begründen einen eigenen Haushalt. Unterhaltszahlungen an erwachsene Kinder unterliegen speziellen Regelungen. Sie müssen sich an der Bedürftigkeit des Kindes orientieren (Art. 208 Code civil) und sind höchstens bis 30.000 FF (Ledige) bzw. 60.000 FF (Verheiratete) abzugsfähig (Art. 80 *septies* CGI).[904] Unmittelbarer Ausfluß der Plafonierung ist die Einschränkung des Leistungsfähigkeitsprinzips. Es wäre angebracht, auch darüber hinaus gehende Beträge zu berücksichtigen, wenn sie zivilrechtlich (Code civil) zu erbringen sind. Vom Kind sind die Unterhaltszahlungen zu versteuern.[905] Unter bestimmten Voraussetzungen können erwachsene Kinder dem Haushalt der Eltern angehören (Kap. 4.4.2).

Schließlich ist noch auf Unterhaltszahlungen bei Scheidung oder Trennung einzugehen. Voraussetzung für eine Abzugsfähigkeit der Unterhaltsleistungen ist, daß die Notwendigkeit ihrer Erbringung von einem Gericht betragsmäßig festgestellt worden ist. Zahlungen, die allein auf noch vorhandener Sympathie gegenüber dem ehemaligen Lebenspartner beruhen, dürfen die ESt-Bemessungsgrundlage nicht mindern.[906] Gerichtlich legitimierte Leistungen mindern in voller Höhe das zu versteuernde Einkommen des Gebers und erhöhen das Einkommen des Begünstigten. Ein Höchstbetrag, wie ihn das deutsche Steuerrecht vorsieht (§ 10 Abs. 1 Nr. 1 EStG, 27.000 DM), existiert in Frankreich nicht. Auch ist die Berücksichtigung beim Leistenden nicht von der Zustimmung

---

902 Vgl. Mercier, J.-Y./Plagnet, B. (1995), Tz. 272, S. 95f.; Mémento fiscal (1996), Tz. 116, S. 33f.

903 Vgl. Mémento fiscal (1996), Tz. 116, S. 33.

904 Vgl. Mémento fiscal (1996), Tz. 111, S. 31f.

905 Vgl. Précis de fiscalité (1995), Bd. 1, Tz. 72-3, S. 47f.

906 Vgl. Précis de fiscalité (1995), Bd. 1, Tz. 73, S. 48f.

des Empfängers abhängig. Aus diesen Gründen genügen die französischen Regelungen eher dem Leistungsfähigkeitsprinzip als die deutschen.

Fazit: Das Leistungsfähigkeitsprinzip gebietet die steuerliche Freistellung indisponibler Privatausgaben. Dazu gehören die Sicherung des Existenzminimums und Unterhaltszahlungen. Der deutsche Gesetzgeber ist an die Freistellung des Existenzminimums durch das Sozialstaatsprinzip verfassungsrechtlich gebunden. In der französischen Verfassung ist diese Verpflichtung nicht vorgesehen. Tatsächlich sind in Frankreich die Beträge, ab denen Einkommen zu versteuern ist, i.Vgl. zum sozialkulturellen Existenzminimum zu gering bemessen. Dafür entspricht die steuerliche Behandlung von Unterhaltsleistungen sehr viel besser dem Leistungsfähigkeitsprinzip als in Deutschland, da dem Postulat, daß zivilrechtlich zu erbringende Leistungen beim Geber das Einkommen mindern und beim Nehmer erhöhen, eher nachgekommen wird.

6.4.3.3 Zur Abzugsfähigkeit von Vorsorgeaufwendungen

Das wesentliche Ergebnis der vorangegangenen Kapitel war, daß Existenzminima und zivilrechtliche Unterhaltsleistungen in voller Höhe die ESt-Bemessungsgrundlage mindern müssen. Der Steuerpflichtige kann über dafür verwendetes Einkommen nicht frei disponieren. Ein weiterer bedeutender Block privater Mittelverwendung sind Vorsorgeaufwendungen. Dabei handelt es sich um Ausgaben des Steuerpflichtigen, um bestimmten Lebensrisiken vorzubeugen. Gemeint sind z.B. Arbeitslosigkeit, Krankheit, Pflegebedürftigkeit und die Altersversorgung. Die Frage ist, ob derartige Ausgaben die ESt-Bemessungsgrundlage mindern sollen oder nicht. TIPKE befürwortet die Abzugsfähigkeit mit folgender Begründung:

> "Sie ist gerechtfertigt, weil jeder gezwungen ist, für sein Alter oder für Notzeiten vorzusorgen und Einkommensteile aus aktiven Lebensabschnitten für Zeiten bereitzustellen, in denen er aus eigener Kraft voraussichtlich kein Einkommen mehr wird erzielen können, überhaupt für Notzeiten die Existenz zu sichern."[907]

Durch das Wort "gezwungen" deutet TIPKE an, daß Vorsorgeaufwendungen aus Einkommen geleistet werden, das für den Steuerpflichtigen nicht disponibel ist. Indisponibles Einkommen impliziert aber keine Leistungsfähigkeit. Dem Steuerpflichtigen steht es nicht zur freien Verfügung. Deshalb ist es aus der Steuerbemessungsgrundlage auszuscheiden. Auch von STIGLITZ/SCHÖNFELDER wird diese Begründung aufgegriffen, allerdings um sie anschließend zu kritisieren.

---

[907] Tipke, K. (1993), Bd. 2, S. 701f.

"Eine .. mögliche [Abzugs-]Begründung im Fall der Sozialversicherungsbeiträge wäre, daß es sich hierbei um Zwangsabgaben handelt, die das für privaten Konsum zur Verfügung stehende Einkommen mindern und damit die steuerliche Leistungsfähigkeit."[908]

Zur Entkräftung führen sie aus: "Schließlich wäre anzunehmen, daß die Haushalte sich größtenteils auch freiwillig versichern würden, wenn auch vielleicht weniger hoch als derzeit in der Sozialversicherung."[909]

Das von TIPKE verwendete Wort "gezwungen" umschließt aber nicht nur den rechtlichen, sondern auch den faktischen Vorsorgezwang. Entfiele die gesetzliche Versicherungspflicht, wären die Menschen "freiwillig gezwungen", sich zu versichern.[910] De facto liegt auch hier indisponibles Einkommen vor. Unter diesem Blickwinkel entkräftet die Kritik von STIGLITZ/SCHÖNFELDER nicht die Argumentation von TIPKE.

Im Rahmen der Sonderausgaben berücksichtigt der deutsche Gesetzgeber Beiträge zur Kranken-, Pflege-, Unfall-, Haftpflicht-, Renten- und Arbeitslosenversicherung sowie bestimmte Versicherungsprämien auf den Erlebens- oder Todesfall (§ 10 Abs. 1 Nr. 2 EStG).

Allerdings ist der Vorsorgeabzug auf bestimmte Höchstbeträge begrenzt (§ 10 Abs. 3 EStG). Vorgesehen ist zum einen ein Grundhöchstbetrag von 2.610 DM für Ledige und von 5.220 DM für Verheiratete (§ 10 Abs. 3 Nr. 1 EStG); zum anderen wird ein Vorwegabzug von 6.000 DM (Ledige) bzw. 12.000 DM (Verheiratete) gewährt (§ 10 Abs. 3 Nr. 2 EStG). Der Unterschied zwischen Grundhöchstbetrag und Vorwegabzug besteht darin, daß ersterer sämtliche in § 10 EStG genannten Vorsorgeaufwendungen umschließt, wohingegen sich letzterer lediglich auf die in § 10 Abs. 1 Nr. 2 EStG explizit genannten Beiträge bezieht. Mit der Abschaffung der 50 %igen Abzugsfähigkeit von Bausparkassenbeiträgen zum 1.1.1996 haben sich die Unterschiede faktisch eingeebnet.

Im Fall nichtselbständiger Arbeit (§ 19 EStG) reduziert sich der Vorwegabzug um 16 % des Bruttogehalts. Übersteigen die geleisteten Vorsorgeaufwendungen die Abzugsmöglichkeiten durch den Grundhöchstbetrag und Vorwegabzug, können 50 % dieses Betrags, aber höchstens 1.305 DM (Ledige) bzw. 2.610 DM (Verheiratete) angesetzt werden (§ 10 Abs. 3 Nr. 4 EStG, hälftiger Höchstbetrag).

---

908 Stiglitz, J. E./Schönfelder, B. (1989), S. 525.
909 Stiglitz, J. E./Schönfelder, B. (1989), S. 525.
910 Vgl. Söhn, H. (1990), S. 359.

Beispiel:[911] Ein verheirateter Arbeitnehmer bezieht ein Bruttogehalt von 70.000 DM. Seine Versicherungsbeiträge i.S.v. § 10 Abs. 1 Nr. 2 EStG belaufen sich auf 11.500 DM.

			abzugsfähige Beträge
Versicherungsbeiträge		11.500 DM	
Vorwegabzug	12.000 DM		
-0,16 * 70.000 =	-11.200 DM	- 800 DM	8 00 DM
		10.700 DM	
Grundhöchstbetrag für Verheiratete		- 5.220 DM	5.220 DM
		5.480 DM	
hälftiger Höchstbetrag höchstens 2.610			
0,5 * 5.480 = 2.740 > 2.610		- 2.610 DM	2.610 DM
nicht abzugsfähige Vorsorgeaufwendungen		2.870 DM	8.630 DM

Zu bemängeln ist die Ungleichbehandlung von Selbständigen und abhängig Beschäftigten. Selbständige können Vorsorgeaufwendungen bis 6.000 DM (Ledige) bzw. 12.000 DM (Verheiratete) in tatsächlich angefallener Höhe ansetzen. Für sie reduziert sich der Vorwegabzug nicht. Würde es sich im obigen Beispiel um einen Selbständigen handeln, wären die Versicherungsbeiträge schon über den Vorwegabzug berücksichtigt. Begründet wird die Ungleichbehandlung folgendermaßen: "Den vollen Vorwegabzug soll derjenige erhalten, der **allein** aus seinem Einkommen für seine Alters-, Krankenvorsorge und Arbeitsplatzsicherung aufkommen muß."[912]

Übersehen wird dabei, daß die hälftige Teilung der Sozialversicherungsbeiträge abhängig Beschäftigter in einen Arbeitnehmer- und Arbeitgeberanteil lediglich die Illusion schafft, als müßte der Arbeitnehmer nur die Hälfte zu den sozialen Sicherungssystemen beitragen. Aus Sicht des Arbeitgebers ist es nämlich gleichgültig, ob er seinen Anteil mit dem Bruttogehalt auszahlt und der Arbeitnehmer 100 % der Beiträge zahlt oder diese, wie auch immer, prozentual aufgeteilt werden. In jedem Fall stellen Sozialversicherungsleistungen für den Arbeitgeber Personalaufwand dar. Insofern kommt auch der abhängig Beschäftigte für seine Vorsorgeaufwendungen faktisch allein auf. Eine Ungleichbehandlung ist nicht gerechtfertigt.

---

[911] Für weitere Beispiele vgl. Zenthöfer, W./Schulze zur Wiesche, D. (1997), S. 199f.
[912] Zenthöfer, W./Schulze zur Wiesche, D. (1997), S. 198.

"Das französische System der sozialen Sicherheit erfaßt nicht nur sämtliche **Arbeitnehmer**, sondern auch die **selbständigen Gewerbetreibenden** sowie **Freiberufler** und **Landwirte**."[913] Arbeitnehmer beugen über drei Sicherungssysteme Lebensrisiken vor. Dazu gehören die allgemeine Sozialversicherung, die Arbeitslosenversicherung und Zusatzversicherungen. Zur allgemeinen Sozialversicherung rechnen die

- Caisse Primaire d'Assurance Maladie; sie erbringt Leistungen bei Krankheit, Mutterschaft, Invalidität, Tod, Arbeitsunfällen und Berufskrankheiten;
- Caisse d'Allocation Familiales; sie ist für familienspezifische Leistungen verantwortlich;
- Caisse Nationale d'Assurance Vieillesse; sie leistet die Altersversorgung.[914]

Die Beiträge teilen sich in einen Arbeitgeber- und Arbeitnehmeranteil auf. Bemessungsgrundlage ist das Einkommen aus abhängiger Beschäftigung. Bestimmte Beiträge unterliegen einer jährlich aktualisierten Beitragsbemessungsgrenze (plafond, "p"). Sie lag 1996 bei 161.220 FF. Der Ausdruck 1 "p" steht für 1 * 161.220 FF.[915] Bei anderen Beiträgen existiert keine Bemessungsobergrenze.

Versicherungsart	**Gesamtbeitrag in %**	**Arbeitgeber in %**	**Arbeitnehmer in %**	**Bemessungsgrundlage**
Caisse Primaire d'Assurance Maladie	19,6	12,8	6,8	Gesamteinkommen ohne Obergrenze
Caisse Nationale d'Assurance Vieillesse	14,75	8,2	6,55	Einkommen bis 1 "p"
Caisse d'Allocations Familiales	8,1	8,1	-----	Gesamteinkommen ohne Obergrenze
Arbeitslosenversicherung	6,6	4,18	2,42	Einkommen bis 1 "p"

Vorsorgeausgaben werden in Frankreich im Rahmen der Einkünfte aus abhängiger Beschäftigung berücksichtigt. Es existiert kein Dualismus der ESt-Bemessungsgrundlage nach deutschem Muster. Beiträge zur allgemeinen Sozialversicherung und zur Arbeitslosenversicherung mindern beim Steuerpflichtigen in Höhe des Arbeitnehmeranteils die ESt-Bemessungsgrundlage (Art. 83 1°, 1°*bis* CGI).[916] Zahlungen an Zusatzversicherungen sind nur unter besonderen Bedingungen und innerhalb bestimmter Grenzen abzugsfähig (Art. 83 2°

913 Reinecke, M./Tillmanns, W. (1994), S. 147.
914 Vgl. Reinecke, M./Tillmanns, W. (1994), S. 147.
915 Vgl. Mémento fiscal (1996), Tz. 9120f., S. 1261f.
916 Vgl. Mémento fiscal (1996), Tz. 1671, S. 268.

CGI).[917] I.d.R. werden Zusatzversicherungen für die Altersvorsorge abgeschlossen.[918]

Gewerbetreibende, Freiberufler und Landwirte unterliegen speziellen Sicherungssystemen. Pflichtbeiträge zur Krankenversicherung sowie zur Familienbeihilfe und Altersvorsorge sind wie bei den abhängig Beschäftigten in voller Höhe abzugsfähig.[919] Darüber hinaus gehende Zahlungen sind nur innerhalb bestimmter Grenzen berücksichtigbar (Art. 154 *bis* CGI).

Fazit: Vorsorgeaufwendungen sind aus indisponiblem Einkommen zu leisten. Sie mindern die Leistungsfähigkeit und müßten deshalb in voller Höhe abzugsfähig sein. Im Gegenzug steigern erhaltene Leistungen die Leistungsfähigkeit. Ihre Besteuerung wäre systemgerecht. Das deutsche Steuerrecht widerspricht dieser Sichtweise. Vorsorgeaufwendungen sind nur begrenzt abzugsfähig (Vorwegabzug, Grundhöchstbetrag, hälftiger Höchstbetrag). Erhaltene Leistungen sind entweder gar nicht oder nur begrenzt steuerpflichtig. Beispielsweise werden Renten lediglich mit dem Ertragsanteil besteuert.[920] Systematischer sind die französischen Bestimmungen. Vorsorgeaufwendungen, zu denen der Steuerpflichtige gesetzlich verpflichtet ist, sind abzugsfähig. Umgekehrt werden z.B. Rentenzahlungen bei den Einkünften aus abhängiger Beschäftigung erfaßt. Sie werden wie Einkommen besteuert, das während des Erwerbslebens erwirtschaftet wurde.[921]

6.4.3.4 Weitere berücksichtigbare Privatausgaben

Neben Existenzminima, Unterhaltsleistungen und Vorsorgeaufwendungen sind in Deutschland und Frankreich weitere Privatausgaben steuerlich berücksichtigbar. Unter systematischen Aspekten ist die Entscheidung bedeutend, ob der Abzug von der Bemessungsgrundlage oder von der Steuerschuld erfolgt.[922] Indisponibles Einkommen ist aus der Bemessungsgrundlage auszuscheiden. Es erhöht nicht die Leistungsfähigkeit. Der progressive Tarif bewirkt zunehmende Steuerersparnisse mit steigendem Einkommen. Dabei handelt es sich aber nicht um eine Bevorteilung Besserverdienender. Indisponibles Einkommen mindert die Leistungsfähigkeit unabhängig von der Einkommenshöhe. Nur bei einem proportionalen Tarif sind die relativen Entlastungswirkungen gleich.

---

917 Vgl. Cozian, M. (1995), Tz. 843, S. 188.
918 Vgl. Reinecke, M./Tillmanns, W. (1994), S. 150.
919 Vgl. Mémento fiscal (1996), Tz. 733, S. 147.
920 Vgl. Söhn, H. (1986), S. 326ff.
921 Vgl. Cozian, M. (1995), Tz. 849, S. 189f.
922 Vgl. Andel, N. (1992), S. 304f.

Anders liegt der Sachverhalt bei Steuervergünstigungen. Sie können nur für Mittelverwendungen aus disponiblem Einkommen gewährt werden. Konstitutives Merkmal der Subventionsgerechtigkeit ist, daß mit abnehmender Bedürftigkeit auch die Subvention sinkt (Bedarfsprinzip). Werden Subventionen als Abzug von der Bemessungsgrundlage gewährt, steigt wegen des progressiven Tarifs die Steuerersparnis mit zunehmendem Einkommen. Gleichzeitig nimmt aber die Bedürftigkeit ab. Bei zu geringer Bemessungsgrundlage kann der Fall eintreten, daß die Subvention verfällt. Deshalb ist ein Abzug von der Steuerschuld bzw. eine Auszahlung der Subvention systemgerecht. Die Höhe der Vergünstigung ist nicht mehr an den Steuertarif geknüpft.

Die Erörterung jeder einzelnen steuerlich berücksichtigbaren Privatausgabe hinsichtlich der Abzugsfähigkeit von der Bemessungsgrundlage oder von der Steuerschuld würde den Rahmen dieser Arbeit sprengen. Deshalb wird nachfolgend nur ein Überblick über ansetzbare Privatausgaben gegeben.

Unter bestimmten Bedingungen sind nach deutschem Recht von der ESt-Bemessungsgrundlage abzuziehen:

- Auf besonderen Verpflichtungsgründen beruhende Renten und dauernde Lasten (§ 10 Abs. 1 Nr. 1a EStG);
- Kirchensteuer (§ 10 Abs. 1 Nr. 4 EStG);
- Zinsen auf Steuernachforderungen (§ 233a AO), Steuerstundungen (§ 234 AO) und bei Aussetzung der Vollziehung eines Steuerbescheids (§ 237 AO, § 10 Abs. 1 Nr. 5 EStG);
- Steuerberatungskosten (§ 10 Abs. 1 Nr. 6 EStG);
- Aufwendungen für Berufsausbildung und Weiterbildung (§ 10 Abs. 1 Nr. 7 EStG);
- Aufwendungen für hauswirtschaftliche Beschäftigungsverhältnisse (§ 10 Abs. 1 Nr. 8 EStG);
- 30 % des Schulgeldes für den Besuch bestimmter Privatschulen (§ 10 Abs. 1 Nr. 9 EStG);
- Spenden (§ 10b EStG);
- Aufwendungen für Immobilien und schutzwürdige Kulturgüter (§§ 10f-i EStG);
- außergewöhnliche Belastungen (§ 33-33c EStG).

Die steuerliche Förderung der eigenen zu privaten Wohnzwecken genutzten Wohnung (§ 10e EStG) vollzog sich bis zum 31.12.1995 durch eine Minderung der ESt-Bemessungsgrundlage. Da es sich aber um eine Steuervergünstigung handelt, war diese Regelung systemwidrig. Zum 1.1.1996 wurde sie durch eine Abzugsmöglichkeit von der ESt-Schuld ersetzt.

Unter bestimmten Voraussetzungen und in gewissen Grenzen sind nach französischem Recht von der ESt-Bemessungsgrundlage abzuziehen:[923]

- Investitionen in französische Aktien bis zu einem jährlichen Betrag von 5.000 FF zuzüglich je 500 FF für das erste und zweite Kind und je 1.000 FF ab dem dritten Kind (Art. 163 *sexies*, *septies* CGI);
- 25 % erworbener Schiffsanteile, aber höchstens 25.000 FF (Ledige) bzw. 50.000 FF (Verheiratete, Art. 163 *vicies* CGI);
- Anteile an SOFICA-Unternehmen bis 120.000 FF. Sie finanzieren vom Kultusministerium befürwortete Kino- und Fernsehproduktionen (Art. 163 *septdecies* CGI);
- in den ersten 5 Jahren anfallende Kapitalverluste aus Unternehmensgründungen, höchstens aber 100.000 FF (Ledige) bzw. 200.000 FF (Verheiratete, Art. 163 *octodecies* CGI);
- Sozialversicherungsbeiträge, die nicht schon bei den Einkunftsarten berücksichtigt wurden (Art. 156 II 4° CGI);
- Rentenzahlungen (Art. 156 II 2°, II 5° CGI);
- Zinsen auf Kredite für Kapitaleinlagen bei gewerblichen oder landwirtschaftlichen Unternehmen und auf Kredite für Wiedereingliederungsmaßnahmen bisher im Ausland ansässiger Franzosen (Art. 156 II 1° CGI).

Von der Steuerschuld sind unter bestimmten Bedingungen und in Grenzen abzuziehen:[924]

- Fremdkapitalzinsen für Erwerb und Großreparaturen des gewöhnlichen Wohnsitzes, Aufwendungen für Großreparaturen, Ausbaumaßnahmen, Wärme- und Schallisolierungen (Art. 199 *sexies-sexies* C CGI);
- Investitionen in Mietneubauten (Art. 199 *nonies-decies* D CGI);
- Anteile an nicht börsennotierten kleinen und mittelgroßen Kapitalgesellschaften (Art. 199 *terdecies* CGI);
- Lebensversicherungsprämien (Art. 199 *septies*, *septies* A CGI);
- Spenden (Art. 200 CGI);
- Gewerkschaftsbeiträge (Art. 199 *quater* C CGI);
- Kosten für außwärtig betreute Kinder unter 7 Jahren (Art. 199 *quater* D CGI);
- Schulunterrichtskosten (Art. 199 *quater* F CGI);
- Aufwendungen für hauswirtschaftlich Bedienstete (Art. 199 *sexdecies* CGI);
- Krankenhaus- und Kurkosten (Art. 199 *quindecies* CGI);
- Weiterbildungsausgaben von Unternehmern (Art. 199 *quater* E CGI);
- Investitionen in französische Überseegebiete (Art. 199 *undecies* CGI);
- Ausgaben für den Kauf eines Unternehmens durch die Beschäftigten (Art. 83 *ter*, 199 *terdecies* A CGI);

923 Vgl. Mémento fiscal (1996), Tz. 100ff., S. 29ff.
924 Vgl. Mémento fiscal (1996), Tz. 262ff., S. 60ff.

- Zahlungen abhängig Beschäftigter in Arbeitnehmerfonds (Art. 199 *octies* CGI);
- Ausgaben im Zusammenhang mit der Mitgliedschaft in einem "centre de gestion agréé" (Art. 199 *quater* B CGI).

6.5 Die Steuertarife
6.5.1 Zur Begründung der Progression

Nachdem die Einkünfte aus den Einkunftsarten und die abzugsfähigen Privatausgaben feststehen, ist die ESt-Bemessungsgrundlage ermittelbar. Wirtschaftssubjekte mit identischer Bemessungsgrundlage zahlen gleichviel ESt (horizontale Gerechtigkeit). Steuerpflichtige mit höherem Einkommen entrichten mehr ESt (vertikale Gerechtigkeit). Die Frage ist, um wieviel höher die Steuerlast bei zunehmender Bemessungsgrundlage ausfallen soll. Eine absolut höhere Steuerlast kann die Folge eines degressiven, proportionalen oder progressiven Tarifs sein. Weltweit dominiert der progressive Steuertarif.[925]

Die Progression wurde finanzwissenschaftlich mit den Opfertheorien zu begründen versucht. Renommierter Vertreter dieser Denkrichtung ist John Stuart MILL. Er sieht die vertikale Gerechtigkeit verwirklicht, wenn Steuerzahlungen für Wirtschaftssubjekte den gleichen Wohlfahrtsverlust (Opfer) bedeuten.[926] Zu entscheiden ist, ob der Wohlfahrtsverlust absolut, relativ oder marginal gleich sein soll.[927]

1. $U(E) - U(E-T)$ gleiches absolutes Opfer;
2. $\frac{U(E) - U(E-T)}{U(E)}$ gleiches relatives Opfer;
3. $\frac{dU(E-T)}{d(E-T)}$ gleiches marginales Opfer;

U = Nutzen; E = Einkommen; T = zu zahlende ESt.

Wird aus Vereinfachungsgründen eine für alle Wirtschaftssubjekte gleiche unterlinearhomogene Nutzenfunktion des Einkommens unterstellt, sind auch die Grenznutzenfunktionen identisch. Selbst unter dieser restriktiven Bedingung läßt sich nur für den Fall gleicher marginaler Opfer ein progressiver Tarif herleiten. Die Progression hätte die vollständige Nivellierung der Einkommen zur Folge.[928]

---

925 Vgl. Tipke, K. (1993), Bd. 2, S. 711f.
926 Vgl. Mill, J. S. (1921), S. 804.
927 Vgl. Andel, N. (1992), S. 268ff.
928 Vgl. Musgrave, R. A./Musgrave, P. B./Kullmer, L. (1993), Bd. 2, S. 28ff.

Als weiterer Begründungsansatz wird das Sozialstaatsprinzip herangezogen. "Die Bundesrepublik Deutschland ist ein demokratischer und sozialer Bundesstaat."[929] "Die verfassungsmäßige Ordnung in den Ländern muß den Grundsätzen des republikanischen, demokratischen und sozialen Rechtsstaates im Sinne dieses Grundgesetzes entsprechen."[930] Konstitutiv für das Sozialstaatsprinzip ist der Umverteilungsgedanke. Wirtschaftlich Starken ist etwas wegzunehmen, um es wirtschaftlich Schwachen zuzuführen. Dieser Sichtweise genügt das Leistungsfähigkeitsprinzip, in dem mit steigendem Einkommen auch die Steuerlast zunimmt.

Das BVerfG leitet das Leistungsfähigkeitsprinzip aber nicht aus dem Sozialstaatsprinzip ab, sondern aus dem Gleichheitssatz (Art. 3 Abs. 1 GG, Kap. 1.2.3). "Ein grundsätzliches Gebot der Steuergerechtigkeit [ist], daß die Besteuerung nach der wirtschaftlichen Leistungsfähigkeit ausgerichtet wird."[931] Die Frage, mit welcher Tarifart das Leistungsfähigkeitsprinzip zu verwirklichen ist, kann allerdings nicht eindeutig beantwortet werden. Umverteilung ist nicht nur mit einem progressiven Tarifverlauf erreichbar. Auch proportionale und degressive Tarife genügen dem Leistungsfähigkeitsprinzip.[932]

Bezüglich Sozialstaats- und Leistungsfähigkeitsprinzip liegt der Sachverhalt in Frankreich anders. Das Sozialstaatsprinzip ist nicht verfassungsrechtlich verankert.[933] Von daher besteht auch kein Umverteilungsauftrag seitens der Verfassung. Art. 13 Erklärung der Menschen- und Bürgerrechte legitimiert aber staatliche Umverteilung, in dem er dem Leistungsfähigkeitsprinzip Verfassungsrang zuordnet und auf diese Weise sozialstaatliche Elemente in die französische Verfassung trägt (Kap. 1.2.3). Umverteilungsmaßnahmen können aber nur Ausdruck politischer Zielsetzungen sein.[934]

Fazit: Die Opfertheorien wurden aus dem Leistungsfähigkeitsprinzip entwickelt, um einen progressiven Steuertarif wissenschaftlich zu begründen. Aus heutiger Sicht müssen diese Versuche als gescheitert gelten, da die Progression nur unter äußerst restriktiven realitätsfremden Annahmen herleitbar ist. Neben den Opfertheorien wird die Progression mit dem Sozialstaatsprinzip gerechtfertigt. Konstitutives Merkmal des Sozialstaatsprinzips ist die Umverteilungsabsicht. Umverteilung bedingt aber nicht zwingend einen progressiven Tarifverlauf. Auch degressive und proportionale Steuertarife sind hierfür geeignet. Die Pro-

---

929 Art. 20 Abs. 1 GG.
930 Art. 28 Abs. 1 S. 1 GG.
931 BVerfG (1984), S. 223.
932 Vgl. Arnim, H. H. v. (1984), S. 154.
933 Vgl. Schloßmacher, S. (1991), S. 133.
934 Vgl. Gest, G./Tixier, G. (1986), S. 198.

gression läßt sich folglich nicht theoretisch herleiten, sondern nur normativ begründen.

6.5.2 Die Tarifverläufe

Der deutsche Gesetzgeber sieht zur Berechnung der Steuerschuld einen progressiven Formeltarif vor (§ 32a Abs. 1 EStG). Die ESt beträgt

> "1. bis 12095 Deutsche Mark (Grundfreibetrag): O;
> 2. von 12096 Deutsche Mark bis 55727 Deutsche Mark: (86,63 * y + 2590) * y;
> 3. von 55728 Deutsche Mark bis 120041 Deutsche Mark: (151,91 * z + 3346) * z + 12949;
> 4. von 120042 Deutsche Mark an: 0,53 * x - 22842;
> "y" ist ein Zehntausendstel des 12042 Deutsche Mark übersteigenden Teils des abgerundeten zu versteuernden Einkommens. "z" ist ein Zehntausendstel des 55674 Deutsche Mark übersteigenden Teils des abgerundeten zu versteuernden Einkommens. "x" ist das zu versteuernde abgerundete Einkommen."[935]

Aus diesen Vorgaben lassen sich für die einzelnen Einkommensbereiche folgende Steuerbetrags- (T(x)) und Grenzsteuersatzfunktionen (dT/dx) herleiten.

Von 0 - 12.095 DM Grundfreibetrag (Existenzminimum).

Von 12.096 - 55.727 DM:

$$\begin{aligned} T(x) &= 86{,}63 * (1\text{-}04 * (x - 12.042))^2 + 2.590 * 1\text{-}04 * (x - 12.042) \\ &= 86{,}63 * (1\text{-}04x - 1{,}204)^2 + 0{,}259x - 3.118{,}878 \\ &= 86{,}63 * (1\text{-}08x^2 - 2{,}408\text{-}04x + 1{,}450) + 0{,}259x - 3.118{,}878 \\ &= 8{,}663\text{-}07x^2 + 0{,}238x - 2.993{,}256 \end{aligned}$$

$$\frac{dT}{dx} = 1{,}733\text{-}06x + 0{,}238$$

Von 55.728 - 120.041 DM:

$$\begin{aligned} T(x) &= 151{,}91 * (1\text{-}04 * (x - 55.674))^2 + 3.346 * 1\text{-}04 * (x - 55.674) + 12.949 \\ &= 151{,}91 * (1\text{-}08x^2 - 1{,}113\text{-}03x + 30{,}996) + 0{,}335x - 5.679{,}520 \\ &= 1{,}519\text{-}06x^2 + 0{,}165x - 970{,}927 \end{aligned}$$

$$\frac{dT}{dx} = 3{,}038\text{-}06x + 0{,}165$$

---

[935] § 32a Abs. 1 EStG.

Ab 120.042 DM:

$T(x) = 0{,}53x - 22.842$

$\frac{dT}{dx} = 0{,}53$

Der französische Gesetzgeber sieht in Art. 197 I. CGI einen Stufentarif vor. Für jede Einkommensstufe gilt ein einheitlicher Steuersatz, d.h., innerhalb einer Stufe findet eine proportionale Besteuerung statt (konstanter Grenzsteuersatz). Mit steigender Stufe nimmt der Steuersatz zu.

Einkommensstufen, bezogen auf eine Anteilezahl von 1 in FF		**Steuersätze in %**
Einkommen von	0 - 25.610	0
Einkommen oberhalb	25.610 - 50.380	10,5
Einkommen oberhalb	50.380 - 88.670	24
Einkommen oberhalb	88.670 - 143.580	33
Einkommen oberhalb	143.580 - 233.620	43
Einkommen oberhalb	233.620 - 288.100	48
Einkommen oberhalb	288.100	54

Der Vorteil des Stufentarifs liegt in seiner Transparenz und einfachen Handhabbarkeit.

Berechnungsbeispiel: Das Einkommen eines Ehepaars beläuft sich auf 108.000 DM bzw. 320.000 FF. Wie hoch ist die Steuerschuld?

Bei Inanspruchnahme des Ehegattensplittings ist das Einkommen von 108.000 DM zu halbieren (54.000 DM). Darauf ist obiger Steuertarif anzuwenden. Als Ergebnis stellt sich ein Wert von abgerundet 12.392 DM ein, der mit zwei zu multiplizieren ist. Die Steuerschuld beträgt 24.784 DM. Dieser Wert findet sich in der ESt-Splittingtabelle T 1b wieder.

Nach französischem Recht ist das Haushaltseinkommen durch die Anteilezahl 2 zu dividieren (160.000 FF). Die Steuerlast pro Anteilezahl beträgt36.971,35 FF ((25.610 FF * 0) + (24.770 FF * 0,105) + (38.290 FF * 0,24) + (54.910 FF * 0,33) + (16.420 FF * 0,43)). Durch Multiplikation mit der Anteilezahl 2 erhält man die Steuerschuld von abgerundet 73.942 FF. Steuertabellen erleichtern die Berechnung der Steuerschuld.[936]

---

[936] Vgl. Mémento fiscal (1996), Tz. 9015, S. 1241.

7. Zusammenfassung

Die ESt hat eine vergleichsweise kurze Vergangenheit. Ihre Entstehungsgeschichte führt nach Großbritannien ins ausgehende 18. Jhd. Zu dieser Zeit toben in ganz Europa die Koalitionskriege (1792-1809) gegen das von Napoleon geführte Frankreich. Seit 1793 ist auch Großbritannien in die Koalitionskriege involviert. Die kriegerischen Aktivitäten führen zu immensem staatlichem Finanzbedarf, der aber mit bisherigen Steuern (Verbrauchsteuern, Zölle, Grundsteuern) nicht zu decken ist. Zur Beseitigung der finanziellen Misere schlägt Premierminister William PITT eine "neue" aufkommensstarke Steuer vor, die sämtliche Merkmale einer modernen ESt aufweist (Einkommensdeklaration, Kontrollmechanismen, Unterscheidung nach Einkunftsarten, Progression). Nach äußerst kontroversen Parlamentsdebatten wird das erste Einkommensteuergesetz am 9.1.1799 verabschiedet. Am 5.4.1799 tritt es in Kraft. Da die ESt in der Bevölkerung keinerlei Akzeptanz findet, wird sie bereits elf Tage nach dem Frieden von Amien (25.3.1802), am 5.4.1802, wieder abgeschafft. Die ESt war als reine Kriegssteuer konzipiert.

Wenig später erreicht die ESt-Idee den Kontinent. In den preußischen Provinzen Ostpreußen und Litauen wird erstmals 1808 eine ESt nach britischem Vorbild eingeführt. Anschließend findet sie auch in die Gesetzgebung anderer deutscher Länder Eingang. Der Bevölkerung bleibt die ESt aber suspekt. Sie läßt sich in der ersten Hälfte des 19. Jhds. nur als Notnagel zur Deckung staatlicher Defizite rechtfertigen. Hauptsächlich Progression und Einkommensdeklaration treffen auf breiten Widerstand. Infolgedessen degeneriert die ESt zu einer an äußeren Merkmalen ansetzenden Steuer. Erst in der zweiten Hälfte des 19. Jhds. kehrt der Gesetzgeber in Sachsen zu einer Steuer zurück, die unmittelbar am Individuum und seinen wirtschaftlichen Verhältnissen anknüpft. Der preußische Gesetzgeber zieht mit der Miquelschen Steuerreform 1891 nach. In der Bevölkerung setzt sich allmählich die Erkenntnis durch, daß eine gleichmäßige Besteuerung nur erreichbar ist, wenn auf individuelle wirtschaftliche Verhältnisse eingegangen wird.

Die Entwicklung der ESt ist eng verknüpft mit zeitgenössischem wirtschaftswissenschaftlichem Gedankengut. Das ausgehende 18. Jhd. steht ganz im Zeichen der individualistischen Doktrin von Adam SMITH, einem strikten Verfechter der vertragstheoretischen Staatsauffassung. Steuern sind danach Entgelte für staatliche Leistungen (Äquivalenzprinzip), wobei der Schutz individueller Eigentumsrechte im Mittelpunkt steht. In ihrer Unversehrtheit wird gewissermaßen das Lebenselixier einer marktwirtschaftlichen Ordnung gesehen. Eine am Individuum ansetzende ESt lehnt SMITH kategorisch ab. Die damit verbundene Offenlegung der Einkommensverhältnisse wird als unvereinbar mit individuellen Freiheitsrechten verworfen und in der Progression Umverteilungsabsichten gesehen. Umverteilung steht aber der Idee sich selbst regulierender Märkte diametral entgegen. Anstelle der ESt schlägt SMITH ein System von Ertragsteuern vor. Erst in der zweiten Hälfte des 19. Jhds. setzt sich mit dem Aufkommen der sozialen Frage unter deutschen Wissenschaftlern die Überzeugung durch, daß mit der Besteuerung auch Ziele sozialer Gerechtigkeit zu verfolgen sind. Die vertragstheoretische Staatsauffassung wird zugunsten der organischen Staatstheorie verlassen und das Leistungsfähigkeitsprinzip anstelle des Äquivalenzprinzips als Besteuerungsmaßstab favorisiert. Im Gegensatz dazu bleiben Wissenschaft und Bevölkerung in Frankreich auch in der 2. Hälfte des 19. Jhds. individualistischem Gedankengut verhaftet. Französische Bürger müssen erstmals 1916 ESt zahlen.

Das Leistungsfähigkeitsprinzip ist noch heute Grundlage des deutschen und französischen Steuersystems. In beiden Ländern ist es verfassungskonformer Besteuerungsmaßstab. Als Leistungsfähigkeitsindikator wird das Einkommen herangezogen. Obgleich das Leistungsfähigkeitsprinzip das wohl populärste finanzwissenschaftliche Paradigma ist, war es seit jeher umstritten. Insbesondere inhaltliche Unbestimmtheit und mangelnde wissenschaftliche Fundierung sind Hauptansatzpunkte der Kritik. In der Tat sind die zur Konkretisierung des Leistungsfähigkeitsprinzips entwickelten Opfertheorien ungeeignet, einen bestimmten Steuertarif zu begründen (vertikale Gerechtigkeit). Auch läßt sich aus ihnen keine Steuerbelastungsobergrenze ableiten. Vielmehr muß dazu auf die jeweilige Verfassung zurückgegriffen werden. Der Steuerbelastung sind, hauptsächlich durch die Eigentumsgarantie, verfassungsrechtliche Grenzen gesetzt. 1995 hat sich das BVerfG erstmals näher hierzu geäußert. Danach ist eine Gesamtsteuerbelastung oberhalb 50 % des Einkommens verfassungswidrig. In Frankreich existiert bislang kein vergleichbares Urteil. Während sich das Leistungsfähigkeitsprinzip zur Frage der Steuertarifgestaltung nicht eignet, kann es m.E. zur Ausgestaltung der Steuerbemessungsgrundlage (gleichmäßige Besteuerung, horizontale Gerechtigkeit) herangezogen werden. Als theoretisches Fundament zur Beurteilung der deutschen und französischen ESt bezüglich einer gleichmäßigen Besteuerung wurde dieser Arbeit die Markteinkommenstheorie zugrunde gelegt. Während die Quellentheorie schon von ihrer Konzeption her eine gleichmäßige Besteuerung ausschließt, scheitert die Reinvermögenszugangstheorie an mangelnder praktischer Umsetzbarkeit (Kap. 4.5.1).

Im deutschen Steuersystem ist gegenwärtig die ESt quantitativ am bedeutendsten. Ihr Aufkommen macht 38 % am Gesamtsteueraufkommen aus. In Frankreich sind es dagegen nur 16,8 %. Die geringere Bedeutung der ESt ist historisch begründet. Aufgrund individualistischen Gedankenguts wurde sie über 100 Jahre später als in Deutschland eingeführt. Seitens der Bevölkerung und der Wissenschaft bestand eine starke Abneigung gegenüber dem progressiven Steuertarif und der Offenlegung individueller Einkommens- und Vermögensverhältnisse.

Bis zur Erhebung der ersten ESt 1916 wurde der staatliche Finanzbedarf überwiegend durch indirekte Steuern gedeckt. Noch heute trägt die USt mit 37,2 % den größten Teil zum Steueraufkommen bei.

Das Leistungsfähigkeitsprinzip kann entweder auf die einzelne Person (Individualbesteuerung) oder auf den Haushalt (Haushaltsbesteuerung) bezogen werden (Kap. 4.3, 4.4). Während die deutsche ESt auf dem Prinzip der Individualbesteuerung beruht, nimmt der französische Gesetzgeber den Haushalt zum Ausgangspunkt der Besteuerung. Die Haushaltsbesteuerung französischer Prägung (Anteilezahl, Familienquotient) führt zu einer hohen Familienentlastung. Insbesondere von politischer Seite wird hierauf immer wieder lobend hingewiesen. Unter Leistungsfähigkeitsaspekten ist die Haushaltsbesteuerung aber suboptimal. Dem Leistungsfähigkeitsprinzip wird am besten durch das Familien-Realsplitting entsprochen.

Gegenstand der ESt ist das Einkommen. Quellen-, Reinvermögenszugangs- und Markteinkommenstheorie versuchen das Einkommen näher zu bestimmen. Der deutschen ESt liegt keine einheitliche Einkommenstheorie zugrunde (Kap. 5.1.1). Die Überschußeinkünfte sind der Quellentheorie angenähert, die Gewinneinkünfte stehen der Markteinkommenstheorie nahe, weshalb auch vom Dualismus der Einkünfteermittlung gesprochen wird. Im Gegensatz dazu orientiert sich die französische ESt einheitlich an der Markteinkommenstheorie (Kap. 5.1.2). Insbesondere bei der Besteuerung privater Veräußerungsgewinne macht sich die unterschiedliche Extension der ESt-Bemessungsgrundlagen bemerkbar. Dem Postulat einer gleichmäßigen Besteuerung kann nur mit einem einheitlichen Einkommensbegriff entsprochen werden.

Grundlage der bilanziellen Gewinnermittlung ist in Deutschland und Frankreich die 4. EGR vom 25.7.1978. Sie eröffnet den Mitgliedstaaten bei der Umsetzung in nationales Recht eine Fülle von Wahlrechten, so daß jedes Land im Grund seine Rechnungslegungstradition fortführen konnte. Eine umfassende Harmonisierung blieb aus. Die französische und deutsche Rechnungslegung werden vom Vorsichtsprinzip dominiert, das derzeit heftig diskutiert wird (Kap. 5.3.8). Gegner behaupten, daß es Einblicke in die Vermögens-, Finanz- und Ertragslage der Unternehmen erschwert und den Eigenkapitalzufluß behindert. Eigenkapitalgeber seien an einer hohen Verzinsung eingebrachter Mittel interessiert. Durch das Vorsichtsprinzip fallen Gewinne und Dividenden aber geringer aus i.Vgl. zu Ländern, in denen das Vorsichtsprinzip nur eine Nebenrolle spielt, wie z.B. in angelsächsischen Staaten.

Die Neubewertungsmöglichkeit bestimmter Aktiva (Kap. 5.3.8.2) im französischen Recht läßt sich als Schritt in Richtung einer realitätsnäheren Bewertung von Vermögenswerten deuten. Durch die Gewinnausschüttungssperre der

Neubewertungsrücklage und ihrer gleichzeitigen Steuerpflicht wird sie in der Praxis höchstens genutzt, um dem Verfall von Verlustvorträgen vorzubeugen. Erwähnenswert ist noch, daß Abschreibungen in Frankreich nur in Höhe des realen Werteverzehrs den Wertansatz der Wirtschaftsgüter reduzieren dürfen. Darüber hinaus gehende Beträge sind in einen Sonderposten mit Rücklageanteil (reglementierte Rücklage) einzustellen. Dadurch werden Einblicke in die Vermögenslage besser. Das deutsche Handelsrecht sieht diesbezüglich nur ein Wahlrecht vor.

Bei den Überschußeinkünften ist die unterschiedliche Besteuerung von Veräußerungsgewinnen hervorzuheben (Kap. 6.3.4, 6.3.5). Nach deutschem Recht sind sie grundsätzlich steuerfrei. Nur Spekulationsgeschäfte i.S.d. §§ 17, 22 Nr. 2 und 23 EStG sind steuerpflichtig. Der französische Gesetzgeber sieht zwar grundsätzlich eine Steuerpflicht vor (Art. 150 A CGI); Sonderregelungen laufen aber einer gleichmäßigen Besteuerung zuwider. Hervorzuheben ist, daß noch 1995 Veräußerungsgewinne aus Wertpapierumsätzen bis 342.800 FF steuerfrei waren (Umsatzfreigrenze). Bis 1998 wird die Umsatzfreigrenze auf Null zurückgeführt. Darüber hinaus gibt es in Frankreich kein Bankgeheimnis. Insgesamt führt die Erfassung von Veräußerungsgewinnen in Frankreich zu einer gleichmäßigeren Besteuerung als in Deutschland. Der Markteinkommenstheorie wird besser entsprochen.

Die Leistungsfähigkeit des Steuerpflichtigen wird aber nicht nur durch Gewinn- und Überschußeinkünfte determiniert. Zur Ermittlung des zu versteuernden Einkommens ist noch der Privatsphäre zuzuordnendes indisponibles Einkommen aus der Steuerbemessungsgrundlage auszuscheiden. Hierzu rechnen insbesondere Einkommen zur Bestreitung des Existenzminimums sowie Unterhaltszahlungen und Vorsorgeaufwendungen. Während die deutsche Verfassung den Gesetzgeber verpflichtet, Existenzminima steuerfrei zu lassen, ist das in Frankreich nicht der Fall (Kap. 6.4). Tatsächlich existieren in Frankreich auch keine Freibeträge in Höhe der Existenzminima. Dafür genügt dort die Berücksichtigung der Unterhaltszahlungen und Vorsorgeaufwendungen eher dem Leistungsfähigkeitsprinzip. Das zu versteuernde Einkommen unterliegt in beiden Ländern einem progressiven Steuertarif (Kap. 6.5).

Die vorliegende Arbeit entstand in einer Zeit äußerst hektischer und zum Teil undurchdachter Steuergesetzgebung. Beispielhaft sei nur die Neuregelung der Einheitsbewertung von Immobilien durch den deutschen Gesetzgeber angeführt. Die Einheitswerte liegen wieder unterhalb der Verkehrswerte. Ihre Verfassungsmäßigkeit darf deshalb weiterhin bezweifelt werden. Der deutsche und französische Gesetzgeber haben aber erkannt, daß sich die Undurchsichtigkeit des Steuerrechts und die hohen Grenzsteuersätze zu einem gewichtigen Standortnachteil entwickelt haben. Auf die Besprechung aktueller Reformkonzepte wurde bewußt verzichtet, da dies den Rahmen dieser Arbeit gesprengt hätte. Beispielsweise wird in Frankreich bis zum Jahr 2000 der Spitzensteuersatz der ESt auf 47 % gesenkt; 1995 betrug er noch 56,8 %. In Deutschland drohen Reformbemühungen, zumindest kurzfristig, im Sand zu verlaufen. Ursache hierfür sind unterschiedliche Mehrheiten im Bundesrat und Bundestag. Längerfristig sind grundlegende Reformen unumgänglich. Sonst wird Deutschland seine mittlerweile eingenommene Außenseiterrolle im globalen Standortwettbewerb beibehalten.

Literaturverzeichnis

Adler, H./Düring, W./Schmaltz, K. (1987/1992), Rechnungslegung und Prüfung der Unternehmen, 5. Aufl., Stuttgart.

Adler, H./Düring, W./Schmaltz, K. (1995/1997), Rechnungslegung und Prüfung der Unternehmen, 6. Aufl., Stuttgart.

Albers, W. (1988), Einkommensbesteuerung, in: Handwörterbuch der Wirtschaftswissenschaft (HdWW), Bd. 2, S. 189-218, Stuttgart u.a.

Altmeier, D. u.a. (1994), Bilanzpolitische Gestaltungsmöglichkeiten in Frankreich, in: Küting, K./Weber, C.-P., Internationale Bilanzierung: Rechnungslegung in den USA, Japan und Europa, Berlin.

Andel, N. (1992), Finanzwissenschaft, 3. Aufl., Tübingen.

Annicchiarico, E./Helmholtz, C. v./Mareuil, J.-B. (1995), Litiges fiscaux, le recours à la Commission Départementale des Impôts, la Commission de Conciliation, l'Interlocuteur Départemental en 175 questions, Paris.

App, M./Kirtschig, S. (1993), Die Familienbesteuerung in Frankreich, in: Internationales Steuerrecht, S. 367-369, Frankfurt, München.

Ardant, G. (1965), Théorie sociologique de l'impôt, Bd. 1, Paris.

Arnim, H. H. v. (1984), Staatslehre der Bundesrepublik Deutschland, München.

Ax, R./Große, T./Cämmerer, J. (1995), Abgabenordnung und Finanzgerichtsordnung, 14. Aufl., Stuttgart.

Bach, S. (1995), Was soll besteuert werden - Einkommen oder Konsum?, in: Wirtschaftsdienst, S. 391-400, Baden-Baden.

Baetge, J. (1994), Bilanzen, 3. Aufl., Düsseldorf.

Baetge, J./Brockmeyer, K. (1986), Voraussichtlich dauernde Wertminderung, in: Handwörterbuch unbestimmter Rechtsbegriffe im Bilanzrecht des HGB, Hersg. Leffson, U./Rückle, D./Großfeld, B., S. 377-386, Köln.

Bailly, L. (1990), Le précompte, in: Revue française de comptabilité, S. 31-35, Paris.

Bailly, L./Rosenbaum, J. (1991), Les plus valus à long terme, in: Revue française de comptabilité, S. 49-53, Paris.

Balke, M. (1994), in: Tipke, K./Lang J., Steuerrecht, 14. Aufl., Köln.

Balke, M. (1996), in: Tipke, K./Lang J., Steuerrecht, 15. Aufl., Köln.

Bauch, G./Oestreicher, A. (1993), Handels- und Steuerbilanzen, einschließlich der Systematik betrieblicher Ertrag- und Substanzsteuern und der Vermögensaufstellung, 5. Aufl., Heidelberg.

Bauer, J. (1981), Zur Rechtfertigung von Wahlrechten in der Bilanz, in: Betriebs-Berater, S. 766-772, Heidelberg.

Bea, X. F. (1988), Umsatzsteuern, in: Handwörterbuch der Wirtschaftswissenschaft (HdWW), Bd. 8, S. 27-40, Stuttgart u.a.

Beltrame, P. (1993), La fiscalité en France, Paris.

Biergans, E. (1992), Einkommensteuer und Steuerbilanz: systematischer Kommentar, 6. Aufl., München.

Birk, D. (1983), Zum Stand der Theoriediskussion in der Steuerrechtswissenschaft - Erwiderung zu Walter Leisner, Von der Leistung zur Leistungsfähigkeit - die soziale Nivellierung, StuW 198, 97, in: Steuer und Wirtschaft, S. 293-299, Köln.

Bitz, H. (1993), in: Littmann, E./Bitz, H./Hellwig, P., Das Einkommensteuerrecht, Loseblatt, Stand: März 1997, Stuttgart.

Bolin, M. (1991), Analyse der Transformationskonzeption der 4. EG-Richtlinie in der Bundesrepublik Deutschland, Frankreich und Großbritannien dargestellt am Beispiel der Aktivierungsbestimmungen, Krefeld, zugl. Diss. Univ. Marburg.

Boochs, W. (1991), Kultur- und Sportsponsoring, in: Neue Wirtschafts-Briefe, Fach 3, S. 8132-8136, Berlin.

Borell, R./Stern, V. (1983), Zur Neuregelung der Familienbesteuerung, Karl-Bräuer-Institut des Bundes der Steuerzahler e.V., Heft 55, Wiesbaden.

Bornhofen, M./Busch, E. (1995), Buchführung 1 - Mit EDV-Kontierung, 7. Aufl., Wiesbaden.

Brachet, B. (1995), Le system fiscal français, 6. Aufl., Paris.

Brandt, K. (1992), Geschichte der deutschen Volkswirtschaftslehre - Bd. 1. Von der Scholastik bis zur klassischen Nationalökonomie, Freiburg i. Br.

Brandt, K. u.a. (1989), Grundzüge der Mikroökonomik: ein Übungs- und Arbeitsbuch, 2. Aufl., Freiburg i. Br.

Bräuer, K. (1927), A. Ertragsteuern, in: Handbuch der Finanzwissenschaft, S. 1-64, Tübingen.

Brümmerhoff, D. (1996), Finanzwissenschaft, 7. Aufl., München.

BT-Drucksache 11/2536, in: Verhandlungen des Deutschen Bundestages 11. Wahlperiode, Drucksachen-Band 365, Drucksachen 11/2411-11/2540, Bonn.

Bühler, O. (1953), Steuerrecht, Band I: Allgemeines Steuerrecht, 2. Aufl., Wiesbaden.

Bulletin fiscal (1986), III. - Inscription à l'activ du bilan, 4/86, S. 201f., Hersg. Francis Lefebvre, Lavallois.

Bunjes, J. (1993), in: Bunjes, J./Geist, R., Umsatzsteuergesetz, 4. Aufl., München.

Caillaux, J. (1903), Les impôts en France, Paris.

Carl, D./Klos, J. (1994), Bankgeheimnis und Geldwäschebekämpfung in Frankreich, in: Internationale Wirtschaftsbriefe, Fach 5, Gruppe 5, S. 27-42, Berlin.

Clemm, H./Nonnenmacher, R. (1995), in: Beck'scher Bilanz-Kommentar - Der Jahresabschluß nach Handels- und Steuerrecht - Das Dritte Buch des HGB, München.

Coenenberg, A. G. (1994), Jahresabschluß und Jahresabschlußanalyse, betriebswirtschaftliche, handels- und steuerrechtliche Grundlagen, 15. Aufl., Landsberg/Lech.

Colin, P./Gervaise, G./Rossetti, M. (1994), Fiscalité et entreprise, Paris.

Collette, C. (1992), La taxe professionnelle. Etude comparée France-Allemagne, in: Revue française de comptabilité, S. 80-93, Paris.

Comby, J./Renard, V. (1985), Que sais-je? L´impôt foncier, Paris.

Conseil des Impôts (1990), Onzième rapport au président de la république, L´impôt sur le revenu, Journal officiel de la République Française, Paris.

Cozian, M. (1995), Précis de fiscalité des entreprises, 19. Aufl., Paris.

Cozian, M. (1996), Les grandes principes de la fiscalité des entreprises, 3. Aufl., Paris.

Cozian, M./Chadefaux, M. (1996), Annales de droit fiscal, 17. Aufl., Paris.

Crezelius, G. (1979), Zusammentreffen von Einkommensteuer und Erbschaftsteuer, in: Betriebs-Berater, S. 1342-1346, Heidelberg.

Crezelius, G. (1992), in: Kirchhof, P./Söhn, H., Einkommensteuergesetz - Kommentar, Bd. 4, Heidelberg.

Crezelius, G. (1997), Der Verstrickungswert bei § 17 EStG, in: Der Betrieb, S. 195-201, Düsseldorf, Frankfurt.

Danjou, P. (1984), Droit comptable et fiscalité: à propos du décret du 14 mars 1984, in: Revue française de comptabilité, S. 406-409, Paris.

Delesalle, E. (1991), Traitement fiscal des revenus de titres, in: Revue française de comptabilité, S. 30-33, Paris.

Deruel, F. (1995), Finances publiques - Droit fiscal, 10. Aufl., Paris.

Diepenbrock, W. (1990), in: Littmann, E./Bitz, H./Hellwig, P., Das Einkommensteuerrecht, Loseblatt, Stand: März 1997, Stuttgart.

Disle, E./Saraf, J. (1995), Droit fiscal - épreuve n° 1 du DECF, Paris.

Documentation pratique Francis Lefebvre (1996) - impôts directs, Bd. II, BIC IV, Feuillets 11-14, S. 223-230, Hersg. Francis Lefebvre, Lavallois.

Drenseck, W. (1986), Gestaltungsüberlegungen aus Anlaß der Neuregelung der Nutzungswertbesteuerung, in: Deutsches Steuerrecht, S. 379-386, München, Frankfurt.

Drenseck, W. (1996), in: Schmidt, L., Einkommensteuergesetz, 15. Aufl., München.

Dtv-Atlas (1977), Dtv-Atlas zur Weltgeschichte: Von der Französischen Revolution bis zur Gegenwart, München.

Ducamin, B./Baconnier, R./Briet, R. (1996), Études des prélèvements fiscaux et sociaux pesant sur les ménages - Rapport au ministre du budget, Paris.

Ehmcke, T. (1988), in: Blümich/Falk/Uelner/Haas, Einkommensteuergesetz - Kommentar, München.

Eigenstetter, H. (1993), Die Verknüpfung von Handels- und Steuerbilanz, in: Die Wirtschaftsprüfung, S. 575-582, Düsseldorf.

Ellrott, H./Fitzner, G. (1995), in: Beck´scher Bilanz-Kommentar - Der Jahresabschluß nach Handels- und Steuerrecht - Das Dritte Buch des HGB, München.

Ellrott, H./Schmidt-Wendt, D. (1995), in: Beck´scher Bilanz-Kommentar - Der Jahresabschluß nach Handels- und Steuerrecht - Das Dritte Buch des HGB, München.

Euler, R. (1991), Zur Verlustantizipation mittels des niedrigeren beizulegenden Wertes und des Teilwertes, in: Schmalenbachs Zeitschrift für betriebswirtschaftliche Forschung, S. 191-212, Düsseldorf, Frankfurt.

Eura-Audit International (1996), Les impôts en Europe, 4. Aufl., Paris.

FAZ (1997), vom 15.3. o.A., In Frankreich zahlt nur jeder zweite Haushalt Einkommensteuer, Frankfurt am Main.

FAZ (1997a), v. 17.6, o.A., Kritik an den Steuerplänen der SPD, Frankfurt am Main.

FAZ (1997b), v. 18.4, o.A., Bauern behalten Umsatzsteuer-Pauschale, Frankfurt am Main.

Fecht, R. (1988), Einkommensbesteuerung II: Körperschaftsteuer, in: Handwörterbuch der Wirtschaftswissenschaft (HdWW), Bd. 2, S. 218-240, Stuttgart u.a.

Federmann, R. (1994), Bilanzierung nach Handels- und Steuerrecht: Gemeinsamkeiten, Unterschiede und Abhängigkeiten von Handels- und Steuerbilanz, 10. Aufl., Berlin.

Felix, G. (1995), Konsequenzen aus den Entscheidungen des Bundesverfassungsgerichts zur Vermögens- und Erbschaftsbesteuerung, in: Betriebs-Berater, S. 2241-2244, Heidelberg.

Fernandez-Maublanc, L.-V./Maublanc, J.-P. (1996), Droit fiscal immobilier, Paris.

Fernoux, P. (1996), La gestion fiscale du patrimoine - revenus et plus-values, 2. Aufl., Paris.

Fernow, U. (1902), Einkommensteuergesetz vom 24. Juni 1891 - Text-Ausgabe mit Anmerkungen und Sachregister, 5. Aufl., Berlin.

Feuillet, P. (1984), Les grands principes de la nouvelle législation comptable française: Application aux entreprises et aux sociétés, in: Revue des sociétés, S. 463-481, Paris.

Finanzbericht 1997 - Die volkswirtschaftlichen Grundlagen und die wichtigsten finanzwirtschaftlichen Probleme des Bundeshaushaltsplans für das Haushaltsjahr 1997, abgeschlossen am 22. August 1996, Hersg. Bundesministerium der Finanzen, Bonn.

Fisher, I. (1942), Constructive Income Taxation, New York.

Fitsch, J. (1991), in: Lademann/Söffing/Brockhoff, Kommentar zum Einkommensteuergesetz, Bd. 5, Stuttgart, München, Hannover.

Förschle, G./Kofahl, G. (1995), in: Beck´scher Bilanz-Kommentar - Der Jahresabschluß nach Handels- und Steuerrecht - Das Dritte Buch des HGB, München.

Franke, S. F. (1981), Entwicklung und Begründung der Einkommensbesteuerung, Darmstadt.

Freund, K. L. (1990), Die Einkommensbesteuerung der Land- und Forstwirtschaft, in: Neue Wirtschaftsbriefe, Fach 3d, S. 489-514, Berlin.

Fuisting, B. (1907), Die Preußischen direkten Steuern, Bd. 1: Kommentar zum Einkommensteuergesetz in der Fassung vom 19. Juni 1906, 7. Aufl., Berlin.

Gabler (1988), Gabler Wirtschafts-Lexikon - Taschenbuchausgabe, 6 Bde., 12. Aufl., Wiesbaden.

Gabler (1997), Gabler Wirtschafts-Lexikon, 4 Bde., 14. Aufl., Wiesbaden.

Gail, W./Greth, M./Schumann, R. (1991), Die Maßgeblichkeit der Handelsbilanz für die Steuerbilanz in den Mitgliedstaaten der Europäischen Gemeinschaft, in: Der Betrieb, S. 1389-1400, Düsseldorf, Frankfurt.

Gaudemet, P. M./Molinier, J. (1992), Finances publiques - Fiscalité, Bd. 2, 5. Aufl., Paris.

Gerlach, O. (1892), Die Einkommensteuer, in: Handwörterbuch der Staatswissenschaften, Bd. 3, S. 69-100, Jena.

Gest, G./Tixier, G. (1986), Manuel de droit fiscal, 4. Aufl., Paris.

Gest, G./Tixier, G. (1990), Droit fiscal international, 2. Aufl., Paris.

Glade, A. (1986), Rechnungslegung und Prüfung nach dem Bilanzrichtlinien-Gesetz: systematische Darstellung und Kommentar, Berlin.

Glanegger, P. (1996), in: Schmidt, L., Einkommensteuergesetz, 15. Aufl., München.

Groh, M. (1986), Zur Struktur der betrieblichen Überschußrechnung, in: Finanz-Rundschau, S. 393-397, Köln.

Großfeld, B. (1981), Die Einkommensteuer - Geschichtliche Grundlagen und rechtsvergleichender Ansatz, Tübingen.

Grune, J. (1996), Jahressteuergesetz II: Die wichtigsten Neuerungen, in: Steuer & Studium, S. 8-15, Berlin.

Guide pratique du contribuable (1995), Hersg. Syndicat national unifié des impôts, Paris.

Haddou, G. (1993), Crédit d'impôt et avoirs fiscaux. Problematique fiscal-comptable, in: Revue française de comptabilité, S. 74-80, Paris.

Haig, R. M. (1921), The Concept of Income - Economic and Legal Aspects, in: Ders., The Federal Income Tax, New York.

Hansmeyer, K.-H. (1988), Gewerbesteuer, in: Handwörterbuch der Wirtschaftswissenschaft (HdWW), Bd. 3, S. 617-633, Stuttgart u.a.

Hansmeyer, K.-H. (1988a), Grundsteuer, in: Handwörterbuch der Wirtschaftswissenschaft (HdWW), Bd. 3, S. 726-743, Stuttgart u.a.

Hayek, F. A. v. (1965), Kinds of Rationalism, in: Ders., Studies in Philosophie, Politics and Economics, S. 82-95, London.

Heinen, E. (1986), Handelsbilanzen, 12. Aufl., Wiesbaden.

Heinicke, W. (1996), in: Schmidt, L., Einkommensteuergesetz, 15. Aufl., München.

Held, A. (1872), Die Einkommensteuer - Finanzwissenschaftliche Studien zur Reform der direkten Steuern in Deutschland, Bonn.

Herzig, N. (1995), in: Küting, K./Weber, C.-P., Handbuch der Rechnungslegung - Kommentar zur Bilanzierung und Prüfung, Stuttgart.

Herzig, N./Kessler, W. (1986), in: Deutsches Steuerrecht, S. 451-457, München, Frankfurt.

Hilke, W. (1991), Bilanzpolitik: mit Prüfungsaufgaben und Lösungen, 3. Aufl., Wiesbaden.

Hirsch, E. R. (1988), Die Einordnung des § 9 Abs. 1 Satz 3 Nr. 7 EStG in das System der Überschußrechnung, in: Deutsches Steuerrecht, S. 197-200, München, Frankfurt.

Hoffmann, W.-D. (1996), in: Littmann, E./Bitz, H./Hellwig, P., Das Einkommensteuerrecht, Loseblatt, Stand: März 1997, Stuttgart.

Horschitz, H./Groß, W./Schnur, P. (1995), Bewertung und Vermögensteuer, 13. Aufl., Stuttgart.

Horschitz, H./Groß, W./Weidner, W. (1996), Bilanzsteuerrecht und Buchführung, 6. Aufl., Stuttgart.

Institut der deutschen Wirtschaft Köln (1996), Zahlen zur wirtschaftlichen Entwicklung der Bundesrepublik Deutschland, Köln.

Intertax (1976)**,** Frankreich: Das neue Gesetz über die Besteuerung der Veräußerungsgewinne ("Plus-values"), S. 384-390, Deventer.

Jacobs, O. H./Spengel, C. (1996), European Tax Analyzer - EDV-gestützter Vergleich der Steuerbelastung von Kapitalgesellschaften in Deutschland, Frankreich und Großbritannien, Baden-Baden.

Jakob, W. (1991), Einkommensteuer, München.

Jakob, W. (1996), Einkommensteuer, 2. Aufl., München.

Janssen, B. (1991), Zur Gerechtigkeit in der Familienbesteuerung in Theorie und Praxis, in: Deutsche Steuer-Zeitung, S. 13-24,Bonn.

Jastrow, J. (1892), Studien zur preußischen Einkommensteuer, in: Jahrbücher für Nationalökonomie und Statistik, Dritte Folge, Dritter Band, S. 684-718, Jena.

Josten, J. (1983), in: Herrmann, C./Heuer, G./Raupach, A., Einkommensteuer- und Körperschaftsteuergesetz, Loseblatt, Stand: Februar 1997, 21. Aufl., Köln.

Kaldor, N. (1955), An Expenditure Tax, London.

Kantenwein, T./Melcher, C. (1985), Der Sachinbegriff im Sinne des § 21 Abs. 1 Nr. 2 EStG, in: Finanz-Rundschau, S. 233-235, Köln.

Kapp, R./Ebeling, J. (1996), Erbschaftsteuer und Schenkungsteuergesetz - Kommentar, Köln.

Karthaus, V. (1997), Abschaffung der Gewerbekapitalsteuer ab 1.1.1998, in: Der Betrieb, S. 1887f., Düsseldorf, Frankfurt.

Kessler, H. (1997), Die Wahrheit über das Vorsichtsprinzip?! - Zugleich eine Stellungnahme zum Beitrag von *Weber-Grellet*, DB 1996 S. 2089 -, in: Der Betrieb, S. 1-7, Düsseldorf, Frankfurt.

Keun, F./Scherler, A./Strothotte, H.-W. (1993), Rechnungslegungsvorschriften für den Einzelabschluß in Frankreich - Synoptische Darstellung deutsch-französischer Aspekte der Transformationsgesetze zur 4. EG-Richtlinie, in: Internationale Wirtschaftsbriefe, Fach 5, Gruppe 3, S. 435-450, Berlin.

Kirchhof, P. (1981), Besteuerung und Eigentum, in: Veröffentlichungen der Vereinigung der Deutschen Staatsrechtslehrer, S. 213-285, Berlin, New York.

Kirchhof, P. (1984), Steuergleichheit, in: Steuer und Wirtschaft, S. 297-314, Köln.

Klein, A. (1996), Das neue Steuerverfassungsrecht - Eine Chance für den Steuerzahler, in: Betriebs-Berater, S. 1807-1810, Heidelberg.

Knobbe-Keuk, B. (1993), Bilanz- und Unternehmenssteuerrecht, 9. Aufl., Köln.

Kolms, H. (1977), Steuern II: Geschichte, in: Handwörterbuch der Wirtschaftswissenschaft (HdWW), Bd. 7, S. 310-324, Stuttgart u.a.

KPMG (1995), European Tax Handbook, Hersg. Kesti, J., International Bureau of Fiscal Documentation - Amsterdam.

KPMG (1997), Rechnungslegung nach US-amerikanischen Grundsätzen - Eine Einführung in die US-GAAP und die SEC-Vorschriften -, Hersg. KPMG Deutsche Treuhand-Gesellschaft Berlin, Düsseldorf.

Kronberger Kreis (1985), Mehr Markt für den Mittelstand, Schriftenreihe Bd. 9., Hersg. Kronberger Kreis, Frankfurt.

Kühn, K. J. (1977), Aktionsmöglichkeiten bei der Feststellung des Jahreserfolges im deutschen, französischen und englischen Steuerrecht - Untersuchung und Vergleich der einzelnen Instrumente sowie ihrer Bedeutung für die Wirksamkeit ihrer Ertragsteuerpolitik, Diss. Univ. Clausthal.

Küting, K. (1993), Europäisches Bilanzrecht und Internationalisierung der Rechnungslegung, in: Betriebs-Berater, S. 30-38, Heidelberg.

Küting, K./Weber, C.-P. (1994), Internationale Bilanzierung, Rechnungslegung in den USA, Japan und Europa, Berlin.

Lambert, T. (1995), Théorie de l'impôt, Paris.

Lamy fiscal (1995), Hersg. Lamy S.A., Paris.

Lang, J. (1981), Liebhaberei im Einkommensteuerrecht - Grundsätzliches zur Abgrenzung einkommensteuerbarer Einkünfte, in: Steuer und Wirtschaft, S. 223-234, Köln.

Lang, J. (1981/88), Die Bemessungsgrundlage der Einkommensteuer: Rechtssystematische Grundlagen steuerlicher Leistungsfähigkeit im deutschen Einkommensteuerrecht, Köln, zugl. Habil. Univ. Köln.

Lang, J. (1983), Familienbesteuerung, Zur Tendenzwende der Verfassungsrechtsprechung durch das Urt. des Bundesverfassungsgerichts vom 3.11.1982 und zur Reform der Familienbesteuerung, in: Steuer und Wirtschaft, S. 103-125, Köln.

Lang, J. (1991), Besteuerung des Konsums aus gesetzgebungspolitischer Sicht - Versuch eines interdisziplinär juristisch ökonomischen Lösungsansatzes, in:

Rose, M. (Hersg.), Konsumorientierte Neuordnung des Steuersystems, S. 291-347, Berlin u.a.

Lang, J. (1993), Einkommensteuer - quo vadis?, in: Finanz-Rundschau, S. 661-670, Köln.

Lang, J. (1993), Entwurf eines Steuergesetzbuchs, Bonn.

Laupenmühlen, M./Voß, C. (1994), Internationale Rechnungslegungsprinzipien im Vergleich, in: Internationales Steuerrecht, S. 399-408 (Teil I), S. 460-464 (Teil II), München, Frankfurt.

Leffson, U. (1987), Die Grundsätze ordnungsmäßiger Buchführung, 7. Aufl., Düsseldorf.

Leisner, W. (1983), Von der Leistung zur Leistungsfähigkeit - die soziale Nivellierung - Ein Beitrag wider das Leistungsfähigkeitsprinzip -, in: Steuer und Wirtschaft, S. 97-102, Köln.

Leroy-Beaulieu, P. (1877), Traité de la science des Finances, Paris.

Lingemann, W. (1994), Das rechtliche Konzept der Familienbesteuerung, Köln.

Linzbach, P. (1984), Der Werdegang der preußischen Einkommensteuer unter besonderer Berücksichtigung ihrer kausalen Entwicklungsfaktoren: ein Beitrag zur Theorie der Durchsetzbarkeit der Einkommensteuer, Frankfurt am Main u.a.

Littmann, K. (1970), Ein Valet dem Leistungsfähigkeitsprinzip, in: Haller, H. u.a. (Hersg.), Theorie und Praxis des finanzpolitischen Interventionismus - Fritz Neumark zum 70. Geburtstag, S. 113-134, Tübingen.

Loritz, K.-G (1988), Einkommensteuerrecht: ein Lehrbuch, Heidelberg.

Louit, C. (1984), Présentation générale des centres de gestion agréés, in: Les centres de gestion agréés - bilan et perspectives, Colloque de l'Institut de droit des affaires d'Aix-en-Provence (2 mars 1984), Hersg. Université de droit, d'économie et des sciences d'Aix-Marseille - Institut de droit des affaires.

Lutz, D./App, M. (1992), Unternehmensformen und Unternehmensbesteuerung in Frankreich, in: Betriebs-Berater, S. 248-250, Heidelberg.

Mann, F. K. (1937), Steuerpolitische Ideale: vergleichende Studien zur Geschichte der ökonomischen und politischen Ideen und ihres Wirkens in der öffentlichen Meinung 1600-1935, Jena.

Mann, F. K. (1959), (II) Ideengeschichte der Besteuerung, in: Handwörterbuch der Sozialwissenschaften, Bd. 10, S. 107-113, Göttingen.

Martens, H. J. (1983), Transformation der 4. EG-Richtlinie in Frankreich, in: Die Wirtschaftsprüfung, S. 1-9 (Teil I), S. 44-55 (Teil II), Düsseldorf.

Martinez, J.-C./Malta, P. d. (1989), Droit fiscal contemporain, 2. Les impôts, le droit français, le droit comparé, Paris.

Mauz, F. (1935), Geschichte der preußischen Einkommensteuer bis zu ihrer Reform im Jahre 1891, Göppingen.

Mehl, L./Beltrame, P. (1984), Science et technique fiscales, Paris.

Mémento comptable (1994), Volltitel: Mémento pratique Francis Lefebvre - Comptable, Hersg. Francis Lefebvre, Levallois.

Mémento fiscal (1996), Volltitel: Mémento pratique Francis Lefebvre - Fiscal, Hersg. Francis Lefebvre, Levallois.

Mémento sociétés (1992), Volltitel: Mémento pratique Francis Lefebvre - Sociétés Commerciales, Hersg. Francis Lefebvre, Levallois.

Mennel, A. (1973), Steuerrecht und Steuersysteme im internationalen Vergleich, in: Steuer und Wirtschaft, S. 1-14, Köln.

Mennel, A. (1984), Ehe und Familie im Einkommensteuerrrecht - Ein internationaler Vergleich, in: Steuer und Wirtschaft, S. 287-294, Köln.

Mercier, J.-Y./Plagnet, B. (1995), Les impôts en france, traité de fiscalité, Paris.

Merkenich, K. (1982), Die unterschiedlichen Arten der Einkünfteermittlung im deutschen Einkommensteuerrecht, Berlin.

Merten, H. (1979), Die einkommensteuerliche Abgrenzung des Betriebsvermögens vom Privatvermögen beim Einzelunternehmer, in: Finanz-Rundschau, S. 365-373, Köln.

Merzbacher, F. (1973), Das Wesen der Steuer und die historischen Ansätze des Deutschen Steuerrechts, in: Kruse, H. W. (Hersg.), Festschrift für Heinz Paulick, S. 255-266, Köln-Marienburg.

Metzger, U./Weingarten J. (1989), Einkommensteuer und Einkommensteuerverwaltung in Deutschland: ein historischer und verwaltungswissenschaftlicher Überblick, Opladen.

Meyer, D. (1984), Einkommensteuerliche Behandlung des Nießbrauchs und anderer Nutzungsüberlassungen, Berlin, zugl. Diss. Univ. München.

Mill, J. S. (1921), Principles of Political Economy, London.

Ministère de l´économie et du budget (1996), Faltblatt.

Mitterpleininger, J. (1996), in: Littmann, E./Bitz, H./Hellwig, P., Das Einkommensteuerrecht, Loseblatt, Stand: März 1997, Stuttgart.

Musgrave, R. A. (1991), Zur Wahl der "richtigen" Steuerbemessungsgrundlage - Eine historische Betrachtung, in: Rose, M. (Hersg.), Konsumorientierte Neuordnung des Steuersystems, S. 35-50, Berlin u.a.

Musgrave, R. A./Musgrave, P. B./Kullmer, L. (1993), Die öffentlichen Finanzen in Theorie und Praxis, Bd. 2, 5. Aufl., Tübingen.

Musgrave, R. A./Musgrave, P. B./Kullmer, L. (1988), Die öffentlichen Finanzen in Theorie und Praxis, Bd. 2, 4. Aufl., Tübingen.

Müssener, I. (1991), Die Besteuerung der Familie im internationalen Vergleich, in: Internationale Wirtschaftsbriefe, Fach 10, Gruppe 2, S. 807-818, Berlin.

Nathan, O. (1923), Die Akzise, in: Handwörterbuch der Staatswissenschaften, Bd. 1, 4. Aufl., Jena.

Neumark, F. (1947), Theorie und Praxis der modernen Einkommensbesteuerung, Bern.

Neumark, F. (1959), (I) Theorie der Besteuerung, in: Handwörterbuch der Sozialwissenschaften, Bd. 10, S. 93-107, Göttingen.

Offerhaus, K. (1982), Was gehört zum Arbeitslohn?, in: Betriebs-Berater - Zeitschrift für Recht und Wirtschaft, S. 1061-1072, Heidelberg.

Orth, M. (1994), in: Tipke, K./Lang J., Steuerrecht, 14. Aufl., Köln.

Orth, M. (1996), in: Tipke, K./Lang J., Steuerrecht, 15. Aufl., Köln.

Parieu, E. d. (1862), Traité des impôts, 4 Bde., Paris.

Peffekoven, R. (1980), Persönliche allgemeine Ausgabensteuer, in: Handbuch der Finanzwissenschaft, Bd. 2, 3. Aufl., S. 417-452.

Petersen, H.-G. (1988), Finanzwissenschaft II, Stuttgart, Berlin.

Pezzer, H.-J. (1996), in: Tipke, K./Lang J., Steuerrecht, 15. Aufl., Köln.

Pickert, G. (1989), Gelten die handelsrechtlichen GoB auch für die steuerbilanzielle Gewinnermittlung nach § 4 Abs. 1 EStG?, in: Deutsches Steuerrecht, S. 374-378, München, Frankfurt.

Pinguet, J.-D. (1996), Fiscalité 1996, principes et pratique, Paris.

Plagnet, B. (1992), Droit public, droit financier, droit fiscal, 2. Aufl., Paris.

Plas, A. (1977), Autonomie de la comptabilité par rapport à la fiscalité un opinion, in: Revue française de comptabilité, S. 43-57, Paris.

Pohmer, D. (1995), Rationalität in der Steuerpolitik? - Erfahrungen aus der Einkommensteuer-Kommission, in: Wirtschaftsdienst, S. 421-428, Hamburg.

Pohmer, D./Jurke, G. (1984), Zu Geschichte und Bedeutung des Leistungsfähigkeitsprinzips unter besonderer Berücksichtigung der Beiträge im Finanzarchiv und der Entwicklung der deutschen Einkommensbesteuerung, in: Finanzarchiv, S. 445-489, Tübingen.

Pollak, H. (1991), Gestaltungs- und Folgeprobleme progressiver Ausgabensteuertarife, in: Rose, M. (Hersg.), Konsumorientierte Neuordnung des Steuersystems, S. 373-398, Berlin u.a.

Pöllath, R./Rodin, A. (1993), Internationale Finanzprodukte - Neutralität und Tatbestandsmäßigkeit der Besteuerung, in: Internationales Steuerrecht, S. 213-218, Frankfurt, München.

Popitz, J. (1926), Einkommensteuer, in: Elster, L./Weber, A./Wieser, F. (Hersg.), Handwörterbuch der Staatswissenschaften, Bd. 3, 4. Aufl., S. 400-491, Jena.

Pratique lamy fiscal (1995), Hersg. Lamy S.A., Paris.

Précis de fiscalité (1995), Hersg. Direction générale des Impôts, 2 Bde., Paris.

Raupach, A./Schencking, M. (1990), in: Herrmann, C./Heuer, G./Raupach, A., Einkommensteuer- und Körperschaftsteuergesetz, Loseblatt, Stand: Februar 1997, 21. Aufl. Köln.

Reinecke, M./Tillmanns, W. (1994), Sozialversicherung und Sozialabgaben in Frankreich, in: Internationale Wirtschaftsbriefe, Fach 5, Gruppe 6, S. 147-154, Berlin.

Reiß, W. (1996), in: Tipke,K./Lang J., Steuerrecht, 15. Aufl., Köln.

Respondek, E. (1921), Die Reichsfinanzen auf Grund der Reform von 1919/20, Berlin, Leipzig.

Risthaus, A. (1997), Die Pauschalierung von Werbungskosten bei den Einkünften aus Vermietung und Verpachtung, in: Betriebs-Berater, S. 494-505, Heidelberg.

Rompe, F. (1930), Die ideengeschichtliche Entwicklung des Einkommensteuerproblems im Frankreich der Vorkriegszeit, Diss. Univ. Leipzig.

Rose, G. (1997), Der Steuer-Plafondierungsbefehl des BVerfG und seine Durchsetzung, in: Der Betrieb, S. 494-501, Düsseldorf, Frankfurt.

Rose, M. (1988), Vermögensteuern, in: Handwörterbuch der Wirtschaftswissenschaft (HdWW), Bd. 8, S. 299-316, Stuttgart u.a.

Rose, M. (1990), Konsumorientierte Neuordnung des Steuersystems - Bericht über den Heidelberger Konsumsteuerkongreß -, in: Steuer und Wirtschaft, S. 88-97, Köln.

Rose, M. (1994), Ein einfaches Steuersystem für Deutschland, in: Wirtschaftsdienst, S. 423-432, Hamburg.

Rose, M. (1997), Die Entknebelung der Wachstumskräfte, in: FAZ v. 1. 7., S. 13, Frankfurt am Main.

Rost, P. (1991), Der internationale Harmonisierungsprozeß der Rechnungslegung - Theorie, Praxis, Perspektiven, Frankfurt am Main u.a., zugl. Diss. Univ. Gießen.

Ruppe, H.-G. (1990), in: Herrmann, C./Heuer, G./Raupach, A., Einkommensteuer- und Körperschaftsteuergesetz, Loseblatt, Stand: Februar 1997, 21. Aufl., Köln.

Sarx, M. (1990), in: Beck´scher Bilanz-Kommentar - Der Jahresabschluß nach Handels- und Steuerrecht - Das Dritte Buch des HGB, München.

Savatier, R. (1975), Fausseté mathématique de toute comptabilité en monnaie fondante et esquisse d´une tentative de rectification, in: Revue française de comptabilité, S. 119-135, Paris.

Schanz, G. v. (1896), Der Einkommensbegriff und die Einkommensteuergesetze, in: Schanz, G. v. (Hersg.), Finanz-Archiv, S. 1-87, Stuttgart.

Schanz, G. v. (1900), Studien zur Theorie und Geschichte der Erbschaftsteuer, in: Schanz, G. v. (Hersg.), Finanz-Archiv, S. 1-62, Stuttgart.

Schanz, G. v. (1901), Studien zur Geschichte und Theorie der Erbschaftsteuer, in: Schanz, G. v. (Hersg.), Finanz-Archiv, S. 553-695, Stuttgart.

Scheid, J.-C./Walton, P. (1992), France, in: Alexander, D./Archer, S. (Hersg.), The European Accounting Guide, S. 151-212, London.

Schemmel, L. (1991), Die verfassungsrechtlichen Maßstäbe für das Existenzminimum eines Kindes, in: Deutsche Steuer-Zeitung, S. 481-491, Bonn.

Schierenbeck, H. (1995), Grundzüge der Betriebswirtschaftslehre, 12. Aufl., München, Wien.

Schlicht, E. (1984), Plädoyer für eine Konsumsteuer, in: Wirtschaftsdienst, S. 323-328, Hamburg.

Schloßmacher, S. (1991), Die systemtragenden Prinzipien des französischen und belgischen Steuerrechts im Vergleich mit den systemtragenden Prinzipien des deutschen Steuerrechts, Diss. Univ. Köln.

Schmidt, L. (1996), in: Ders., Einkommensteuergesetz, 15. Aufl., München.

Schmidt, P. J. (1991), Wird die Handelsbilanz zur Steuerbilanz?, in: Die Wirtschaftsprüfung, S. 605-610, Düsseldorf.

Schmidt-Liebig, A. (1984), Der Gewerbebetrieb in der Einkommen- und Gewerbesteuer, in: Betriebs-Berater, Beilage 14 zu Heft 24, Heidelberg.

Schmölders, G. (1981), Geschichte der Besteuerung, in: Handwörterbuch des Steuerrechts und der Staatswissenschaften, S. 617-627, München.

Schmölders, G./Hansmeyer K.-H. (1980), Allgemeine Steuerlehre, 5. Aufl., Berlin.

Schmoller, G. (1863), Die Lehre vom Einkommen in ihrem Zusammenhang mit den Grundprincipien der Steuerlehre, in: Zeitschrift für die gesammte Staatswissenschaft, S. 1-86, Tübingen.

Schneider, D. (1970), Sieben Thesen zum Verhältnis von Handels- und Steuerbilanz, in: Der Betrieb, S. 1697-1705, Düsseldorf, Frankfurt.

Schneider, D. (1971), Eine Reform der steuerlichen Gewinnermittlung? Anmerkungen zum Teil "Gewinnermittlung" des Gutachtens der Steuerreformkommission 1971, in: Steuer und Wirtschaft, S. 326-341, Köln.

Schnicke, C./Schramm, M./Bail, U. (1995), in: Beck'scher Bilanz-Kommentar - Der Jahresabschluß nach Handels- und Steuerrecht - Das Dritte Buch des HGB, München.

Schoenauer, C./Lopez, J. (1995), Droit fiscal - principes et applications, Paris.

Scholtissek, W. (1971), Leasing in Frankreich, in: Die Wirtschaftsprüfung, S. 209-212, Düsseldorf.

Scholtissek, W. (1975), Inventur und Bewertung der Vorräte in Frankreich nach Handels- und Steuerrecht, in: Die Wirtschaftsprüfung, S. 603-608, Düsseldorf.

Scholtissek, W. (1981), Der Jahresabschluß in Frankreich nach dem Plan comptable révisé 1979, in: Die Wirtschaftsprüfung, S. 711-721, Düsseldorf.

Schoor, H. W. (1982), Die Gewinnermittlung nach § 4 Abs. 3 EStG, in: Finanz-Rundschau, S. 505-509, Köln.

Schulze-Osterloh, J. (1984/85), Teil I: Gute Verluste, Böse Verluste - Ausschluß und Beschränkung des Verlustausgleichs und -abzugs, in: Jahrbuch der Fachanwälte für Steuerrecht, S. 267-307, Berlin.

Schulze-Osterloh, J. (1991), Handelsbilanz und steuerrechtliche Gewinnermittlung, in: Steuer und Wirtschaft, S. 284-296, Köln.

Schulze zur Wiesche, (1997), Mitunternehmerschaft und Mitunternehmerstellung, in: Der Betrieb, S. 244-247, Düsseldorf, Frankfurt.

Schumpeter, J. (1930), Ökonomie und Soziologie der Einkommensteuer, in: Der deutsche Volkswirt, S. 382ff., Berlin.

Schumpeter, J. (1931), Theorie der wirtschaftlichen Entwicklung, 3. Aufl., München, Leipzig.

Seeger, S. F. (1996), in: Schmidt, L., Einkommensteuergesetz, 15. Aufl., München.

Seibold, F. (1990), Der Tatbestand der Einnahmenerzielung unter besonderer Berücksichtigung der Einkünfte aus Kapitalvermögen, in: Steuer und Wirtschaft, S. 165-172, Köln.

Seligman, E. R. A. (1921), The income tax: A study of the history, theory, and practice of income taxation at home and abroad, New York.

Simons, H. C. (1938), Personal Income Taxation, Chicago.

Smith, A. (1993), Der Wohlstand der Nationen - Eine Untersuchung seiner Natur und seiner Ursachen, 6. Aufl., München.

Söhn, H. (1986), Abzug von Rentenversicherungsbeiträgen als Sonderausgaben (§ 10 Abs. 1 Nr. 2 EStG) und Ertragsanteilsbesteuerung von Leibrenten (§ 22 Nr. 1 Satz 3 Buchstabe a EStG), in: Steuer und Wirtschaft, S. 324-333, Köln.

Söhn, H. (1990), Verfassungsrechtliche Bindung bei der Beschränkung der Abzugsfähigkeit von Vorsorgeaufwendungen durch Höchstbeträge, in: Steuer und Wirtschaft, 67. Jhg., S. 356-363, Köln.

Soltwedel, R. (1997), Die Marktwirtschaft muß neue Kraft schöpfen, in: FAZ v. 8.3., S. 15, Frankfurt am Main.

Steden, W. (1988), Erbschaft- und Schenkungsteuern, in: Handbuch der Wirtschaftswissenschaft (HdWW), Bd. 2, S. 439-450, Stuttgart u.a.

Stein, Lorenz v. (1886), Lehrbuch der Finanzwissenschaft, zweiter Teil, zweite Abteilung, Leipzig.

Steinhauff, D. (1995), in: Littmann, E./Bitz, H./Hellwig, P., Das Einkommensteuerrecht, Loseblatt, Stand: März 1997, Stuttgart.

Steuerreformkommission (1971), Gutachten der Steuerreformkommission 1971, Hersg. Bundesministerium für Wirtschaft und Finanzen, Bonn.

Stobbe, T. (1991), Die Ausübung "steuerrechtlicher Wahlrechte" nach § 5 Abs. 1 Satz 2 EStG, in: Steuer und Wirtschaft, S. 17-27, Köln.

Stolterfoht, J. N. (1993), Zum Verhältnis der Körperschaftsteuer zur Einkommensteuer, in: Raupach, A. (Hersg.), Festschrift für L. Schmidt, S. 497-522, München.

Streck, M. (1995), Körperschaftsteuergesetz mit Nebengesetzen, 4. Aufl., München.

Strutz, G. (1927), Kommentar zum Einkommensteuergesetz, Bd. 1, Berlin.

Sullerot, E. (1984), Pour le meilleur et sans le pire, Paris.

Tehler, H.-J. (1983), Die Regelung des Kleinunternehmers im System der Mehrwertsteuer (§ 19 Abs. 1 und 2 UStG) - Eine steuersystematische und verfassungsrechtliche Untersuchung, in: Steuer und Wirtschaft, S. 232-241, Köln.

Thiel, J. (1990), Handelsbilanz, Steuerbilanz, 4. Aufl., Heidelberg.

Thiel, J. (1997), Die neue Erbschaft- und Schenkungsteuer, in: Der Betrieb, S. 64-69, Düsseldorf, Frankfurt.

Thiers, A. (1848), De la propriété, Paris.

Tiedke, K. (1983), Einkommensteuer und Bilanzsteuerrecht, Berlin, New York.

Tillmanns, W. (1995), Das Steuerrecht Frankreichs, in: Internationale Wirtschaftsbriefe, Fach 5, Gruppe 2, S. 993-1051, Berlin.

Tillmanns, W. (1996), Frankreich, in: Mennel, A./Förster, J. (Hersg.), Steuern in Europa, USA, Kanada und Japan, Loseblatt, Stand: 8.7.1996, Berlin.

Tillmanns, W. (1996a), Steueränderungen in Frankreich, in: Internationale Wirtschaftsbriefe, Fach 5, Gruppe 2, S. 1071-1080, Berlin.

Tipke, K. (1973), Die dualistische Einkünfteermittlung nach dem Einkommensteuergesetz. Entstehung, Motivation und Berechtigung, in: Kruse, H. W. (Hersg.), Festschrift für Heinz Paulick zum 65. Geburtstag, S. 391-401, Köln-Marienburg.

Tipke, K. (1979), Zur Abgrenzung der Betriebs- oder Berufssphäre von der Privatsphäre im Einkommensteuerrecht, in: Steuer und Wirtschaft, S. 193-208, Köln.

Tipke, K. (1989), Lehren aus der Steuerreform 1990, in: Steuer und Wirtschaft, S. 291-310, Köln.

Tipke, K. (1993), Die Steuerrechtsordnung, 3 Bde., Köln.

Tipke, K./Lang, J. (1994), Steuerrecht, 14. Aufl., Köln.

Tipke, K./Lang, J. (1996), Steuerrecht, 15. Aufl., Köln.

Touzery, M. (1994), L'invention de l'impôt sur le revenu: La taille tarifié 1715-1789, Paris.

Trotabas, L./Cotteret J.-M. (1992), Droit fiscal, 7. Aufl., Paris.

Tuck, R. (1988), Thomas Hobbes - Die skeptische Staatsgewalt, in: Redhead, B./Starbatty, J. (Hersg.), Politische Denker - Von Plato bis Popper, S. 137-154, Stuttgart.

Vanberg, V. (1975), Die zwei Soziologien - Individualismus und Kollektivismus in der Sozialtheorie, Tübingen.

Varian, H. R. (1989), Grundzüge der Mikroökonomik, München, Wien.

Viandier, A./Lauzainghein, C. d. (1993), Droit comptable, 2. Aufl. Paris.

Vogel, E. H. (1914), Die direkten Steuern Frankreichs und ihre Reform - I. Teil, in: Finanz-Archiv, S. 497-624, Stuttgart, Berlin.

Vogel, E. H. (1915), Die direkten Steuern Frankreichs und ihre Reform - II. Teil, in: Finanz-Archiv, S. 364-426, Stuttgart, Berlin.

Vogt, S. (1991), Die Maßgeblichkeit des Handelsbilanzrechts für die Steuerbilanz: Reichweite, Rechtfertigung und Perspektiven eines Eckpfeilers unseres Bilanzrechts, Düsselsorf, zugl. Diss. Univ. Münster.

Wagner, A. (1880), Finanzwissenschaft - Lehrbuch der politischen Ökonomie, Zweiter Theil. Gebühren und allgemeine Steuerlehre, Leipzig, Heidelberg.

Wagner, F. W. (1992), Neutralität und Gleichmäßigkeit als ökonomische und rechtliche Kriterien steuerlicher Normkritik, in: Steuer und Wirtschaft, S. 2-13, Köln.

Waterkamp, A. (1993), Ehegattenveranlagung und Freizügigkeit in der Europäischen Gemeinschaft, Köln u.a.

Weber-Braun, E. (1995), in: Küting, K./Weber, C.-P. (1995), Handbuch der Rechnungs-legung - Kommentar zur Bilanzierung und Prüfung, Stuttgart.

Weber-Grellet, H. (1994), Maßgeblichkeitsschutz und eigenständige Zielsetzung der Steuerbilanz, in: Der Betrieb, S. 288-291, Düsseldorf, Frankfurt.

Weber-Grellet, H. (1996), in: Schmidt, L., Einkommensteuergesetz, 15. Aufl., München.

Weber-Grellet, H. (1996a), Bilanzrecht im Lichte, Bilanzsteuerrecht im Schatten des EuGH, in: Der Betrieb, S. 2089-2092, Düsseldorf, Frankfurt.

Weber-Grellet, H. (1997), Maßgeblichkeitsgrundsatz in Gefahr?, in: Der Betrieb, S. 385-391, Düsseldorf, Frankfurt.

Wichmann, G. (1990), § 4 Abs. 1 EStG als Gewinnermittlungsvorschrift, in: Betriebs-Berater, S. 1448-1450, Heidelberg.

Wietek, S. M./Chomiac de Sas, P. (1990), Unternehmensbewertung und -bilanzierung in Frankreich - Ein Leitfaden für die Praxis, Paris.

Wissenschaftlicher Beirat beim BMF (1956), Entschließung zur Umsatzsteuer vom 21. Januar, in: Der Wissenschaftliche Beirat beim Bundesministerium der Finanzen - Entschließungen, Stellungnahmen und Gutachten 1949-1973, Hersg. BMF, Tübingen.

Wissenschaftlicher Beirat beim BMF (1967), Gutachten zur Reform der direkten Steuern (Einkommensteuer, Körperschaftsteuer, Vermögensteuer und Erbschaftsteuer) in der Bundesrepublik Deutschland vom 11. Februar 1967, in: Der Wissenschaftliche Beirat beim Bundesministerium der Finanzen - Entschließungen, Stellungnahmen und Gutachten 1949-1973, Hersg. BMF, Tübingen.

Woerner, L. (1976), Das Verhältnis von Handels- und Steuerbilanz bei Inanspruchnahme subventioneller Steuervergünstigungen, in: Betriebs-Berater, S. 1569-1573, Heidelberg.

Wöhe, G. (1988), Betriebswirtschaftliche Steuerlehre, Bd. 1. 1. Halbbd., Die Steuern des Unternehmens; Das Besteuerungsverfahren, 6. Aufl., München.

Wöhe, G. (1992), Bilanzierung und Bilanzpolitik: betriebswirtschaftlich, handelsrechtlich, steuerrechtlich; mit einer Einführung in die verrechnungstechnischen Grundlagen, 8. Aufl., München.

Woring, S. (1995), in: Littmann, E./Bitz, H./Hellwig, P., Das Einkommensteuerrecht, Loseblatt, Stand: März 1997, Stuttgart.

WP-Handbuch (1996), Wirtschaftsprüfer-Handbuch - Handbuch für Rechnungslegung, Prüfung und Beratung, Hersg. Institut der Wirtschaftsprüfer in Deutschland E. V., 2 Bde., 11. Aufl., Düsseldorf.

Zenthöfer, W./Schulze zur Wiesche, D. (1997), Einkommensteuer, 4. Aufl., Stuttgart.

Zezschwitz, F. v. (1971), Preisregelung durch Mehrwertsteuer - ein verfassungswidriger Formenmißbrauch?, in: Steuer und Wirtschaft, S. 26-31, Köln.

Rechtsprechungsverzeichnis

BFH (1971), v. 19.10.1970, GrS 2/70, in: BStBl. II, S. 17-21.
BFH (1978), v. 28.11.1977, GrS 2-3/77, in: BStBl. II, S. 105-109.
BFH (1984), v. 6.4.1984, VI R 103/79, in: BStBl. II, S. 434-436.
BFH (1984a), v. 8.11.1984, IV R 186/82, in: BStBl. II, S. 286-288.
BFH (1989), v. 21.7.1989, VI R 102/88, in: BStBl. II, S. 372-973.
BVerfG (1957), v. 17.1.1957, 1 BvL 4/54, in: BStBl I, S. 193-202.
BVerfG (1964), v. 30.6.1964, 1 BvL 16-25/62, in: BStBl I, S. 488-492.
BVerfG (1983), v. 3.11.1982, in: Entscheidungen des Bundesverfassungsgerichts, hersg. von den Mitgliedern des Bundesverfassungsgerichts, S. 319-357, Bd. 61, Tübingen.
BVerfG (1984), v. 22.2.1984, in: Entscheidungen des Bundesverfassungerichts, hersg. von den Mitgliedern des Bundesverfassungsgerichts, S. 214-226, Bd. 66, Tübingen.
BVerfG (1993), v. 25.9.1992, in: Entscheidungen des Bundesverfassungerichts, hersg. von den Mitgliedern des Bundesverfassungsgerichts, S. 153-181, Bd. 87, Tübingen.
BVerfG (1995), v. 22.6.1995, 2 BvL 37/91, in: BStBl. II, S. 655-675.

Gesetzesverzeichnis

Code pratique Francis Lefebvre Fiscal - Code général des impôts, Livre des procédures fiscales, Directives et autres textes, Hersg. Francis Lefebvre, Stand: 10.3.1997, Levallois.

Die Erklärung der Menschen- und Bürgerrechte vom 26. August 1789, in: Die französische Verfassung und ihre rechtlichen Grundlagen - Zweisprachige Ausgabe - hersg. von der Presseabteilung der Französischen Botschaft, Bonn, Stand: April 1994.

Preußische Gesetze (1808), Reglement, das Kriegs-Schulden-Wesen der Provinz Ostpreußen und Litthauen und der Stadt Königsberg insbesondere betreffend. Vom 23sten Februar 1808, in: Sammlung der für die Königlichen Preußischen Staaten erschienenen Gesetze und Verordnungen von 1806 bis zum 27sten Oktober 1810, S. 193-216, Berlin 1822.

Preußische Gesetze (1812), Edikt wegen Erhebung einer Vermögens- und Einkommenssteuer, vom 24sten Mai 1812, in: Gesetz-Sammlung für die Königlichen-Preußischen Staaten 1812/13, S. 49-53, Berlin 1813.

Preußische Gesetze (1820), Allerhöchste Kabinetsorder vom 7ten August 1820, die Einrichtung des Abgabewesens betreffend, in: Gesetz-Sammlung für die Königlichen-Preußischen Staaten 1820, S. 133-168, Berlin 1820.

Preußische Gesetze (1851), Gesetz, betreffend die Einführung einer Klassen- und klassifizierten Einkommensteuer. Vom 1. Mai 1851, in: Gesetz-Sammlung für die Königlichen-Preußischen Staaten 1851/52, Berlin 1852, S. 193-212.

Preußische Gesetze (1891), Einkommensteuergesetz. Vom 24. Juni 1891, in: Gesetz-Sammlung für die Königlichen-Preußischen Staaten 1891, S. 175-204, Berlin 1891.

Rat der Europäischen Gemeinschaften (1978), Vierte Richtlinie des Rates vom 25. Juli 1978 aufgrund von Artikel 54 Absatz 3 Buchstabe g) des Vertrages über den Jahresabschluß von Gesellschaften bestimmter Rechtsformen, in: Amtsblatt der Europäischen Gemeinschaften, L 222, Luxemburg.

Rat der Europäischen Gemeinschaften (1983), Siebente Richtlinie des Rates vom 13. Juni 1983 aufgrund von Artike 54 Absatz 3 Buchstabe g) des Vertrages über den konsolidierten Abschluß, in: Amtsblatt der Europäischen Gemeinschaften, L 193, Luxemburg.

Sächsische Gesetze (1878), Einkommensteuergesetz vom 2. Juli 1878, in: Gesetz- und Verordnungsblatt für das Königreich Sachsen vom Jahre 1878, S. 129-153, Dresden.

Steuergesetze I, Beck´sche Textausgabe, Loseblatt, Stand: 1.1.1997, München.

Steuerrichtlinien, Beck´sche Textausgabe, Loseblatt, Stand: 31.12.1996, München.

Wirtschaftsgesetze, Stand: 1.4.1997, 15. Aufl., IDW-Verlag, Düsseldorf.

Kolibri 360 GmbH
Ferdinand-Jühlke-Straße 7
99095 Erfurt, Deutschland
produktsicherheit@kolibri360.de

Druck:
CPI Druckdienstleistungen GmbH
im Auftrag der
Kolibri 360 GmbH
Ferdinand-Jühlke-Str. 7
99095 Erfurt